KB274088

지역 공동체를 보다 나은 인간 존엄을 실현하는 사회로 만들려고 애써온
여러 선각자들에게 이 책을 바칩니다.

목민강좌학술총서 2

사회운동의 시대
일제침략기 지역 공동체의 역사 사회학

2012년 2월 20일 초판 인쇄
2012년 2월 23일 초판 발행

지은이 ｜ 김중섭
펴낸이 ｜ 이찬규
펴낸곳 ｜ 북코리아
등록번호 ｜ 제03-01240호
주소 ｜ 462-807 경기도 성남시 중원구 상대원동 146-8
　　　 우림2차 A동 1007호
전화 ｜ 02) 704-7840
팩스 ｜ 02) 704-7848
이메일 ｜ sunhaksa@korea.com
홈페이지 ｜ www.bookorea.co.kr
ISBN ｜ 978-89-6324-161-6 (93300)

값 17,000원

목민강좌학술총서 2

사회운동의 시대

일제침략기 지역 공동체의 역사 사회학

김중섭 지음

북코리아

이 책은 목민 박명수 목사님과 진순례 사모님을 기리는 목민강좌에서 발표한 내용을 보완, 확장한 것입니다. 올해로 나는 경상대학교에서 가르치기 시작한 지 꼭 30년을 맞이하게 되었는데, 오랫동안 마음먹고 준비해온 이 책을 내놓으면서 진주 주민으로 산 30년을 기념하고자 합니다. 우리나라 제일 남쪽 지방에 있는 진주라는 낯선 고장에 와서 형평운동의 역사를 처음 알게 되면서부터 흥미를 갖게 된 진주 지역의 역사 연구를 일단 매듭짓게 되어 홀가분하기도 합니다.

이 책은 지난 20여 년 동안 간간히 썼던 여러 편의 논문들을 바탕으로 전체 틀을 짜고 여러 곳을 손질하여 쓴 것입니다. 이렇게 미흡하게나마 마무리하게 된 것은 많은 분들의 성원과 도움 덕분입니다. 그분들의 이름을 모두 적을 수 없어 아쉽지만, 이 자리를 빌려 몇 분에게 특별히 감사의 뜻을 전하고자 합니다.

우선, 목민강좌의 발표 기회를 주신 연세대학교 박영신 명예교수님과 숭실대학교 박정신 교수님께 감사드립니다. 선친인 목민 박명수 목사님께서 남기신 뜻을 계승 실천해 오시는 두 분께서는 2010년 제2회 목민강좌의 발표자로 나를 선정해 주셨던 것입니다. 평생 목회자로서, 또 사회 지도자로서 교계뿐만 아니라 사회 전체에 빛과 소금의 역할을 해 오신 목민 박명수 목사님을 생각할 때, 그분을 기리는 귀중한 자리에 내가 선다는 것이 누가 될 것으로 판단되어 고사하였지만, 두 박 교수님의 권유를 거역하지 못하고 목민강좌를 맡게 되었고, 그 사업의 일환으로 이 책을 발간하게 된 것입니다. 그 덕분에 그동안 진행해온 진주의 역사 연구를 마무리할 수 있게 되었기에 두 분께 더욱 깊이 감사드립니다. 특히, 박영신 교수님께서는 내가 사회학을 처음 배울 때부터 지금까지 학문의 길을 이끌어주시면서, 사회와 역사를 보는 통찰력을 일깨워주시고, 올곧은 학자의 본보기를 보여주셨습니다. 또한 진주에서 하고 있는 나의 연구 작업과 활동을 귀하게 여겨주시며 많은 격려와 성원을 보내 주셨습니다. 이 책이 부족하나마 교수님의 기대에 조금이라도 부응하여 보람을 드릴 수 있게 되기를 기대합니다.

또한 이 책은 진주의 역사와 문화에 대하여 애정을 갖고 계신 많은 분들의 성원과 격려에 힘입어 나온 결과물입니다. 일일이 다 기록할 수 없어 송구스럽지만, 많은 분들이 귀중한 자료를 제공해주셨고, 또 면담을 통해 진주의 역사와 자신의 경험을 들려 주셨습니다. 진주의 역사를 성찰하고 탐구하는 나의 연구 작업에 아낌없이 협력해 주시고 성원을 보내주신 그분들에게 이 자리를 빌려 감사드립니다. 특히, 진주문화연구소 이사장을 맡고 계신 김수업 경상대학교 명예교수님과 남성문화재단 이사장이신 김장하 경상대학교 명예박사님께서는 타지에서 온 나를 진주 사람 이상으로 대해주시며 격려와 성원을 보내주셨습니다. 두 분은 진주의 역사와 문화에 깊은 애정을 갖고 후손들이 올바로 이해하도록 많은 일을 해 오셨지만, 그분들이 더욱 깊이 사랑한 것은 인간 존엄을 강조하고 실천하고자 한 진주 정신이었습니다. 지금까지 진주라는 낯선 곳에서 연구와 활동을 하면서 외롭지 않은 것은 그분들 덕분이었기에 특별히 감사드립니다.

덧붙여, 나와 같이 공부하며 자질구레한 일들을 도와준 학생들에게 고마움을 전하고자 합니다. 자료를 구하고, 원고를 정리하고, 다시 수정하는 데 헌신적으로 도와준 학생들, 특히, 컴퓨터 교정 작업을 해 준 김은선, 김현숙을 기억하며, 이렇게 책이 나오게 된 기쁨을 그들과 함께 나누고자 합니다.

언제나 그렇지만, 나의 연구 작업과 지역 사회 활동을 이해하며 크나큰 힘을 보태주고 성원해 주는 아내 지정옥과 아들 우강, 딸 은지는 나에게 가장 강력한 활력소였고, 후원자였습니다. 이 책의 출간이 가족들에게도 큰 기쁨이 되리라고 믿으며, 감사와 사랑을 보냅니다.

이렇게 많은 분들의 도움을 받아 이 책을 준비하고 마무리하게 되었지만, 여전히 곳곳에 많은 흠과 미진한 부분이 있을 것입니다. 이것은 전적으로 글을 쓰고 다듬은 나의 부족과 불찰에 기인한 것입니다. 앞으로 많은 분들이 이 책의 부족한 부분을 메워 줄 것으로 기대합니다. 마지막으로, 이 책을 통하여 잊혀진, 또 잊혀져 가는 진주의 역사가 부분적이나마 기억될 수 있게 된다면 나로서는 큰 기쁨이 아닐 수 없습니다. 진주의 역사를 기억하며 자랑스럽게 생각하는 많은 분들에게 이 책이 조금이라도 위안이 되고 보람이 된다면 글쓴이로서 더할 나위 없이 큰 기쁨이 될 것입니다.

진주에서 살기 시작한 지 30년이 된 2011년에
지리산 청래골에서
김 중 섭

1981년 9월, 경남 진주에 있는 경상대학교에서 가르치기 시작한 지 얼마 지나지 않아, 아주 우연한 기회에 형평운동의 역사를 알게 되었다. 그 즈음 나는 박영신 교수님의 추천으로 한국의 대표적 종합학술지를 꿈꾸며 발간되던 학술계간지 『현상과 인식』의 편집위원으로 참여하게 되어 창간 동인 교수님들과 자주 만나는 기회를 갖고 있었다. 그때 창간 동인이신 진덕규 교수님으로부터 진주에서 시작된 형평운동의 역사를 찾아보라는 권유를 받았다. 지나가는 듯이 던진 그 말씀을 들을 때는 그것이 훗날, 그리고 지금까지 나의 연구와 사회 활동의 씨앗이 될 줄은 몰랐다. 석사학위 논문 지도교수이신 박영신 교수님께서는 그것이 박사학위 논문 주제가 될 수 있으니 깊이 탐구해 보라고 격려해주시면서 영국 헐대학교 폰스 교수님의 지도 아래 박사학위 과정을 이수할 수 있도록 기회를 만들어주셨고, 또 폰스 교수님은 연구 방법 지도를 통하여 학문의 길을 인도해 주셨다.

조선시대의 엄격한 신분제에서 가장 차별 받아온 최하층 집단인 백정, 그리고 그들에 대한 차별 대우를 철폐하고 신분 해방과 평등 사회를 주창하였던 형평운동은 전통사회에서 근대 사회로 이행되는 과정을 보여주는 중요한 역사임에 틀림없다. 그런데 형평운동이 왜 '진주'에서 시작되었나? 이 질문은 진주의 역사적 사회적 배경을 제대로 이해하지 않고는 답을 얻을 수 없었다. 그리고 그 답을 구하는 과정에서 진주의 역사가 아주 특별하다는 것을 알게 되었다. 진주는 형평운동의 단순한 발상지가 아니라 근대 사회로 넘어오는 역동적인 과정을 담고 있는 곳이었다. 그 역사에는 주민들의 주체

적인 삶과 행동이 있었으며, 새로운 사회를 만들고자 한 열망이 있었다. 그
래서 나는 그 역사를 규명하는 것을 또 하나의 과제로 삼았다.

그 뒤, 나는 오랜 기간에 걸쳐 진주 역사에 관련된 논문을 여러 편 썼
다. 제일 먼저, 1920년대 진주 지역의 사회운동을 개괄하는 글을 발표하였
다.[1] 이것은 3·1운동 이후 1920년대 전반기에 일어난 사회운동 단체의 상
황을 훑어보는 글이었다. 그리고 진주 지역에서 일어난 형평운동의 형성 과
정에 관한 글을 썼다.[2] 이 글은 진주에서 형평운동이 일어나게 된 과정과 배
경을 설명하는 것이었다. 그 뒤 형평운동에 관한 주제로 박사학위 논문을
썼고,[3] 또 그것을 다듬고 보완하여 한국어로 출판하였다.[4] 그리고 진주의 역
사를 본격적으로 탐구하기 시작하였다. 우선, 1920년대 사회운동의 출발점
이라고 판단된 진주 지역의 3·1운동과 그 이후의 사회운동을 연계하여 살
펴보는 글을 썼다.[5] 그리고 주민교육운동을 통하여 진주가 교육도시로 발전
하는 것에 주목하여 주민들의 교육 활동을 밝혀보았고,[6] 또 진주에 있던 경
남도청의 부산 이전에 반대하여 벌인 진주 주민들의 거센 저항의 역사를 탐

---

1 김중섭·유낙근, "1920년대 초 사회운동의 동향: 진주 지역을 중심으로,"『현상과 인식』제
   10권 4호(1986, 겨울), 9-43쪽.
2 김중섭, "1920년대 형평운동의 형성 과정: 진주 지역을 중심으로,"『東方學志』제59집 (연
   세대학교 국학연구원, 1988. 9), 231-273쪽, 이 책 제6장의 기초가 됨.
3 Joong-Seop Kim, "Social Equity and Collective Action: The Social History of the Korean
   Paekjong under Japanese Colonial Rule," (Ph. D. 박사학위논문, Hull University, 1989).
   이 논문을 다듬고 고쳐서 출판한 Joong-Seop Kim, *The Korean Paekjong Under Japanese
   Rule: The Quest for Equality and Human Rights* (London: RoutledgeCurzon, 2003).
4 김중섭,『형평운동 연구: 일제 침략기 백정의 사회사』(서울: 민영사, 1994). 그 뒤 형평운동
   의 역사를 쉽게 쓴 김중섭,『형평운동』(서울: 지식산업사, 2001)을 발표하였으며, 이 책의
   일본어 번역본 金仲燮,『衡平運動: 朝鮮の被差別民·白丁, その歴史とたたかい』高正子
   옮김(大阪: 解放出版社, 2003)을 통해 일본어 독자에게 형평운동을 소개하기도 하였다.
5 김중섭, "일제하 3·1 운동과 지역사회운동의 발전: 진주 지역을 중심으로,"『한국사회학』
   제30집(1996, 여름), 359-387쪽. 이 책 제2장의 기초가 됨.
6 김중섭, "일제 식민 통치와 주민교육운동: 진주 지역을 중심으로,"『한국사회사학회논문집』
   제47집(1995), 233-295쪽. 이 책 제3장의 기초가 됨.

구하였으며,7 개신교 전래가 진주 지역에 미친 영향을 중심으로 근대 사회로의 이행에 기여한 기독교 역사를 살펴보았다.8

이와 같은 사례 연구를 통하여 진주 지역의 역동적 과정을 탐구하였지만, 나는 진주 역사에 계속 매달리지 않고, 형평운동 연구를 통해서 얻은 주제인 '인권' 문제로 되돌아갔다. 1992년 형평운동기념사업회를 창립한 뒤, 1993년에는 형평사 창립 70주년 국제학술회의를 열고, 또 해방 이후 최초의 형평사 기념식을 개최하였다. 그 이후 형평운동기념탑 건립과 진주인권회의 개최 등 형평운동 정신을 되새기며 기리는 일에 몰두하였다. 그 과정에서 형평운동이 주창한 '차별 철폐와 평등한 대우'의 근간인 인권에 대한 이해와 탐구가 더욱 필요하다고 판단하여, 연구년을 이용하여 영국 에섹스대학교에 가서 인권 연구에 집중하였다. 그러면서 진주에서 벌여온 형평운동 기념사업을 되새기며, 인간의 삶과 인권, 그리고 공동체와 역사에 대하여 깊이 성찰하는 기회를 갖기도 하였다.

그리고 진주로 돌아와서 1999년부터 형평운동의 발상지 진주를 '인권도시'로 만들자고 주장하며 여러 일을 벌이기 시작하였다. 경상대학교에 인권 관련 강좌를 개설하여 인권교육을 실시하였으며, 진주 지역의 인권 문제를 집중적으로 다루는 진주인권회의를 열어 인권에 대한 관심을 제고시키고자 하였고, 이웃 일본의 인권 활동가들과 교류 활동을 추진하며 인권 활동의 국제적 연대를 도모하였다. 그러면서 인권 교육과 인권 증진을 위한 시민단체 활동을 좀 더 깊이 있게 탐구할 필요성을 느끼게 되었다. 그리하여 2004년 다시 갖게 된 연구년에 미국 플브라이트재단의 지원을 받아 뉴욕의 콜롬비아대학교 인권연구소에 가서 미국의 인권 교육과 인권단체의 활

7　김중섭, "일제하 경남도청 이전과 주민저항운동,"『경남문화연구』제18호(경상대학교 경남문화연구소, 1996), 223-256쪽. 이 책 제4장의 기초가 됨.

8　김중섭, "초기 개신교 선교와 지역 공동체의 변화: 진주 지역을 중심으로,"『사회와 역사』제52집(한국사회사학회, 1997), 49-85쪽. 이 책 제5장의 기초가 됨.

동을 살펴볼 기회를 가졌다. 이것은 삶의 공동체와 인권 증진, 특히 지역 공동체의 인권 실행 문제에 대하여 더 많은 관심을 갖게 된 계기가 되었다.

그리고 2005년 초 귀국한 뒤 진주를 역사도시, 인권도시로 만들자는 일을 다시 시작하였다. 진주문화연구소 창립에 참여하였고, 여러 인권 관련 활동을 계획하여 추진하였다. 그 일환으로 세계인권선언기념사업 진주협의회라는 다소 거창한 이름의 단체를 만들어 시민단체 연대 활동을 벌였다. 그 주요 목적은 진주 지역을 인권 중심으로 움직이는 공동체로 만들자는 것이었다. 세계인권의 날인 12월 10일 즈음에는 한 해 동안 진주 지역의 인권 상황과 인권 활동을 되돌아보는 인권사랑한마당을 개최하였으며, 지방자치단체 차원에서 인권 증진 활동의 법적 장치가 필요하다고 판단하여 전국 최초로 진주시 인권조례 제정을 추진하는 활동을 벌였다. 진주가 인권도시로서 면모를 갖추기 위해 필요한 인권조례 제정 활동은 지역 민주주의가 제대로 발전되지 않은 탓으로 실망스럽게도 제대로 진척되지 않았다. 그러면서 나는 진주의 역사를 다시 되돌아보게 되었다. 주민들이 새로운 사회를 만들기 위하여 주체적으로 다양한 사회운동을 펼친 1920년대의 진주 역사는 오늘날 우리에게 여전히 유효한 교훈을 가르쳐주고 있다고 생각하였기 때문이다.

예전의 사례 연구를 통해서 20세기 초 격동의 시기에 진주를 새로운 사회로 만들고자 하였던 진주 주민들의 열의와 행동을 보았는데, 이제 그 시기의 지역사회운동을 전반적으로 조망하면서 지역 사회의 역동적 모습을 다시 살펴보고 싶었다. 그 결과, 지역사회운동이 근대 사회발전 과정에 어떻게 작용하는가 논의하는 글을 쓰게 되었고,[9] 사회운동이 발전하면서 주민의 절대 다수를 차지하는 농민들이 자각하게 되어 농민운동이 발전하게 되는 지역사회운동의 상호 관련성을 살펴보았다.[10] 그리고 이와 같은 일련의

9 　김중섭, "일제하 지역사회운동과 근대 사회 발전: 진주 지역을 중심으로,"『현상과 인식』제29권 4호(2005, 겨울), 31-62쪽. 이 책 제8장의 기초가 됨.

연구를 통하여 20세기 초, 특히 3·1민족해방운동과 그 이후의 지역사회운동이 활발한 진주 지역의 시대적 상황을 '사회운동의 시대'로 규정할 수 있다는 결론에 이르렀다.[11]

이와 같은 연구 결과가 이 책의 기초가 되었다. 그러나 그동안 쓴 논문들을 단순히 하나로 모아놓은 것이 아니다. 진주라는 지역 공동체의 역동적 모습을 '사회운동의 시대'로 보는 관점에서 다시 구성하였으며, 앞서 발표한 논문들을 기초로 활용하였지만 많은 부분을 다시 썼다. 곧, 이 책은 20세기 초라는 한정된 시기에 진주라는 특정한 지역에서 일어난 역사를 통해서 지역 사회가 복합적인 여러 요소가 작용하는 가운데 역동적으로 진행된다는 것을 보여주려고 한 것이다. 이 책에서 다루고 있는 역사는 진주에서만 일어난 독특한 현상이 아니라고 확신한다. 지역 사회는 단순히 지리적 공간에 머무르지 않고, 시간적 경험의 축적으로 만들어진 특별한 생활공간이다. 그곳에 살고 있는 주민들이 주체적이며 자율적인 자기 결정권을 행사하는 공간이다. 또 지역에는 격동의 시기를 겪으면서 제각기 고유한 방식으로 지역 사회를 새롭게 만들어가고자 한 역사가 있다. 그러나 우리는 오랫동안 지역의 자율성을 점점 잃어버리게 되는 역사 과정을 경험하였다. 진주 역사에서 보듯이, 근대 한국 사회에서 지역의 자율성은 긴 기간에 걸쳐서 중앙 권력에 의해서 무너졌다. 지나치게 서울 중심, 중앙 중심, 권력 중심으로 움직이는 메커니즘이 한국 사회 전반에 깔리게 되었다. 진주의 역사적 과정을 다시 살펴보면서, 지역 공동체의 성격을 새겨보고, 그 안에 깔려 있는 변화 과정을 확인하며, 그 과정에 담긴 가치를 찾아 볼 필요가 있다고 생각하였다. 그리고 진주 역사를 다루는 이 책을 쓰는 동안 내내 우리 사회와, 또 그 역사

10　김중섭, "1920년대 지역사회운동과 농민운동: 진주 지역을 중심으로,"『현상과 인식』제32권 4호(2008, 겨울), 64-81쪽, 이 책 제7장의 기초가 됨.

11　김중섭, "사회운동의 시대: 일제침략기 지역 공동체의 역동성,"『현상과 인식』제34권 3호, (한국인문사회과학회, 2010, 가을), 71-95쪽. 이 책 제8장의 기초가 됨.

를 성찰하면서 사람들의 삶의 현장인 지역 공동체가 중요하다는 것을 거듭 인식하게 되었다. 지역 공동체의 역사를 다루는 이 책을 통하여 각자의 지역 공동체와 그 역사에 대하여 관심을 갖게 되면 좋겠다는 생각이 들었다. 각자가 사는 지역 공동체의 중요성을 인식하여 서울 중심의, 중앙 중심의, 권력자 중심의 사회 구조를 깨고 각자의 삶을 존중하는 사회를 만드는 데 관심을 갖는다면 좋을 것 같다.

이 책은 제1부 책머리 글, 제2부와 제3부의 본문, 제4부 마무리 글로 구성하였다. 제1부 책머리 글에서는 지역 공동체, 사회운동 그리고 진주의 역사적 경험을 개괄하여 살펴보았다. 그리고 제2부와 제3부에는 각각 사회운동 사례를 심층적으로 다룬 세 편의 글을 실었다. 제2부는 일제 식민세력에 대한 저항에 초점을 맞추어 3·1운동과 주민교육운동, 경남 도청 이전에 대한 주민 반대 활동을 다루었고, 제3부는 근대 사회로의 이행에 초점을 맞추어 개신교의 전래, 형평운동, 농민운동을 다루었다. 편의상 제2부는 민족주의, 제3부는 근대성이라는 주제에 치중하고 있지만, 실제로 이 두 주제는 이 시기의 사회운동에 뒤섞여있다. 마지막으로, 지금까지의 논의를 매조짓는 제4부 마무리 글에서는 사회운동의 시대라고 일컫게 되는 3·1운동과 그 이후 1920년대 중반까지의 사회운동과 역사 변동의 특징을 정리하였다.

이 연구를 위하여 크게 두 가지 성격의 연구 방법을 활용하였다. 첫째, 진주 지역에 관한 문헌 자료를 수집 활용하였다. 문헌 자료는 당시의 신문이나 잡지, 총독부에서 간행한 공문서, 또 후대에 발간된 문헌 등이었다. 특히, 가장 많은 정보를 담고 있는 것은 당시의 신문 보도 기사였는데, 그 내용을 최대한 활용하기 위하여 자료은행(database)으로 만들어 이용하였다. 곧, 컴퓨터 분류 기능을 이용하여 신문 기사 내용을 여러 항목으로 분류하여 필요한 사항을 활용하여 썼는데, 인물의 활동 상황이나 사건의 전후 맥락을 파악하는 데 요긴하였다. 둘째는 심층 면접을 이용한 구술사(oral history)의 활용이었다. 진주 지역의 역사를 알기 위하여 많은 노인들을 만나 그들의 경험과 지역 역사를 듣고 기록하는 것이었다. 이것은 지역이라는 제한된 공간의 역사를 이해하는 데 유용한 방식이었다. 특히, 문헌 자료를 통하여 충분한 정보를 얻을 수 없는 상황에서 이 방법은 시대 상황과 역사적 사실을 파악하는 데 도움을 받았으며, 또한 문헌 자료를 비판적으로 보완하는 데 쓸모가 많았다. 물론, 모든 자료가 제한된 정보를 갖고 있다는 점을 감안하면서 두 가지 성격의 자료, 곧 문헌 자료와 구술 자료를 상호 보완하여 활용하였다.

차례 | CONTENTS

감사의 글 ● 5
책을 시작하며 ● 8

제1부 **지역 공동체의 역사 사회학**

1. 지역 사회와 지역 공동체 ·· 23
　1) 지역 사회와 국가, 그리고 전체 사회 ● 23
　2) 지역 사회와 지역 공동체 ● 27

2. 지역 사회의 역사와 사회운동 ································· 30
　1) 지역 사회 중심으로 보는 역사 이해 ● 30
　2) 사회운동의 특징 ● 32

3. 사회운동의 시대 ·· 37
　1) 진주 지역의 경험 ● 37
　2) 진주 지역 사회운동의 시대 ● 40

제2부 **식민 세력에 대한 저항**

1장 3·1운동과 지역사회운동의 발전 ● 49

1. 일제 식민 통치와 3·1운동 ····································· 51

2. 진주 지역의 3·1운동 ··· 54
　1) 진행 과정과 참여자의 특징 ● 54
　2) 일제의 대응 ● 60

3. 1920년대 지역사회운동의 발전 ·········· 62

　　1) 3·1운동과 지역사회운동의 발전 ● 62

　　2) 지역사회운동의 발전 양상 ● 65

　　3) 지역사회운동의 성격 ● 75

4. 맺음말: 사회운동 시대의 도래 ·········· 83

2장 일제 식민 통치와 주민교육운동 ● 85

1. 식민지 지배와 교육 ·········· 86

　　1) 일제 식민 통치와 교육 환경 ● 90

　　2) 진주 지역의 교육 환경 ● 94

2. 진주 지역 주민교육운동의 발전 ·········· 100

　　1) 정규 학교 중심의 주민교육운동 ● 101

　　2) 사립 일신고등보통학교 설립 운동 ● 104

　　3) 비인가 기관을 통한 주민교육운동 ● 118

　　4) 1920년대 후반 주민교육운동의 변화 ● 127

3. 일제침략기 주민교육운동의 성격 ·········· 133

4. 맺음말: 교육도시 진주의 발전 ·········· 140

3장 경남 도청 이전과 주민저항운동 ● 141

1. 경남 도청 이전 과정 ·········· 144

2. 경남 도청 이전 반대운동 ·········· 147

　　1) 반대운동의 전개 과정 ● 147

　　2) 주도 세력의 사회적 배경 ● 153

　　3) 일제의 정책과 대응 ● 162

　　4) 반대운동의 목적과 성격 ● 168

3. 맺음말: 지역 공동체의 자율성 상실 ·········· 174

제3부 근대 사회로의 이행

1장 기독교 전래와 지역 사회의 변화 ● 179

1. 한국 사회 변동과 개신교 ……………………………………… 180

2. 진주 지역의 개신교 전래와 선교 활동 ……………………… 184

3. 개신교 선교 활동의 성격 ……………………………………… 191
  1) 근대성 ● 192
  2) 민족주의 ● 202
  3) 복음주의 ● 206

4. 신사참배 문제와 선교 활동의 변화 ………………………… 210

5. 맺음말: 서구 문물의 전래와 영향 …………………………… 215

2장 신분 사회 해체와 형평운동 ● 217

1. 신분 질서와 백정 ……………………………………………… 219
  1) 백정과 사회적 차별 ● 219
  2) 근세 사회 변동과 백정 ● 224

2. 형평사 창립과 형평운동 ……………………………………… 227
  1) 형평사의 창립 ● 228
  2) 형평운동의 확산 ● 236

3. 형평운동을 둘러싼 반응 ……………………………………… 240
  1) 후원 집단 ● 241
  2) 형평운동 반대 활동 ● 244
  3) 식민 통치 세력의 반응 ● 247

4. 창립 시기 형평운동의 특징 …………………………………… 249
  1) 참여자 배경 ● 249
  2) 조직 ● 253
  3) 목적과 지향성 ● 255
  4) 전략 ● 260

5. 맺음말: 신분 사회의 와해 …………………………………… 261

3장 지역 사회의 역동성과 농민운동 ● **263**

1. 지역사회운동의 발전과 농민운동 …………………………… 265

2. 진주노동공제회와 농민운동의 발전 ……………………… 271
  1) 진주노동공제회의 창립과 활동 내용 ● 271
  2) 농민운동 발전의 특징 ● 275

3. 농민운동과 지역 사회의 변화 …………………………… 280
  1) 지배 세력의 대응 ● 280
  2) 지역사회운동의 변화 ● 282

4. 맺음말: 농민의 참여와 지역사회운동의 발전 ………… 287

제4부 일제침략기 지역사회운동과 근대 사회 발전

1. 근대 사회로의 이행 ……………………………………… 294
  1) 신분제의 해체 ● 294
  2) 유교 질서의 와해 ● 296
  3) 산업 구조의 변동과 계층 변화 ● 298

2. 일제 식민지 지배를 둘러싼 역동성 ……………………… 300
  1) 민족주의 활동의 확산과 일제의 탄압 ● 301
  2) 일제의 식민 통치 체제 강화 ● 302

3. 근대 사회를 향한 지역사회운동의 동력 ………………… 303
  1) 새로운 사회를 향한 열망 ● 303
  2) 직업적 사회운동가 집단의 형성 ● 306
  3) 지역 공동체의 연대 의식 ● 308

4. 맺음말: 새로운 사회로의 이행과 사회적 연대 ………… 311

참고문헌 ● 313
찾아보기 ● 323

표 차례 | TABLE CONTENTS

〈표 1〉 진주 지역 3·1운동 관련 재판 회부자 명단과 배경 ·············· 57
〈표 2〉 1920년대 진주 지역의 주요 사회단체(1920-1925) ··········· 66
〈표 3〉 연도별 창립 사회단체의 수 ································· 70
〈표 4〉 사회운동 단체의 성격 유형 ································· 80
〈표 5〉 도청 이전 공식 발표 이전의 반대운동 주도 세력 ·············· 155
〈표 6〉 도청 이전 공식 발표 이후의 반대운동 주도 세력 ·············· 158
〈표 7〉 진주 개신교 선교 관련 주요 내용 연표(1905-1930) ········· 190

제1부
지역 공동체의 역사 사회학

1. 지역 사회와 지역 공동체

2. 지역 사회의 역사와 사회운동

3. 사회운동의 시대

1. 지역 사회와 지역 공동체

우리나라 근대 역사의 분수령이라고 하는 3·1운동이 우리 지역에서는 어떻게 일어나서 전개되었나? 일제 식민지시기에 우리 지역에서는 어떤 일들이 벌어졌나? 19세기 말 20세기 초 기독교가 들어오면서 우리나라 사회의 변화에 커다란 영향을 미쳤다고 하는데 우리 지역에서는 어떤 경험을 하였나? 조선시대의 엄격한 신분제에서 가장 천대받던 백정들의 사회적 상황이 20세기에 들어와서는 어떻게 바뀌었고, 그들의 신분 해방운동인 형평사 활동이 우리 지역에서는 어떻게 전개되었나? 20세기 초에 대중 교육이 확산되었는데, 우리 지역에서는 어떻게 발전하였나?

이것들은 우리나라 근대 역사에 관심이 많은 사람이 자기 지역의 역사에 눈을 돌리면 자연스럽게 갖게 되는 의문들이다. 이런 의문에 답을 얻으려고 한 것이 이 책이다. 곧, 이 책은 전통 사회에서 근대 사회로 넘어오는 20세기 초에 내가 살고 있는 경상남도 진주 지역에서 일어난 역사를 살펴보려는 것이다. 진주 사람들이 그 시대의 변화를 어떻게 받아들이면서 대처해 나갔고, 또 자신들의 삶의 현장인 지역 사회를 어떻게 만들어가려고 하였나를 탐구하게 될 것이다.

1) 지역 사회와 국가, 그리고 전체 사회

이 책의 출발은 사람들이 살고 있는 삶의 현장인 '지역'에 대한 관심으로부터 시작되었다. 지역은 사람들이 주체적인 존재로서 일상적인 삶을 살아가는 곳이다. 지역은 일상생활의 기본적 단위인 가족이나 일터를 둘러싸고 있는 공간이며, 개별적인 사회적 관계가 만들어지고 바뀌어가는 현장이다. 곧, 지역은 가족이나 직장과 마찬가지로 개개인의 삶에 직접적으로 영향을 미치는 '삶의 공간'이다. 지역은 지리적 공간을 의미하지만, 또한 오랜 기간 주민들의 경험이 축적된 결과물이라는 점에서 시간적 공간의 의미를 갖고 있다. 요컨대, 지역은 일상생활이 이루어지고 있는 현재의 삶의 현장이며, 또한 오랫동안 사람들이 함께 살아온 경험이 축적되어 있는 역사 현장이다. 그렇기 때문에 함께 모여 '사회'를 형성하며 살아가는 사람의 특성에 비추어, 사람들은 어느 누구도 지역 사회에서 벗어나서 살 수 없다. 물론 개인에 따라 지역 사회와의 밀접성의 정도가 다르고, 지역 사회에 따라 사람들의 관계나 밀접함의 양상이 다르지만, 지역 사회가 '사람들의 삶'에 미치는 영향의 지대함은 결코 부정할 수 없다. 다시 말해, 지역 사회의 구성이나 진행 과정의 양상이나 방식에 따라 사람들의 삶은 각양각색으로 영향을 받게 마련이다. 그러므로 사람들의 삶이나 사회에 대한 올바른 이해를 위해서는 지역 사회를 주목하게 되고, 그에 대한 탐구가 중요하다는 것을 인식하게 된다.

그러나 지역 사회의 개념을 규정하는 것은 간단치 않다. 우선, 지역의 범위가 모호하다. 서로 떨어져있는 촌락을 중심으로 살던 시절에는 삶의 공간이 비교적 쉽게 구분되어, 그것을 기반으로 지역 사회를 상정할 수 있었지만, 교통과 통신 수단의 발달로 도시가 발전하고 일상생활의 공간이 확장되면서 지역 사회의 경계를 구분하는 것이 쉽지 않게 되었고, 또 규모도 다양하게 되었다. 이렇게 공간적 양상으로 지역 사회를 구획하는 것이 어렵게 되었지만, 행정 기구의 자치 단위 편성이나 자치 권한 강화를 통하여, 또 편리함과 효율성을 기준으로 생활공간을 구획 지움으로써 지역 사회는 여전히 유효한 사회적 개념으로 남아 있다. 그 결과 지역 사회는 일정한 지리적 공간에 사람들이 모여 사는 곳이라는 개념을 유지하면서, 동시에 사람들의 삶에 영향을 미치는 사회적, 문화적 공간이라는 취지를 함유하게 되었다. 곧, 지역 사회는 사람들의 일상생활의 공간이라는 개념을 분명히 갖게 된 것이다.

국가 또는 전체 사회와 대비하면 지역 사회의 개념은 좀 더 명확해진다. 우선, 국가는 국경을 경계로 일정한 권역 안에서 정치적 권력을 행사하는 기구인 반면에, 지역은 국가보다 훨씬 좁은 공간으로서 사람들의 일상생활 공간의 성격이 강하다. 그리고 사람들이 국가의 일처리 과정에 일상적으로 직접 관여하거나 영향을 미치는 범위나 기회가 적은 반면에, 지역 사회의 경우에는 훨씬 광범위하고 손쉽다. 이와 같은 차이는 전체 사회의 경우에서도 볼 수 있다. 전체 사회는 한국 사회, 동양 사회, 인류 사회와 같이 훨씬 넓은 공간의 개념과 연결되어 있지만, 지역 사회는 일상생활이 이루어지는 좁은 공간으로 제한된다. 요컨대, 지역 사회가 국가나 전체 사회와 대비되는 제일 큰 차이는 사람들의 일상생활과 관련된 거리감이다. 곧, 지역 사회는 사람들의 일상생활이 직접 일어나고 있는 현장의 성격이 강한 반면에, 국가와 전체 사회는 국경이나 사회적 합의에 의해 설정된 광의의 공간적, 인식론적 개념이 강하다.

그런데 지역과 국가 또는 전체 사회와의 관계는 서로 밀접하면서도 다소 복잡하다. 우선, 지역이 확장되고 연결되어 국가로 발전하고 전체 사회를 구성한다는 점에서 지역은 국가나 전체 사회의 출발이자 기반이라고 할 수 있다. 그러나 그 둘이 갖는 권력이나 영향력의 역학 관계는 심각한 불균등 상태에 놓여 있다. 국가는 국경 안에서 막강한 권력을 갖고 있는 반면에, 지역 사회는 제한된 권한만 부여받고 있다. 마치, 국가 안에 종속된 하부 기관과 같은 위상을 갖고 있을 뿐이다. 다양한 형태의 권력에 근거하여 전체 사회를 지배하고 있는 국가는 지역 사회에 막강한 영향력을 행사하고 있다. 그에 따라 지역 사회는 전통 사회에서 갖고 있던 자율적인 의사결정의 권한을 점점 잃게 되면서 여러 영역에서 자기 결정권마저 행사하지 못하는 상황이 되었다. 국가를 중심으로 권력의 집중화가 심화될수록, 지역 사회는 자기 결정권을 잃고 국가나 전체 사회의 영향권에 놓이게 되는 반비례 현상이 일어난 것이다. 그 결과, 사람들은 일상생활에 미치는 지역 사회의 위상이나 중요성을 간과하게 되었으며, 심지어 주체적인 판단이나 자율성조차 제대로 행사하지 않게 되었고, 전체 사회의 의사 결정이 지역 사회의 사람들의 삶 자체에까지 막대한 영향을 미치게 되었다. 곧, 지역 사회의 문제조차 지역 사회 구성원들의 주체적인 판단에 의하여 결정되지 않고, 막강한 권력을 갖고 있는 국가나 중앙의 권력 집단에 의해서 좌지우지되었다. 따라서 국가나 중앙의 의사 결정이 전체 사회를 이끌어가는 주요 변수가 되었고, 그것이 미치는 영향력은 점점 커지게 되었다. 일상생활의 공간인 지역이 서로 연결되고 확장되어 만들어진 국가나 전체 사회가 오히려 지역 사회의 문제를 결정하게 되었고, 자기 결정권을 잃어버린 지역 사회는 막강한 권한을 갖고 있는 '전체 사회'가 정해 놓은 규칙과 관행을 따라 가는 존재로 전락하게 되었다. 이런 상황에서 주민들은 지역 사회에 대하여 관심을 가질 필요가 없게 되었고, 결국, 지역은 주체적인 삶의 행위자가 사라진 텅 빈 공간이 되고 만 것이다.

물론 이러한 변화는 여러 요인이 복합적으로 작용한 결과였다. 하나의 요인으로서 교통과 통신 수단의 발달을 들 수 있는데, 그 결과 도시가 확장되고 일상생활의 활동 공간 범위가 늘어나면서 지역 사회의 영향력이 줄어들게 되었다. 또 국가와 전체 사회 차원에서 통일된 규칙을 설정할 필요가 있는 영역이 늘어나게 되고, 그에 따라 권한이 확대되면서 지역 사회의 결정 영역이 줄어들게 되고 자율성은 위축되었다. 이렇게 국가나 중앙으로 권력 집중이 가속화되고, 다른 한편 지리적 공동체 개념이 희석되어 가면서, 지역 사회의 의미조차 잃어버리게 된 것이다. 그럼에도 불구하고 일상적인 삶에 지대한 영향을 미치는 지역의 중요성이 사라진 것은 아니다. 그렇기 때문에 지역 사회는 전체 사회를 구성하는 단순한 하위 단위가 아니라 실제로 사람들의 삶을 지배하는 주요 공간이라는 것을 분명하게 인식할 필요가 있다.

2) 지역 사회와 지역 공동체

　　지역 사회는 사람들이 일상생활을 누리는 공간이다 그런데 지역 사회와 지역 공동체를 구분하지 않고 교차해서 쓰는 경우가 흔히 있다. 지역에 기반을 둔 사회가 공동체의 성격을 갖고 있기 때문이다. 그러나 이 둘 사이에는 분명히 구분되어야 할 요소가 있다. 우선, '공동체'는 구성원들이 공동의 목적과 이해관계를 공유하며 더불어 살아가고 있다는 것을 전제하고 있다. 이러한 공동체의 개념에는 구성원들이 같은 운명에 놓여 있는 동반자라는 인식이 바탕에 깔려 있고, 심지어 구성원들은 모두 같다는 신화까지 만들고 있다. 이와 같은 인식 아래 가족 공동체, 국가 공동체, 인류 공동체 같은 개념이 만들어지고 있다. 지역 공동체도 그런 맥락에서 생겨난 것이다.

　　그러나 지역 사회에 공동체의 개념을 부여하면, 자칫 지역 사회에 내재된 복합적인 성격을 간과하기 쉽다는 점을 유의하여야 한다. 우선, 지역 사회는 어느 사회나 마찬가지로 지역 사회 고유의 규범과 가치를 갖고 있으며, 질서 유지를 위하여 다양한 제도를 구축하고, 그에 따라 구성원들 사이의 위계를 설정하고 있다. 그 바탕에는 그 사회를 지배하는 권력의 불평등한 배분이 있고, 그 권력관계 속에서 특정 집단이 의사결정 과정에 더 큰 영향력이나 권한을 갖게 되며, 그에 따라 지배와 억압이 있고, 갈등도 생길 수 있게 된다. 그러한 불평등에 기초하여 사회적 위세가 만들어지고, 사회 질서를 유지하기 위한 규범이나 법칙이 만들어지거나 강요되고, 그러한 질서를 정당화하는 관행과 문화가 형성된다. 요컨대, 지역 사회에서는 어느 사회에서나 볼 수 있는 지배와 갈등, 권력의 불균등한 배분과 행사 같은 복합적인 일들이 일어나고 있다.

　　그렇기 때문에 이러한 특성을 무시한 채 지역 사회와 지역 공동체를 서로 맞바꾸어 쓰는 것은 적절하지 않다. 지역 사회의 모든 구성원들이 공동체의 일원으로서 비슷한 생각을 갖고, 똑같은 권력과 지위를 누리는 획일적인 존재가 될 수 없기 때문이다. 특히, 지역이라는 공간에서 함께 살고 있는 사람들이 공동의 번영과 발전을 도모하는 '공동체'의 일원으로서 똑같은 목적과 행동 방식을 가지고 있을 것이라고 단정하는 일방적인 인식은 지역 사회의 내재적인 특성을 보이지 않게 만들거나 왜곡할 가능성마저 있다.

그러면 왜 지역 공동체라는 개념이 여전히 유효하며, 실제로 지역 사회에서 중요한 영향력을 갖고 있을까? 그것 역시 지역 사회의 특성에서 비롯된 것이다. 지역 사회의 구성원들은 일정한 지리적 공간에서 생활하게 되면서 공동의 당면 과제를 안고 있다. 곧 그들은 지역의 번영이나 보존, 발전과 같이 공동의 이익을 추구할 수밖에 없는 존재이다. 이것은 국가라는 틀에서 공동 번영과 이익을 추구하고자 하는 국가 공동체나, 모든 인류 사회 구성원들이 공존하여야 한다는 인식을 담고 있는 인류 공동체와 같은 개념이 나온 맥락을 보면 쉽게 이해될 수 있다. 국가 안의 여러 집단은 계급, 신분, 지역, 이해타산 등 다양한 기준에서 긴장과 갈등 상태에 있지만, 공동 번영과 공생이 필요하다는 인식 아래 결집하여야 하는 상황에 놓여 있다. 이런 상황에서 국가 공동체라는 특별한 개념이 호소력을 갖게 되고, 또 성취해야 할 당면 과제가 되기도 한다. 인류 공동체의 경우도 마찬가지이다. 국가 간의 이해관계 대립과 갈등, 억압과 착취가 자행되는 현실 속에서 지구 온난화, 인구 폭증, 생태계 파괴나 핵 관련 재앙의 위기와 같이 인류 사회가 공동 대처해야 할 당면 과제를 많이 안고 있다. 이러한 과제를 해결하려고 할 때 인류 공동체의 개념이 호소력을 갖게 된다. 실제로 국가나 인류 사회에 대한 공동체적 접근은 오래 전부터 활용되어온 사회 인식 방식이다. 이와 비슷한 맥락에서 지역 공동체의 개념이 발전되어 왔다. 지역 사회 구성원들의 공동 이익과 번영을 강조하는 사회적 조류와 행동이 확산되면서 지역 공동체에 대한 인식이 발전되었다. 특히, 지역 공동체의 중요성은 오랫동안 일정 지역에 정주해온 집단의 역사적 배경과 경험을 통해서 더욱 호소력을 갖게 되었다. 지역 사회의 특성상, 주민들은 생활공간을 공유하며 친밀한 교류를 빈번히 할 뿐만 아니라 자연 재해나 안팎의 위기를 공동 대처해야 하는 상황에 놓여 있기 때문이다.

지역 공동체 개념이 확산되고, 지역 사회는 일정한 지리적 공간에서 더불어 살아가는 공동체라는 인식이 굳어지면서 지역 사회와 지역 공동체의 차이를 무시하고 교차 사용하는 경향이 커졌다고 하더라도, 지역 사회가 더 넓은 의미를 갖고 있다는 것을 간과해서는 안 된다. 요컨대, 지역 사회는 대립과 갈등이 상존하는 사회이면서, 동시에 공동의 번영과 발전을 추구하는 공동체라는, 복합적이기도 하고, 때로는 대립적인 특성을 갖고 있는 존재라는 점이다. 아울러 지역 공동체라는 말이 호소력을 갖고 주민들의 사고방식과 행동에 영향을 미치지만, 공동체 개념이 주는 부정적 영향도 간과해서는 안 된다. 단적인 예로서 공동체 개념은 구성원들에게 공동체 일원으로서 책임과 의무를 부과하며, 더 나아가 그러한 책임과 의무를 공동 번영과 발전을 위한 것으로 포장하여 강요하는 경향까지 있다.

다시 정리하자면, 지역 사회는 사람들의 일상생활이 이루어지는 공간이며, 그 공간은 복합적 성격을 갖고 있다. 그리고 지역 공동체의 핵심 가치는 기본적으로 공동 번영과 구성원들이 더불어 사는 삶에 있다. 그렇기 때문에 지역 사회 주민들은 공동 이익과 번영을 위해서 공동체 개념을 갖고 지역 사회 발전을 도모하게 된다. 이런 점에 주목하여 이 책은 진주 지역 주민들이 진주를 공동 번영과 발전을 지향하는 공동체로 만들어가기 위하여 주체적이며 능동적으로 활동한 역사를 탐구하려는 것이다. 곧, 주민들이 어떤 성격의 사회를 만들어가려고 했고, 그 원동력은 무엇이며, 그 과정에 어떤 좌절이 있었고, 그 결과 지역 사회는 어떻게 바뀌어 가는지 규명하려는 것이다. 물론 그 과정에서 대립과 갈등 같은 지역 사회의 특성을 함께 살펴보게 될 것이다.

2. 지역 사회의 역사와 사회운동

1) 지역 사회 중심으로 보는 역사 이해

지역 사회의 복합적인 특성은 지역 구성원들이 살아온 궤적에 남아 있게 마련이다. 그러므로 지역의 역사는 구성원들 사이의 지배 관계와 갈등이 점철된 역동적 과정을 보여주며, 아울러 지역에서 함께 살아온 구성원들이 자연적, 사회적 과정에서 겪는 공동의 운명, 그리고 공동의 번영과 발전을 추구한 과정을 대변하게 된다. 따라서 오랫동안 구축되어온 지역 사회의 독특한 삶의 과정을 담고 있는 지역 역사를 제대로 규명하면, 지역 사회의 복합적인 요소들이 어떻게 작용하고, 어떻게 바뀌어 왔는지 이해할 수 있다. 더 나아가, 다양한 형태의 의사결정 과정 뿐 만 아니라 지역의 당면 과제나 해결 방식을 파악할 수 있다. 또한, 지역의 공동 이익의 개념이나 기준, 또 그것을 추구하는 방식 등이 사람들마다 어떻게 다르며, 어떻게 조정되었나를 알 수 있다. 이와 같이 지역의 역사는 현재의 지역 상황을 그려볼 수 있는 주요 요소이다. 그렇기 때문에 지역 사회의 복합성과 역동성을 보여주는 지역 사회의 역사에 주목하게 된다.

지역 사회의 역사 설명은 시간과 공간이 한데 어우러진 주민들의 삶의 현장에 초점을 두고, 그 사회의 복합성과 역동성을 분석하는 작업이 될 것이다. 그 작업은 지역 사람들이 살아가면서 겪는 경험과 그 환경을 중심에 두는 것이 중요하다. 요컨대, 지역 역사는 지역이라는 공간에서 사람들이 살아가는 삶의 세계와, 그 삶을 둘러싼 사회 변화에 대한 설명이기 때문에 그들의 삶을 중심으로 사회 변화 과정을 살펴보며, 동시에 그 지역의 역동적 과정을 통하여 사람들의 삶의 변화를 주목하게 된다.

이와 같이 사람들의 삶에 밀착된 지역 역사 이해는 생활 중심의 역사가 될 것이고, 삶의 현장에 대한 설명이 될 것이다. 따라서 지역 역사 이해는 국가나 전체 사회에 초점을 맞춘 정치 중심의 역사 설명과는 다른 접근 방식을 요구하게 된다. 관심의 대상은 전체 사회 중심으로부터 사람들의 삶의 현장인 지역 사회 중심으로 바뀌게 되고, 권력 중심의 정치사로부터 생활 중심의 사회사로 바뀌게 된다. 권력의 중심지인 서울의 모습과 그 변화에만 관심을 두는 것이 아니라 삶의 현장인 지역의 모습과 그 변화에 주목하게 된다. 물론 국가나 전체 사회가 지배하는 작용 원리를 무시하는 것은 아니다. 오히려 그러한 원리가 지역 사회와 사람들의 일상적인 삶에 어떻게 영향을 미치는가 보는 것이 필요하다. 그렇지만 지역 사회와 사람들의 삶을 중심에 놓고 국가나 전체 사회의 작용 원리를 활용하는 것이 필요하다는 뜻이다.

지역 사회 역사의 탐구 대상은 무궁무진하다. 한 마디로, 사람들의 생활 모습이 모두 탐구 대상이 될 수 있다. 예를 들어, 사회적 관습과 관행, 그 바탕이 되는 문화와 사람들의 의식, 사람들의 일상 관계와 교제 방식 등에 대한 탐구는 사람들의 삶을 설명하는 데 유용할 것이다. 또 지역 사회의 권력 구조와 의사 결정 과정, 그리고 그 과정에서 구성원들의 참여 방식과 영향력 등에 대한 연구나, 직업 구조와 변동, 산업 양식과 성격, 경제 활동과 부의 분배 구조 같은 경제 영역에 대한 분석은 사람들의 삶에 영향을 미치는 정치적, 경제적 환경을 설명하게 될 것이다. 이와 같이 다양한 지역 역사 연구는 전체 사회의 역사를 설명하는 데 기여하게 된다. 실제로 전체 사회 역사에 대한 많은 연구는 지역 역사 연구 결과에 기반을 두고 있으며, 전체 사회 연구는 지역 연구의 축적을 통해서 발전되어 왔다. 이런 점에서 지역 연구의 활성화는 전체 사회 연구의 발전에 기여하게 되고, 또 그것은 거꾸로 지역 사회 연구를 촉진하게 된다. 이와 같은 상보적인 관계에도 불구하고, 지역 연구의 독자성과 지역 중심의 관점에 의한 설명 방식을 강조하는 것은 지역의 복합성과 역동성에 기인한 특성을 주목하여 보는 것이 중요하기 때문이다.

지역 중심의 관점은 전체 사회의 관점이나 권력 중심의 관점에서 모든 지역을 획일적으로 보거나 일반화하는 환원주의를 경계한다. 지역마다 다양하고 개성 있는 삶의 경험과 전개가 이루어진다는 점을 강조하며, 그것을 중심으로 역사를 이해하는 것이 중요하다고 본다. 달리 말하면, 지역은 전체 사회의 결정대로 움직이는 수동적 행위자가 아니라 주체적인 의사 결정자로 인식하여야 한다는 것이다. 지역마다 여건이 다르기 때문에 사람들의 삶의 방식도 제각기 다르게 되고, 그에 따라 사회적 과정의 양상도 제각기 다르게 나타난다. 고유한 방식의 역동적 과정을 갖고 있는 지역 사회의 역사가 서로 유기적으로 얽혀가면서 전체 사회 역사의 일부분이 되는 것이다. 물론 전체 역사는 그 자체로 고유한 독자적인 모습으로 존재하며, 지역 사회에 커다란 영향을 미친다. 그러나 지역 사회의 다양한 모습을 올바로 반영한 전체 역사가 될 때 그 역사 설명은 더 적절성을 갖게 될 것이다.

이렇게 사람들의 삶을 중심에 둔 지역 사회 역사가 중요하다는 인식 아래 글쓴이가 살고 있는 진주의 역사를 탐구하고자 한다. 특히, 진주 지역 사회의 총체적인 역사가 아니라, 20세기 초라는 특정한 시기에 일어난 주민들의 활동을 살펴보려고 한다. 그것은 전통 사회에서 근대사회로 바뀌고, 일제의 식민지로 전락한 격변의 시기에 새로운 사회를 꿈꾸며 지역 공동체를 만들어가고자 한 진주 지역 주민들의 삶과 활동의 기록이 될 것이고 그곳에서 일어난 변화에 대한 설명이 될 것이다.

2) 사회운동의 특징

20세기 초 지역 사회를 바꾸어가려는 진주 사람들의 활동을 보면, 사회운동을 "사회 환경을 바꾸려는 집합 행동"으로 규정한 스멜서의 고전적 정의[1]를 되새기게 된다. 사회운동은 기본적으로 사회 구성원들이 집합적으로 참여하여 자신들의 사회 환경을 바꾸어가고자 하는 활동이다. 그것은 사회가 '주어진 고정된 것'이 아니라 '만들어가는 유동적인 것'이라는 특성을 보여주고 있다. 그런데 사회는 그 자체 오랜 시간을 통해 만들어진 굳어진 틀을 갖고 있다. 그러한 사회적 틀은 하나의 조건으로서 사회 과정에 작용하고 있다. 곧, 사회 구조의 요소이다. 그렇지만 사회 구성원들은 주어진 조건의 틀에 갇혀만 있는 것이 아니라 새로운 사회를 만들어가는 성격도 갖고 있다. 곧, 사회의 역사적 성격의 요소이다. 이 두 요소는 어느 하나가 일방적으로 결정하는 것이 아니라, 서로 작용하면서 사회의 진행을 도모하게 된다.[2] 이와 같은 역사 구조적 특성을 잘 보여주는 것 가운데 하나가 사회운동이다. 곧, 사회운동의 바탕에는 기존의 사회 여건 또는 구조가 작용하고 있으며, 아울러 새로운 사회를 만들어가려는 사회 구성원들의 의지가 반영된 활동 목표와 내용이 있다. 이런 점에서 사회운동의 특성은 크게 세 가지로 정리될 수 있다.

첫째가 집합성이다. 사회운동은 기본적으로 '여러 사람이 참여'하여 기존의 사회적 환경을 새롭게 바꾸어 가려는 활동이다. 곧, 개개인이 참여하는 것이지만, 결국은 혼자가 아닌 '여럿'이 함께 활동하는 것이다. 따라서 사회운동은 단순히 개인의 합으로 구성된 단체의 성격을 뛰어넘어 '집합성'으로 규정되는 특성을 가진다. 집합성은 사회운동에 참여하고 있는 구성원들이 사회 환경에 대한 공통된 인식 아래 합의된 방향으로 변화시키기 위해 활동하면서 나타나는 특성이다. 이와 같이 집합적인 활동에서 비롯된 집합성은 사회 변화를 도모하는 주요 동력으로 작용하고 있으며, 사회운동의 성격이나 특징을 규명하는 열쇠를 제공한다. 예를 들어, 누가 참여하고 있나? 어떤 성격의 집단인가? 그들은 어떻게 참여하고, 서로 연결되어 있나? 이렇

---

1   Neil J. Smelser, *Theory of Collective Behaviour* (London: Routledge and Kegan Paul, 1962).

2   이 두 가지 성격이 서로 작용하는 것을 강조하며 사회 이해의 역사 구조적 접근을 주장하는 박영신, "역사구조적 접근의 일반 원리," 『사회학 이론과 현실 인식』(민영사, 1992), 237-258쪽.

게 참여자들을 둘러싼 여러 면모를 밝힘으로써 사회운동의 성격을 파악할 수 있게 된다. 참가 집단의 성격이나 목표에 따라 민족운동, 계급운동, 신분 해방운동, 이념운동, 교육운동, 농민운동, 여성운동 등으로 구분하는 것이나, 행동 방식에 따라 중앙집권적인 전략을 구사한다든지, 풀뿌리운동이라든지, 점조직의 전략을 갖고 있다든지 설명하는 것은 모두 사회운동의 집합성에서 비롯된 것이다. 또, 참여자들이 기존의 사회적 환경을 어떻게 인식하며 바꾸려고 하나 보여주는 것도 개개인의 차원에서 판단되는 것이 아니라 참여한 사람들이나 활동 내용의 집합적 성격을 통하여 파악할 수 있다. 이와 같이 집합성의 특성은 사회운동의 내용이나 목표, 활동 방식 등을 명확하게 규명하는 데 도움을 준다. 이 책에서 다루게 될 진주 지역의 사회운동을 일제 식민지 지배에 대한 저항이라든지, 교육 기회 부족이나 신분차별, 소작 관행에 대한 개혁 활동이라든지, 지역 사회의 공동 번영과 이익을 도모하는 지역 공동체운동이라든지 하는 것도 집합성의 특성을 활용하여 이루어지는 것이다.

사회운동의 두 번째 특성은 복합성이다. 사회운동의 진행에는 다양한 변수가 작용한다. 기존의 사회적 환경을 바꾸려고 하는 사회운동의 성격 때문에 그에 대한 사회 구성원들의 입장은 다양하게 갈린다. 크게, 사회운동에 참여하는 집단과 반대하는 집단으로 나누어지고, 그들 사이에 긴장과 대립, 갈등을 볼 수 있는데, 좀 더 세분하여 보면 입장을 유보하고 방관하는 집단, 심정적으로 동의하면서도 참여하지 않는 집단, 동의하지 않으면서도 적극적인 반대 의사나 활동을 표시하지 않는 집단 등 다양한 입장이 있다. 이와 같이 사회운동의 복합성은 사회 구성원들의 복합적 관계뿐만 아니라 사회운동의 과정이나 요소들이 복합적으로 작용하여 나타나는 다양한 양상에서도 확인할 수 있다.

사회운동이 발전하기 위해서는 사람들이 사회 현실의 어떤 측면을 불공정하거나 부당하다고 인식하는 '사회적 구속성'이 존재하고, 또 사회운동이 발전할 수 있는 사회적 여건인 '사회적 허용성'이 만들어져야 하는데, 이러한 조건의 형성과 발전 과정에는 사회 전반의 여러 요소가 복합적으로 작용하게 된다. 또, 사회운동이 만들어지는 조건뿐만 아니라 진행 과정도 복합적 요소로 작용한다. 예를 들어, 사회운동을 둘러싸고 있는 안쪽(내부) 환경과 바깥(외부) 환경은 사회운동의 전개에 끊임없이 영향을 미친다. 구체적으로 사회운동 안쪽 환경의 주요 요소인 참여자, 조직, 전략, 목표 등은 서로 영향을 주고 받으며 다양한 변화를 일으키는 요소로 작용한다. 사회운동을 둘러싼 바깥 환경인 사회적 규범, 법, 관습, 동원 가능한 자원 같은 것들도 사회운동의 전개와 발전에 영향을 미치는 주요 요소이다. 또 참여자들의 관심의 차이, 기존 환경에서 얻는 이점(기득권), 새로운 변화에 대한 저항 등 다양한 요소들도 사회운동 전반에 작용하게 된다.[3]

이와 같이 사회운동을 둘러싼 안팎 환경의 구성 요소들이 복합적으로 뒤얽혀 다각적으로 작용하는 것은 사회운동의 기본 특성인 복합성을 보여주는 것이다. 그렇기 때문에 사회운동을 단선적인 진행 과정으로 해석하거나, 단일 요건이 결정하는 현상으로 보는 것은 적절하지 않다. 이런 관점에서 이 책은 진주 지역의 사회운동을 여러 요소들이 복합적으로 작용하는 진행 과정으로 인식하여 그 양상과 특성을 밝히려는 것이다. 곧, 주민들이 사회운동을 통하여 지역 사회를 바꾸려고 하지만, 그 양상이 일방적인 방향으로 진행하는 것이 아니라 여러 요소들이 다각적인 차원에서 영향을 주고 받으며 이루어지는 것에 주목하고자 한다. 이렇게 일상생활의 현장에서 복합적 요소가 작용하며 진행되는 것이 역사의 모습이다.

사회운동의 세 번째 특성은 역동성이다. 이것은 사회운동이 끊임없이

---

3 새로운 사회운동 분석틀을 제시하며 도입한 사회적 구속성, 사회적 허용성, 사회운동의 안쪽(내부) 환경, 바깥(외부) 환경 등의 개념에 관하여 김중섭, "사회운동 분석의 대안적 접근 방법," 『사회학연구』 세번째책(1985), 188-211쪽; 김중섭, 『형평운동연구: 일제침략기 백정의 사회사』(민영사, 1994), 17-27쪽, 특히 23쪽 〈그림 0-1〉; 김중섭, "구속, 허용, 새 사상: 사회운동의 3중주: 연구의 새 지평을 위하여," 『사회학연구』 아홉번째책(1998), 9-35쪽.

바뀌어가면서 진행된다는 것을 의미한다. 사회운동은 사회를 바꾸려는 집합행동의 속성상 사회 변동을 수반하게 된다. 끊임없이 일어나는 진행 과정의 변화에 여러 요소들이 영향을 미치기 때문에 사회운동의 역동성과 복합성의 특성은 맞물려 작용하게 된다. 사회운동의 안쪽 환경인 참여자, 조직, 전략, 목표, 그리고 바깥 환경인 물질적 조건이나 관습, 규범, 법 같은 비물질적 조건, 지지 집단이나 적대적인 집단의 관계 등 복합적 요소들이 사회운동의 역동성의 요인으로 작용하는 것이다. 예를 들어, 앞서 논의한 바와 같이 사회운동을 둘러싸고 사회 구성원들의 입장은 다양하게 갈려있는데, 그것은 고정된 것이 아니라 사회운동이 진행되면서 끊임없이 바뀌어 가는 것이다. 잠재적으로 동의하던 집단이 적극 참여하기도 하고, 입장 유보나 방관하던 집단이 적극 참여하거나 반대하는 입장으로 바뀌어 가는데, 이러한 역동적인 양상은 사회운동에 내재된 특성으로서 다양한 차원에서 나타난다. 사회운동을 지지하는 세력과 억제하는 세력 사이의 긴장과 대립, 잠재적 참여자, 적대집단 등을 둘러싼 긴장, 사회운동의 전개 과정에 미치는 안팎 환경의 영향, 지도세력의 교체, 참여자 구성의 변화와 그에 따른 조직의 변화, 목표나 활동 내용, 전략의 변화, 또 사회운동 발전의 필요한 조건인 사회적 구속성의 내용이나 인적 및 물적 자원의 성장의 상호 작용 등에 따라 사회운동은 여러 수준에서 다양한 경로의 역동적인 과정으로 전개된다. 요컨대, 사회운동을 둘러싸고 있는 복합적인 요소들은 사회운동의 역동적 전개에 작용하거나 조장한다. 이처럼 집합 행동으로서 나타나는 사회운동의 세 가지 특성인 집합성, 복합성, 역동성은 서로 밀접하게 연계되어 있다.

3. 사회운동의 시대

1) 진주 지역의 경험

20세기 초 진주는 경상남도 서부 지역에 위치한 작은 도시였지만, 경남의 도청 소재지로서 오랫동안 남부 지방 중심도시라는 위상을 갖고 있었다. 특히, 진주는 삼국시대 이후 1,300년에 이르는 오랜 기간 격변의 중심지로서 역사도시라는 별칭을 얻고 있었다.[4] 또 유학의 대학자 남명 조식의 가르침을 통해 학문이 크게 발전하였으며, 이것은 교육 풍토의 바탕이 되었다.[5] 또 진주는 16세기 말 임진왜란과 정유왜란 시기에 일본 침략군을 격퇴한 승전의 역사와 그 후 재차 침입한 일본군에 의해 성이 함락되고 모든 주민이 유린당한 역사를 갖고 있다. 그 와중에 외적에 적극적으로 대항한 의병 활동이나 논개로 상징되는 주민들의 저항 정신은 후세에 길이길이 전해져 내려오며,[6] 호국 충절의 고장이라는 세평을 받기도 하였다.

이와 같이 오랜 기간에 걸쳐 남부 지방의 행정, 학술, 문화의 중심도시였던 진주는 19세기 중반부터 20세기 초에 이르는 한국 사회의 격동기에도 변동의 중심지에 있었다고 해도 과언이 아닐 정도로 다양한 역사적 경험을 하였다. 1862년(임술년) 초에 일어난 진주의 농민 항쟁은 19세기 후반 조선 왕조의 무능과 관리들의 부패로 전국 곳곳에서 벌어진 항쟁 활동의 기점이 되었다.[7] 진주 농민들이 조직적으로 준비한 집합행동을 통해서 탐관오리를 응징하였다는 소식은 전국으로 퍼져가면서 항쟁의 확산에 기여하였을 것으로 짐작된다. 또 19세기 말, 사회 개혁을 요구하는 갑오농민전쟁이 삼남 지

---

4   김해영, 『진주 역사』(문화고을, 2010).

5   허권수, 『남명 조식』(지식산업사, 2001).

6   김수업, 『논개』(지식산업사, 2001).

7   李命吉・徐英培, "李朝 晉州民亂의 政治社會學的 考察,"『慶尙大學校 慶南文化研究所 論文集』제1집(1978); 김준형, 『1862년 진주농민항쟁』(지식산업사, 2001).

방을 휩쓸 때 그 여파는 진주 지역에까지 미쳤다. 진주 인근에서 정부군과 동학군 사이의 전투가 벌어지기도 하였으며, 진주목사 관할 지역인 삼가에 농민군의 집강소가 설치되기도 하였다.[8] 갑오년의 농민혁명을 주도한 지도자들은 사람을 하늘처럼 귀하게 여기는 '인내천' 사상을 주장하는 동학을 신봉하였는데, 그 사상적 조류가 진주 지역에도 퍼져있었을 것으로 판단된다. 이와 같이 기존 질서에 저항하며 사회 변혁을 시도한 임술년(1862)의 농민항쟁이나 갑오년(1984)의 농민혁명의 경험은 20세기 초 진주 지역 사회에 큰 영향을 미쳤을 것으로 짐작된다.

20세기 초, 한국 사회는 서구 문물과의 접촉을 통하여 사회 변혁에 대한 열의가 확산되었으며, 일제 침략으로 500년동안 지속된 조선 왕조가 무너지고 식민지로 전락하였다. 이 와중에 진주 또한 큰 격변을 겪었다. 1895년의 행정 구역 개편에 따라 진주는 경남의 도청 소재지가 되었고, 근대 교육제도의 도입으로 경남 최초의 신식 학교가 세워졌다. 또 서구 문물이 들어와 주민들의 일상생활에도 커다란 영향을 미쳤다. 근대 사회로 나아가고자 하는 사고방식이나 활동이 더욱 널리 확산되었다. 특히, 기독교가 전파되면서 여성들을 위한 활동이 일어났고, 신분을 초월하여 비백정과 백정의 동석예배가 시도되었고, 서구식 의료기관이 만들어졌다.

다른 한편, 진주에서도, 일제 식민지로 전락해 가는 상황에 대응하여 항일 의병 활동이 일어났고, 나라의 경제적 파산을 가져올 외채를 갚기 위한 국채보상운동이나 민족 실력 양성을 위한 교육운동이 확산되었다. 그렇지만 일제의 무단 통치 아래 주민 모든 생활 영역에서 감시와 통제를 받았으며, 새로 제정된 법령에 의해 주민 교육 활동조차 억압받았다. 일제가 실시한 회사령 같은 새로운 법령 제정이나 토지조사 사업으로 말미암아 주민들의 경제 활동은 더욱 통제를 받았다. 이와 같이 조선 왕조가 무너지고 일

---

8   김준형, "진주 인근에서의 동학군 봉기," 진주농민항쟁기념사업회 · 경상대학교 경남문화연구원 엮음, 『진주농민운동의 역사적 조명』(역사비평사, 2003), 59-104쪽.

제 식민지 침략이 가속화되면서 자행된 일제의 간섭과 억압은 진주 지역 전반에 커다란 영향을 미쳤다.

특히, 일제 식민지 세력이 들어오면서 진주 지역의 세력 판도에 커다란 변화를 가져왔다. 일제는 행정 조직을 통하여 지역 사회에 대한 지배력을 확대하고 주민들의 활동에 대한 통제력을 강화해갔다. 도청 소재지였던 진주의 행정 기관의 고위 직책은 일본인들이 맡게 되었고, 지역 유지들은 그들과 협력하며 친일 부역 세력으로 바뀌어 갔다. 그리고 일본인 거류민들이 급증하면서 진주의 정치, 경제, 사회 각 부분에서 영향력을 확대해 갔다.[9] 그들은 일제의 행정 지원을 등에 업고 진주 지역의 이권에 개입하여 경제력을 확장해 갔으며, 친일 부역 세력과 결탁하여 지역 현안 문제를 결정하는 데 영향력을 행사하면서 지역 사회의 지배 세력으로 자리를 굳혀갔다.

또한 서부 경남에 위치한 진주는 부산 개항 이후 경부선을 축으로 식민지 지배 체제를 강화해가는 일제의 정책 탓으로 도시 발전이 정체되고 있었다. 1920년대 초까지 부산이나 서울로 이어지는 철도나 도로망이 개설되지 않았던 탓으로 삼천포를 경유하는 뱃길을 주로 이용하는 형편이었다. 그리고 전통적으로 지주들이 많이 거주하던 진주에는 별다른 산업이 발전하지 않았던 탓으로 경제적으로 격변하는 시기였음에도 불구하고 진주의 경제는 여전히 토지에 기반을 둔 농업에 의존하였다.

요약하자면, 20세기 초 진주 지역의 상황은 복합적인 여러 요소가 뒤섞여 전개되고 있었다. 오랫동안 서부 경남의 중심도시였던 진주는 서구 문물의 유입과 근대 사회로의 이행을 지향하는 한국 사회의 급격한 변동을 겪으며, 전통적 관습과 제도를 혁파하여 근대 사회로 발전하자는 사회적 분위기

---

9 일본인은 1903년에 처음 이주한 이래 1905년 125명, 1909년 953명, 1910년 1,025명, 1911년 1,689명, 1912년 2,107명으로 급속도로 늘어났다. (勝田伊助, 『晋州大觀』 晋州: 晋州大觀社, 1940; 1995, 진주신문사, 31쪽) 그 주원인은 진주가 도청 소재지였기 때문이었다. 일본인들의 이주와 경제력 확장 양상에 관하여 위의 글 여러 곳 볼 것.

가 조성되어 있었다. 그러나 일제 침략의 와중에서 사회 각 분야는 간섭과 억압을 겪고 있었다. 특히, 일제 식민지 지배 아래 경부선 축에서 벗어난 탓으로 도시 발전이 지체되고 농업 중심 사회의 틀이 여전히 유지되고 있었다. 이렇게 국권 상실과 식민지로의 전락, 후진 국가로서 겪는 억압과 비애를 겪으면서 나라 발전과 개혁에 대한 관심이 크게 늘어나게 되었고, 그런 가운데 근대성과 민족주의로 축약되는 사회적 조류가 20세기 초의 사회 변동의 주요 바탕으로 자리잡게 되었다.

2) 진주 지역 사회운동의 시대

근대성과 민족주의로 축약되는 사회적 분위기는 20세기 초 진주 지역에서 일어난 다양한 사회운동의 온상 역할을 하였다. 그 출발은 일제의 조선 병탄 이후 진주 지역 주민들이 가장 대규모로 참여한 1919년의 3·1민족 해방운동(앞으로 '3·1운동'으로 줄임)이었다. 3·1운동을 경험한 진주 사람들은 다양한 목적의 사회운동을 활발하게 펼쳤으며, 이러한 사회운동의 밑바탕에는 일제 식민정책에 대한 저항이나 민족 해방을 도모하는 민족주의 분위기가 깔려있었고, 사회적 폐습을 타파하고 근대 사회를 만들자는 개혁 의지가 작용하고 있었다.

일제의 강압 통치 아래에서 민족주의적인 활동은 겉으로 드러내기 힘들었다. 실제로 민족 해방을 위한 비밀 결사를 조직하거나 지하 활동을 벌이더라도 언론에 보도되거나 기록으로 남기기 어려운 상황이었다. 그렇지만, 주민들의 민족 해방 활동이 끊임없이 있었던 것은 분명하다. 민족 독립을 위해서 실력이 필요하다는 실력 양성론 차원에서 주민 교육 활동이 활발하였다거나, 경남 도청을 이전하려는 일제 정책에 대하여 적극적으로 반대활동을 펼친 것같이, 3·1운동 이후 널리 확산된 주민 활동이나 사회운동 전반에 민족주의 분위기가 깔려 있었다.

다른 한편, 지역사회운동의 또 하나의 특색은 기존의 사회적 관행이나 제도를 바꾸려는 개혁적인 요소가 강하였다는 점이다. 우선, 전통 사회에서 차별이나 억압을 받던 어린이, 여성, 백정 같은 사회적 약자들을 위한 활동이 활발하였다. 예를 들어, 1921년 전국 최초로 결성된 어린이 단체인 진주 소년회는 조선 시대에 제대로 대우받지 못하던 어린이 권익 문제를 제기하고 있다.[10] 소년회 주동자들이 독립 시위에 관련되어 경찰에 체포됨으로써 소년회 활동이 활발할 수 없었지만,[11] 소년회 창립과 그 즈음에 활발해진 개신교의 주일학교(1916년 시작)나 여름성경학교(1925년 시작)[12], 천도교소년회[13], 보천교소년회[14], 소유원(少幼院)[15]같은 종교 기관들의 어린이 활동은 1920년대 어린이 운동의 전국 확산에 일조하였다고 평가된다.

근대성을 지향하는 사회 개혁 활동은 유교 사회에서 차별 받던 여성 분야에서도 생겨났다. 기독교 중심의 야소교 부인회,[16] 여자기독청년회,[17] 천주교의 여자청년회[18]같은 여성 단체가 결성되어 여성의 사회 활동 참여 기회가 늘어나면서 여성들이 집 밖으로 나올 수 있게 되었다. 더 나아가 여성 교육을 위한 야학 실시, 정규 여학교 설립 등이 추진되고, 지역 유지들이 주축이 되어 여성 중등교육기관인 일신여자고등보통학교가 설립되기에 이르렀다. 어린이나 여성의 경우에 못지않게 전통 사회의 폐습을 타파하며 사회

---

10 『동아일보』 1921년 6월 24일; 金正義, 『韓國少年運動史』(민족문화사, 1992), 72-74쪽. 통상적으로 사회운동 단체의 이름에 진주가 들어 있는데, 이 책에서는 특별한 경우를 제외하고는 명칭에서 '진주'를 생략하고자 한다.

11 『동아일보』 1921년 6월 24일.

12 진주교회사연혁위원회, 『晉州面 玉峯里 耶蘇教 長老會 沿革史』(晉州, 1930), 29, 48쪽. 주일학교와 여름성경학교는 일제의 방해로 1933년 중단할 때까지 지속되었다.

13 『동아일보』 1923년 8월 16일.

14 『동아일보』 1923년 5월 10일.

15 『조선일보』 1924년 10월 25일.

16 『매일신보』 1920년 11월 16일.

17 『조선일보』 1922년 12월 11일, 창립 1주년 기념식.

18 『동아일보』 1923년 3월 8일; 『조선일보』 1923년 3월 9일.

혁신을 도모하였던 사회운동은 조선의 신분제 유습에서 가장 천대받던 백정에 대한 차별 철폐와 평등 대우를 내걸고 1923년에 시작된 형평운동이었다. 이밖에도 사회 개혁 운동은 가히 사회 전 분야에서 일어났는데, 특히 문맹 퇴치와 교육 기회 부족의 해소를 위하여 야학이나 강습소 운영 같은 주민교육운동이 두드러졌다. 또, 조선 사회에 뿌리깊이 박혀있는 소작 문제를 해결하고 소작인들의 권익을 위한 조선노동공제회 진주지부의 활동은 근대 사회를 건설하고자 한 또 다른 유형의 사회개혁운동이었다. 또 자선회(慈善會),[19] 무직자구제회(無職者救濟會),[20] 부업장려회,[21] 공존회,[22] 기근구제회[23] 같은 단체들은 빈곤과 기아 문제의 해결을 통해서 사회적 약자를 보호하고자 하였고, '무산자 계급의 근검절약'을 장려하기 위한 저축계,[24] 건전한 결혼을 돕기 위한 조혼회(助婚會),[25] 관혼상제의 허식 사치를 폐지하며 근검절약을 계도하기 위한 상보회(相保會),[26] 사회적 폐단으로 인식된 술과 담배를 절제하기 위한 금주단연회(禁酒斷煙會)[27] 같은 단체들도 사회적 폐습의 개선을 위하여 활동하였다.

이와 같이 인구 2만 수준의 작은 도시에 다양한 목적을 가진 60여 개 단체가 활동하고 있다는 것만으로도 그 시대는 가히 '사회운동의 시대'라고 할 만 하였다. 게다가 대부분의 사회운동이 중앙의 활동이나 전국적 추세에 따라 하는 일방적인 '모방 활동'이 아니라, 지역 상황에 따라 생겨나는 지역 중심의 '주체적 활동'이었다. 소년회, 전국소작인대회, 형평사 같이 전국 최

---

19 『동아일보』 1921년 3월 12일.

20 『동아일보』 1921년 3월 23일.

21 『동아일보』 1923년 4월 21일.

22 『조선일보』 1923년 5월 9일; 『동아일보』 1923년 5월 10일.

23 『조선일보』 1924년 10월 25일.

24 『동아일보』 1921년 9월 13일.

25 『동아일보』 1922년 1월 23일.

26 『동아일보』 1923년 2월 12일.

27 『동아일보』 1923년 3월 29일.

초로 시작한 경우도 있고, 또 노동대회,[28] 조선학생대회,[29] 조선노동공제회 같이 외부의 영향이나 전국의 추세에 따라 하위 조직으로 만들어진 경우도 있지만, 기본적으로 진주 주민들이 주체적으로 자신들의 사회 환경을 새롭게 바꾸어 가려는 의도에서 이루어졌다. 또 진주 지역의 활동은 다른 지역에 영향을 미치기도 하고, 다른 지역의 활동으로부터 영향을 받기도 하는 등 상호 작용을 통하여 이루어졌다. 예를 들어, 진주의 어린이 권익 활동은 1920년대의 어린이운동으로 연계되어 발전하였으며,[30] 1922년 진주의 전국 소작인대회는 전국적으로 소작운동이 발전하는 계기가 되었으며,[31] 형평사 창립은 백정 신분 차별 철폐와 평등 대우를 주장하는 전국적인 형평운동으로 발전하였다.[32] 또 진주노동공제회 같이 서울에서 시작된 사회운동의 하부 조직으로 시작하였지만 많은 영역에서 독자적인 활동을 벌여나가기도 하였다. 이와 같이 주민들이 주체적으로 지역 사회를 새롭게 만들어가는 사회운동이 활발하였다는 점에서도 이 시기는 '사회운동의 시대'라고 이름 붙일 수 있었다.

요컨대, 3·1운동 이후 1920년대 전반기에 걸친 사회운동의 시대에 진주 지역 주민들은 전통 사회의 폐습을 타파하여 사회적 약자의 권익을 보호하는 사회를 지향하는 근대성과 일제 식민지 지배로부터 벗어나 민족 독립을 갈망하는 민족주의가 뒤얽혀서 주체적으로 사회적 환경을 바꾸고자 하는 다양한 활동을 벌이면서 독자적인 역사를 만들어 갔다. 거기에는 진주

---

28 『매일신보』 1920년 6월 24일.

29 『동아일보』 1920년 7월 20일.

30 진주의 어린이운동에 참여하였던 강영호의 작품이 『천도교회 월보』 1920년 6월호, 1922년 1월호와 2월호에, 고경인의 작품이 1920년 7월호와 9월호에 실려 있는 등 서로 관계를 유지하고 있었다(『경남일보』 2009년 5월 5일).

31 淺田喬二, "식민지 한국에서의 농민조직의 발전상황," 淺田喬二 외 7인 『抗日農民運動研究』 (동녘, 1984), 11-27쪽.

32 김중섭, 위의 글(1994); 김중섭, 『형평운동』(지식산업사, 2001).

주민들의 관심과 미래 사회에 대한 청사진이 담겨 있었다. 그 과정에서 많은 주민들이 적극적으로 다양한 의견을 제시하며 집합적으로 지역 문제에 참여하기 시작하였다. 청년들은 사회운동의 기폭 집단으로서 사회운동을 만들고 이끄는 중추적인 역할을 하였으며, 지역의 지식인들이나 유력자들도 다양한 방식으로 사회단체 활동에 기여하였고, 종교 단체들이 사회 개혁을 위한 여러 활동의 구심점 역할을 하면서 종교 단체 회원들은 여러 사회운동 단체의 핵심 활동가로 성장하였다. 또 여성, 백정, 농민, 소작인, 노동자 같이 전통 사회에서 소외되고 억압 받아온 집단들도 자기 권익을 위한 활동을 펼쳤다.

이와 같이 사회운동이 발전하면서 사회운동의 특성인 복합성과 역동성은 진주 지역의 사회적 과정에 고스란히 드러났다. 많은 주민들이 지역 문제에 대하여 자신들의 입장을 밝히고, 자신들의 의견을 관철시키기 위하여 집합행동을 벌이는 주체적인 세력으로 바뀌면서 주민들의 엇갈린 이해 관계와 견해가 표출되었으며, 그에 따라 지역 사회의 의사 결정 과정은 더욱 복합적이며 역동적으로 전개되었다. 양반이나 지주 집단, 그리고 일제의 엄호를 받는 일본 거류민이나 친일 부역 세력이 지역 사회의 현안 문제를 독점하여 결정해 오던 예전의 관행이 깨지게 되었다. 사회운동 참여자들이 지역 사회의 주요 행위자로 등장하면서 지역 사회의 의사 결정 과정은 여러 형태의 다차원 구조로 바뀌어갔다. 그리고 지역 현안 문제에 따라 주민들의 입장 차이가 더욱 뚜렷하게 드러나게 되고 사안에 따라 여러 형태의 대립 구조가 만들어지는 등 지역 사회의 사회적 과정은 더욱 복잡하게 전개되었다.

의사 결정 과정의 다차원 구조는 집단 간의 긴장과 대립을 유발하고, 갈등을 낳기도 하였다. 이것은 사회의 자연스러운 역동적 과정으로서 사회운동의 특성을 보여주는 것이었다. 사회운동의 목적이나 참여하는 집단에 따라 지역 사회의 사회적 과정이 더욱 복합적이며 역동적으로 진행되어 갔다. 이렇게 많은 주민들이 지역 사회의 현안 문제에 참여하게 되고, 그에 따

라 다차원적인 의사결정 구조가 만들어지고, 지역 사회가 복합적이고 역동
적으로 전개된다는 것은 지역 사회 구성원들이 주체적으로 자기 행동을 결
정하는 행위자로 발전하였다는 것을 의미하였다. 다시 말해, 주민들은 지역
사회 문제에 대하여 다변화된 관심 세계와 활동 목표에 따라 주체적으로 결
정하기 시작하였던 것이다. 그것은 그들이 '시민'으로서 발전하는 모습이었
으며, 더 나아가 사회 각 부분에서 행위자들의 주체적인 의사 결정을 존중
하는 '시민 사회'의 싹이 움트는 조짐이었다. 이렇게 주민들이 주체적으로
활동하며 사회적 환경을 바꾸고자 하였던 '사회운동의 시대'에 '시민'과 '시
민 사회'가 생겨날 조짐이 보였던 것이다.

지금까지의 논의를 바탕으로 이제부터 '사회운동의 시대'에 진주에서
일어난 사회운동 사례들을 좀 더 구체적으로 깊이 있게 살펴보면서 지역의
역사적 전개 과정을 이해하고자 한다.

제2부
식민 세력에 대한 저항

1장 3·1운동과 지역사회운동의 발전

2장 일제 식민 통치와 주민교육운동

3장 경남 도청 이전과 주민저항운동

3·1운동과 지역사회운동의 발전

1919년 3월 18일, 진주에서는 처음으로 만세 시위가 일어났다. 3월 1일 서울을 비롯한 북부의 7개 지역에서 대규모의 시위가 조직적으로 일어난 지 18일만이다. 3월 10일 진주 거리에 처음 조선 독립 격문이 나붙은 지 8일만이었다. 다른 지역보다 늦었지만, 진주 지역의 시위는 진주에 새로운 변화를 일으키는 출발이었다.

진주의 시위는 주동자들이 계획한 대로 여러 곳에서 동시에 시작되었다.[1] 3월 16일에 등사하여 정용길의 집에 맡겨 두었던 1,000매 정도의 독립선언서가 우선 진주 시내에 배포되었으며, 비봉산에서 울린 김영조의 나팔 소리를 신호로, 심두섭과 이강우는 법원 앞에서, 김재화, 강달영, 권채근은 매립지에서, 정준교, 강상호는 공원(촉석광장)에서, 강주한, 박진환은 시장(남문안)에서 동시에 시위를 시작하였다. 그들은 제각기 '조선독립만세'라고 쓰인 깃발과 태극기를 앞세우고 행진하며 시민들의 시위 참여를 독려하였다.[2]

---

1   진주 지역의 3·1운동 전개 양상은 『매일신보』와 대구복심법원 판결문 (1919. 6. 17), 고등법원 형사부 판결문 (1919. 9. 6)에 의거하여 작성하였다.

2   대구복심법원 판결문 (1919).

시위대는 광림학교 졸업생인 천명옥, 박성오, 이영규 등이 이끄는 악대 소리에 따라 시내 거리를 행진하였다. 참가 군중은 약 3,000명에 이르렀다. 그렇게 시위는 오후 5시경까지 계속되었다. 이날 일제 헌병에 체포되었던 사람만도 86명이 되었다.[3]

시위는 그 이튿날에도 계속되었다. 11시 경부터 시작된 이 날 시위에 참가한 사람은 약 8,000명에 이르렀다. 조선 사회에서 천민으로 차별받던 기생들까지 태극기를 휘두르며 시위에 가담하였다가 주모자 6명이 경찰에 잡히기도 하였다.[4] 시위대는 경찰서까지 몰려가 식민 통치 철폐와 조선 독립을 요구하였다. 만세 시위는 오후가 되면서 돌을 던지는 등 폭력 양상으로 바뀌어 갔다.[5] 그리고 다음 날에도 폭력 시위가 계속되었다. 약 600명의 군중이 참여하여 폭력 시위를 벌였다.[6] 진주에 주둔하던 일제 수비대 군대와 헌병 경찰은 학생 50명, 일반인 150여 명을 구금하면서 시위 진압을 시도하였다. 연 나흘째인 21일에는 500명 정도의 시위대가 진주와 삼천포를 잇는 도로를 점거하여 자동차와 우마차의 통행을 가로 막았다. 그래서 우편물이 불통되고, 이웃 도시로 통행하는 것조차 어렵게 되었다.

연일 시위가 일어나면서 진주 시내 전역은 완전히 만세 시위 분위기에 휩싸이게 되었다. 상인들은 가게 문을 닫았고, 보통학교 학생들은 등교를 거부하였다. 이런 분위기에서 인근 농촌 지역에서도 시위가 간헐적으로 일어났다.[7] 3월 25일에 진주군 문산면 소문리(蘇文里)에서, 4월 2일에 진주읍에서, 3일에 진주군 일반성면 창촌(倉村)에서, 소규모였지만, 시위가 일어났다.[8] 이와 같은 독립 만세 시위 분위기가 지속되었지만, 진주 시내에서는 경

3　『매일신보』 1919년 3월 20일.

4　『매일신보』 1919년 3월 25일.

5　국회도서관, 『韓國民族運動史料 (3·1運動編)』 제1권(1977), 50쪽.

6　위의 글, 60쪽.

7　『매일신보』 1919년 3월 22일.

8　국회도서관, 『韓國民族運動史料 (3·1運動編)』 제3권(1979), 410, 419, 421쪽.

찰의 삼엄한 경비 탓으로 대규모 시위로 이어지지는 않았다. 그러다가 4월 18일에 대규모 시위가 다시 일어났다. 이 날은 만세운동 주모자 24명에 대한 제1차 공판이 진주 법원에서 열리는 날이었다. 공판이 열린다는 소식이 알려지면서 진주 시내 전역에는 만세 시위 분위기가 다시 퍼졌다. 그런 분위기는 시장 상인들의 철시로 더욱 고조되었다. 공판이 열리는 재판소에는 3천 명의 군중이 몰려들었다. 그러자 재판부에서는 일반인들의 방청을 금지시켰다.[9] 재판소에 모였던 주민들은 독립만세를 외치며 시위를 벌였다. 일제 경찰의 비밀 기록에 의하면, 이날 약 2천 명의 시위대는 재판받으러 끌려온 만세 운동 주동자들을 탈취하려고 하였으며, 이를 진압하려는 일제 군대의 발포로 적어도 사망 1명을 포함한 다수의 사상자가 발생하였다.[10] 그 후에도 만세 시위 분위기는 한동안 진주 전역에 지속되었다. 이와 같은 진주의 만세 시위 양상은 전국에서 일어난 3·1민족해방운동(앞으로 '3·1운동'으로 줄임)의 전형적인 모습이었다.

1. 일제 식민 통치와 3·1운동

3·1운동은 신분 구조와 봉건 질서에 얽매여 있는 전통 사회의 틀을 깨는 과정에서, 또 일본 제국주의 침략을 겪으며 저항하는 과정으로 점철되어 온 우리나라 근대 역사의 분수령으로 평가되는 역동적인 역사였다.[11] 3·1

---

9   『매일신보』1919년 4월 23일.

10   국회도서관, 위의 글, 제1권(1977), 141쪽.

11   朴殷植, 『韓國獨立運動之血史』상·하, 南晚星 옮김, (1920: 瑞文堂, 1975); 東亞日報社 엮음, 『3·1運動 50周年 紀念論集』(동아일보사, 1969); 東亞日報社 엮음, 『3·1運動과 民族統一』(동아일보사, 1989); 한국역사연구회·역사문제연구소 엮음, 『3·1 민족해방운동 연구』(청년사, 1989). 특히 전우용, "3·1운동 관계 주요 자료 논저 목록," 551-589쪽; 安秉直, 『3·1운동』(한국일보사, 1975); 尹炳奭·愼鏞廈·安秉直 엮음, 『韓國近代史論』제1-3권 (지식산업사, 1977), 제2권.

운동은 조선의 전통 사회와 일제 식민 통치의 정치, 경제, 사회, 문화 제반의 조건이 복합적으로 작용하여 생겨난 결과였다.[12] 19세기 말 20세기 초에 일어난 갑오농민전쟁, 독립협회 활동, 만민공동회, 국권 상실과 그 전후의 의병 활동, 애국계몽운동 같은 일들이 3·1운동으로 이어졌다. 또 일제 침략이 본격화되며 더욱 열악해진 사회 경제적 환경에서 3·1운동이 일어난 것이다. 특히, 사회 전반의 틀을 뒤흔들며 국민 생활을 억압해 온 일제 식민 통치는 3·1운동의 직접적 요인이었다. 1910년대에 강행한 일제의 토지조사사업은 농촌 사회의 경제적 기반을 뒤흔들어 놓았으며, 규제가 한층 강화된 회사령(1911년 실시)은 자율적인 경제 활동의 활성화를 가로 막았다. 또 교육 기관이나 교육 활동을 간섭하고 통제하는 조선교육령(1911년 공포) 같은 교육 관련 규정은 한말부터 폭발적으로 일어났던 교육운동을 급속도로 위축시켰으며, 강압적인 헌병 통치 방식은 집회나 단체 결성과 같은 사회 활동을 철저하게 억압하였다.[13] 언론 부재와 통제 탓으로 겉으로 크게 드러나지 않았지만, 식민 지배 아래에서 조선의 백성들은 이런 것들을 '사회적 불의'(social injustice)로 인지하고 있었다.[14]

　　3·1운동은 국민들의 적극적인 참여를 통하여 빠르게 확산되었다. 각 지역에서 각계각층의 국민들이 독립만세 시위를 벌이며 식민통치 철폐를 요구하였다.[15] 3·1운동은 소기의 목적대로 독립을 성취하지는 못하였어도

12　박영신, "사회운동으로서의 삼일운동의 구조와 과정,"『변동의 사회학』(학문과 사상사, 1981).

13　朴慶植,『日本帝國主義의 朝鮮支配』(청아출판사, 1986); 姜萬吉,『韓國現代史』(창작과 비평사, 1984); 愼鏞廈,『朝鮮土地調査事業 研究』(지식산업사, 1982); 趙璣濬,『韓國資本主義成立史論』(大旺社, 1973); 이만규,『조선교육사』제1·2권(1947, 1949: 거름, 1991); 鄭晉錫,『한국언론사』(나남, 1990).

14　근대 사회운동의 주요 주제로서 '불의 또는 부당함'(injustice)에 대하여 논의하는 R. H. Turner, "The Theme of Contemporary Social Movements," *British Journal of Sociology*, 제20권(1969), 390-405쪽; 사회 구성원들이 불공정하거나 부당하다고 인식하는 '사회적 구속성'을 사회운동 발생의 사회적 조건으로서 보는 김중섭, "사회운동 분석의 대안적 접근 방법,"『사회학 연구』세번째책(1986), 188-211쪽.

15　金鎭鳳, "關西地方의 3·1運動," 崔永禧先生華甲紀念論叢刊行委員會,『韓國史學論叢』(탐

한국 사회 전반에 큰 변화를 가져왔다. 3·1운동의 대대적인 저항을 겪은 일제는 1910년대의 강압적인 통치 방식을 포기하고 이른바 '문화통치' 방식으로 바꾸었다. 또 3·1운동을 기점으로 "민중의 민족적, 계급적 자각이 크게 고양되었으며, 이러한 자각을 기반으로 민중이 정치 사회 생활의 모든 영역에서 주동적인 역할을 담당하기 시작하였다."[16] 백성들이 사회 개혁에 관심을 갖게 되었으며, 다양한 사회운동이 폭발적으로 일어났다. 요컨대, 3·1운동은 일제 식민 통치에 저항하며 새로운 사회 질서를 구축하고자 하는 민족의 저력을 보여준 역사였으며, 또 1920년대 한국 사회의 변화를 이끄는 시발점이 되었다.[17]

이와 같은 3·1운동의 역사적 특징과 의미는 진주 지역에서도 뚜렷하게 나타났다. 비록 다른 지역보다 다소 늦게 일어났지만, 진주 지역의 만세 시위는 각계각층의 조선 백성들이 얼마나 강하게 '대한 독립'의 염원을 갖고 있었나를 잘 보여주었다. 그뿐만 아니라 다양한 배경의 주민들이 민족 독립을 외치며 직접 시위에 참여하면서 민족과 사회 현실에 대하여 자각하게 되었다. 이것은 3·1운동 이후 폭발적으로 늘어난 지역사회운동에서 쉽게 확인되었다.

구당, 1987); 金鎭鳳, "湖西地方 3·1運動의 性格," 『韓國獨立運動史 研究』 제1집, (독립기념관 한국독립운동사 연구소, 1987), 129-150쪽; 李廷銀, "安城郡 元谷·陽城의 3·1운동," 『한국독립운동사연구』 제1집(1987), 151-178쪽; 이정은, "창녕군 영산의 3·1운동," 『한국독립운동사연구』 제2집(1988), 139-166쪽; 趙東杰, "3·1運動의 地方史的 性格: 江原道 地方을 中心으로," 『歷史學報』 제47집(1970); 이윤상, "평안도 지방의 3·1운동," 한국역사연구회·역사문제연구소 엮음, 위의 글, 258-305쪽; 이지원, "경기도 지방의 3·1운동," 한국역사연구회·역사문제연구소 엮음, 위의 글, 306-347쪽; 정연태, "경남 지방의 3·1운동," 한국역사연구회·역사문제연구소 엮음, 위의 글, 348-393쪽.

16 지수걸, "3·1운동의 역사적 의의와 오늘의 교훈," 한국역사연구회·역사문제연구소 엮음, 위의 글, 27쪽.

17 愼鏞廈, "3·1獨立運動의 社會史," 『韓國民族獨立運動史 研究』(乙酉文化社, 1985); 신용하, "3·1운동의 민족사적 의의와 세계사적 의의," 東亞日報社 엮음, 위의 글(1989), 73-92쪽; 역사문제연구소, 『한국근현대지역운동사』 제I·II권(여강, 1993).

2. 진주 지역의 3·1운동

1) 진행 과정과 참여자의 특징

진주의 만세 시위가 다른 지역보다 늦게 3월 18일에야 일어난 것은 지리적 위치 탓이었다. 3월 1일 서울을 비롯한 7개 지역에서 시작된 만세 시위는 3월 초순에 이미 중부와 북부 지방의 여러 지역으로 확산되고 있었다.[18] 그런데 경남 지역에서는 10일이 지난 뒤에야 처음 일어났다. 만세 시위는 3월 11일 부산에서 처음 일어난 뒤, 도로망에 따라 경남 지역으로 확산되었다. 13일에 동래, 창령(영산), 밀양에서 일어났고, 14일에는 의령, 17일에는 함안, 그리고 18일에야 진주, 합천, 통영, 하동으로 확산되었다.[19] 이렇게 경남 지역에서 시위가 늦게 일어난 것은 지역의 지도자들이 3·1운동의 계획 단계에서 참여하지 않았던 것이 주요 요인이었다. 3·1운동을 준비하던 기독교 측의 이갑성이 2월 하순에 부산과 마산을 방문하여 그 지역 기독교계 지도자들에게 참여를 권유하였는데, 그들은 주저하며 참여하지 않았던 것이다.[20] 결국 경남 지역은 3·1운동 초기 단계에 참여할 기회를 잃어버리게 되었다. 그러나 독립 선언서는 기독교계를 통하여 3월 1일 전후에 대구와 마산에 전해져서 3월 초에 이 지역의 시가지에 산포되었다.[21] 그것이 시위로 이어지지는 않았지만, 독립 선언 사실은 3월 초에 이미 알려진 셈이다. 그러다가 북부와 중부 지역에서 만세 시위가 활발하게 벌어지고 난 뒤에 비로소 경남 지역에서 시위가 일어나게 되었던 것이다.

---

18 독립운동사 편찬위원회, 『독립운동사 자료집』(1983); 국사편찬위원회, 위의 글, 제2권 (1969); 이윤상, 위의 글.

19 정연태, 위의 글.

20 金良善, "三·一運動과 基督敎界," 東亞日報社 엮음, 위의 글(1969), 254-255쪽.

21 愼鏞廈, "3·1 獨立運動 勃發의 經緯: 初期 組織化 段階의 基本過程," 尹炳奭·愼鏞廈·安炳植 엮음, 위의 글, 제2권, 39-112쪽.

진주의 만세 시위는 3월 18일에야 일어났지만, 일부 주민은 그 이전에 3·1운동을 경험하였다. 3월 3일로 예정된 고종 인산일에 맞추어 서울에 갔던 김재화, 심두섭 같은 지역 유지들이 만세 시위를 목격하고 거리에 배포된 독립 선언문을 갖고 3월 11일에 진주로 돌아왔던 것이다. 그런데 진주에서는 그들이 도착하기 하루 전 이미 조선 독립에 대한 격문이 진주 거리에 처음 나붙었던 것으로 보아 진주 주민들도 다른 지역의 독립 만세 시위 소식을 알고 있었다고 짐작된다.

'조선 독립'의 격문이 나붙자 경찰은 진주농업학교에 휴교령을 내리는 동시에, 경계를 한층 강화하였다.[22] 이런 상황에서 독립선언서를 갖고 진주에 돌아온 사람들은 강달영, 박진환 등을 비롯한 지역 활동가들과 시위 계획을 세웠다. 그리고 시위 주동자들은 계획대로 3월 18일, 정례 장날을 이용하여 대규모 시위를 일으켰다. 진주 시내의 만세 시위는 나흘 동안 계속 벌어졌고 그 분위기는 인근 지역으로 확산되어, 그 결과 진주의 농촌 지역과 서부 경남 지역에서 만세 시위가 간헐적으로 일어났다.

이와 같은 진주 지역의 3·1운동은 몇 가지 점에서 특기할 만하다. 우선, 주민들의 독자적인 계획 아래 만세 시위가 일어났다. 서울에서 독립선언문을 채택한 민족 대표 33인이 일제 경찰에 체포된 상황에서 다른 지역과 마찬가지로 진주에서도 서울의 독립선언이나 만세 시위와 직접 연계되지 않은 채, 전국 곳곳에서 일어나는 것에 영향을 받아 지역 주민들이 독자적으로 만세 시위를 벌인 것이다. 진주의 만세 시위는 지도자들의 주도면밀한 계획과 주민들의 적극적인 참여 덕분에 성공적으로 진행되었다. 지역 전역에 퍼져있던 민족주의적인 분위기와 집합행동을 계획하고 주도한 '기폭집단'의 역할이 중요하게 작용하였다.[23]

또 하나의 특징은 각계각층의 대다수 주민들이 만세 시위에 참여하였

22　『매일신보』1919년 3월 14일.

23　사회운동의 발생에서 중추적 역할을 수행하는 기폭집단에 대하여 김중섭, 『형평운동연구: 일제침략기 백정의 사회사』(민영사, 1994), 22쪽; 김중섭, "초기 지역사회운동의 형성과 쇠퇴,"『社會科學研究』제13집 1호(경상대학교 사회과학연구소, 1995), 311-330쪽.

다는 점이다. 언론은 시위 참가자 수를 3,000명에서 8,000명까지 추정 보도하고 있는데,[24] 이는 대략 13,000명으로 추산되는 진주 인구[25] 가운데, 절대 다수가 시위에 참여하였다는 것을 의미한다. 참여자 수가 많다는 점과 함께 다양한 배경의 주민들이 적극 참여하였다는 것도 특기할 만하다. 조선의 신분 질서의 최하층 천민이던 기생들이 시위를 벌이다가 주모자가 체포되었고, 상인들이 가게 문을 닫고 철시하였으며, 학생들이 시위대 앞에서 시위를 주도하였던 것이다.

또 하나의 특징은 시위를 계획하고 이끈 지도자들의 배경이 다양하다는 점이다. 일제 헌병에 검거되어 재판을 받고 감옥살이를 한 사람들이 만세 시위의 기폭집단이거나 지도자들이었을 것으로 짐작된다. 언론 보도에 따르면, 1심 재판에 회부되어 구형을 받은 사람이 20명이고,[26] 언도 받은 사람은 24명이었다.[27] 언론 보도의 부정확 탓으로 숫자가 다르지만, 언도 받은 수로 보아 적어도 24명이 재판에 회부되었을 것으로 판단된다. 그리고 복심 재판 기록에는 16명만 판결을 받았는데,[28] 이것은 1심에서 유죄판결을 받은 24명 가운데 일부가 항소를 포기했기 때문이라고 짐작된다. 이런 점을 고려할 때 1심에서 언도받은 24명이 실질적으로 3·1운동을 이끈 핵심 지도자들이라고 판단된다. 이들 24명의 나이, 직업, 1심 구형과 언도 형량, 2심 언도 형량, 학력 및 3·1운동 이후 참여한 단체 등으로 구분하여 〈표 1〉로 정리하였다.[29]

---

24 『매일신보』 1919년 3월 20일, 21일.

25 진주 인구는 1910년에 조선인 10,083명, 일본인 1,025명, 1923년에 조선인 14,136명, 일본인 2,494명이었다. (勝田伊助, 『晋州大觀』, 1940; 진주신문사, 1995, 70쪽). 이 수치로 미루어 볼 때, 1919년 당시 진주에 거주하는 조선인은 12,000명에서 13,000명 정도였을 것으로 짐작된다.

26 『매일신보』 1919년 4월 23일.

27 『매일신보』 1919년 4월 23일.

28 대구복심법원 재판기록.

29 참여자의 사회적 배경은 지역 주민들의 증언과 문헌 자료를 통하여 파악하였다. 진주 지역에서 오랫동안 거주한 노인들이나 3·1운동 관련자 후손들로부터 들은 증언은 활동가들의 사회적 배경을 파악하거나 문헌자료를 비판적으로 검토하는 데 활용하였다. 문헌 자료로는 三一同志會 엮음, 『釜山·慶南 三·一運動史』(부산: 삼일동지회, 1979)와 당시 학교 졸업

<표 1> 진주 지역 3·1운동 관련 재판 회부자 명단과 배경(이름 가나다 순)

이름	나이[1] 출생년도	직업[2]	1심 구형	1심 언도	2심 언도[3]	학력 및 주요 참여단체
강달영	32세 1886년	대서인	징역 3년	징역 2년 6월	징역 3년	청년회, 노동공제회, 자작회, 조선일보지국장, 경남기자동맹, 경남청년연맹, 일신고보설립기성회, 조선공산당(2차)책임비서, 도청이전반대
강상호	1887년	(농업)	징역 1년	징역1년		농업학교 수학, 봉양학교 후원, 동아일보지국장, 형평사, 공존회, 노동공제회, 일신고보 기성회, 신간회, 淸水부정사건, 도청이전반대
강주한	31세	미곡상	징역 2년	징역 2년	무죄	청년회, 저축계, 일신고보 기성회, 경남도평의원 출마, 금융조합, 번영회, 도청이전반대
권채근	30세 1889년	광산업	징역 2년	징역 1년 6월	징역 1년 6월	(복역 중 장독으로 옥사)
김영조	1899년		징역 6월	징역 6월		(고성군 출신) 광림학교 출신
김재화	28세 1892년	농업	징역 3년	징역 2년 6월	징역 3년	(장독으로 출옥 후 17일 만에 병사)
김태동	1891년		징역 1년	징역 6월		(경북 영덕 출신) 광림학교 수학
김재홍	33세 1886년	농업	징역 1년 6월	징역 6월	징역 6월	노동공제회, 천주교청년회, 자작회, 기근구제회, 화화사, 동인회(사상단체), 독서구락부, 조선일보지국장, 조선공산당, 淸水부정사건, 도청이전반대, 일신고보시민회
박성오	25세 1896년	잡화상	징역 1년	징역 6월	징역 6월	광림학교 출신, 조선일보 진주지국 기자
박용근	35세 1884년	잡화상	징역 3년	징역 2년	징역 2년	봉양학교 출신, 淸水부정사건, 도청이전반대, 제1공립보통학교 학부형회
박진환	32세 1886년	잡화상	징역 3년	징역 2년 6월	징역 3년	봉양학교 출신, 청년회, 노동공제회, 번영회, 기근구제회, 동우사, 독서구락부, 소유원, 신간회, 농민연맹, 淸水부정사건, 도청이전반대, 일신고보 시민회

생 명부와 학적부, 신문 보도 내용을 주로 활용하였다. 특히, 당시의 신문 보도 기사를 모두 모아 자료 은행으로 만든 뒤 내용의 교차 확인을 통해 활용하였다.

(계속)

이 름	나이 출생년도	직업	1심 구형	1심 언도	2심 언도	학력 및 주요 참여단체
심두섭	26세 1894년	미곡상	징역 3년	징역 2년 6월	징역 3년	저축계, 기독교청년회, 일신고보기성회후원회, 노동공제회, 금주단연회, 보천교소년회, 부산상업학교수학
이강우	30세 1890년	잡화상	징역 2년	징역 1년 6월	징역 1년 6월	봉양학교 수학, 일본유학, 청년회, 도청이전반대
이영규	25세 1896년	농업		징역 6월	징역 6월	광림학교 출신, 광림학교신축기성회
장덕익	31세 1891년	농업		징역 1년	징역 1년	군자금, 일신여고, 봉양학교 출신, 보통학교 졸업
전인회	1897년			징역 6월		보성고보 졸업
정몽석	22세 1896년	광산업	징역 1년	징역 1년	징역 1년	(하동군 출신) 봉양학교 출신
정봉근				3년 집행유예		
정성호	1898년		징역 1년 6월	징역 6월		광림학교 수학, 청년회, 보천교소년회, 도청이전반대, 도청, 일신시민회
정용길	32세 1887년	농업 (순사)	징역 2년 6월	징역 1년 6월	징역 1년 6월	淸水부정사건
정준교	40세 1878년	광산업	징역 3년	징역 2년 6월	징역 3년	동아일보지국장, 노동공제회, 자작회, 동우사, 소유원, 군자금
천명옥	25세 1895년	농업	징역 6월	징역 6월		광림학교 수학, 소유원, 유치원, 광림학교 학부형회
최웅림	1895년		징역 3년	징역 1년		(산청군 내성면 출신) 봉양학교 출신
한규상	22세 1898년	교사	징역 3년	징역 1년	징역 1년	광림학교 출신, 기독청년회, 광림학교 교사, 낙우회, 청년회, 체육회, 일신고보 시민회, 진명학원

주: 1) 나이는 일제 복심재판기록에 의거하였으며, 출생년도가 밝혀진 것은 밑에 표기하였다. 그 둘 사이가 일치하지 않는 것이 있지만, 어느 쪽이 맞는지 파악할 수 없어 그대로 표기하였다.

  2) 직업은 재판 기록에 의거하였으나, 지역민들의 증언에 따른 것은 ( ) 안에 표기하였다.

  3) 2심 언도가 없는 경우는 항소를 포기한 것으로 심작된다.

자료: 1심 구형:『매일신보』1919년 4월 23일.

  1심 언도:『매일신보』1919년 4월 23일.

  2심 언도: 대구복심법원 재판기록.

〈표 1〉에서 보는 바와 같이, 진주 지역에서 3·1운동을 주도한 사람들의 배경은 다양하였다. 우선, 나이를 살펴보면, 제일 많은 정준교가 40세였고, 제일 젊은 김영조가 20세였으며, 대개 20대와 30대의 젊은 청년들이었다. 곧, 진주의 3·1운동은 20대 후반부터 30대 초반에 이르는 청장년이 주도하였던 것이다. 재판 조서에 기록된 직업을 보면, 대서인, 미곡상, 광산업, 잡화상, 농업, 교사 등 지역의 유력지들이거나 지주들이 많은 것을 알 수 있다. 일제의 관제 언론인 『매일신보』조차 "진주 소요 범인에 재산가가 다수"라고 보도할 정도로,[30] 3·1운동의 주도 집단에는 대농 지주들이나 그 자제들이 많았다. 그들은 대개 청년 단체 등을 통해서 유대 관계를 맺고 있었다.[31] 일제 식민 통치의 전위대 격인 경찰 순사 정용길이 만세 시위 계획에 참여한 것도 이러한 관계를 통해서 이루어졌던 것이다.

교육 배경을 보면, 신식 교육 받은 사람들이 많았다. 대부분 진주에서 교육을 받았는데, 밝혀진 경우만 보더라도, 박용근, 이강우, 장덕익, 정몽석, 최웅림 등은 사립 봉양학교에서, 김영조, 김태동, 박성오, 이영규, 천명옥, 한규상 등은 사립 광림학교에서 교육을 받았다. 또 김영조, 김태동, 최웅림 같이 다른 지역 출신이지만, 학교 공부를 위하여 진주에 와 있던 사람들도 있었다. 이렇게 지역주민이 세운 봉양학교나 선교사가 세운 광림학교 같이 사립학교를 다닌 젊은이들이 3·1운동을 주도하였다는 사실은 1900년대 폭발적으로 늘어난 애국계몽운동의 학교 설립 활동이 3·1운동의 발전에 기여한 증거라고 판단된다. 또한 강상호(진주농업학교 수학), 심두섭(부산상업학교 졸업), 이강우(일본 대학 수학), 전인회(보성고보 수학) 같이 고등 교육을 받은 지식인들도 있었다. 이와 같이 신식 교육을 받은 사람들이 3·1운동을 이끌었다

---

30   3·1운동 피고인들 가운데에는 재산 1만 원 이상 6명, 8천원, 5천원 수준이 많고, 순사보 다닌 자 3명, 학교 교사 2명, 대서인도 있고, 동경 모 대학 졸업자도 있다고 보도하였다. 『매일신보』 1919년 4월 26일

31   한규상, 『나의 민족, 나의 조국』(보이스사, 1980), 137쪽.

는 것은 근대 교육의 선진 지역이던 진주의 지역적 특성을 반영하는 것이었다. 진주에는 1895년부터 근대 공립 교육 제도가 도입될 때 경남의 다른 지역보다 먼저 공립학교가 세워졌으며, 개신교의 선교 학교와 지역 유지들이 세운 사립학교들도 여럿 있었던 것이다.

이밖에 기독교 관련자들이 만세 시위에 앞장 선 것도 특기할 만하다. 이것은 선교 학교인 광림학교 졸업생들이 시위에 앞장 섰다거나,[32] 기독청년회를 이끌던 심두섭이 기독교인들의 시위 선도를 독려하고, 광림학교 교사로 재직 중이던 한규상의 권유로 광림학교 악대원 출신인 김영조, 박성오, 이영규, 천명옥 등이 나팔을 불며 시위대를 이끈 사실에서 알 수 있다. 이것은 20세기 초 진주에 전래된 기독교의 선교 활동이 민족주의 분위기 속에서 이루어지고 있었다는 것을 보여주는 증거라고 판단된다.

2) 일제의 대응

진주의 3·1운동은 각계각층의 지역 주민들이 참여한 가운데 평화적인 시위로 시작되었다. 참여자들은 태극기와 악대를 앞세워 시가지를 행진하며 독립선언서를 배포하고 독립 만세를 외쳤다. 그러나 일제는 시위대를 향해 소방대의 소방수 펌프를 발사하기 시작하였고, 헌병대를 동원하여 시위 참가자들을 구타하였으며, 심지어는 발포하여 사상자가 발생하였다. 이렇게 일제가 폭력으로 대응하자, 시위대도 돌을 던지는 등 점차 폭력 시위로 바뀌어갔다.[33] 시위를 주도하다 체포된 권채근은 재판정에서 다음과 같이 토로하며 일제의 가혹한 탄압을 증언하였다.

---

32 한규상, 위의 글, 122-124쪽.
33 통제 방식에 따라 사회운동 전략의 변화에 대하여 김중섭, "사회운동의 발전과 사회 통제: 일제 침략기의 사례를 중심으로,"『사회학연구』일곱번째책(1992), 298-307쪽.

"3천리 강토를 생각 비분강개하여 만세 운동에 참가하였는데, 순사, 소방대, 역마 헌병은 동서남북에서 몽둥이를 휘둘러 피를 흘리게 하여 내를 만들었다…… 당장에서 포박을 당하는 몸이 되고 옥에 든 즉, 비로소 식민지 민족이 견마(犬馬)와 같음을 깨달았다…… 금번 피고를 만약 보안법 및 출판법으로 처벌할진대 이른바 조선민족 남여를 막론하고 처벌치 않을 수 없을 것이다. 심히 통탄할 일이로다. 우리들 피고인은 단지 자연계의 철창 생활이 있을 뿐이다."34

만세 시위가 거세어지자 일제의 탄압은 더욱 가혹해졌다. 시위자들을 무자비하게 잡아들여, 알려진 검속자 수가 3월 18일에 86명, 20일에 학생 50명과 일반인 150여 명에 이르렀다. 최종적으로 정식 재판에 회부된 사람은 24명으로 추정되지만,35 약식 재판을 통해 태형(笞刑)이나 벌금형을 가하던 당시의 형벌제도로 미루어 검속자 가운데 많은 이들이 정식 재판에 회부되지 않고 처벌을 받았을 것으로 짐작된다.

일제는 시위 진압 과정뿐만 아니라 취조하거나 재판 중에도 가혹 행위를 가하였다. 단적인 증거로, 권채근은 감옥에서 맞아서 장독(杖毒)으로 옥사하였으며, 김재화는 장독의 여파로 출옥 17일 만에 사망하였던 것이다. 게다가 재판 결과도 상급심으로 갈수록 더욱 가혹해졌다. 〈표 1〉에서 보는 바와 같이, 1919년 4월 22일 진주에서 열린 1심 재판에서 강달영, 김재화, 박진환, 심두섭, 정준교 등 주모자 급에게 징역 3년 구형에 징역 2년 6개월이 언도되었는데, 1919년 6월 17일 대구에서 열린 복심재판에서는 1심보다 가중된 징역 3년형이 언도되었다. 피고인들은 복심 재판 결과에 불복하여 상고하였으나, 1919년 9월 6일 고등법원 형사부에서는 모두 기각하였다. 평화적인 만세 시위에 폭압적으로 대응하였던 일제는 시위에 관한 법령이 없었는데도 소요의 책임을 물어 가혹한 처벌을 내렸던 것이다.

---

34 고등법원 판결문 (1919).

35 1심 구형과 언도 내용은 『매일신보』 1919년 4월 23일.

3. 1920년대 지역사회운동의 발전

1) 3·1운동과 지역사회운동의 발전

지금까지 간략하게 살펴본 바와 같이, 진주 지역의 3·1운동은 다른 지역보다 늦게 일어났지만, 각계각층의 주민들이 적극적으로 참여한 덕분에 성공적으로 발전하였다. 물론 3·1운동은 이전의 역사적 경험으로부터 영향을 받아 발전하였다. 진주 지역만 하더라도 임술년(1862)의 농민항쟁이나 갑오농민전쟁(1894)의 경험, 그리고 1900년대 전후의 의병운동, 교육운동이나 애국계몽운동 같은 역사는 3·1운동의 발전에 기여한 선행 학습과 같은 역사가 있었다. 그리고 3·1운동을 일으키고 주도한 지도자들은 대개 지역의 교육기관에서 교육받은 젊은 지식인들이었으며, 지주 출신도 다수 들어 있었다. 평화적인 만세 시위는 일제의 무자비한 탄압에 대응하여 폭력적인 양상으로 바뀌어 간 것도 주목할 만한 특징이었다.

한 마디로, 3·1운동은 일제 식민지 지배에서 벗어나고자 한 지역 주민들의 의지가 결집되어 일어난 역사였다. 일제 식민지로 전락한 뒤 일어난 사회, 정치, 경제적 변화를 겪으면서 '독립'을 이루고자 한 주민들의 열망이 대규모 만세 시위로 나타난 것이다. 그러나 일제의 폭력적인 탄압 아래 '독립'은 이루어지지 않았고, 시위도 더 이상 지속되지 않았다. 그런 결과로만 본다면 3·1운동은 '실패한 운동'으로 평가하게 될 것이다. 그럼에도 불구하고 3·1운동을 '근대 역사의 분수령'으로 평가하는 것은 민족 역사의 전기를 제공한 '성공적인 유산'을 남겨 놓았기 때문이다. 우선, 3·1운동 이후 공화정 체제의 임시정부가 생겼다. 3·1운동을 계기로 조선 왕조로 되돌아가고자 한 복벽운동은 더 이상 일어나지 않았고, 그 대신에 미래의 정부는 백성들의 뜻에 따라 지도자를 뽑는다는 새로운 합의가 만들어진 것이다.[36]

3·1운동의 또 하나의 성공적 유산은 그 이후 다양한 사회운동이 일어

났다는 점이다. 3 · 1운동의 경험은 1920년대의 사회운동에 적극 참여하는 계기가 되었는데, 그 영향의 수준은 훨씬 더 직접적이며 구체적이었다. 주민들은 시위에 직접 참여하거나 목격하면서 일제의 폭력 탄압을 경험하게 되었고, 지역 유지나 지식인인 시위 주동자들뿐만 아니라 시위대를 이끌던 젊은 음악대 연주자들까지도 재판에 회부되어 감옥에 갇히는 것을 보았다. 재판이 열린 날 상인들의 철시나 시가지의 파업 분위기에서 보듯이 일제의 무자비한 탄압에 주민들이 크게 반발하였다.[37] 이러한 경험을 통하여 주민들은 일제 식민 지배의 본질을 더 깊이 알게 되었다. 특히, 경남 도청 소재지인 진주에는 일제 침략에 따라 대거 이주한 일본인들이 행정 조직을 장악하고, 토지를 빼앗고, 경제력을 확장하고 있었기 때문에 주민들의 반발이 더욱 컸다.[38]

민족주의 분위기는 3 · 1운동의 경험을 통해서 지역 사회에 더욱 널리 퍼지게 되었다. 시위 주동자로 징역살이를 했던 한규상은 3 · 1운동을 회고하며, 시민들이나 젊은이들은 "그저 빼앗긴 나라를 목숨을 걸고라도 도로 찾아보겠다는 순수한 민족정신으로 움직이며, 서로 접촉하며, 서로 격려하며, 경제적으로도 유무상통(有無相通)하여 가며, 밤낮 모이면 조국 광복을 어떻게 달성하는가 하는 일념으로 서로 만나면 부둥켜안고 울며 독려하고 실력 배양과 계획 모색으로 일을 삼고 지냈다"고 적고 있다.[39] 이와 같이 주민들이 식민지 지배 아래의 민족 상황을 깨닫고, 지역이나 민족 공동체에 대한 사회의식을 더욱 강하게 갖고 사회 문제를 해결하기 위한 활동에 적극 참여하게 된 것은 3 · 1운동의 유산임에 틀림없다.

---

36 姜萬吉, "독립운동 과정의 民族國家建設論," 『韓國民族運動史論』(한길사, 1985), 112-154쪽.

37 『매일신보』 1919년 4월 26일.

38 勝田伊助, 위의 글; 진주의 역사적 경험에 대하여 제1부 볼 것.

39 한규상, 위의 글, 123쪽.

3·1운동과 일제 식민지의 경험, 민족주의와 공동체 의식의 확산, 그리고 그 이전부터 지속되어온 여러 사회적 조건들은 1920년대 다양한 사회운동이 발전하게 되는 주요 요인이었다. 특히, 조선 사회 전반에 깔려있는 경제적 사회적 모순은 사회적 부당함이나 불의(injustice)로 인식되는 '사회적 구속성'으로서 인식되어 사회운동의 주요 표적이 되었다. 예를 들어, 지주 중심의 상층 계급과 소작이나 노동으로 살아가는 하층 계급 사이의 대립과 갈등, 전통 사회의 불평등한 신분 질서나 불합리한 사회적 관행, 일제 식민 통치를 받고 있는 민족 상황 등은 사회운동의 과제이자 대상이 되었다.

다른 한편, 주민들은 3·1운동의 경험을 통하여 사회를 바꿀 수 있다는 의지를 갖게 되었으며, 어떻게 행동하여 목표를 달성하는가를 배웠다. 선행 학습과 같은 역사적 경험을 통하여 주민들은 사회운동을 일으키고 지속해 나갈 능력을 갖게 된 것이다. 또 3·1운동의 영향으로 일제의 통치 방식이 강압적인 무단통치에서 온건한, 이른바 '문화통치'로 바뀌고, 그 결과 한글로 발간되는 신문이나 잡지가 늘어나고, 한국인들의 단체 결성이나 집회가 가능하게 되는 등 사회운동의 형성과 발전에 친화적인 사회적 환경이 조성되었다. 이른바 사회운동 발전의 토양을 제공하는 '사회적 허용성'이 증대되었다.

요컨대, 3·1운동은 식민 지배 상황을 타개하고 근대 사회로 나아가고자 하는 사회적 요구를 일깨우는 계기가 되었고, 사회운동 발전을 위한 사회적 역량의 증대를 가져왔다. 이런 점에서 3·1운동은 독립만세를 외치는 시위에 머무르지 않고 사회 개혁을 일깨우는 시발점이라는 평가를 받게 된다. 3·1운동의 유산을 1920년대에 폭발적으로 일어난 사회운동을 통하여 파악하고자 한다.

2) 지역사회운동의 발전 양상

　3·1운동 이후 각 지역의 사회운동은 언론을 통하여 널리 보도되었다. 일제의 이른바 '문화통치'에 따라 1920년에 창간된 『조선일보』와 『동아일보』, 그리고 일제의 어용지로서 한국어로 발간되던 『매일신보』는 다른 지역과 마찬가지로 진주의 사회운동을 광범위하게 보도하였다. 그 덕분에, 일제의 엄격한 검열과 통제 탓으로 무장 독립 투쟁이나 공산주의운동 같이 일제의 감시를 피해서 지하에서 이루어지는 활동까지 파악하기는 어렵지만, 사회운동 단체의 활동이나 관련 사항은 당시의 언론 보도 내용을 통하여 어느 정도 파악할 수 있게 되었다. 우선, 1920년부터 1925년까지 언론 보도 내용을 토대로 단체 결성이나 활동 시기, 참여자 등 진주 지역의 사회단체 관련 내용을 다음 〈표 2〉로 정리하였다.

　〈표 2〉는 편의상 활동 내용을 통하여 단체의 성격을 파악하여 분류한 뒤, 그에 따라 각 단체의 활동 시기와 주요 참여자를 정리하고 있다. 우선, 진주 지역에서 다양한 성격의 단체들이 활동하였다는 것을 보여주고 있다. 일제의 강압적인 식민 정책 탓으로 한국인의 단체 결성이 거의 이루어지지 않던 1910년대와 달리, 1920년대에는 다양한 성격이나 내용을 가진 단체가 대거 등장하였던 것이다. 결성된 단체의 특징을 살펴보면, 3·1운동 직후인 1920년에는 젊은이들의 청년 단체와 외지에서 공부하는 학생들의 단체가 생겨났다. 특히, 청년 단체는 지역의 활동가들을 연결해 주는 공간이었으며 3·1운동 이후 지역사회운동 발전의 구심점이었다.

〈표 2〉1920년대 진주 지역의 주요 사회단체(1920-1925)

성 격	단체명	활동 시기	주요 참여자
청년단체	천도교청년회 진주지회	1920. 4	박태준, 김의진
	진주기독교청년회	1920. 7. 26 창립	홍수원, 한규상, 김주학, 박성오, 김장환, 심두섭
	진주청년회	1920. 7 진주청년회, 진주청년구락부, 광진체육회 합병	박재표, 강주한, 강윤영, 탁정하, 김갑순, 남홍, 고경인, 김찬성, 김주석, 정성호, 조우제, 강달영, 박진환, 심두섭
	진주천주교청년회	1922. 8. 20 창립	김재홍, 이상석, 진홍조, 김경홍, 조우제, 박재홍
	진주기독청년면려회	1924. 1. 17 남녀기독청년회 병합	김병규, 김인숙, 정성도
학생단체	진주학생대회	1920. 7. 5 결성	김형동, 유덕천, 문위동, 김삼조
	재외진주유학생회친목회	1923. 8	박윤석, 김장환, 박영환, 고경인, 김찬성, 박진환
	재동경진주유학생구락부	1923. 9.	남홍, 이강우, 정병호, 김찬성
여성단체	진주야소교부인회	1920. 11	이수애
	진주여자기독청년회	1921. 12 창립	박덕실, 안신덕, 서성실, 성석순, 김남례
	진주천주교여자청년회	1923. 2. 25 창립	강금춘, 홍영애, 강영순, 조명원
	진주부인회	1923. 8	
소년단체	진주소년회	1921. 6	강민호, 김경홍, 김경택
	보천교소년회	1923. 5. 6 창립	강대창, 심두섭, 정성호, 오경표, 천석구
	천도교진주소년회	1923. 8	김영호, 김영식
	진주소유원(少幼院)	1924. 10	정준교, 강대창, 천명옥, 오경표, 김재홍, 박진환, 조우제, 신현수
노동단체	노동대회진주지부	1920. 6. 24	박재표, 김경서, 강주한
	진주이발업조합	1921. 8	
	조선노동공제회 진주지회	1922. 2. 19 발기	강달영, 조우제, 김재홍, 이현중, 장영정, 박봉의, 전희원, 박태홍, 박진환
	노동공제회양화직공조합	1923. 4. 1 발기	강덕문, 김하진, 김도윤

성 격	단체명	활동 시기	주요 참여자
노동단체	노동공제회자유노동조합	1923. 7. 23	장영정, 한영준
	노동공제회운수종업조합	1924. 6. 26 창립	
농민단체	진주자작회	1922. 12. 24 발기	함태진, 김재홍, 박태홍, 강달영, 박봉의
	소작인조합	1923. 12	김기태
백정해방 운동단체	형평사(衡平社)	1923. 4. 24 발기	강상호, 신현수, 천석구, 장지필, 이학찬
교육단체	일신고보 기성회	1920. 5. 1 발기인회	허만정, 허선구, 하영진, 김기태, 박재호, 정재환, 이강우, 강주한
	일신고보기성회 후원회	1922. 3. 23 발기	서진욱, 강선호, 황의호, 강주식, 김장환, 심두섭
	평안동제1야학회	1920	박재화, 정상진, 탁정하, 서달서, 서상필
	내성동제2야학회	1920	강복순, 황의호, 강선호
	비봉야학회	1920	이현중, 정태범
	옥봉야학회	1924. 6	문장현
	진주면민립대학발기회	1923. 3	허진, 이범욱, 정재화, 박재화, 한형동
	진주제1공보 학부형회	1923. 5. 15 창립	박재화, 정상진, 정규용, 정태범
	남진수양단(南晋修養團)	1923. 7	김기연, 정종근, 정성호, 하윤호, 김찬태
	진주수양단	1923. 7. 2 창립	일야춘길, 산하군수 관공리 중심
	진주교육다화회(茶話會)	1923. 7	
	진주교육회	1924. 2. 24 창립	산하 군수
사회개선 활동단체	무직자구제회	1921. 3	정상진, 박재표
	진주저축계	1921. 8. 27 발기	이치안, 강윤영, 탁정하, 신현수, 심두섭, 김경명
	진주조혼회	1922. 1. 8	서진욱, 정규용, 김동식, 김경숙
	진주상보회(相保會)	1923. 2 발기	서진욱, 강주식. 이현중, 황의호, 정규용
	진주禁酒斷煙會	1923. 3. 23 발기	천석구, 백남옥, 이영배, 김경명, 신현수
	진주부업장려회	1923. 4	신현수, 박봉의
	진주공존회	1923. 5	강상호, 조기홍, 신현수, 심두섭, 조우제, 박봉의

(계속)

성 격	단체명	활동 시기	주요 참여자
사회개선 활동단체	진주기근구제회	1924.10. 21 발회	박성기, 박재표, 황의호, 박진환, 신현수, 김재홍, 강대창
도청이전 반대단체	경남도청이전방지동맹회	1921. 7.28. 결성	정규용, 서진욱, 상원삼사랑, 청수좌태랑
	도청이전방지단	1924. 12.	
관변단체	진주번영회	1921. 3	청수좌태랑, 박재화
	진주자선회	1921. 3. 5 발기	서진욱, 김기태, 김주현, 김경숙, 평야원지조
	진주지주회	1923. 10. 4 창립	산하 군수, 강원로
	진주희망사지우회	1925. 1	화전지사 부인 등 일본인공무원
	여명회	1925. 4	진주 지역 일본인
종교단체	진주불교진흥회	1923. 1. 7.	황의호, 채서웅, 정순백, 지홍유
기 타	진양樂友會	1922. 12.15 창립	정웅삼
	진양商友會	1923. 1.	김경명
체육단체	진주체육회	1920. 7.	박영환, 강영호
사상단체	同友社	1924. 10.28 발기	조우제, 정준교, 박진환, 강상호, 신현수, 강대창
	赤心團	1924. 12.	
	同人會	1925. 3. 30 발기	조우제, 박윤석, 박태홍, 김재홍, 방진혁, 강달영
언론단체	진주기자단	1925. 11.	강달영, 조우제
연대활동 단체	진주각단연합회	1923. 1. 13 발기	강달영, 박태홍, 조우제, 이범욱, 이상석, 한규상

　　1920년 7월 진주청년회, 진주청년구락부, 광진(光晋)체육회가 진주청년회로 통합되면서[40] 청년회는 규모뿐만 아니라 활동 영역이 더욱 커지게

40　『동아일보』 1920년 7월 12일, 27일. 이 세 단체가 언제 설립되어 어떻게 활동하였는지 밝혀주는 자료는 아직 발견되지 않았지만, 이전에 제각기 만들어졌던 친목 단체들이 사회 문

되었다. 또한 청년회는 3·1운동 관련자들이 1920년 4월 조선 순종의 왕세자 이은과 일본인과의 결혼을 기념하여 내려진 특사령으로 형기가 단축되어 조기 출감한 뒤 활동을 재개하는 무대가 되었다.[41] 이밖에 천도교, 천주교, 기독교 같은 종교 기관에서도 청년 조직을 갖고 있었다. 이러한 종교 기관의 청년회나 여자청년회는 순회 강연회나 토론회, 야학, 전도대회 같이 종교적 성격 이상의 계몽 활동을 벌이며 활발하게 활동하였다. 이러한 계몽 활동은 지역 주민들을 일깨워서 지역 사회 문제에 관심을 갖도록 만드는 데 기여하였을 것으로 판단된다.[42]

또 하나의 특징은 여성, 소년, 백정, 노동자, 농민 같은 사회적 약자들을 위한 단체가 여럿 생겨났다는 점이다. 여성단체와 소년단체는 주로 종교 기관 중심으로 만들어졌으며, 노동단체와 농민단체는 분야에 따라 노동자 및 농민조합의 성격으로 조직되었다. 그리고 교육 관련 단체가 많이 생겨난 것도 두드러진 특징이었다. 일신고보 설립운동, 민립대학 발기회 같이 정규 교육기관 설립을 위한 단체나 야학과 같이 비인가 교육활동을 위한 단체가 주민들의 자발적인 참여로 만들어졌으며, 친일세력 중심의 관변 교육 단체도 여럿 생겨났다. 이것은 교육을 중시하는 사회적 분위기를 보여주는 것이었다.

또 하나의 특징은 사회 개선을 도모하는 활동 단체가 지속적으로 생겨났다는 점이다. 무직자구제회, 상보회, 저축계, 조혼회, 부업장려회, 공존회, 기근구제회 같이 어려운 환경에 처해있는 지역 주민들을 돕기 위한 단체나, 사회 문제로 대두되고 있는 음주와 흡연을 금지하여 사회 관습을 개선하고자 하는 금주단연회 같은 단체가 생겨났다. 주민들을 도와 점진적으로 사회를 개선하고자 한 이러한 사회개선 활동 단체는 대개 지역 유지들이 주도하

제에 대한 관심이 고조되면서 통합한 것으로 짐작된다.

41 한규상, 위의 글, 60-61쪽.

42 『동아일보』 1920년 4월 27일, 8월 6일, 1921년 8월 1일, 1922년 9월 5일.

였다.

한편, 일제 관리나 일본인 거류민, 일제 협력 집단이 공식적인 관변 단체들을 만든 것도 또 하나의 특징이었다. 교육 진흥을 내걸은 교육회, 수양단, 교육다화회, 지역 번영이나 자선을 내걸은 번영회, 자선회, 또 소작인 운동에 대항하는 지주회 같은 것들이었다. 이것들은 다양한 이름을 붙이고 있지만, 실제로는 식민 세력의 결속력을 도모하며 급증하는 지역사회운동 세력에 대항하기 위하여 결성된 것으로 짐작된다. 또 소작료 분쟁이나 경남 도청 이전과 같은 사안이 생겼을 때 집단 이익 유지를 위하여 활동하기도 하였다. 이밖에도 종교, 체육, 상업, 언론 등 여러 분야에서 많은 단체들이 생겨났다. 그야말로 3·1운동을 이후 진주는 사회운동의 전성기라고 할 만큼 다양한 단체가 만들어져서 활동하였다. 〈표 2〉를 보면, 1920년 전반기에만 61개에 이르는 단체가 있었다. 이 단체들의 창립년도를 파악하여 연도별 창립 단체 수를 〈표 3〉으로 정리하였다.

비록, 결성된 단체를 총망라한 수치는 아닐지라도 〈표 3〉은 1920년대 전반기 사회단체의 연도별 결성 추세를 보여주고 있다. 우선, 1920년 이후 해마다 새로운 단체들이 꾸준히 생겨났다는 것을 알 수 있다. 1920년에는 체육회, 노동 단체, 일신고보 설립이나 야학 활동을 위한 교육 단체, 종교 기

〈표 3〉 연도별 창립 사회단체의 수

연 도	단체 수
1920년	11개
1921년	8개
1922년	6개
1923년	23개
1924년	9개
1925년	4개
합계	61개

관 중심의 청년단체, 여성단체 등이 만들어졌으며, 1921년과 1922년에는 번영회, 자선회, 소년회, 종교 기관 중심의 청년회, 여자 청년회 등이 활동을 시작하였다. 그리고 1923년은 가장 많은 단체가 창립되었는데, 그 가운데에는 유학생 친목회 같은 학생 단체, 종교 기관에서 만든 소년 단체, 농민, 노동자들을 위한 노동공제회의 하위 단체, 백정 해방 운동 단체인 형평사, 민립대학 발기회와 같은 교육 단체, 금주단연회 같은 사회 개선활동 단체 등 다양한 성격의 단체들이 있었다. 그 뒤 1924년 이후에는 사상단체가 여럿 생겨난 것이 두드러졌다. 사회운동의 추세가 더욱 이념 중심으로 바뀌어가는 조짐을 보여주는 것이다.

이와 같이 1920년대 전반기에 진주 지역에서 사회운동 단체가 폭발적으로 일어났는데, 그것이 3·1운동의 영향이라는 첫 번째 증거는 3·1운동 관련자들이 지역사회운동의 활동가로 변신한 경우가 많았다는 점이다. 〈표 1〉은 3·1운동 지도자들이 여러 사회운동에서 중추적인 역할을 맡았다는 것을 잘 보여주고 있다. 3·1운동 참여자들은 지역사회운동의 주요 인적 자원이었다. 그들의 사회적 관계는 지역사회운동계의 세력을 구축하는 중추적인 틀로 작용하였다. 대표적인 보기가 1920년대 지역사회운동의 모태 역할을 한 청년회원들의 3·1운동 참여 경력이다. 청년회의 초창기 임원진이었던 박재표, 강주한, 강윤영, 탁정하, 김갑순 같은 온건한 성향의 지역 유지들은 제1보통학교, 봉양학교, 광림학교에서 근대 교육을 받은 사람들로서 재판에 회부되지는 않았지만 3·1운동에 참여한 경험이 있었다. 그들은 3·1운동 이후에도 민족 해방과 사회 문제에 관심을 갖고 여러 사회단체 활동에 참여하였던 것이다. 더 적극적으로 사회운동에 참여한 청년회원들은 3·1운동의 지도자들인 강달영, 김재홍, 박진환, 심두섭, 정성호 등이었다. 그들이 1921년 감옥에서 출소한 뒤 청년회 임원진에 합류하면서[43] 청년회

---

43 『동아일보』 1921년 4월 28일, 5월 10일.

는 더욱 개혁적인 사회운동을 주도해가는 위상을 갖게 되었다. 초기의 청년회는 체육, 문화, 음악, 지역 봉사 중심으로 활동하였는데, 그들이 합류하면서 농민, 노동자, 여성 같은 사회적 약자들을 위한 사회 개혁 활동으로 활동 범위를 확대해 나갔던 것이다. 그러면서, 청년회 자체가 회원들의 관심사에 따라 분화되어 새로운 사회운동 단체를 만드는 모태가 되었다. 요컨대, 3·1운동을 경험한 젊은이들의 활동의 구심점이던 청년회는 1920년대 초 지역사회운동의 인적 자원을 공급하는 원천이자, 새로운 사회운동을 일으키는 기폭집단이었다. 또한 그렇게 형성된 활동가들의 의사소통망은 1920년대 전반에 지역사회운동의 연대와 협력에 크게 기여하였다.

또 하나의 기폭 집단은 종교 기관의 청년들 모임이었다. 그 주축도 3·1운동 주동자들이었다. 3·1운동으로 재판에 회부되었던 기독교의 심두섭과 한규상은 홍수원, 정석록, 김주학, 변세희 등과 함께 기독청년회의 핵심 활동가로 활동하였으며, 천주교의 김재홍은 이상석, 조우제, 박재홍 등과 더불어 천주교 청년회 활동을 주도하였다. 그들은 종교 단체에서 활동하였지만, 활동 내용은 종교적인 것에 한정하지 않았다. 주민 계몽 활동을 열심히 벌였으며, 다른 사회운동 단체와의 협력에도 적극적이었다. 결국 일부는 훗날 활동의 중심을 비종교적 단체로 옮겨 사회운동에 더욱 적극적으로 참여하였다.

3·1운동 직후 지역사회운동의 중심이던 청년회의 핵심 활동가들이 여러 사회운동 단체로 분화되면서, 청년회 활동은 불과 2~3년 만에 쇠퇴하게 되었다. 그렇지만, 사회단체들이 크게 늘어나면서 진주의 사회운동은 더욱 활기를 띠게 되었다. 활동가들의 관심 영역도 점점 다양하게 되었고 지역사회운동의 양상도 더욱 복잡하게 바뀌어 갔다. 그 가운데 하나가 정치적 입장의 다변화였다. 특히, 일제와의 관계에 따라 활동 영역이 뚜렷하게 달라지기 시작하였다. 일제는 1920년에 이름뿐인 지방자치제를 도입하여 진주 면협의원과 경남도평의원 선거를 시행하였는데,[44] 지역 유력자인 박재표,

강주한, 이진우 같은 일부 집단은 선거에 출마하는 등 일제 식민체제에 순응하는 태도로 바뀌어갔다. 반면에, 3·1운동의 핵심 지도자들인 강달영, 김재홍, 박진환, 조우제, 강상호 같은 활동가들은 진주노동공제회, 형평사 같이 특정한 목적의 단체를 만들어 소작 문제 개선, 신분 차별 철폐 등 개혁 활동에 더욱 적극적으로 참여하였다. 그들의 활동은 우리나라 전체의 노동운동, 농민운동, 형평운동 등에서 기념비적인 발자취를 남겼다.

한편, 3·1운동의 지도자들이 기폭집단으로서 사회 개혁을 추구하는 다양한 사회운동을 이끌었다는 사실뿐만 아니라, 지역 주민들이 3·1운동을 경험하면서 사회 문제에 관심을 갖게 되고 사회 개혁 활동에 적극 참여하게 되었다는 것도 특기할 만하다. 특히, 각계각층의 주민들이 다양한 사회운동에 참여하였다. 백정들이 형평사 활동에 적극 참여하였다거나, 노동공제회 활동에 소작인이나 노동자들이 열성적으로 참여한 것은 전통 사회에서 소외되고 억압받아온 지역 주민들이 자기 권익을 되찾으려고 한 모습을 보여주었다. 또한 많은 주민들이 이해 관계없이 여러 사회운동에 적극 참여하여 사회 개혁이나 발전을 도모한 것도 특기할 만하다. 예를 들어, 야학이나 일신고보 설립 운동과 같은 교육운동이나 여러 형태의 생활 개선 활동에 지역 유지들도 적극 참여하였고,[45] 백정들의 신분 해방과 평등 대우를 주창하는 형평사 활동에 비백정들도 참여하였으며,[46] 소작이나 노동 상황을 개선하기 위한 노동공제회 활동에 지역의 지식인들도 적극 참여하였다. 이와 같이 3·1운동은 사회 개혁을 추구하는 사회운동의 씨앗이었던 것이다. 이러한 지역사회운동은 다른 지역에도 자극제가 되어 전국적인 사회운동으로 발전하는 상승 작용을 일으켰으며, 또 전국적인 사회운동의 영향을 받는

---

44 孫禎睦, 『韓國地方制度·自治史研究 (上)』(일지사, 1992), IV장.

45 교육운동에 관하여 제2부 제2장.

46 진주 지역의 형평운동에 관하여 제3부 제2장; 전국의 형평운동에 관하여는 김중섭, 위의 글 (1994) 볼 것.

등 지역사회운동과 전국 차원의 사회운동이 서로 영향을 주고받으며 발전하였다. 그러면서 사회운동 단체의 연대와 교류가 더욱 활발해졌다.

사회운동 단체의 활발한 교류 활동은 언론에 보도되어 사회운동에 대한 홍보 효과를 가져왔다. 1920년대 초 신문에 보도된 것만 보더라도, 동경유학생 학우회, 조선학생대회, 천도교청년회 동경지회, 동경유학생 불교순회강연단, 조선여자교육회, 조선교육협회, 통영청년단 활동사진대, 동우회(동경유학생회), 갈돕회(고학생회), 반도고학생친목회 등 다양한 단체가 진주를 방문하였다. 이런 단체들은 전국 순회 활동의 일환으로 진주를 방문하여 강연회나 문화 활동을 개최하고 지역 활동가들과 교류하였다. 그러한 활동은 항상 경찰의 감시와 통제의 대상이 되었다. 때로는 경찰의 탄압으로 강연회 중단이나 강연단 해산을 겪기도 하였다. 그렇지만, 그러한 활동은 사회 개혁에 대한 관심을 불러일으키는 데 기여하였을 뿐만 아니라, 서울이나 타지 분위기를 전하며 새로운 사상과 정보를 교환하는 역할을 수행하였다. 활동가들끼리 사회적 쟁점에 대한 인식을 공유하며, 사회운동의 목표나 활동 전략을 수립하고, 새로운 이념과 활동 방향 모색하며, 더 나아가 활동 진작의 자극제가 되어 새로운 지역사회운동이 일어나는 계기가 되었던 것이다. 예를 들어, 1920년 서울의 노동 단체인 노동대회 임원이 내려와 노동대회 진주지부가 결성되었으며,[47] 조선학생대회를 본받아 진주학생대회가 결성되었고,[48] 1922년에는 각 지역에 조선노동공제회의 지부를 조직하는 추세에 따라 진주지부가 결성되었다.[49] 이밖에 1923년의 민립대학 진주면 발기회나,[50] 금주단연(禁酒斷煙)동맹회,[51] 1924년의 기근구제회[52] 같이 지역의 독자

47　『동아일보』 1920년 5월 1일; 『매일신보』 1920년 6월 24일.

48　『동아일보』 1920년 5월 11일, 7월 12일.

49　신용하, "조선노동공제회의 성립과 노동운동," 『한국의 사회신분과 사회계층』 (한국사회사 연구회 논문 제3집, 1986), 71-201쪽; 『동아일보』 1922년 3월 1일.

50　『조선일보』 1923년 3월 7일; 『동아일보』 1923년 3월 9일.

51　『동아일보』 1923년 3월 29일.

적인 단체이지만 전국적인 분위기나 흐름에 따라 만들어지는 경우도 있었다. 물론 진주의 지역운동이 전국의 사회운동에 기여하기도 하였다. 1922년 진주에서 열린 전국 최초의 소작인 대회를 계기로 농민운동이 활성화되어 소작문제를 둘러싼 쟁의가 전국 곳곳으로 확산되었고, 형평사 임원들은 전국을 순회하며 지부 결성을 독려하기도 하였다.

3) 지역사회운동의 성격

3 · 1운동 지도자들이 1920년대 사회운동의 창립과 발전에 기여하였다거나, 3 · 1운동의 경험을 통하여 각계각층의 주민들이 여러 성격의 사회운동에 적극 참여하였다거나, 3 · 1운동 이후 각 지역에서 일어난 사회운동이 연대와 교류를 통하여 전국 사회운동의 활성화에 기여한 것에서 보듯이, 3 · 1운동은 지역사회운동뿐만 아니라 전국의 사회운동 발전에 크게 영향을 미쳤다. 그뿐만 아니라 3 · 1운동의 영향은 사회운동의 활동 내용이나 성격에서도 볼 수 있다. 제일 두드러진 것은 민족주의의 확산이었다. 일제의 엄격한 통제를 받고 있는 상황에서 〈표 2〉에는 제대로 반영되지 않았지만, 3 · 1운동 이후 임시정부 수립과 무장 독립 투쟁의 확산 탓으로 진주에서도 독립운동 단체와의 연계 움직임이나 지하 조직의 활동이 활발하였다는 것을 후손이나 지역 노인들의 증언이나 언론 보도의 편린에서 확인할 수 있다. 박춘기, 장두관 등과 같이 해외로 가서 무력 독립 운동에 참여하는 경우도 있었고,[53] 해외 독립 운동의 구심점인 상해 임시정부와 연계하여 군자금을 모금하다가 체포되기도 하였고, 독립 만세 시위를 재차 시도하거나, 지역 주민들에게 독립 사상을 고취시키는 활동을 벌이기도 하였다.[54] 또, 1920년 9월에

52 『조선일보』 1924년 10월 25일.
53 三一同志會 엮음, 위의 글, 441-444쪽.
54 『매일신보』 1921년 1월 21일, 2월 1일, 2월 5일; 『시대일보』 1924년 10월 7일, 9일, 『조선

는 진주청년친목회 회원들이 상해 임시정부 특파원과 공모하여 진주를 포함한 서부 경남의 주요 지역에서 제2차 독립 만세 시위를 계획하다가 발각되었는데,[55] 그 가운데에는 3 · 1운동으로 복역한 김영조, 천명옥, 박성오와, 역시 3 · 1운동 관련자 박진환의 동생 박영환이 포함되어 있었다. 1920년 9월 초 진주농업학교 학생들은 일본 국경일인 천장절을 기하여 독립 만세 시위를 계획하였다가 일제에 피검되기도 하였고,[56] 1920년 11월에 예수교부인회는 불온한 활동을 하였다는 이유로 해산당했으며,[57] 경남전도대의 활동이 독립운동의 혐의를 받아 지도자들이 검거되어 재판에 회부되기도 하였다.[58] 1921년에는 진주소년회를 조직하였던 진주제2보통학교 학생들이 3 · 1운동을 기념하여 독립만세 시위를 준비하다가 발각되어 재판에 회부되기도 하였다.[59]

이와 같이 3 · 1운동으로 고조된 민족주의 분위기에서 일제는 주민들의 활동이나 생활 자체를 감시하고 억압하였다. 그리고 일제와의 관계나 민족주의에 대한 인식에 따라 주민들도 여러 가지 태도나 입장으로 나뉘었다. 하나의 양상은 여전히 민족주의 분위기가 강하게 유지되며 일제 식민 통치 정책이나 일본인 집단에 대한 집단적인 반발이나 저항 활동으로 작용하였다는 점이다. 대표적인 사례로 경남 도청의 부산 이전 반대 활동[60]이나 1924년 1월에 일어난 청수좌태랑(淸水佐太郎) 규탄 대회를 들 수 있다.[61] 대다수의 시민

일보』 1924년 10월 11일, 25일, 1925년 3월 23일.

55　국회도서관, 위의 글(1979), 775-777쪽; 『매일신보』 1920년 10월 23일.

56　『매일신보』 1920년 9월 3일, 11일; 『조선일보』 1920년 9월 3일; 『동아일보』 1920년 9월 9일.

57　『매일신보』 1920년 11월 16일.

58　『동아일보』 1921년 4월 22일, 23일.

59　『동아일보』 1921년 6월 24일, 26일.

60　자세한 내용은 제2부 제3장,

61　『조선일보』 1924년 1월 9일-14일, 17일-19일; 『동아일보』 1924년 1월 8일, 11일, 17일, 20일. 이것은 일본인 거류민 집단의 유력자인 청수좌태랑이 면화 매입권을 갖고 막대한 이윤을 내며 부를 축적하였는데, 매입 과정에서 저울눈을 속였다는 사실이 발각되어 일어났다. 주민들은 그것을 단순한 경제사기 행각이나 부당 이윤 갈취로 보지 않고, 식민 지배의 구조

들이 도청 이전 반대 활동에 적극적 참여하게 된 배경에는 민족주의적인 반일 분위기가 작용하고 있었고, 또 청수좌태랑 규탄 대회에서도 일제와 결탁한 일본인 거류민에 대한 민족주의적 감정이 깔려있었다고 판단된다. 이렇게 겉으로 드러나는 경우도 있지만, 실력 양성을 내세워 합법적 틀 안에서 전개하는 온건한 민족주의는 겉으로 드러내지 않으면서도 지역 사회에 영향을 미쳤다. 또, 일신고보 설립 운동이나 야학 활동 같이 지역 유지들까지 참여하는 경우도 있었다. 예를 들어 일신고보 설립 운동은 허만정, 하영진 같은 대농 지주가 3·1운동을 경험하면서 민족 독립의 지름길이 교육이라는 것을 깨닫고 시작하였던 것이다.[62]

그러나 이와 같은 민족주의 분위기에도 불구하고, 일제 식민 통치가 강화되면서 주민들 가운데 친일 부역 행위에 적극 가담하는 집단이 늘어났다. 그들은 대개 일제 침략 와중에 혜택을 많이 받은 지역 관리나 상공인들, 또는 영농 지원이나 소작인들의 단체 행동에 대항하여 지배 세력인 일제의 엄호가 필요한 대농 지주들이었다. 그들은 번영회, 자선회, 지주회, 수양단 같은 관변 단체에 참여하거나 진주면협의회 의원, 경상남도평의회 의원으로 활동하면서 지역의 일제 관리나 일본인 거류민들과 교류하며 일제 식민 통치에 적극 협력하는 반민족주의적 행태를 보였다. 특히, 일본인 거류민과 지역 유지들의 상호 협력은 서로에게 필요한 호혜적인 이유 탓으로 더욱 활

적 모순이나 일제의 조직적 경제 수탈의 상징적 사건으로 인식하였다. 진주지역 촌로들의 증언에 의하면, 노일전쟁에 참전하였던 청수(淸水)는 전쟁이 끝나자 맨주먹으로 삼천포에 왔다고 한다. 그 당시 삼천포는 경남 도청 소재지 진주의 바닷길[海路] 관문이었는데, 그가 처음 한 일은 부산과 삼천포를 잇는 여객선의 입항을 알리는 종치기였다고 한다. (그래서 '종치기 청수'라는 별명이 붙여졌다고 한다.) 그 뒤 진주로 이주하여 미곡상, 육지면(목화) 매매권 등 여러 사업에 손을 대어 큰 돈을 벌었다고 한다. 이때, 목화 매매를 하면서 저울눈을 속인 것이 들통난 것이다. 그래서 사회운동 단체들을 중심으로 대규모의 시민대회를 열어 그를 규탄하며 처벌을 요구하는 한편, 주민들이 목화 매입을 거부하는 대대적인 면화비매동맹을 벌였던 것이다. 일본인 거류민의 축재 사례에 대하여는 勝田伊助, 위의 글, 37쪽 이후 여러 곳.

62　白南薰, 『나의 일생』(신현실사, 1968), 146쪽

발해졌다. 일본인 거류민들은 행정 기관을 이용하여 혜택을 누리며 지역의 경제력을 장악하고 있었지만, 지위 안정을 위하여 지역 유지들의 협력이 필요하였고, 반면에 지역 유지들은 기득권 유지를 위하여 일제 통치 세력의 보호가 필요하였던 것이다. 또한 일제는 일본인 거류민의 세력 확장과 지역 유지들 협력을 통하여 통치권을 강화해 갔다. 이런 사회적 분위기에서 일부의 유력자들은 야학이나 학교 설립 활동에 적극 참여하거나 사회단체 활동을 도와주면서도 일제와의 긴장 관계를 만들지 않기 위하여 타협적인 태도를 보이는 경우도 있었다. 이렇게 주민들 사이의 다양한 입장 차이는 이른바 문화 정치를 표방하면서 민족 분열을 강화한 재등실(齋藤實)의 통치 정책63에 따라 더욱 조장된 측면이 있었다.

이와 같은 분화 현상은 주민들뿐만 아니라 사회단체에서도 나타났다. 일제에 저항하며 대립하는 집단, 일제 정책에 대한 비판을 자제하거나 타협하는 집단, 그리고 적극적으로 일제에 협력하는 집단 등 다양하게 분화되어 갔다. 이렇게 민족주의나 일제와의 관계 등에 따라 정치적 입장이 나뉘고 안팎 환경을 둘러싸고 여러 양상을 보이는 것은 사회운동의 복합성을 고려할 때 쉽게 이해될 수 있는 것이었다. 하여튼, 일제 식민 지배 상황에서 민족주의 분위기는 사회운동이 더욱 다양한 양상으로 바뀌어 가는 데 작용하는 주요 요인 가운데 하나였다.

사회운동의 복합성과 역동성은 민족주의 활동뿐만 아니라 사회 개혁을 지향하는 주민 활동이나 사회운동에서도 쉽게 볼 수 있었다. 우선, 3·1운동 지도자들이 이끈 사회운동 가운데에는 전통 사회에서 소외되고 억눌려 온 사회 집단을 위한 활동이 많았다. 예를 들어, 기독교와 천주교 중심의 여성 단체 활동, 어린이 권익을 위한 소년운동, 소작인들과 노동자들의 권익을 위한 진주노동공제회와 여러 노동조합의 활동, 백정들의 신분 해방과 평

---

63 姜東鎭, 『日帝의 韓國侵略史』(한길사, 1980).

등 대우를 주창한 형평운동, 일신고보 설립 운동이나 야학 활동을 통한 교육운동 등이 활발하게 일어났다. 다른 한편, 사회적 관습을 개선하고자 한 저축계, 금주단연회, 부업장려회 같은 사회 개선 활동이나 미신 타파나 민족 개조, 실력 양성 같이 근대적 사회를 만들자는 구호 등을 통해 전통 사회의 폐습이나 후진성을 혁파하려는 사회적 분위기도 널리 확산되었다.[64]

이와 같이 사회 개혁을 통하여 근대 사회로 나아가자는 사회적 분위기가 진주 지역 전반에 깔려있고 그에 따른 다양한 사회운동이 활발하게 진행되었다. 그러나 근대 사회를 만들고자 하는 사회운동 역시 다양한 요인이 작용하여 역동적으로 진행되었다. 입장에 따라 주민들은 참여자, 지지자, 방관자, 적대자 등으로 나뉘어 긴장과 갈등을 겪었다. 예를 들어 형평운동을 둘러싸고 형평사 측과 백정 신분 해방에 반대하는 주민들, 그리고 형평운동을 지원하는 사회단체나 활동가들 사이에 대립과 갈등이 일어났으며,[65] 또 야학 활동이나 일신 고보 설립 운동을 둘러싸고 보수적 유림 집단이나 친일 부역 집단 같이 반대하거나 협조하지 않는 사람들도 있어 긴장과 갈등이 빚어졌고,[66] 소작인들의 연대와 단체 행동이 활발해지자 일제의 식민 세력과 지역 유지들이 연합하여 대항하기도 하였다.[67]

이와 같이 복합성과 역동성이 혼재되어 진행되는 1920년대 지역사회운동의 성격은 크게 민족해방을 도모하는 '민족주의'와 사회 개혁을 통해 근대 사회로 나아가고자 하는 '근대성'의 두 요소로 나눌 수 있었다. 또 이 두 요소가 미치는 정도나 상호 작용에 따라서 사회운동 단체의 성격은 여러 유형으로 나뉘었다. 민족주의 기준으로 보면 일제에 협력하거나 대립하는 양

---

64 박찬승, 『한국근대 정치사상사 연구: 민족주의 우파의 실력양성운동론』(역사비평사, 1992).

65 자세한 내용은 제3부 제2장 볼 것.

66 자세한 내용은 제2부 제2장 볼 것.

67 자세한 내용은 제3부 제3장 볼 것.

〈표 4〉 사회운동 단체의 성격 유형

근대성 ＼ 민족주의		일제와의 관계 협력—타협—대립	
사회개혁 성향	반동·보수적 | 개량적 | 진보적	㉠	㉡
		㉢	㉣

축으로 나뉘었고 중도적 입장으로 타협하는 경우도 나타났다. 그리고 근대성의 기준으로는 사회 개혁에 반대하는 반동/보수적 성향, 사회 개혁을 적극 지향하는 진보적 성향, 그리고 중도적인 개량적 성향으로 나뉘었다. 이 구분을 토대로 사회운동 단체의 성격은 〈표 4〉와 같이 네 가지 유형으로 나눌 수 있다.

좀 더 살펴보면, ㉠ 유형은 일제에 적극 협력하며 사회 개혁을 반대하는 '친일 보수 단체'의 전형인 반면에, ㉣ 유형은 일제와 대립하며 진보적인 사회 개혁을 추구하는 '반일 진보 단체'의 전형이다. 그리고 ㉡ 유형은 일제에 저항하는 민족주의 입장은 뚜렷하지만 사회 개혁을 반대하는 '보수 민족주의 단체'인 반면에, ㉢ 유형은 일제에 협조하면서도 사회 개혁을 지향하는 '친일 개혁 단체'이다. 이와 같은 유형 구분은 이념형의 성격을 갖고 있기 때문에 다양한 특성을 가진 사회운동을 어느 한 유형으로 규정하는 것은 쉽지 않다. 게다가 활동 내용이나 성격이 끊임없이 바뀌어가는 역동성을 고려하면, 유형의 탄력성이 필요하며, 실제로 각 변수의 중도적 위치에 있는 사회운동이 많이 나타났다. 민족주의 측면을 보면 많은 사회운동 단체가 일제와 '대립'하거나 '협력'하는 양 극단의 어느 중간 위치에서 '타협'하고 있고, 근대성의 경우에는 반동/보수적 성향과 진보적 성향의 중간인 개량적 성향의 단체들이 많다. 이런 점을 감안하여 이 모형을 활용하면 〈표 2〉의 각 단체들을 보다 쉽게 파악할 수 있게 된다. 보기를 들어, 번영회나 자선회, 지주회 같은 관변 단체는 분명하게 ㉠ 유형으로 분류되고, 반면에, 진주노동공제회 같은 노동 단체나 1920년대 중반에 생긴 사상 단체들은 ㉣ 유형으로 분류할 수 있게 된다. 또, 1920년의 진주소년회는 사회개혁을 지향하면서도 반일 독립운동을 벌였다는 점에서 ㉣ 유형에 넣을 수 있고, 형평사나 종교 기관의 여성단체 소년단체 등은 일제와 타협하는 전략을 구사하였다는 점에서 ㉢과 ㉣의 중간에 놓을 수 있게 된다. 그리고 일제에 협력하면서도 일정한 수준의 사회 개혁을 지향한 사회 개선 활동 단체들은 ㉠과 ㉢ 사이에 있게 된다.

이와 같은 유형 구분은 각 단체들의 활동 내용이나 성향을 파악하는 데 유용할 뿐만 아니라 시대 조류를 보여주는 기준이 되기도 한다. 예를 들어, 조선 왕조로 되돌아가자는 복벽주의 단체는 보수적이면서도 일제와 대립한다는 점에서 ㉡ 유형의 전형이라고 할 수 있는데, 3·1운동 이후 활동이 위축된 탓으로[68] 진주에서는 찾아보기 어려웠다. 또 일제와 협력하면서 진보적 사회 개혁을 주장하는 ㉢ 유형의 단체도 찾아보기가 어렵다. 요컨대, 일제와 대립하면서 사회 개혁에 적대적이거나, 일제에 협력하면서 사회 개혁을 주장하는 단체는 일제 식민 지배 시대 상황에서 생겨나기 어려웠던 것이다. 가장 흔히 볼 수 있는 단체는 일제에 협력하며 사회 개혁에 반동/보수적 성향인 ㉠ 유형과, 일제와 대립하며 사회 개혁에 진보적인 성향의 ㉣ 유형이었다. 또, 진보적 사회 개혁을 지향하지만 일제에 타협하는 유형(㉢과 ㉣의 중간)과, 일제에 협력하면서도 개량적 사회 개혁의 성향을 보인 유형(㉠과 ㉢의 중간)도 많았다. 특히, 후자의 경우에는 일정한 영역에 한정하여 사회 개선 활동을 벌이는 경향이 강하였다. 보기를 들어, 무직자 구제회, 저축계, 조혼회, 상보회, 부업 장려회, 공존회, 기근구제회 같은 단체였다. 그런 단체의 참여자 가운데 일부는 번영회, 자선회, 지주회와 같은 관변 단체에도 참여하였다는 점에서 그 두 유형은 친화력이 있다는 것을 알 수 있다. 심지어 일

---

68 姜萬吉, 위의 글(1985), 112-154쪽.

부는 진보적인 사회 개혁 단체에 대하여 적대적이거나 반동적인 입장을 노골적으로 드러내기도 하였다. 실제로 1920년대 후반 일제 지배 체제가 강화되면서 개량주의적 사회 개혁 단체가 보수 반동적이며 친일 성향으로 바뀌는 사례가 많았다.

이와 같이 3·1운동 이후 사회단체의 성격은 민족주의와 근대성이라는 두 가지 요소가 작용하면서 여러 유형으로 나뉘었다. 그럼에도 불구하고 하나 특기할 만한 점은 1920년대 전반기에 지역사회운동 단체의 활동가들 사이에 연대감이 형성되어 있었다는 점이다. 대표적인 보기가 일신고보 설립 운동과 경남도청 이전 반대 활동이었다.[69] 일신고보 설립 운동은 지역 대농 지주들이 주도하였지만, 사회운동가들과 주민들도 적극 후원하였다. 또 경남 도청 이전 반대 활동의 경우, 참여 동기는 아주 복잡하였지만, 일본인 거류민으로부터 친일 협력 세력, 지역 유지, 사회단체 활동가들, 일반 시민에 이르기까지 전 주민이 적극적으로 참여하였다. 이밖에도 야학 같은 비인가 교육 기관의 활동, 반형평운동에 대한 공동 대처, 청수좌태랑 규탄 대회 등에서 사회운동가들은 적극적으로 연대 활동을 폈다.

이러한 연대 활동의 성격이나 진행 과정은 제각기 다소 달랐지만, 사회운동가들이나 주민들의 적극적인 참여 배경에는 지역 공동체의 공동 이익을 지키려는 동기가 있었고, 지역 사회의 갈등을 줄여나가자는 사회적 합의가 있었다. 그리고 오랜 역사적 경험을 통해 형성된 지역 공동체 의식이 깔려있었다. 요컨대, 지역 사회의 공동체 의식은 활동가들이 연대하고 협력하는 바탕이었고, 또 주민들이 여러 사회운동에 참여하게 된 동기였으며, 그 결과 사회운동이 활성화되는 데 기여한 원동력이 되기도 하였다.

69　일신고보 설립 운동에 대한 자세한 논의는 제2부 제2장, 그리고 경남도청 이전 반대 운동에 대하여는 제2부 제3장 볼 것.

4. 맺음말: 사회운동 시대의 도래

3·1운동과 그 이후 1920년대 전반기에 폭발적으로 일어난 지역사회 운동은 근대 역사의 새로운 경험이었다. 1920년대 전반기에 작은 도시 진주에 새로 만들어진 사회운동 단체가 60여 개나 되었다. 이렇게 3·1운동을 경험한 지역 주민들이 민족 해방과 근대 사회로의 개혁을 추구한 다양한 사회운동에 적극 참여하였다는 점에서 3·1운동은 주민들이 사회 문제의 주체적 결정권을 가진 존재라는 것을 인식하는 과정이었고, 새로운 사회 환경을 만들기 위한 사회 참여의 시발점이라고 할 수 있었다. 그렇게 다양한 사회운동이 폭발적으로 일어난 '사회운동의 시대'는 다음과 같은 몇 가지 특징을 갖고 있었다.

첫째, 대개의 사회운동의 기저에는 식민지 지배의 민족 상황을 타파하고, 사회 개혁을 통하여 근대 사회를 만들겠다는 사회적 열망이 깔려 있었다. 복합성과 역동성이라는 사회운동의 특성에서 보듯이, 다양한 요소의 영향 아래 사회운동은 끊임없이 격변하였지만, 일제 식민 지배로부터의 민족 해방으로 축약되는 '민족주의'와 전통 사회의 폐습을 타파하고 근대 사회로 나아가고자 하는 '근대성'이라는 두 요소는 사회운동의 시대를 이끌어가는 중심축으로 작용하였다.

둘째, 사회운동의 발전과 함께, 직업처럼 사회운동에 열심히 참여하는 '직업적 사회운동가' 집단이 등장하였다. 3·1운동에 참여하였던 경험을 가진 그들은 지역 사회의 현안 문제에 적극적으로 의견을 개진하였으며, 어느 특정 단체에서만 활동하는 것이 아니라 여러 단체에 겹쳐서 활동을 전개하였다. 이와 같이 적극적으로 사회운동을 이끄는 활동가 집단이 존재함으로서 지역사회운동은 더욱 다양한 영역으로 발전하게 되었다.

셋째, 사회운동 단체나 활동가들을 중심으로 이른바 '사회운동계' 또는 '사회운동권'으로 일컬어지는 특별한 사회 영역(social sector)이 형성되었다.[70] 그들은 지역 사회의 의사결정에 영향력을 미치는 세력으로 성장하면서 지역 사회의 한 부분을 차지하게 되었다. 사회운동권의 구성원들은 서로를 '동지'로 인식하며, 활동을 격려하고 지원하였다.[71] 품앗이하듯, 다른 사회운동 단체의 행사에 참석하는 것이 상례였으며, 사회적 쟁점이 생겼을 때 서로 협의하여 공동 대처하며, 사회적 쟁점의 공론화와 대책 활동을 주도하였다. 1923년 1월에 청년회와 노동공제회를 중심으로 결성된 각단연합회(各團聯合會) 같은 연대 기구의 결성을 통하여 사회운동권의 협력 체제 구축을 시도하기도 하였다.[72]

넷째, 새로운 사회를 건설하려는 주민들의 참여와 세력화에 의해서 지역 사회의 진행 과정과 의사 결정 경로는 더욱 복합적이며 역동적으로 바뀌어갔다. 전통 사회에서 소외되고 억압받던 집단이 집합적으로 자신들의 권익 보호를 위하여 활동하면서 다양한 집단이 의사결정 과정에 참여하는 다차원 체제로 바뀌게 되었다. 그러면서 사회운동을 둘러싸고 지역 주민들 사이에 긴장과 대립, 갈등이 일어나기도 하였다. 이와 같이 사회운동 단체의 존재가 인정받게 되자 주민들이 지역 사회의 문제를 자율적으로 처리하는 주체적인 행위자로 성장하고, 전반적인 사회 영역에 주민 참여를 통한 사회운동이 확산되어 가면서 '시민'과 '시민사회'의 발전 조짐이 나타났다.

이러한 역동적인 변화 속에서 1920년대 전반기의 진주 지역 사회운동이 발전하였다. 그것은 중앙에서 시작된 사회운동의 하부 조직화가 아니라 지역민 스스로 자율적으로 지역 사회를 만들어가고자 한 집합적 노력의 과정이었다. 이와 같은 '사회운동의 시대'의 성격은 앞으로 다루어질 여러 형태의 사회운동 사례를 통하여 더욱 구체적으로 설명될 것이다.

---

70 '사회운동계' 개념에 관하여 John D. MacCarthy · Mayor N. Zald, "Resource Mobilization and Social Movements: A Partial Theory," *American Journal of Sociology*, 제82권(1977), 1212-1241쪽.

71 Mayer N. Zald · John MaCarthy 엮음, *The Dynamics of social Movements: Resource Mobilization, Social Control, and Tactics* (Cambridge. Mass: Winthrop; 1979).

72 『조선일보』 1923년 1월 13일.

2

일제 식민 통치와 주민교육운동

    조선의 신분 질서가 와해되고 외세 침략이 본격화되는 19세기 말 20세기 초에 교육은 제도나 내용 면에서 크게 바뀌어 갔다. 주로 소수의 지배 집단에게 지배 이념인 유교 사상을 가르치던 성균관, 향교, 서원, 서당(사숙)과 같은 전통적인 교육 제도가 무너지고, 그 대신에 이른바 '근대 교육'이란 이름아래 서구식의 새로운 학교 제도가 확립되었다. 교육 내용도 서구 문물 중심으로 바뀌었고, 교육 대상도 일반 대중으로 확대되었다. 그렇지만 교육 시설은 턱없이 부족하였고, 일반인들의 교육 기회는 형편없이 낮았다. 이에 따라 학교 설립을 통한 교육 기회의 확대, 급변하는 사회 변화에 필요한 지식의 교육 과정 편성 등 낙후된 교육 환경을 개선하기 위한 집합적인 활동이 전국적으로 일어났다. 정부가 교육 문제를 해결할 능력을 갖고 있지 않은 상황에서 외국 선교사, 지역 유지, 선각적 지식인 등이 교육 활동의 주체로 활동하였다. 그들의 교육운동에는 서구 문물의 효과적인 수용과 외세 침략에 대항하기 위한 역량 강화라는 도구적인 생각이 깔려있었다. 곧, 선진 사회인 서구 문물을 가르쳐서 뒤떨어진 사회를 발전시키고자 하는 실용주의적 목적과, 식민지 지배 세력인 외세에 대항할 수 있도록 민족 역량을 강화시키고자 하는 민족주의적 목적이 그들의 교육 목표와 내용에 담겨있었다. '실용주의'와 '민족주의'로 축약되는 이 두 성격은 서구 문물과의 접촉과 외세 침략이라는 두 가지 양상의 역사 과정과 밀접하게 연관된 것이었다.[1]

일반인들의 교육 활동은 일제 식민 통치 체제가 강화되어 가는 시대 상황에 따라 부침이 있었지만 기본적으로 끊임없이 지속되었다. 그런 교육 활동은 대개 '지역 공동체'에 기반을 두고 진행되었으며, 그 원동력은 '주민'이었다. 따라서 일정한 지역에서 주민들에 의하여 추진되는 주민운동의 성격이 강하여 '주민교육운동'이라고 이름 붙이게 된다.

1. 식민지 지배와 교육

1910년대 식민지 백성으로 전락한 한국인들은 일제의 강압적인 지배 정책 아래서 철저하게 통제받으며 생활하였다.[2] 정치 활동은 물론이고 일상적인 사회 활동이나 경제 활동도 자유롭게 할 수 없었다. 모임을 갖거나 단체를 만드는 데도 헌병 경찰의 삼엄한 감시를 받았고, 또 언론과 출판의 검열과 허가제도 탓으로 정보교류도 제약 받았다. 그리고 '토지조사 사업'(1910-1918)이나 회사령 공포(1910) 등에 의하여 경제는 빠르게 식민 세력에 예속화되어 갔다.[3] 교육도 이런 상황에서 벗어날 수 없었다. 특히, 교육 환경은 일제 침략이 본격화되면서 기회나 내용의 측면에서 더욱 열악해졌다. 게다가 일제는 지배 세력의 통제 아래 실행되는 정규 교육을 체제 옹호의

---

1   이만규,『조선교육사』제1·2권(1947, 1949; 거름, 1991); 박득준,『조선근대교육사』(한마당, 1989); 車錫基,『韓國民族主義敎育의 연구: 歷史的 認識을 중심으로』(진명문화사, 1976); 孫仁銖,『韓國近代敎育史』(연세대학교 출판부, 1971).

2   朴慶植,『日帝帝國主義의 朝鮮支配』(청아출판사, 1986), 23-159쪽.

3   愼鏞廈,『朝鮮土地調査事業 研究』(지식산업사, 1982); 趙璣濬,『韓國資本主義 成立史論』, 제3편(大旺社, 1973).

교화 수단으로 이용하였으며, 교육 통제를 통하여 기존의 조선 사회 질서를 무너뜨리고 식민지 체제를 강화하고자 하였다.[4] 1905년 을사조약 후 교육을 담당하는 조선 정부의 학부에 일본인 고문을 앉혀 교육 체제와 내용에 대한 간섭을 확대하였으며, 한국 병탄 이후에는 1911년 8월에 공포한 '조선교육령'을 통하여 식민지 정책을 더욱 노골적으로 강화하였다. 교육 목적을 "충량한 국민 육성"이라고 규정한 것처럼(조선교육령 제2조), 일제는 교육을 통하여 식민지 주민을 순화하고자 하였다.[5] 아울러 사립학교를 비롯한 각급 교육기관에 대한 법령의 제정이나 개정을 통하여 후속적인 교육 통제 조치를 취하였다.[6] 각급 학교에서 한국어('조선어'로 지칭) 관련 과목을 약화시키고, 대신에 일어('국어'로 지칭) 과목을 강화하였으며, 한국민들을 충실한 심부름꾼으로 만들기 위한 실업 교육에 치중하였다.[7] 이러한 식민 교육 정책의 기조는 3·1운동 이후에도 크게 바뀌지 않았다. 이른바 문화통치로 통치 구호를 바꾸었지만, 일제는 1922년 제2차 '조선교육령'을 개정하여 이른바 '내선공학'으로 상징되는 동화주의 교육정책을 더욱 강화하는 등 한국인 교육 억압책의 기조를 계속 유지하며 일본인 의식을 심는 데 주력하였다.[8] 그에 따라 교과목이나 교육 내용은 일본의 언어, 역사, 지리에 치중하는 것으로 재편되었으며, 학교 교육은 주로 일본인 교사들이 맡게 되었다.

그러나 교육은 특성상 식민지배 세력의 일방적 강요나 의도대로 진행되는 것은 아니었다. 새로운 지식을 보급하며 사람들을 일깨우는 교육의 기능을 활용하여 민족주의 활동가들은 일본 식민지 체제를 무너뜨리고 민족해방을 가져올 사회 변혁의 수단으로 교육을 이용하고자 하였다. 이러한 입

---

4   이만규, 위의 글(1949); 鄭在哲, 『日帝의 對韓國植民地 敎育政策史』(일지사, 1985).

5   鄭在哲, 위의 글, 291쪽.

6   위의 글, 290-337쪽.

7   이만규, 위의 글(1949).

8   鄭在哲, 위의 글, 344쪽.

장은 한말의 자강운동으로부터 1920년대 초 문화운동에 이르기까지 면면히 이어져있는 '실력양성론'의 바탕에 깔려있었다. 산업 발전과 함께, 교육 진흥이 민족 위기를 극복하고 나라를 부강하게 하는 주요 방안이라고 인식되었다. 그리고 국가와 민족의 장래를 위하여 전통 사회의 근간이었던 사상이나 관습을 개혁하고, 그 대신에 서구 선진국들의 문화적 사회적 장점을 받아들여 실용적이고 과학적인 교육을 하는 것이 필요하다고 보았다. 이런 맥락에서 실업 교육, 과학 교육, 근대 교육, 신문화 수용, 심지어 정신 개조, 사회 개조, 민족 개조 등이 강조되었다.[9]

　　이와 같이 일제 식민통치 아래서 교육은 체제에 순응하도록 만드는 교화 수단과 체제 변혁을 위한 의식화 또는 실력 양성 수단이라는 이중적 성격을 갖고 있었다. 이 두 성격 가운데 어느 것을 강조하느냐에 따라 교육 활동에 대한 평가도 달라지게 된다. 예를 들어, 일제의 의도대로 교육이 한국인을 일본에 예속시키며 식민지 통치에 순응하도록 조장하는 것이라고 본다면, 교육 활동은 일제의 의도나 통치에 협조하는 것이 되며, 따라서 학교 설립이나 교육 지원은 식민지 체제에 협조하는 반민족적이거나 '친일적' 행위로 평가될 것이다. 이러한 평가는 이 시기의 개량주의 문화 운동을 '민족 해방 운동을 약화시키고, 더 나아가 민족 해방 운동을 파괴하여 일제의 식민지 통치에 봉사하는 반역적 죄행'이라고 보는 입장과 일맥상통하고 있다.[10] 이러한 해석은 민족해방을 절대적인 과제로 인식하여 모든 사회 현상을 일제 식민지 체제에 대한 저항, 아니면 협조로 평가하는 이분법적 사고의 극단적 민족주의에 근거한 경우가 많다.

　　반면에, 실력양성론은 교육의 의식화 기능에 주목하여 교육 활동을 전통 사회에서 근대 사회로 이행하는 데 기여할 뿐만 아니라, 민족해방에 필

9　박찬승, 『한국정치사상사연구; 민족주의 우파의 실력양성운동론』(역사비평사, 1992).

10　최창익, "조선프롤레타리아 계급운동," 『조선민족해방투쟁사』(1949); 역사문제연구소 민족해방운동사 연구반, 『쟁점과 과제: 민족해방운동사』(역사비평사, 1990), 447쪽 참조.

요한 실력을 키우는 수단으로 인식한다. 그에 따라 사학(私學) 중심의 정규 학교 설립이나 교육 활동을 민족 교육의 역사로 보거나,[11] 서당이나 학술강습소, 야학(夜學)과 같은 비인가 교육기관의 활동을 민족의식을 높이는 민중교육으로 보게 된다.[12] 그러나 교육의 실용주의적 측면을 강조하는 이 입장은 일제의 실업 교육 강화 정책에 협조하는 것으로 오해받을 가능성도 있고,[13] 또 친일파의 동화주의적 실력양성론과 혼동되기도 한다.[14] 그렇지만 이 입장의 밑바탕에는 독립 쟁취를 전면에 내세웠건, 겉으로 드러내지 않았건 간에, 식민지 지배로부터의 해방을 궁극적인 교육 목표로 삼았다는 점에서 민족주의적 성격이 깔려 있다.

바로 이런 점에서 일제침략기의 교육 활동 성격을 규정하는 데 가장 널리 쓰인 기준이 '민족주의'였음은 알 수 있다. 단지, 앞의 경우에는 교육의 체제 순응적 특징을 강조하여 반민족적인 것으로 평가한 반면에, 뒤의 경우에는 체제 저항적 특징에 주목하여 민족적인 것으로 평가한 점이 다르다. 그렇지만, 둘 다 '민족주의'라는 잣대로 교육 활동을 재단한 공통점을 갖고 있다. 여기에서, 민족주의라는 공통의 잣대에도 불구하고 대조적인 평가가 내려진 점에 유의할 필요가 있다. 우선, 모든 교육 활동이 민족주의 성격을 갖고 있었던 것은 아니라는 점을 간과해서는 안 된다. 특히 실용주의적 성격을 강조하면서, 더 나아가 체제 순응적 성격이 강한 경우도 있다. 이와 같이 '교육'에는 독립 쟁취라는 민족주의와 근대사회로 나아가려는 근대성이라는 두 가지 요소가 동떨어져 있기도 하고, 뒤얽혀 있기도 하지만, 공존하고 있다는 것을 알 수 있다.

또한 일제 식민 통치라는 특수한 상황에서 공개적으로 많은 사람들을

---

11 孫仁銖, 위의 글.

12 盧榮澤, 『日帝下 民衆敎育運動史』(탐구당, 1979).

13 이만규, 위의 글, 119-127쪽.

14 박찬승, 위의 글, 148-154쪽.

대상으로 하는 교육 활동은 일제의 감시와 통제에서 벗어나기 어려웠다. 따라서 의도하였건 의도하지 않았건 간에, 일정한 수준에서 일제의 교육 정책 틀 안에서 이루어질 수밖에 없었다. 이런 상황에서 민족주의 요소는 감춰지거나 조심해야 할 경계 대상이 되기도 하였다. 그러면서도 학교 교육 현장이나 비정규 교육 활동에서 민족의식 배양 등 민족주의 활동이 전혀 이루어지지 않은 것은 아니다. 그 결과, 식민지 교육 정책이 요구하는 체제 순응과, 식민지의 피지배민이 갖는 체제 저항의 두 성격이 교육 현장에 혼재되어 있었다. 특히, 교육을 지식의 보급과 근대 사회 건설의 수단으로 인식한 실용주의 관점은 이 두 성격과 접합되어 있었다. 곧, 지식 획득을 통하여 식민지 체제 안에서 지위 상승을 도모하는 경향도 있었지만, 동시에 식민지 상황을 타파할 실력 양성을 의도하는 경향도 있었다. 이처럼 복합적이며 대조적인 성격을 간과한 채 교육 활동을 단순히 민족주의 척도로만 보거나 실용적 수단으로만 보는 것은 석설하지 않다. 다시 말해, 모든 교육 활동을 일제에 협력한다거나, 아니면 저항하였던 것만으로 본다거나, 또는 식민 지배 질서에서의 지위 상승을 도모한다거나, 아니면 식민 세력을 타파하고 근대 사회 건설의 역군 양성하는 것만으로 보는 것은 사실을 올바로 규명하는 데 장애물로 작용하게 된다. 교육 활동의 배경이나 주도 집단에 따라 성격이나 강조점이 달랐지만 대개, '민족주의'와 '실용주의'가 뒤섞여 있다는 점을 감안할 때, 어느 한 쪽에 집착하여 보는 것은 정작 교육운동이 활성화된 요인을 설명하는 데 방해가 될 것이다. 이런 점에서 진주 지역의 주민교육운동을 다각적인 측면에서 파악할 필요가 있다.

1) 일제 식민 통치와 교육 환경

주민들의 교육 활동은 일제 식민 통치 기간에, 적어도 일제가 세계 대전을 일으키며 교육 통제를 더욱 강화하기 전까지,[15] 전국 곳곳에서 활발하게 전개되었다. 근대에 들어오면서 교육에 대한 국가의 책임이 커져가는 추세와는 반대로, 주민들의 교육 활동 참여가 더욱 활발하게 이루어졌던 요인은 무엇일까? 그 배경에는 일제의 식민지 지배 아래의 열악한 교육 환경이 있었다.

우선, 한국민들의 교육 기회가 절대적으로 부족하였다. 관리 충원이 주목적이던 조선 사회의 교육 제도에서 일반 백성들은 교육 받을 기회가 거의 없었고, 따라서 사회 전반적으로 교육 수준은 대단히 낮을 수 밖에 없었다. 이러한 상황은 19세기 말 20세기 초에도 크게 개선되지 않았다. 심지어 1920년대 초까지 90% 이상의 백성들이 문맹 수준이었을 것이라고 추정되는 실정이었다.[16] 게다가 교육에 대한 일제의 통제가 강화되면서 교육 기회는 더욱 크게 줄어들었다. 특히, 한말에 폭발적으로 늘어났던 학교 가운데 많은 수가 1908년의 '사립학교령'에 따라 문을 닫게 되고, 한국인의 교육 활동이 더욱 탄압을 받으면서 교육 기회가 크게 줄어들었던 것이다.[17] 그 후 일제는 1911년에 공포된 '조선교육령'과 그 후속 조치로 만들어진 여러 규칙으로 정규 학교에 대한 통제를 더욱 강화하였다. 그 결과, 1911년에 2,085개였던 사립 각종학교가 1920년에 661개교로, 사립보통학교는 54개에서 38개로 줄어들 정도로 한말의 교육열 가운데 설립되었던 많은 학교가 문을 닫게 되었다.[18] 일제의 직접 통제권에 있는 공립보통학교는 1911년에 152개에서 1920년에 641개로 늘어났지만, 절대 다수의 한국민들이 다니던 사립학교가 문을 닫게 되어 교육 기회는 급격하게 줄어들 수밖에 없었다.

---

15   이만규, 위의 글, 21장.

16   노영택, "日帝時期의 文盲率 推移,"『國史館論叢』제51집(1994), 123-129쪽.

17   일제는 1908년의 사립학교령에 반발하는 외국인 선교사를 무마하기 위하여 그들이 신청한
        종교계 학교 778건은 모두 인가해준 반면에, 한국인 사학(私學)의 경우에는 신청한 1,217건
        가운데 42건만 인가하였다. 文定昌,『軍國日本占領 36年史』(박문당, 1965); 盧榮澤, 위의
        글(1979), 40쪽 참조.

18   노영택, 위의 글(1994), 122쪽.

　　한국민들의 교육 기회 부족은 일본인 이주자와 비교할 때 더욱 뚜렷하게 드러났다. 보기를 들어, 1919년 5월 현재 한국인을 위한 초등 교육기관인 보통학교는 517개(관립 2, 공립 482, 사립 33), 학생 수는 89,288명이고, 사립 각종학교는 670개, 학생 수는 38,583명이었고, 일본인을 위한 소학교는 380개, 학생 수 42,811명이었다.[19] 그런데 취학 대상자 수를 고려하면, 일본인 거주자는 대부분 학교에 다닌 반면에, 한국인은 절대 다수가 학교에 다니지 못하는 실정이었다. 1922년 경남의 경우,[20] 한국인 취학 대상자 249,688명 가운데 불과 1할 정도인 26,399명만이 입학하는 실정이었다. 이처럼 극심한 두 집단 사이의 초등 교육 기회 불평등은 말할 필요도 없이 중등 교육에서 더욱 심해졌다. 1919년 5월 말 현재 한국인을 위한 전국의 관·사립 고등보통학교가 남자 12개교에 재학생 3,154명이고, 여자 6개교에 재학생 687명뿐인데 반하여, 일본인 거주자를 위해서는 전국 주요 도시에 관립 중학교 5개와 공립 고등여학교 11개를 설립하였을 뿐만 아니라 공립 소학교에 중등교육을 위한 고등과를 설치하여 원하는 학생들은 모두 공부할 수 있게 하였다.[21] 게다가 교육 투자가 지속적으로 일본인 이주자에게 치중되었다. 일본인 학생을 위한 학교가 계속 설립되었을 뿐만 아니라 시설도 확충되었다. 자연히 일본인 학교와 한국인 학교의 학생 대비 지출 금액은 커다란 차이가 났다. 1919년에 일본인 학교는 학생 26,086명(한국인 학생 71명 재학)에 경비는 2,563,855엔으로 교육비가 학생 1인당 98.3엔인 반면에, 한국인 학교는 학생 135,583명(일본인 학생 234명 재학)에 4,549,511엔으로 33.6엔 수준이었다.[22]

　　이와 같이 한국인의 교육 여건은 지역 간의 편차가 다소 있기는 하였지만, 학교 입학 기회나 교육 재정 측면에서 대단히 열악하였다. 높은 문맹율

19　朝鮮總督府學務局, 『朝鮮諸學校一覽』(1919).

20　"朝鮮人敎育과 日本人敎育의 比較(경남특집),"『開闢』제4권 4호(1923년 4월), 5쪽.

21　朝鮮總督府學務局, 위의 글, 1-2, 87-88쪽.

22　위의 글, 87-90쪽.

과 대폭 줄어든 교육 기회, 점점 강화되어 가는 일제의 교육 통제 등을 통하여 한국민들이 겪는 상대적 박탈감과 교육에 대한 갈급함은 대단히 컸던 것으로 짐작된다. 따라서 교육 기회 확대는 당면한 사회적 과제였다. 이러한 사회적 상황에서 주민교육운동은 주민들의 절실한 교육 욕구를 채워줄 수 있는 거의 유일한 방안이었다.

물론 사회적 상황이 아무리 심각하고 부당하다고 하더라도 사회운동으로 발전하기 위해서는 그 상황을 타개하여 개선하고자 하는 사상이나, 활동을 벌여나갈 수 있는 여건이 조성되어야 한다. 일제침략기 교육운동의 경우, 이미 한말부터 지속적으로 확산되어 온 실력양성론이나 향학열에서 그 사상의 바탕이나 사회적 허용 여건이 형성되어 왔다.[23] 한말 관료임용제의 변혁과 애국 계몽운동의 활성화를 통하여 근대 교육의 성장을 촉진시킨 역사적 경험이나, 1910년대 일제의 간섭과 억압으로 일시적으로 퇴보하였지만 교육을 국가와 민족의 부강책으로 인식하여 확산된 향학열은 주민교육운동이 활발하게 일어나게 된 사회적 조건으로 작용하였다. 특히, 일제의 식민지 통치 아래에서 교육 기회의 태부족, 높은 문맹률, 일제의 차별적인 교육 정책 등 열악한 조건이 획기적으로 개선되리라고 기대하기는 더욱 어려웠다. 그렇기 때문에 주민들은 자녀 교육을 위한 자구책을 강구하기 위해서 스스로 활동의 주체가 되어서 지역 공동체 내의 열악한 교육 환경을 개선하려고 노력하였던 것이다.

주민들의 교육 활동을 위해서 전국적인 상설 조직이 있었던 것도 아니고, 지역 간의 긴밀한 협력이나 중앙 단체의 체계적 후원이 있었던 것도 아니었다. 대개 지역 주민들이 지역 사회의 물질적, 인적 자원을 동원하고 자발적으로, 또 집합적으로 참여하여 학교를 설립 운영하고, 교육 시설을 개량하면서 지역의 교육 환경을 자력으로 개선해 나갔다. 곧, '주민'에 의해 '주

23　이만규, 위의 글; 邊勝雄, "韓末 私立學校의 設立 動向과 愛國啓蒙運動,"『國史館論叢』 제18집(1990), 29-56쪽; 박찬승, 위의 글.

민'들을 위한 '주민교육운동'으로서 교육 기회의 확대를 도모하였다. 당국의 인가 여부에 상관없이 주민들이 추진한 정규 학교의 설립이나 환경 개선 활동, 야학이나 학술강습소같은 비인가 교육기관 운영 등을 주도한 주민교육운동은 식민지 지배 상황을 극복하며 교육 환경을 개선하기 위한 사회운동의 전형이었던 것이다.

2) 진주 지역의 교육 환경

진주 지역은 조선 중기의 뛰어난 학자 조식(曺植, 南冥, 1501-1572)의 학풍을 이어받아 실천을 강조하는 유학이 발전하며 교육을 중시하는 전통을 갖고 있었다.[24] 남명학파의 전통이 20세기 초까지 이어져 진주 지역 주민교육운동의 동인으로 직접 작용하였다고 보는 것은 무리일지 모르지만, 진주가 오랫동안 서부 경남 지역의 사회, 문화, 행정의 중심지로서 교육에 대한 관심이 높았다는 것은 분명히 지역의 특징이었다. 특히, 19세기 말 행정구역이 개편될 때 경상남도 도청 소재지가 되면서 다른 지역보다 먼저 이른바 신식 교육 제도가 도입된 근대 교육의 선진지역이었다.[25]

근대 교육제도 도입을 위하여 1895년에 공포된 소학교령에 따라 경남 최초의 근대 교육기관인 관찰부 소학교가 도청 소재지 진주에 설치되었다.[26] 1906년의 '보통학교령'에 따라 전국 주요 도시에 관립, 공립학교가 설립될 때 공립보통학교로 바뀌었는데,[27] 이때 경남에서는 진주와 함께 동래

---

24 朴洪植, "南冥思想의 後代에 끼친 影響,"『南冥學研究』제4집(1994), 117-154쪽. 그리고 학교 역사를 기록하면서 남명 조식의 영향을 거론하는 晉州高等學校,『晋高70年史』(1995), 45-49쪽.

25 晉州市史編纂委員會,『晋州市史』(중) (1995), 248-268쪽.

26 勝田伊助,『晋州大觀』(1940; 진주신문사, 1995), 149쪽; 이만규, 위의 글, 50-51쪽; 慶尚南道教育委員會,『慶南教育史』(1980), 119쪽.

27 朝鮮總督府,『學事統計』(1910), 42쪽; 朝鮮教育大觀社,『朝鮮教育大觀』(중) (朝鮮教育大觀社, 1932), 경상남도 편, 12쪽; 이만규, 위의 글, 75쪽. 이 학교는 1919년 진주 제1공립보

에 공립보통학교가 세워졌고, 그 뒤 1907~8년에 마산, 울산, 진남(오늘날의 통영), 밀양 등지에 공립보통학교가 세워졌던 것이다.[28]

중등 교육기관의 설립도 진주는 도청 소재지로서 혜택을 누렸다. 1909년에 '실업학교령'이 공포되고,[29] 대구, 광주, 전주 등지에 중등실업 교육기관이 설립될 때, 경남에서는 부산에 공립상업학교(1909)와 진주에 공립실업학교(1910)가 세워졌던 것이다.[30] 물론 잘 부려먹을 수 있는 인물을 키우려는 일제의 교육 정책에 따라 세워진 것이지만,[31] 이 학교들은 1912년 마산, 밀양, 울산에 세워진 간이실업학교와 함께 경남의 중등 교육을 맡게 되었다.[32]

진주는 경남의 도청 소재지였기 때문에 다른 지역보다 빨리 각급 정규 교육기관이 설립되었지만, 동시에 20세기 초 폭발적인 교육열에 따라 전국 곳곳에서 일어났던 사립학교, 야학, 서당 같은 사립 교육기관도 있었다. 1910년 기록에 의하면, 진주에는 잠업강습소, 공립보통학교 내의 여자학교, 봉양(鳳陽)학교,[33] 독명(篤明)학교,[34] 하전(荷田)학교[35] 등이 설립 중이거나 운

통학교로 개칭되었고, 그 뒤 여러 차례 명칭이 바뀌었다가 2011년에 중안초등학교에서 진주초등학교로 개칭되어 옛 전통을 이어가고 있다.

28 이만규, 위의 글, 75-76쪽; 孫仁銖, 위의 글, 49쪽.

29 이만규, 위의 글, 72-73쪽; 鄭在哲, 위의 글, 267쪽.

30 이만규, 위의 글, 72쪽; 勝田伊助, 위의 글, 155-156쪽. 이 학교는 1911년에 진주공립농업학교로 개칭되었고, 그 뒤 명칭은 여러 차례 바뀌었지만 농업 교육을 전문으로 담당하는 학교로 지속되다가, 진주산업대학교를 거쳐 2011년에 경남과학기술대학교로 개칭되어 오늘날까지 이어지고 있다.

31 이만규, 위의 글, 120-123쪽.

32 朝鮮總督府學務局, 『朝鮮諸學校一覽』(1920), 191, 203쪽.

33 대안면 공유 재산을 이용하여 면장 姜在淳, 金元老 등이 주동하여 세움. 『경남일보』 1910년 5월 26일 '鳳校開式'.

34 나동면 공유 재산을 이용하여 면장 朴在華, 姜在伯 등이 설립함. 『경남일보』 1910년 5월 14일 '學校興起의 狀況'.

35 마동면의 鄭友煥, 李漢重 등이 서당을 개조하여 설립한 하전학교에서는 1909년부터 일본인을 명예교사로 초빙하여 학생 20여 명을 가르치고 있었음. 『경남일보』 1909년 11월 23일 '荷校進況', 1910년 5월 14일 '學校興起의 狀況'.

영되고 있었다.[36] 경남의 다른 지역과 비교하여 사립학교가 더 많았던 것은 아니지만,[37] 진주에도 사립 교육기관이 여럿 있었던 것을 알 수 있다. 그런데 1910년대의 일제 자료에[38] 봉양학교,[39] 광림학교,[40] 배명학교[41]만 기록된 것으로 보아, '사립학교규칙'(1911)에 의해 전국의 많은 사립학교들이 문 닫는 상황에서 진주도 영향을 받았던 것으로 짐작된다.

이밖에 진주에는 야학, 서당과 같은 비인가 교육기관이 여럿 있었다. 이미 진주에는 19세기 말(1898년)에 진주 장재실에 들어온 천주교 신부(프랑스인 따께)가 야학을 설치하였다는 기록이 있지만, 언제, 어떤 내용의 교육을 실시하였는지 불분명하다.[42] 그 뒤 1910년 전후 전국적으로 야학이 확산될 즈음에[43] 진주에서도 야학이 여럿 생겨났다. 1909년 우리나라 최초의 지방 신

---

36 『경남일보』 1910년 5월 14일 사설 '學校興起의 狀況'.

37 1909년 12월 말 경남 사립학교 현황조사에 의하면, 진주에는 사립광림학교 하나만 기록되어 있지만, 동래(19개), 창원(12개), 김해(9개), 밀양(12개), 울산(7개) 등지에는 더 많은 학교가 있었다. 『경남일보』 1910년 1월 9일 '敎育彙報'.

38 朝鮮總督府內務部學務局, 『朝鮮人敎育 私立學校 統計要覽』(1912), 81, 87쪽; (1915), 116, 124-125쪽.

39 1912년에는 생도 82명, 설립자 姜在淳, 교장 徐珍旭으로, 1915년에는 생도 68명 설립자 강경호, 교장 김기태로 기록되어 있다. 1910년 개교 당시 입학시험 과목이 산술, 한문, 국한문, 작문, 일어회화였던 것으로 보아 실용적인 교육을 강조한 것으로 보인다. 『경남일보』 1910년 5월 2일.

40 광림(光林)학교는 호주 선교사 커렐(Hugh Currell, 巨列然)이 1906년에 세운 남학교인 안동(安東)학교와 사립 정숙여학교(후에 시원여학교라 부름)를 1909년에 통합하여 인가받은 학교였다. 진주교회사연혁위원회, 『晋州面玉峰里 耶蘇敎長老會沿革史』(1930); 진주교회, 1992, 8-9, 11쪽. 1912년에 학생 수가 40명, 1915년에는 학생 수는 변하지 않았으나 보통과와 고등과로 확대 개편되어 있었다.

41 1905년에 문산 지역에 천주교 본당이 설립된 뒤, 1910년에 金命濟(베드로) 신부가 배명(培命)학교를 설립하였다. 학생 수는 1912년에 38명, 1915년에 35명이었다. 천주교 문산교회, 『文山聖堂 80年史(1905-1985): 文山宣敎122周年紀念(1863-1985)』(천주교 문산교회, 1985), 82-83쪽.

42 위의 글, 198쪽.

43 1906-7년 즈음에 최초의 야학이 생겨난 뒤 그 추세는 전국적으로 확산되었다. 姜東鎭, "日帝下의 勞動夜學,"『歷史學報』제46집(1970), 6쪽.

문으로 창간된 『경남일보』의 보도 내용에 의하면, 대안동에 사립양원야학교가 설립되어 40여 명이 공부하고 있고,[44] 성내2동 동사에 설치된 야학교에서 일어 산술 등을 가르치고 있으며,[45] 관기(官妓)들이 진주보통학교 교사를 초빙하여 야학을 실시하였고,[46] 진주보통학교에 야학과를 설립하여 교사들이 일본어와 산술을 가르치고 있었다.[47] 또, 경남일보사 내에 한문, 일어 교육을 위한 야학교를 열어 학생들을 모집한다고 보도하고 있다.[48]

진주에는 야학뿐만 아니라 서당도 여럿 있었던 것으로 짐작된다. 조선 사회에서 서당은 개인이나 마을 차원에서 개설한 교육기관이었으며, 1910년대까지 야학이나 사립학교에 비교할 수 없을 정도로 많았다. 일제 기록에 의하면,[49] 전국의 서당이 1911년에 16,540개, 1919년 3월 말에 24,556개였으며, 1919년에 경남에 1,623개가 있었다. 정확하게 확인되지는 않지만, 많은 사람들이 서당의 존재나 서당에서의 학습 경험을 증언하는 것으로 보아 진주에도 서당이 여럿 있었던 것으로 짐작된다. 서당의 사례를 통해서도 당국의 인가 여부에 관계없이 주민 교육 활동이 활발하게 이루어지고 있었다는 것을 알 수 있다.

지금까지의 논의를 정리하자면, 1910년대 초 진주 지역의 교육활동에는 몇 가지 특징이 있었다. 우선, 진주는 경남의 도청 소재지로서 각급 공립학교가 비교적 빨리 설치된 교육 선진 지역이었다. 그리고 주민들이 설립

---

44 『경남일보』 1909년 11월 7일 '夜校進況'. 대안면 1동에 세워진 이 학교는 교장 姜在淳, 교감 金元魯였으며, 후에 봉양학교로 전환된 것으로 짐작된다.

45 『경남일보』 1909년 11월 7일 '夜學續興'. 全喆準, 金東湟, 朴台坤 등이 설치한 뒤 재판소 번역관보 鄭圭鎔을 강사로 초빙하였음.

46 『경남일보』 1909년 11월 18일 '謝過勸學'.

47 『경남일보』 1910년 1월 17일 '夜學附設'. 일본인 교사와 한국인 교사가 자원하여 가르쳤으며, 학생은 20세 이상 40세 이하로 제한하였다.

48 『경남일보』 1910년 11월 7일. 교육 과목은 한문과 일어였으며, 교사는 장지연, 최동섭, 김명현 등이었다.

49 朝鮮總督府學務局, 위의 글(1919), 217-218쪽.

운영하는 사설 교육기관이 주민 교육을 담당하는 데 큰 몫을 차지하였다. 사립학교 설립은 봉양학교, 독명학교, 하전학교의 경우처럼 지역 유지나 관리들이 주도하거나, 광림학교, 배명학교의 경우처럼 서양 종교 기관에 의하여 이루어졌다. 시대적인 교육열 속에서 지역 유지들이 주도한 사회운동에 의하거나,[50] 교육을 중시한 선교사들의 선교 전략에 따라[51] 세워진 사립학교들이 주민들의 교육 기회 확대에 크게 기여하였다. 하전학교처럼 서당을 개조하거나, 봉양학교, 독명학교처럼 관청의 재산을 이용하는 등 기존의 자원을 활용하는 경우가 많았다.

한편, 정규 교육기관인 공립학교나 사립학교에 갈 수 없던 주민들은 야학이나 서당과 같은 비인가 교육기관에서 교육 기회를 가졌다. 서당은 야학보다 훨씬 규모도 작고, 운영 방식도 비정형화된 탓으로 그에 대한 실태는 잘 알려져 있지 않다. 그렇지만, 야학의 경우에는 언론의 보도 내용만 보더라도 대상이나 주관 단체, 교육 내용이 아주 다양하였다는 것을 알 수 있다. 야학의 교육 대상은 일반인으로부터 조선의 신분제에서 천민에 속했던 기생에 이르기까지 광범위하였으며, 운영 주체도 신문사, 관청, 정규 학교의 야간 교실 등 지역의 주요 기관들이었다. 교육 내용은 대개 실용적인 면이 강조되기는 하였어도 한글, 한문으로부터 일본어, 산술에 이르기까지 다양하였다. 특히, 일제 식민지 지배체제가 강화되면서 일본어가 많이 쓰이게 되자 일본어 교육을 실시한 것으로 보인다. 곧, 시대 변화에 부응하여 '실용주의'와 '민족주의'가 어우러진 내용의 교육이 이루어졌다고 짐작된다. 정규 교육 기회가 절대적으로 부족한 상황에서 정부 인가를 받지 않는 야학이 주민 교육의 상당 부분을 담당하였던 것이다.

이와 같은 주민들의 교육 활동에도 불구하고, 1910년대 진주 지역의 교

50　邊勝雄, 위의 글, 29-56쪽.

51　박영신, "초기 개신교 선교사의 선교운동 전략," 『東方學志』, 연세대학교 국학연구원, 제46-48집(1985), 529-553쪽.

육 환경은 전반적으로 여전히 열악한 상태였다. 도시화가 되면서 인구가 빠르게 늘었지만, 정규 교육기관은 크게 늘지 않았기 때문이다. 주민 수가 1910년 10,083명에서 1923년에 14,136명으로 늘어났는데,[52] 한국인을 위한 공립학교는 여섯 학급의 제1공립보통학교와, 1919년 사립봉양학교가 공립으로 전환된 한 학급의 제2공립보통학교 뿐이었다. 게다가 많은 사립학교가 폐쇄되었기 때문에 오히려 교육 기회는 줄어든 형편이었다. 이에 반하여, 일본인에 대한 교육 시설은 점점 확충되었다. 일제 침략이 가속화되면서 1907년에 일본인 이주자 자녀를 위해 세워졌던 소학교가[53] 1912년에 심상고등소학교로 승격되어 고등과 교육과정까지 개설하였으며, 1917년에는 진주군 문산면에 또 다른 공립소학교가 설립되었다.[54] 일본인 거류민 수가 1910년 1,025명에서 1923년에 2,494명으로 급증함에 따라 일본인 교육을 위한 학교를 확장한 것이다. 그 결과 한국인과 일본인 사이의 교육 불평등은 상대적으로 더욱 심화되었다.

진주 지역 주민들의 상대적 박탈감은 비단 일본인 거주자들과 비교하여 생긴 것만은 아니었을 것으로 짐작된다. 1910년 후반 진주의 교육 환경은 다른 주요 도시와 비교해서도 열악하였던 것이다. 3·1운동이 일어난 1919년까지 보더라도, 평양(1911년), 대구(1916년), 함흥(1918년), 전주(1919년)에는 공립고등보통학교가, 개성(1917년), 동래(1916년), 평양(1918년)에는 사립고등보통학교가 설립되어 있었는데, 도청 소재지 진주를 포함한 서부 경남 전역에는 한국인을 위한 인문계 중등 교육기관이 전무한 실정이었다.[55]

지금까지 살펴본 바와 같이 1910년대 진주의 교육 환경은 양면적인 모습이었다. 교육 환경을 개선하기 위한 주민들의 활동이 활발하였지만, 일본

52　勝田伊助, 위의 글, 70쪽

53　『朝鮮教育大觀』, 11쪽. 개교 당시 취학 어린이가 8명이었다.

54　朝鮮總督府學務局, 『朝鮮諸學校一覽』(1919), 43-44, 47-48쪽.

55　위의 글, 177-180쪽.

인 거류민이나 다른 주요 도시와 비교하여 교육 환경은 상대적으로 열악하였다. 이러한 경험과 조건들은 3·1운동 이후 1920년대 주민교육운동이 활성화되는 데 여러 형태로 기여하였다. 곧, 자발적인 교육 활동 경험은 사회적 허용성의 조건으로, 교육 환경의 열악한 조건은 사회적 구속성의 조건으로 작용하였다. 게다가 광림학교를 비롯한 사립학교의 졸업생과 재학생들이 진주 지역의 3·1운동을 주도하는 것을 보면서 민족주의 측면에서 교육의 중요성은 더욱 강하게 인식되었던 것이다.

2. 진주 지역 주민교육운동의 발전

진주 지역에서 주민교육운동이 폭발적으로 일어난 것은 다른 지역과 마찬가지로 3·1운동 이후였다. 앞서 본 바와 같이 3·1운동은 진주 지역 전반에 커다란 영향을 미쳤다. 그 영향 가운데 하나가 다양한 사회운동의 출현이었다. 1920년대 전반기에 만들어진 사회운동 단체가 60여 개에 이르렀고, 활동 내용이나 성격도 다양하였다. 직업적 사회운동가라고 일컬어지는 열성적인 활동가들이 주도하는 다양한 사회운동은 식민지 지배를 받고 있는 민족 상황을 극복하며 근대 사회로 나아가고자 하는 시대적 요구에 따라 지역 사회를 바꾸어가고자 하였다.

이러한 3·1운동 이후의 사회적 분위기에서 주민교육에 대한 관심이 고조되었다. 특히, 더욱 열악해져가는 교육 환경을 개선하고자 하는 사회적 요구가 컸다. 경남의 도청 소재지며 서부 경남의 중심지로서 진주 지역은 인근 지역 주민들의 기대까지 부담해야 했다. 이런 상황에서 활성화된 진주 지역의 주민 교육 활동은 크게 세 가지 유형으로 나타났다. 첫째, 정규 교육 기관 중심으로 학교를 설립하여 교육 기회를 확대하고, 교육 환경을 개선하여 학교 교육의 질적 향상을 도모하는 활동, 둘째, 야학이나 학술강습소 같은 비인가 교육기관을 설립 운영하여 지역 주민들에게 교육 기회를 제공하는 활동, 셋째로, 여러 사회단체를 중심으로 강연회나 토론회 등을 개최하여 주민들에게 지식을 전파하고 시사 교양을 높이며 사회 문제에 대한 의식을 일깨우는 활동이었다. 셋째 유형은 넓은 의미의 시민 교육 활동으로서 사회운동 단체마다 적극적으로 활용한 방식이었지만, 앞의 두 경우와 달리, 교육기관이나 제도를 개선하려는 것은 아니었다. 또 이것은 정기적으로 이루어진 것이 아니었을 뿐만 아니라, 사회운동의 목적을 달성하기 위한 수단으로 활용된 성격이 강하기 때문에 이 글의 논의에서는 제외하고, 앞의 두 가지 유형을 중심으로 주민교육운동을 살펴보고자 한다.

1) 정규 학교 중심의 주민교육운동

정규 학교 중심의 교육운동은 크게 두 양상으로 나타났다. 하나는 이미 설립된 공립보통학교의 시설을 확충하려는 것이었고, 다른 하나는 공립보통학교를 세우거나 인문계 중등 교육기관을 설립하려는 활동이었다. 앞서 살펴본 대로 정규 학교는 일제의 직접 통제권 아래에 놓여 있었다. 일제가 교사 임명권을 갖고 있었고, 또 실제로 대부분의 교사가 일본인들이었다. 학교 운영의 재정이나 교과 과정 등도 일제 교육당국의 간섭을 받았다. 그렇지만 한국인을 위한 공립학교의 설립과 운영에 필요한 재정은 지역 유지들로부터 후원을 받아 예산을 최대한 절감하려는 것이 일제의 기본 방침이었다. 그렇기 때문에 정규 학교를 설립하고 제대로 운영되기를 원하는 지역 주민들은 일제에 적극 협력할 수 밖에 없었다. 그렇지 않으면 학교를 새로 세우거나 시설을 보완하는 것은 기대하기 어려웠다. 이러한 상황에서 교육 열의가 높은 지역 주민들은 대개 일제의 요구에 부응하였던 것이었다. 특히, 3·1운동 이후 전국적으로 폭발적으로 확산된 이른바 '향학열' 속에서 각 지역의 주민들은 적극적으로 교육 기회 확대를 도모하였다. 그렇지만 일제의 기본 입장은 일상생활에서 필요한 실용 교육에 중점을 두고 있었기 때문에 조선인의 교육기관 확대에 소극적이었다. 겉으로는 1면 1교 설립 방침을 내걸고 있었지만 실제 설립된 정규 학교 수는 이 수치에 훨씬 미달되었다. 게다가 공립학교 설립에 소극적이었던 일제는 관청에서 통제하기 힘든 사립학교의 경우에는 설립 자체를 방해하는 경향을 보였다.

1920년대 초에 진주에는 공립 초등 교육기관이 2개 있었지만, 학교 입학을 원하는 학령 아동을 수용하기에는 턱없이 부족한 실정이었다. 예를 들어, 1921년에 제1공립보통학교(앞으로 제1공보로 줄임)는 남자 50명, 여자 30명을 모집하였는데, 지원자는 남자 276명, 여자 117명이었다. 그리고 제2공립보통학교(앞으로 제2공보로 줄임)는 남자 60명 모집에 150여 명이 지원하였다.[56] 지원자가 그 전 해보다 배 이상 늘어났는데도 학교 당국은 교실 부족을 이유로 380여 명의 입학을 거절하였을 뿐, 교육 시설을 확충하려고 하지 않았다. 초등 교육기관의 수용 인원이 절대 부족한 상황인데도 일제는 한국민을 위한 교육에 투자를 하려고 하지 않았던 것이다. 심지어 시설 개선마저 주민들의 기부금에 의존하였다. 보기를 들어, 제1공보에서는 1925년 당국의 재정 축소를 빌미로 교사 증축금을 계상하지 않고, 지역 유지들로부터 기부금을 모금하여 교사를 건축하려고 하였는데, 교사 건축이 계획대로 진척되지 않자 입학식을 취소하고 입학 예정자들을 집으로 돌려보내기도 했다.[57] 이러한 사정은 제2공보도 크게 다르지 않았다. 학부형에게 교사 증축 대금을 징수하기로 하고 그 액수에 따라 선별적으로 입학을 허가하여 주민들의 반발을 일으키기도 하였다.[58]

이렇게 일제가 한국인 교육을 위해서 재정 지출을 하지 않았기 때문에 열악한 교육 환경 개선은 주민들의 찬조로 이루어질 수밖에 없었다. 예를

---

56 『동아일보』 1921년 3월 21일 '晋州地方의 向學熱'.
57 『조선일보』 1925년 4월 4일 '新入生入學猶豫로 晋州에 一大問題'.
58 『조선일보』 1925년 4월 5일 '晋州公普 增築費와 無産學父兄의 不平'.

들어, 조선 사회에서 가장 차별받던 백정들의 신분해방운동 단체인 형평사
가 제2공보에 교육 실습을 위해 현미경을 기증하였으며,[59] '남여7세부동석'
의 오랜 유교적 전통을 고려하여 여학생들만을 위한 보통학교 설립을 목적
으로 주민들이 모금 운동을 벌이기도 하였다.[60] 이렇게 주민들의 찬조에 의
존하였기 때문에 학교가 없는 면 지역의 주민들은 학교를 세우기 위해서 주
민들 스스로 열성적으로 학교 설립 운동을 벌일 수밖에 없었다. 그 결과
1920년대 말까지 진주군에서는 지정면인 진주면을 제외한 18개면 가운데
15개면에 공립보통학교가 설립되었다.[61] 일제는 1928년에 2개 면당 1개 학
교 설립이 완성되었다고 주장하였는데,[62] 진주 주민들의 열성 덕분에 다른
지역보다 보통학교 설치 비율이 높았던 것이다. 그러나 여자보통학교의 분
리 설치 경우처럼 모든 학교 설립 운동이 반드시 성공한 것만은 아니었다.
학교 설립 활동이 성공하기 위해서는 여러 요건이 충족되어야 했는데, 우선,
일제의 협력을 얻는 것이 필요하였다. 그리고 주민들의 재정 지원이 성공
여부의 열쇠였다. 따라서 주민들의 적극 참여와 지속적인 활동이 중요하였
고, 그렇기 때문에 학교 설립 활동은 그 자체가 '주민운동'의 성격이 강하였
다. 곧, 학교 설립을 위한 주민 활동은 지도자가 필요하고, 주민들의 참여가
기본 요건으로 작용하는 등 안팎 환경의 영향을 끊임없이 받게 되는 대표적
인 사회운동이었다. 사립 일신고등보통학교(私立一新高等普通學校, 앞으로 '일신고

---

59   『조선일보』 1924년 7월 8일 '第2普校寄贈品'.

60   독립된 여자보통학교 설립 운동은 진주 제1공보와 제2공보의 학부모들 중심으로 전개되었
     으나 성공하지는 못하였다. 『조선일보』 1924년 12월 2일 '晋州女普 獨立코자 敎育關係者大
     會', 1925년 4월 9일 '晋州女普 獨立問題'; 『동아일보』 1925년 8월 4일 '晋州女普 獨立'.

61   정촌면(1921), 지수면(1921), 대평면(1922), 금산면(1922), 금곡면(1923), 문산면(1924), 집
     현면(1925), 사봉면(1925), 평거면(1926), 미천면(1926), 도동면(1926), 대곡면(1927), 일반
     성면(1927), 이반성면(1927), 수곡면(1929)에 보통학교가 설립되었다. 朝鮮總督府學務局,
     『朝鮮諸學校一覽』(1929), 243-246쪽; 『조선일보』 1929년 9월 11일 '水谷面 普通學校 設
     置'.

62   松捕鎭次郎, 『朝鮮總覽』(朝鮮總督府, 1930), 945쪽. 盧榮澤, 위의 글(1979), 33쪽 참조.

보'로 줄임) 설립 추진 활동은 그러한 대표적인 사례였다. 중등 교육기관을 설립하기 위하여 진주뿐만 아니라 경남 전역에서 전개된 일신고보 설립 운동은 1920년대 주민교육운동의 특징과 성격을 잘 보여주고 있다.

2) 사립 일신고등보통학교 설립 운동

일신고보 설립 운동은 일제침략기에 주민들의 열의와 적극적 참여로 중등교육기관을 설립한 대표적인 성공 사례로 평가된다. 학교 설립의 움직임은 3·1운동으로부터 비롯되었다. 고종의 인산일을 맞아 서울에 갔던 진주의 지역 유지들은 3·1운동이 일어나는 것을 목도하였다. 그 가운데 허만정, 하영진, 허선구 등은 진주로 돌아오면서 인재 양성이 민족 독립의 첩경이라는 생각을 공유하게 되었다. 그리고 진주에 도착한 뒤 곧이어 학교 설립을 본격적으로 논의하기 시작하였다.[63]

3·1운동 이후 사립고등보통학교를 설립하려는 움직임은 비단 진주에만 있었던 것은 아니다. 1920년대 초 언론에 보도된 경우만 보더라도, 전국 여러 곳에서 중등교육 확대를 추진하고 있었다. 1920년 6월 통영의 중학 기성회 조직,[64] 1921년 3월 부산의 교남(嶠南)민립(民立)제일고등보통학교 설립 계획,[65] 1921년 10월의 충남고등보통학교 설립 추진,[66] 1921년 12월 황해도 재령의 중학 기성회 실행위원회 개최,[67] 1922년 1월의 부산중등 교육기관 설치 진정서 제출,[68] 1922년 2월의 강릉고보 기성회 발기총회,[69] 1922년 2

---

63 白南薰, 『나의 일생』(신현실사, 1968), 146쪽. 이 내용은 하영진의 증언과도 비슷하였다. 『경남일보』1963년 4월 25일 '敎育都市 晋州의 根源을 캔다(좌담회)'.

64 『동아일보』1920년 6월 11일 '中學期成會組織'.

65 『동아일보』1921년 3월 13일 '我敎育界의 慶事'.

66 『동아일보』1921년 10월 24일 '忠南高普校 設置에 대하야'.

67 『동아일보』1922년 1월 12일 '中學期成後報'.

68 "釜山中等敎育機關 設置ニ關スル 陳情書"(1922. 1).

69 『동아일보』1922년 2월 18일 '江陵高普期成會'; "江陵高等普通學校 設置陳情書"(1923. 10.

월 마산의 경남고보 유치운동[70] 등 학교 설립 움직임이 곳곳에서 일고 있었
다. 이러한 움직임의 배경에는 지역 주민의 교육 열의가 있었으며, 실력 양
성론 계열의 민족주의가 깔려있었다.[71]

이런 맥락에서 일신고보 설립 운동도 시작되었다. 1919년 가을 즈음부
터 허만정,[72] 하영진, 허선구 등 젊은 활동가들이 주축이 된 사립고등보통학
교 설립 추진은 진주뿐만 아니라 인근 지역의 대농 지주들로부터 동의를 얻
어 더욱 구체화되었다. 그 가운데에는 진주의 대농 지주인 박재호, 김기태,
정상진을 비롯하여 함양의 강위수, 양지환, 거창의 이현보, 정태균, 의령의
이우식, 심상염, 사천의 최연국, 합천의 노호용, 울산의 김홍조, 고성의 박정
수 등이 있었다. 그 결과 1920년 3월에 사립 일신고보 설립 기성회가 설립
되었고,[73] 5월 1일에 발기인 대회가 열렸다.[74] 발기인 102명에는 앞서 언급
된 진주와 인근 지역의 대농 지주들뿐만 아니라, 현석건(변호사) 박재화(면장)
정규용(금융조합 임원)과 같은 지역 인사, 강상호, 신현수, 남홍, 강선호, 박재
표, 김의진, 이범욱과 같은 지역의 사회운동가 등 각계각층 지도급 인사들
이 포함되어 있었다.[75] 발기인들이 모두 일제 식민 통치에 적극 저항한 민족

---

14).

70 『동아일보』 1922년 2월 18일 '慶南高普校 位置運動에 對하야 馬山 人士의 徹底한 努力을
    望함'.

71 박찬승, 위의 글, 250쪽.

72 시종일관 일신고보 설립 운동의 중추적인 역할을 맡았던 許萬正(曉洲, 1920년 당시 24세,
    1897-1952)은 진주군 지수면의 대농 지주인 許駿(止愼, 1920년 당시 77세, 1984?-1932)의
    둘째 아들로서 4천석 지기의 아버지를 설득하여 논 93,000여 평, 밭 35,000평을 기증받아
    학교 설립의 재정적 기반을 확보하였다. 『매일신보』 1920년 5월 7일 '慶南晋州의 篤志靑年
    中學設立의 大計劃'; 許鶴九 외 편저, 『曉洲家狀(효주가장)』(정제종중, 2010); 김중섭, "효
    주 허만정과 일신고보 설립운동," 『문화고을 진주』 5호 (진주문화연구소, 2011), 18-39쪽.

73 1920년 3월에 조직된 기성회 임원에는 고문 허준, 김기태, 회장 박재호, 부회장 강위수(함
    양), 간사장 이현보(거창), 간사 박재표, 양지환(함양) 등, 이사 하영진, 허선구 등, 평의원
    현석건, 김갑순 등 진주뿐만 아니라 인근 지역의 유력자들을 포함하고 있다. 勝田伊助, 위
    의 글, 158쪽; 白南薰, 위의 글, 147쪽; 진주고등학교, 위의 글, 85쪽.

74 『동아일보』 1920년 5월 8일 '晋州學界의 新曙光'.

주의자들이거나 사회 개혁에 적극적인 진보적 인사는 아니었다. 일부는 지역 사회의 식민지 세력과 여러 형태로 협력하고 있었으며, 또 일부는 전형적인 지주로서 농민운동가들로부터 비난을 받고 있었다. 그러나 대부분은, 특히 주도 집단은 대농 지주 출신으로서 지역 사회의 근대적 변화를 도모하는 젊은 사회운동가들이었다.

발기인 대회를 치루면서 학교 설립 운동은 더욱 본격화되었다. 발기인 대회 석상에서 사립고등보통학교의 설립 기본금인 50만 원 가운데 13만 원의 출연금이 약정되었다. 거액의 출연금 약정은 주민들의 적극적인 참여를 유도하는 효과를 낳았다. 1921년 12월 초에는 설립 기본금 기부 약정 액수가 40만 원을 넘어섰다. 설립 기성회는 학교 설립 허가원을 해당 관청에 제출하고, 설립 예정 부지를 논의하기 시작하였다.[76] 그러나 학교 설립 인가 신청을 접수한 일제는 설립 기본금을 50만 원으로 인상한 새 규칙을 빌미로 설립 허가를 내주지 않았다. 그리하여 부족한 기금 확보가 절실하게 되었다.

1922년에 들어서서 설립 운동은 더욱 활발해졌다. 3월 23일에는 청년회, 기독청년회, 천도교청년회, 노동공제회와 같은 지역의 여러 사회운동 단체와 언론기관들이 중심이 되어 고보기성(高普期成) 후원 시민대회를 열었다.[77] 이 대회의 큰 수확은 설립 기성회와 별도로 그 활동을 후원하기 위한 기성회 후원회를 결성한 것이었다. 기성회 후원회는 서진욱(徐珍旭, 회장), 강선호(姜善昊, 총무), 황의호, 심두섭, 김장환 등 지역의 사회운동가들을 중심으로 임원진을 구성하였다. 이 단체의 주요 임무는 학교 설립의 취지를 선전하며 시민들에게 관심을 갖도록 하는 일과 부족한 기본금을 모금하는 것이었다. 주민들도 기성회 후원회의 활동에 적극 협력하였다.[78] 기성회 후원회가 모

---

75   진주여자고등학교 동창회, 『一新60年史』(1985), 13쪽.

76   『동아일보』 1921년 12월 8일 '私立高普期成, 晉州에서'.

77   『동아일보』 1922년 3월 30일 '高普期成을 後援코자, 진주의 시민이 대회를 열고'.

78   하나의 예로서, 과부로서 어렵게 살면서 모은 재산 가운데 일부를 일신고보 설립에 기부한

금한 3만 원을 보태어 설립에 필요한 기본금 50만 원이 거의 다 차게 되자 일신고보가 설립될 거라는 기대감은 더욱 커졌다.[79]

이런 상황에서 기성회에서는 부족한 기본금 확보와 교장 초빙 등 학교 설립에 필요한 요건을 갖추고자 노력하였다. 1922년 10월에 유태로(劉泰魯), 양지환(梁址煥), 박재표(朴在杓) 등이 부족한 재단 전입금 5만 원을 마련하기 위하여 통영 지주 김현국을 방문하여 허락을 받는 한편,[80] 허선구, 권영운(權寧運), 한위건(韓偉健) 등을 통하여 일본 동경의 조선기독교청년회 총무를 역임한 백남훈에게 교장직을 교섭하여 승낙을 받았다.[81] 그리고 설립 요건을 갖춘 뒤 10월에 이사회를 열어 총독부에 재단법인 허가 신청서를 제출하는 동시에 교사 건축 공사를 착수하기로 결의하였다.[82] 그리고 조직을 재단 체제로 바꾸어 이사장에 김현국, 이사에 김기태, 박재호 등, 감사에 최연국 등을 선임하였다.[83]

일신고보의 실현이 점점 가시화되자 학교 설립을 향한 주민들의 열의는 여러 형태로 구체화되었다. 기성회 후원회를 중심으로 주민들의 협력도 더욱 활발해졌다. 적은 액수였지만 많은 주민들이 기부금을 내놓았고, 물질

두 여인의 미담을 보도한 『동아일보』 1922년 7월 24일 '兩女史의 特志'.

79 『동아일보』 1922년 7월 15일 '一新高普, 實現在邇乎'.

80 『동아일보』 1922년 10월 7일 '晋州高普問題'. 김현국의 승낙 사실은 『동아일보』 1922년 10월 19일 '晋州高普解決, 從速認可期待'.

81 白南薰, 위의 글, 140쪽. 황해도 은율 출신인 백남훈(解愠, 1885-1967)은 재일본 조선 유학생 학우회장, 동경 조선기독교청년회 총무를 역임하였으며 1919년 2.8 독립선언의 배후 지도자로 활동하였다. 일본 와세다 대학을 졸업한 직후 귀국을 계획하고 있을 때 진주에서 온 허선구와 진주 인근 지역 유학생인 권영운, 한위건 등으로부터 일신고보 교장 취임을 요청받은 것으로 짐작된다. 일신고보 설립운동을 주도한 허만정은 조카 허선구를 백남훈과 교섭하기 위하여 일본에 보냈다고 한다. 한위건은 경남 하동 출신으로 일본 유학 시절부터 일월회 회원으로서 널리 알려진 공산주의 운동가였다. 金俊燁·金昌順, 『韓國共産主義運動史』(고려대학교 출판부, 1973), 제3권.

82 『동아일보』 1922년 10월 27일 '成功한 一新高普, 기성회와 진주시민열성으로 오십만 원 기본금이 모집되야, 不遠間 建築工事着手'.

83 『동아일보』 1922년 10월 28일 '一新高普進步'.

적으로 협력하기 어려운 주민들은 교사 건축에 노력(勞力) 봉사를 하였다. 1922년 말 1923년 초의 겨울철을 이용하여 시행된 학교 부지의 땅고르기 공사에는 가을걷이가 끝난 농민들의 무보수 자원 봉사는 진주뿐만 아니라 사천, 산청 등지의 인근 주민들까지 확대되었다.[84] 또 농민운동을 이끄는 진주 노동공제회는 공식적으로 땅고르기 공사에 적극 참여할 것을 결의하고,[85] 지역 유지들은 노력 봉사하는 주민들에게 점심을 제공하는 등 지역 사회 구성원들이 여러 각도에서 협력하였다.[86]

한편, 증액된 재단법인 기본금 모금을 달성한 기성회에서는 1922년 12월에 179명이 연서한 재단법인 설립허가원과 학교 설립 허가원을 경남 도청에 제출하였다. 이 인가 신청서에 연서한 것으로 짐작되는 기부자 명단은[87] 일신고보 설립 운동의 단면을 보여주고 있다. 우선, 기부자의 출신 지역을 보면, 이름이 밝혀진 166명 가운데 절반이 넘는 91명이 진주 출신이었다. 그리고 거창(10명), 산청(12명), 함양(5명), 하동(14명), 사천(7명), 고성(11명), 의령(9명), 함안(4명), 합천(4명), 통영(1명), 울산(1명) 등 경남, 특히 서부 경남 전역에 퍼져있었다. 이것은 일신고보 설립 운동이 진주에 한정되지 않았다는 것을 잘 보여주고 있다. 또 현금을 제공한 163명의 기부 액수 분포를 보면, 1,000원 이하 기부자가 101명(60.8%)이고, 1,100원에서 2,000원 사이 30명(18.1%), 2,200원에서 7,000원 사이 19명(11.5%), 1만 원 이상이 13명(7.8%)이었다. 1,000원 이하의 기부자 수가 전체 기부자 수의 60%이상이라는 것은 경제적 능력이 많지 않은 주민들도 적극 참여하였음을 보여준다. 아울러 토

---

84 『동아일보』 1923년 1월 10일 '晋州市民總出動, 진주일신고등보통학교공사 녀자까지 나와서의 무료 로동'; 1월 17일 '井村面民熱誠, 일신고보공사에'.

85 『동아일보』 1922년 12월 24일 '一新高普垈地를 공제회원이 다듬어'.

86 『조선일보』 1923년 1월 19일 '姜孝淳氏美擧'.

87 기부자 명단은 『조선일보』(출신지역이 포함된 139명 명단, 1923년 2월 13일 '高普校設立計劃, 設立者住所氏名')와, 『동아일보』(출신지역과 기부액수가 포함된 167명 명단, 1923년 3월 30일 '一新校寄附金')에 일부 밝혀졌다.

지와 1만 원 이상의 기부자 수(16명)는 기부자 총수의 10% 미만이었지만, 기부 액수는 전체 기본금의 절반 이상을 차지하였다는 사실은 일신고보 설립 운동에 대농 부호들이 적극적으로 협력하였음을 보여준다. 또 그들의 지역 배경을 보면, 토지를 기부한 진주의 허준, 허치구(許治九), 하영진(河泳珍, 현금 2,000원 별도 기부), 합천의 노호용(盧浩容), 1만 원 이상을 기부한 통영의 김현국(金炫國, 5만 원), 진주의 김기태(金琪邰, 2만 원), 박재호(朴在鎬, 2만 원), 정재화(鄭載華, 1만 원), 허선구(許善九, 1만2천원), 거창의 이현보(李鉉輔, 1만 원), 고성의 허선(許宣, 1만5천원), 박정수(朴珽洙, 1만 원), 의령의 심상엽(沈相炎, 1만 원), 이우식(李祐植, 2만3천원), 하동의 정재완(鄭在浣, 1만 원), 함양의 강위수(姜渭秀, 1만6천원), 합천의 김홍석(金洪錫, 1만 원) 등 서부 경남 각 군의 주요 지주들이 참여하였다는 것을 알 수 있다. 이처럼 설립자의 지역 배경이나 기부금 기여도의 측면에서 보아도 일신고보 설립 운동이 서부 경남 전역에 걸쳐 있었고, 계급 배경도 소액 기부자로부터 대농 지주에 이르기까지 거의 전 주민에 망라되어 있었다.

　또 하나 흥미로운 사실은 1920년의 기성회 발기인 가운데 일부가 설립 신청자로 짐작되는 기부자 명단에는 빠져있다는 점이다. 특히, 강상호, 신현수, 남홍, 김의진 같은 지역의 이름난 사회운동가들이 누락된 것이 특이하였다. 그 이유는 분명하지 않다. 그러나 두 가지 점에서 전략적으로 이름을 뺏을 것으로 짐작된다. 하나는 그들이 노동운동이나 농민운동을 통하여 대농 지주들과 갈등을 빚어왔다는 점을 고려하여 각 지역의 대농 지주들로부터 기본금 모금을 원활하게 하기 위하여, 그리고 다른 하나는 그들이 여러 형태의 사회운동을 이끌면서 지역의 일제 세력과 빈번하게 갈등을 빚었다는 점에서 일제의 설립 허가를 얻기 위하여 그렇게 하였을 가능성이다. 그러나 그들은 대부분 핵심적인 노농 운동가들이 아니었다는 점에서 전자의 가능성은 적고, 오히려 사회운동계를 엄격하게 감시하며 지역의 사회운동 동향을 파악하고 있던 일제의 비위를 거스르지 않기 위하여 그렇게 하였을 가능성이 크다고 판단된다. 특히, 일제가 한국인 교육에 비협조적이었고, 심지어 교육 기회의 확장을 방해하려고 하였다는 점에서 이러한 전략적 고려가 충분히 이루어졌을 것으로 짐작된다. 어째든, 발기인 대회 때와는 달리 설립 신청 즈음에는 사회운동가들이, 적어도 명목상으로나마, 뒷전으로 물러나 있었던 것으로 보인다.

지역 유지들이 주축이 된 일신고보 재단법인 기성회에서는 경남 도청에 설립 신청서를 제출한 뒤 그 서류가 총독부로 넘어가자 일의 성사를 위하여 직접 일제 총독부와 교섭을 벌이기 시작하였다.[88] 일신고보의 재단 설립 활동은 조선일보와 동아일보의 사설에서 보는 바와 같이[89] 경남뿐만 아니라 조선 전체의 관심거리였다. 한편, 설립 인가 신청서를 접수한 일제는 신청자들의 사회적 배경을 철저하게 조사하였다. 그 결과 그들이 대부분 지역의 유력한 자산가라는 것을 파악하게 되면서 설립 인가에 호의적인 입장을 보였다. 인가 가능성이 한층 높아지게 되자 자연히 주민들은 그 해(1923년) 4월에 학생 모집을 하게 될 것으로 기대하였다.[90] 그리고 마침내 1923년 3월 23일에 조선총독부로부터 재단법인 일신고보의 설립 인가를 받았다.[91] 그러나 재단법인 일신고보의 설립 인가가 나왔음에도 불구하고, 학교는 설립되지 않았다. 일제가 재단법인 설립과 학교 설립은 별개의 사안이라면서 학교 설립을 허가해 주지 않았기 때문이다.

그리하여 학교 설립 허가를 얻기 위한 활동이 다시 필요하게 되었다. 우선, 재단이 설립되었기 때문에 존재 이유가 없어진 기성회를 1923년 4월 1일에 잔무처리 위원을 남긴 채 해산하였다. 그리고 30명의 평의원으로 구

88　『동아일보』 1923년 2월 10일 '一新高普 交涉員'; 『매일신보』 1923년 2월 15일 '晉州一新高普 許可願提出'.

89　『동아일보』 1923년 2월 11일 사설 '一新高普, 財團法人認可申請'; 『조선일보』 1923년 2월 13일 '教育發展에 熱心하는 慶南의 有志諸氏'.

90　『동아일보』 1923년 3월 3일 '一新高普 認可在邇乎'.

91　『동아일보』 1923년 3월 24일 '一新高普許可'.

성된 재단 평의회를 설립하였다.[92] 평의원은 진주 출신이 16명으로 절대 다수였지만,[93] 울산(金澤天), 거창(鄭來均), 하동(余琮燁), 의령(李道載), 함양(盧俊泳), 고성(金泳培), 산청(崔仁煥, 趙顯琦, 趙虎濬), 합천(鄭邦海, 張仁煥), 함안(趙鏞濮) 등 각지의 대표자들도 골고루 선임되었다.[94] 그리고 학교 설립 운동은 새로 구성된 평의회를 중심으로 다시 시작되었다. 5월에는 학교 없는 학교의 교장으로 부임하게 된 백남훈도 진주에 도착하여 학교 설립 운동에 가세하였다.[95] 그러나 이런 노력에도 불구하고 일제는 학교 설립 인가를 쉽게 내주지 않았다. 학교 설립이 끝내 좌절되지 않을까하는 우려가 확산되어 갔지만,[96] 재단법인을 중심으로 대다수 지역 주민들은 학교 설립 활동을 멈추지 않았다. 1923년 9월에 경남 출신의 서울 거주민을 중심으로 재단법인 일신고보 후원회가 조직되는 등[97] 지역 인사들의 후원이 이어졌다. 재단 측에서는 미납된 기부금의 수금에 진력하였다. 일제가 재단 기본금의 반 이상 적립을 요구하며, 그 조건이 충족되어야 교사 건립 허가원을 제출할 수 있다고 하였기 때문이다. 그리하여 10월부터는 조성된 학교 부지에 교사 건축을 추진하기 시작하였다.[98]

재단 측에서는 1924년 4월 신학기 개교를 희망하며 일을 추진하였지만, 학교 설립 허가는 좀처럼 나오지 않았다. 1924년 3월이 되어도 학교 설

92　『동아일보』1923년 4월 6일 '一新高普 期成會 解散'.

93　진주 출신은 정상진(鄭相珍), 강복순(姜復淳), 강윤영(姜潤永), 허만정(許萬正), 김갑순(金甲淳), 김병태(金炳台), 서윤보(徐允甫), 허진(許栻), 허용구(許瑢九), 강선호(姜善昊), 이치안(李致安), 강대익(姜大翼), 박문석(朴文錫), 정태석(鄭泰奭), 강백순(姜栢淳), 서상필(徐尙弼), 이상 16명이었다.

94　『동아일보』1923년 4월 8일 '一新高普 評議選擧'.

95　『동아일보』1923년 5월 30일 '一新高普校長着任'; 白南薰, 위의 글, 144-150쪽.

96　『매일신보』1923년 8월 21일 '晉州一新校의 現況'.

97　『동아일보』1923년 9월 3일 '一新校를 爲하야 嶠南人士奮起', 9월 4일 '一新高普後援會 委員을 特派하야'; 『조선일보』1923년 9월 3일 '一新高普後援會組織'.

98　『동아일보』1923년 10월 26일 '一新高普建築入札', 12월 8일 '晉州一新高普 理事會決議', 12월 10일 '校舍問題解決과 一新高普曙光'.

립이 지지부진하게 되자 사회운동 단체들이 주도하여 진주시민대회를 열었다. 시민대회의 참석자들은 일신고보 재단의 관계자들로부터 그 간의 경위를 설명듣고, 보통학교 졸업생의 상급학교 진학 기회 부족 등을 중점적으로 논의하며, 일신고보의 조속한 설립을 촉구하였다.[99] 결국 4월의 일신고보 개교가 이루어지지 않자, 사회운동 단체에서는 5월에 다시 시민대회를 열었다. 이 대회의 참가자들은 미납된 기부금의 조속한 납부를 촉구하는 한편,[100] 일신고보 속성(速成) 교섭위원을 선임하여 개교 촉진을 위한 활동을 일임하였다. 그 뒤에 또 시민대회 개최를 계획하였지만 일제 경찰의 집회 금지로 열지 못하였다. 그러나 박진환(朴進煥), 강달영 등 일신고보 속성 교섭위원으로 선임된 활동가들은 학교 설립을 촉진하는 활동을 멈추지 않았다.[101] 그들의 주 임무는 일신고보 설립을 허가하지 않으려는 일제 식민지 당국을 압박하며 일신고보 재단 측을 지원하는 데 있었다.

결국 일신고보 재단이 1924년 9월에 일제가 요구한 설립 요건을 갖추어 학교 설립원과 교사 건축 허가원을 제출하자, 더 이상 미룰 수 없던 일제는 마침내 10월 2일에 일신고보의 설립 인가를 내주기에 이르렀다.[102] 이에 따라 재단 측에서는 1925년 4월 새 학기 개교를 목표로 불입되지 않은 기부

---

99 『동아일보』 1924년 3월 6일 '一新高普 問題로 晋州第2市民會', 3월 10일 '晋州市民大會, 一新高普問題'.

100 『시대일보』 1924년 5월 25일 '新活動을 開始한 一新高普期成會'. 기부금 제공을 약속하고도 납부하지 않은 사례가 많아 이사회에서도 거듭 납부를 촉구하는 상황이었다(『조선일보』 1924년 10월 22일 '一高理事會'). 1926년 말에 재단법인 일신여고보가 기부금 미납자 朴珽洙외 74명에게 미납액 7만 9,600여 원의 기부금 이행 소송을 제기한 것으로 보아 이 문제는 개교 이후에도 쟁점이 되었던 것으로 보인다(『조선일보』 1926년 12월 17일 '晋州一新女高 寄附金履行訴訟'). 뒤에 살펴보겠지만, 이 문제에는 이사들 사이의 반목 등 여러 상황이 뒤얽혀 있었다.

101 『조선일보』 1924년 5월 14일 '晋州有志懇談, 私立一新高普校 問題로'.

102 『조선일보』 1924년 10월 7일 '認可된 一新高普'; 『시대일보』 1924년 10월 7일 '一新高普 認可돼'; 『동아일보』 1924년 10월 7일 '晋州 一新高普認可, 개교는 명년4월 새학기부터'; 『매일신보』 1924년 10월 10일 '一新高普認可'.

금의 수납과 교사 건축을 더욱 서두르게 되었다.[103]

그러나 1925년으로 접어들면서 상황은 다시 급변하였다. 일제가 오랫동안 풍문으로 떠돌던 경남 도청의 부산 이전을 강행하면서[104] 일신고보 설립 문제가 복잡하게 되었다. 이 배경에는 일제의 식민지 통치 정책뿐만 아니라 교육 정책이 갈려있었다. 경남의 도청 소재지인 진주는 일제 침략이 본격화되면서 그 위상이 위협받게 되었다. 특히, 부산포구가 침략의 전진기지로 개발되고 경부선 축으로 발전하면서 도청 소재지 진주가 서부 경남에 치우쳐있어 교통이 불편하다고 지적되었다. 그러면서 경남 도청 이전 문제가 간헐적으로 제기되었는데, 그럴 때마다 진주를 포함한 서부 경남 주민들이 거세게 반발하여 그 계획은 실현되지 않았다. 그러다가 1924년 여름부터 은밀하게 추진하던 일제는 마침내 12월에 관보(官報)를 통해 도청 이전 계획을 발표하였던 것이다.[105] 이에 대항하여 진주 주민들이 대대적으로 도청 이전 반대운동을 벌였지만, 결국 도청은 부산으로 이전하게 되고, 그 보상으로 남강다리 건설, 남강치수(治水)공사 같은 몇 가지 현안 문제 해결이 제안되었다.[106] 그 가운데 하나가 일신고보 설립 문제였다. 사립 일신고보 재단 기본금 가운데 20만 원과 정지 작업이 끝난 교사 부지를 기부하면 도립 고등보통학교를 세워주고, 동시에 사립 여자고등보통학교 설립을 허가해 주겠다고 일제가 제안한 것이다.

일제의 제안에 대하여 진주 주민들의 의견은 크게 둘로 갈리었다. 하나는 그 제안을 받아들여 차제에 남녀 고등보통학교를 따로 세워 취학 기회를 늘려야 한다는 입장이었고, 다른 하나는 사학의 특성을 인식하여 원래 계획

---

103 『시대일보』 1924년 10월 17일 '一高 理事會', 10월 22일 '一新校 理事會', 10월 31일 '一新高普 理事會'; 『조선일보』 1924년 10월 22일 '一高 理事會'; 『동아일보』 1924년 10월 31일 '曙光만혼 一新高普'.

104 경남 도청 이전 과정에 관하여 제2부 제3장 볼 것.

105 『조선일보』 1924년 12월 8일 '慶南道廳 移轉決定'.

106 『조선일보』 1925년 1월 19일 '6個條의 밋기로, 진주 상경위원을 달래인 총감'.

대로 사립학교를 세워야하다는 입장이었다. 전자의 방안을 가장 적극적으로 지지하는 집단은 보통학교 학부형들이었다.[107] 그리고 일제 통치에 협력하는 지역의 친일 세력도 가세하였다. 그들은 진주에 중등 교육기관이 없기 때문에 타지로 유학 보내는 비용이 많이 들고, 그렇기 때문에 학업을 중단하는 보통학교 졸업자가 많다는 현실을 강조하였다. 그러나 일부 재단 이사와 백남훈 교장을 포함한 학교 설립 추진의 핵심 세력은 일제의 제안을 거부하는 입장이었다. 그들은 만약 일제의 요구대로 20만 원을 기부하면 재단 전입금은 얼마 남지 않게 되고, 또 교사 부지를 기부하면 여학교 설립 인가를 받더라도 공부할 장소가 없게 된다는 현실적인 문제를 제기하였다.[108] 그리고 공립화안을 반대한 배경에는 사립학교가 상대적으로 일제의 통제를 덜 받으며 교육할 수 있다는 생각도 깔려있었고,[109] 민족 교육을 지키기 위한 최소한의 저항이라는 인식도 있었다. 이 와중에 일부 이사는 일제의 요구 액수 경감과 여자 학교의 교사 부지 확보를 위한 타협을 모색하기도 하였다.[110]

마침내 학교 설립에 관한 최종 결정이 1925년 1월 31일 열린 이사회에서 내려지게 되었다.[111] 총 30명의 이사 중 17명만 참석하여 성회가 된 이사회는 20여 명의 경찰과 총독부 교육 관리들이 감시하는 가운데 진행되었다. 회의가 진행되는 도중에 허만정을 비롯한 3인의 이사가 회의 과정에 불만을 표시하며 퇴장하여 회의 정족수가 미달되었는데도 회의는 속개되었다. 그

---

107 『조선일보』 1925년 1월 30일 '晋州學父兄大會'.

108 『조선일보』 1925년 1월 28일 '問題의 一新高普'.

109 白南薰, 위의 글, 151-152쪽.

110 『조선일보』 1925년 2월 3일 '問題된 一新高普'. 아울러 일제의 요구가 무리라는 여론도 일어났다. 『동아일보』 1925년 2월 1일 사설 '晋州一新高普 變更說'.

111 『조선일보』 1925년 2월 4일 '評議會의 決議는 一新女子高普로 하기로', 2월 7일 '7年 積功도 一朝虛事, 道知事의 契酒生面, 一新當局者의 難境, 도청의 내려누르는 수단에, 警官威壓 下에 評議會, 全道民을 無視함에 분개하야 반대기세가 많다';『동아일보』 1925년 2월 8일 '私立一新高普의 運命, 威脅的 圓滿妥協'.

마저 손을 들어 최종 결의할 때 6명이 기권하였다. 결국 8명의 찬성으로 일제의 제안이 결의되었다. 참석자 14명 중 8명이 찬성하였기 때문에 가결되었다는 것이었다. 요컨대, 총 30명의 이사 가운데 8명에 의해서, 그것도 일제가 조성한 강압적인 분위기 속에서 일신고보의 운명이 결정되고 만 것이다. 그 결과, 재단 전입금 11만 원과 교사 부지로 조성된 토지 24,000평을 경남도 당국에 기부하게 되었고, 일신고보 재단은 교사 부지도 없이 학교 허가만을 얻게 되었다. 이 결정에 대하여 일부 이사들은 공개적으로 분통을 터트리며 항의하였다. 일제의 강압적인 처리를 상세하게 보도한 당시의 신문은 "참으로 가슴이 막히고 분이 넘쳐 어떤 말도 할 수 없습니다……. 일신고보교가 처음 기초를 세울 때 경남의 유지(有志)로 우리 조선 사람의 손으로 된 교육기관을 만들어보자는 뜻이외다……. 당국자가 재단법인으로 이미 인가를 준 이상에 무슨 이유로 이것을 뺏어다 공립을 세우고 핑계좋게 여자고보교를 사립으로 인가하야 준다는 조건으로 억지로 평의를 관력으로 위협하야 자기의 의사대로 결정하고는…… 관료적 행위를 우리는 결코 승인할 수 없습니다."라는 모 이사의 말을 인용하여 그 분위기를 전하였다.[112] 또한 일신고보 설립 운동을 주도하여온 허만정도 낙향 광고를 통해 "절대 폭력과 일부 괴뢰의 책동에 의해" 학교 설립이 실패하였다는 것을 암시하며 실망을 감추지 않았다.[113]

일제의 강압적인 간섭에 대하여 많은 주민들이 반발하였지만,[114] 결과적으로 진주에는 남녀 고등보통학교가 동시에 생기게 되었다. 일제는 1925년 2월 21일에 공립 진주고등보통학교(앞으로 '진주고보'로 줄임) 설립을 공시하였고,[115] 3월 28일에 재단법인 일신여자고등보통학교(앞으로 '일신여고보'로 줄

---

112 『동아일보』 1925년 2월 8일 '정말 墳합니다'.

113 『동아일보』 1925년 2월 8일 '晋州의 讐地를 떠나, 村으로 돌아가면서'.

114 이 문제에 대하여 출향인사들까지 큰 관심을 보였다. 『동아일보』 1925년 2월 19일 '一新高普問題와 在日 晋州學生奮起'.

임)의 설립을 공식적으로 인가하였다.[116] 그리고 경남 도청이 예정대로 1925년 4월 1일에 부산으로 이전된 뒤, 4월 24일과 25일에 한국인과 일본인 공학의 남학교인 공립 진주고보와 한국인만을 위한 여학교인 사립 일신여고보가 각 50명 1학급으로 개교하였다.[117] 일제는 공립학교를 세워준다고 생색을 냈지만, 실제로는 경남 주민들이 조선인 교육을 위해 모금한 학교 설립 기금을 가지고 일본인 교사들이 주도하는 공학 교육기관을 만들어 일본인 거류민 교육에 이용한 꼴이 되었다. 한편, 여자 중등보통학교로 바뀌기는 했지만 고등 교육기관이 부족한 서부 경남에 조선인에 의한 여성 중등교육의 터전이 새로 마련되었다. 일신여고보는 50명 모집 예정이었으나 60명을 합격시킨 것으로 보아 여성 교육에 대한 주민들의 반응이 좋았다고 짐작된다. 그리고 일신여고보는 학교 부지도 없이 진주사범학교 건물을 빌려 수업을 시작하였다.[118]

이와 같이 6년 동안 우여곡절을 겪으면서 진행된 일신고보 설립 운동은 다소 변형된 형태이긴 하지만 성공적으로 마무리되었다. 당시 여러 지역에서 일어났던 사립학교 설립 운동이 대부분 성공하지 못한 것과 달리,[119] 진주의 일신고보 설립 운동이 성공할 수 있었던 주요 요인 가운데 하나는 각계각층 지역 주민들의 적극적인 후원과 참여를 통하여 이루어진 전형적인 주민교육운동이었다는 점이다.

우선, 일신고보 설립 운동을 일으키고 지속시킬 수 있는 역량있는 '기폭 집단'이 존재하였다. 사회운동을 일으키고 지속시키는데 핵심적인 '소수의 특정 집단'인 기폭 집단의 존재 여부와 역량은 사회운동의 성공을 보장하

---

115 『조선일보』 1925년 3월 17일 '晉州高等普校 設立認可'.
116 『조선일보』 1925년 4월 3일 '晉州―新女高 설립인가된바'.
117 晉州高等學校, 위의 글, 87쪽; 진주여자고등학교 동창회, 『一新 60年史』(1985), 15쪽.
118 『조선일보』 1925년 4월 28일 '晉州女高入學式'.
119 박찬승, 위의 글, 249-250쪽.

는 중요한 변수인데, 일신고보 설립 운동의 경우에 허만정, 하영진, 허선구와 같은 재력있는 젊은 활동가들이 기폭 집단의 소임을 다하였다. 그들은 운동을 일으켰을 뿐만 아니라 초기 단계부터 이현보, 양지환, 노호용, 강위수 등과 같이 비슷한 배경을 갖고 있는 인근 지역의 유력자들을 새로운 주도 세력으로 충원하여 운동의 확산을 도모하였다. 곧, 재력 있는 대농 지주들의 참여를 통하여 학교 설립에 필요한 재원을 비교적 쉽게 확보하였던 것이다. 특히, 경남민립고보 설립의 발기인으로 참여하였던 김기태나,[120] 통영중학 설립을 발기하였던 김현국과 같이[121] 이미 학교 설립 운동의 경험을 갖고 있는 재력 있는 명망가들의 참여를 유도하였다. 이들의 참여는 이 운동의 성공에 결정적으로 기여하였다. 이와 같이 허만정을 비롯한 젊은 대농 지주 자제들이나 재력가들이 추진한 일시고보 설립 운동은 지역 유지들이 지역 공동체의 발전을 위해 사회적 책임을 수행한 노블리스 오블리주의 좋은 본보기였다.[122]

일신고보 설립 운동이 성공할 수 있었던 또 다른 주요 요인은 참여자들의 효과적인 역할 분담이었다. 대농 지주 출신의 젊은 활동가들이 운동을 시작하고 주도하였지만, 다양한 배경의 지역 주민들이 적극 참여함으로써 학교 설립은 지역 전체의 관심사가 되고, 과제로 발전하였다. 그 과정에서 자연히 주민들의 역할 분담이 이루어졌다. 특히, 지역 유지들과 지역 단체의 직업적 활동가 사이의 역할 분담이 두드러졌다. 초기에는 지역 유지나 사회운동가의 구분 없이 모두 발기인으로 참여하였지만, 나중에 재력가나 지역 유지들은 기성회를 통하여 앞장서서 활동을 주도한 반면에 사회운동가들은 기성회 후원회를 구성하여 뒤에서 지원하는 양상으로 나뉘었다. 곧, 기성회는 재단 설립에 필요한 재원 확보, 학교 설립 허가를 얻기 위한 일제

---

120 『동아일보』 1921년 3월 13일 '我敎育界의 慶事'.
121 『동아일보』 1920년 6월 11일 '中學期成會組織'.
122 김중섭, 위의 글(2011).

총독부와의 교섭, 교장 초빙, 교사 건립 등 실질적인 일들을 맡았던 반면에, 기성회 후원회는 주민들을 동원하여 학교 부지 정지 작업에 참여하거나 일제의 비협조로 학교 설립이 정체되자 시민대회를 열어 촉구하는 등 측면 지원의 역할을 맡았던 것이다. 이와 같이 기성회 후원회의 측면 지원은 활동의 활력을 가져오는 데 기여한 반면에, 학교 설립에 제일 중요한 재원 확보와 일제의 허가 취득은 기성회가 맡아 진력하였다는 점에서 이원 조직의 역할 분담은 효과적인 전략이었다고 판단된다.

또한, 일신고보 설립 운동이 서부 경남 전역의 주민교육운동으로 확산될 수 있었던 요인은 인적 및 물적 자원을 효과적으로 동원한 점에 있었다. 특히, 그 운동을 소수 집단의 활동으로 한정하지 않고, 많은 주민들이 적은 액수라도 학교 설립 기본금을 기부하고, 또 자발적으로 노력(勞力) 봉사에 참여하도록 유도함으로써 특정 집단의 이익이나 목적을 위한 것이 아니라 지역 공동체 전체를 위한 활동으로 만들었다. 그 결과 각계각층의 지역 주민들이 다양한 형태로 참여한 일신고보 설립 운동은 6년에 걸친 긴 기간 동안 활동하면서 마침내 학교 설립의 목표를 달성하였으며, 진주가 교육도시로 발전하는 데 크게 기여하였던 것이다.

3) 비인가 기관을 통한 주민교육운동

정규 교육기관 설립의 주민교육운동이 성공적으로 진행되는 것과 병행하여, 야학이나 강습소 같은 비인가 기관을 통한 주민 교육이 활발하게 이루어지면서 교육도시 진주의 명성은 더욱 높아졌다. 비인가 기관의 교육 활동 역시 목표와 성격이 다양한 모습이었지만, 일제의 강압적인 교육 정책 아래 교육 기회가 절대 부족한 상황에서 주민 교육에 크게 기여하였던 것이다. 당국의 인가를 받지 않아도 가능하였던 주민들의 자발적인 교육 활동은 주간에는 학술강습소와 서당, 그리고 야간에는 '야학(夜學)'이란 이름을 내걸고 이루어졌다. 그렇지만 대개 서당보다는 야학이, 야학보다는 학술강습소가 교육기관의 형식을 더 갖추고 있었다.

서당은 개인이나 마을에서 설치한 일종의 사설 교육기관이었다. 이것은 전통 사회에서 널리 활용된 교육 방식이었다. 설치에 관한 특별한 규제나 기준이 없었기 때문에 서당은 곳에 따라 교육 내용이나 방식이 다를 수밖에 없었다. 글읽기 능력을 일깨워 유교의 기본 서적을 읽는 예전의 재래 서당과 달리, 개화기에 들어서면서 신학문이라고 일컫는 서구 학문을 가르치는 개량 서당이 나타났다.[123] 대개 서당은 규모가 작았으며, 존속 기간이나 형식이 대단히 다양하였다. 주민들이 자발적으로 교육을 벌였다는 점에서 주민교육운동으로 분류될 수 있는 서당이 진주에도 여러 곳에 존재하였던 것은 확실하다. 하지만, 이에 대한 기록이 거의 남아있지 않은 탓으로 부득이 이 논의에서 제외하였다.

서당보다는 훨씬 공식화된 사설 교육기관이 학술강습소였다. 아직 정규 인가를 받지 못했지만, 학술강습소는 지역 주민들의 교육을 맡았던 일종의 학교였다. 대개 주민들이 운영하였지만, 정규 학교처럼 전임 교원이 교육을 담당하는 등 일정한 수준에서 정규 학교의 형태를 갖고 있었다. 또 학교 설립 기준에는 미달하였지만 교사(校舍)를 갖고 있으며, 교육 내용도 정규 학교에 버금가는 과목으로 구성되었다. 그리고 일제 정책에 따라 학교 설립이 결정되면 대개 그 지역에 있는 학술강습소가 학교 설립 기준령에 부합되는 자격 요건을 갖추면서 정규 학교로 전환되었다. 이런 점에서 학술강습소는 주민들이 주도하는 비인가 교육 활동이었지만, 어느 정도 정규 교육기관으로 인식되기도 하였다.

주민들이 학술강습소보다 더 적극적으로 교육 활동을 펼친 곳은 야학(夜學)이었다. 교육이 밤에 이루어졌기 때문에 야학이라고 이름이 붙여졌지

---

123 재래 서당과 이를 변형시킨 개량 서당을 구분하는 盧榮澤, 위의 글(1979).

만, 주로 경제적 이유로 정규 학교에 가지 못한 어린이들을 대상으로 교육하였기 때문에 주민들의 문맹률을 낮추는 데 크게 기여한 주민교육운동으로 평가된다. 대개 주민들이 자원하여 교육을 맡았으며, 교육 내용은 교육대상자에 따라 다소 차이가 있지만, 대개 사회적 요구를 반영하는 것이었다. 이렇게 형식과 내용면에서 서당과 달랐기 때문에, 야학은 통상적으로 근대적인 비인가 교육기관의 대명사가 되었다. 때로는 낮에 생산 활동에 참여하는 노동자나 농민들을 대상으로 '의식' 교육에 치중하였기 때문에 '노동야학'이라고 일컬어지기도 하였다.

3 · 1운동을 겪으면서 민족실력양성론이 확산되며 향학열이 다시 일기 시작한 1920년대 초부터 진주 지역에도 주민교육운동이 활성화되었다. 특히, 학교에 갈 수 없었던 주민들을 위한 야학 활동은 주민들의 자발적인 교육 열의 아래 이루어졌다. 사람들이 많이 사는 중심지인 진주면에는 1920년부터 3개 지역(평안동, 내성동, 비봉동)에 야학교가 개설되어 1921년 봄에는 재학생이 남녀 440명에 이르렀다.[124] 이 야학교들은 제1, 제2, 제3야학교로 불리거나, 또는 위치에 따라 평안동 제1야학, 내성동야학, 비봉(飛鳳)야학회로 불렸다. 때로는 피교육자의 성격을 강조하여 '노동야학'이라는 명칭이 붙여지기도 하였다. 또 제3야학교는 진주봉동(鳳洞)학술강습회, 사립봉동야학강습회로 개칭되기도 하였다.[125]

야학의 운영은 대개 지역의 대농 지주나 사회운동가들이 맡았다. 제1야학교는 면장, 제1공보 학부형회장을 역임한 박재화, 상업, 운수회사, 정미소 등을 경영하여 부를 축적한 대농 지주 정상진, 진주청년회, 진주저축계 같은 사회단체에서 활동한 탁정하(정한) 등이 설립에 참여하였으며, 대농 지주인 서달서, 서상필 등이 회장을 맡았다. 그렇기 때문에 제1야학교는 독립 교사(校舍)를 마련할 정도로[126] 재정적 어려움이 적었다. 제2야학교는 운수

---

124 『동아일보』 1921년 3월 3일 '勞動夜學校의 盛況'.
125 『동아일보』 1923년 5월 23일 '鳳洞夜學의 好成績', 11월 8일 '鳳洞夜學의 學藝會'.

업으로 부를 축적한 강복순, 진주면협의회 의원(1920)을 역임한 황의호 등이 설립하고, 황의호와 일신고보 기성회 후원회 총무 강선호 등이 교장을 맡아 실질적으로 운영하였다. 그리고 제3야학 또는 봉동야학회는 청년회에서 활동하던 이현중이 설립하여 운영하였으며, 진주면협의회 의원(1923년)을 역임한 정태범이 회장을 맡아 돕기도 하였다. 진주 중심 지역에는 이 세 야학 이외에도 1924년에 마을 공유 재산과 기부금을 합쳐 문장현 등이 주도하여 개설한 옥봉야학회,[127] 천전리야학교 등이 있었다.

또 특정 집단을 대상으로 하는 야학도 있었다. 대표적으로, 형평사에서 사원 자녀들을 위해 세운 형평야학,[128] 남자 중심의 전통 속에서 차별받아 온 여성들을 대상으로 열린 여자야학 또는 부인야학 등이 있었다. 특히, 여자야학은 진주여자기독청년회가 광림여학교 내에 설치한 야학,[129] 진주제1공보 교사들이 진주군청 회의실을 이용하여 가르치는 부인야학회,[130] 진주제1공립보통학교 학부형회가 제1공보 내에 설치한 부인야학회,[131] 옥봉리 천주교에서 개설한 해성여학원[132] 같이 기존 학교나 관공서의 부설 기관처럼 운영되는 것이 특징이었다. 그리고 야학으로 시작하였다가 정규 학교로 전환한 해성여학원처럼 상황에 따라 야학이 다른 형태로 바뀌기도 하였다.

진주면 외곽의 농촌 지역에서도 비슷한 성격의 비인가 교육기관이 설치되어 운영되었다. 1920년대 초 언론에 보도된 야학 개설 지역만도 당시 진주군 19면 가운데 진주면을 포함한 9개면에 이르렀고, 그 수가 적어도 15

---

126 『시대일보』 1925년 8월 27일 '第一夜學增築 落成式擧行'; 『동아일보』 1925년 8월 28일 '第一夜學曙光, 校舍落成'.
127 『동아일보』 1924년 6월 16일 '玉峰夜學創設'.
128 『조선일보』 1923년 8월 29일 '衡平本社에 夜學開設'.
129 『조선일보』 1923년 6월 27일 '記念式兼懇談會'
130 『동아일보』 1922년 7월 26일 '黃貞善女史寄附'.
131 『동아일보』 1924년 6월 14일 '晉一學父兄會, 婦人夜學開催를 決議'.
132 『조선일보』 1923년 3월 7일 '海星女學院'; 천주교 칠암동교회, 『칠암성당 25년』(1990), 53쪽.

개 이상되었다. 1920년 지수면에서 마을 청년 허진구 등이 승내노동야학회를 개설하였고,[133] 1921년에 대곡면에서 단목마을 유지 하만택 등이 단봉강습소를 개설하였고,[134] 대평면에서는 정창현 등이 사숙 하산재를 개조하여 하산강습소를 개설하였다.[135] 1922년에는 금산면에 정도석의 열의로 금산노동야학회가 개설되었고,[136] 문산면에서는 서당을 개조한 낙산야학교가 개설되었고,[137] 일반성면에서는 진주노동공제회 열성 회원 한영준 등에 의해 진동강습회가 설치되었다.[138] 그리고 1923년에는 이반성면에서 허만철 등이 수성강습회를 설립하였고,[139] 일반성면 남산리에서는 정종문 등이 노동강습회를 열어 주야로 교육하였고,[140] 명석면에서는 면장 박노윤이 강습회를 설립하였다.[141]

이와 같이 거의 진주군 전역에서 이루어진 야학은 지역이나 생활권 중심으로 지역 주민을 대상으로 하였지만, 형평야학이나 여자야학처럼 특정한 사회 집단을 위한 것도 있었다. 또, 설립 배경이나 목적 등도 다양하였다. 전래의 서당을 개조한 곳도 있고, 노동야학을 내걸은 곳도 있고, 주야간으로 개설하며 학술강습소 성격을 띠고 있었던 곳도 있었다. 정규 학교가 없던 진주 외곽 지역에서는 유일한 교육기관으로서 주민들의 교육을 담당하였으며, 곳에 따라서는 정규 학교로 직접 전환되거나 정규 학교 설립 추진의 디딤돌로 활용되기도 하였다. 이렇게 당국의 인가도 없이 운영된 야학이나 강습소의 수강생 수가 지역에 따라 수십 명에서, 많게는 수백 명에 이

---

133 『동아일보』 1921년 12월 9일 '勝內勞動夜學狀況'.
134 『동아일보』 1921년 10월 24일 '丹鳳講習所消息'.
135 『동아일보』 1921년 12월 9일 '荷山講習所近況'.
136 『조선일보』 1923년 4월 6일 '琴山勞動夜學盛況'.
137 『동아일보』 1925년 8월 6일 '樂山夜學經營'.
138 『동아일보』 1923년 6월 11일 '晋東講習落成式'.
139 『동아일보』 1923년 6월 26일 '壽星講習會設立'.
140 『동아일보』 1923년 6월 26일 '晋州勞動講習設置'.
141 『조선일보』 1923년 10월 9일 '鳴石面長의 敎育獎勵'.

르렀다. 정규 교육기관의 수용 능력이 턱없이 부족한 상황에서 손쉽게 공부할 수 있는 기회를 제공하였기 때문에 주민들의 호응이 높았던 것으로 짐작된다.

이와 같이 야학이나 강습소 같은 비인가 교육 기관이 지역 주민의 주요 교육기관으로 자리 잡을 수 있었던 것은 특히, 1900년대의 주민교육의 전통도 작용하였지만, 3·1운동 이후 전국적으로 활발하게 일어난 사회운동의 영향이 컸다. 특히, 주민들은 교육 기회가 절대 부족한 상황에서 주민 교육을 위한 야학 활동에 적극 참여하고, 또 지원하였다. 진주면과 마찬가지로 농촌 지역에서도 면장(명석면 경우), 마을 유지(대곡면 경우), 마을 청년(지수면 경우), 농민운동가(일반성면 경우) 같은 지역 유지들과 청년들이 야학 활동을 주도하였으며, 또, 진주노동공제회의 열성 회원이면서 제3야학회 학부모회 회장이었던 전희원이나 정태장처럼, 야학 활동을 적극적으로 지원하는 사회운동가들도 있었다. 대개 면장, 대농 지주 같은 지역 유지들은 회장이나 교장 같은 직함을 맡아 대외적으로 기관을 대표하거나 재정 지원을 하며 운영을 도와주었으며, 교육이나 운영 실무 등과 같은 실질적인 교육 활동은 젊은 청년들이 맡았다. 그러한 역할 분담은 교육운동에 필요한 물적 자원과 인적 자원을 동원하는 데 효과적이었을 것으로 짐작된다.

아무리 지역 주민들의 성원이 많았다고 하더라도 야학은 기본적으로 가정 형편이 어려운 주민들을 대상으로, 대개는 수강료 없이 무료로 이루어졌기 때문에 운영에 곤란을 겪었다. 따라서 재력 있는 지역 유지들의 협력을 요구할 수밖에 없었고, 그들의 도움을 얻지 못하면 유지되기 어려웠다. 제1야학교는 정상진, 서상필, 탁정하와 같은 대농 지주들의 지원을 받은 1920년대 말까지 비교적 순탄하게 지속될 수 있었고, 제2야학교의 황의호, 제3야학교의 이현중과 같이 헌신적인 지역 유지가 있는 경우에는 유지될 수 있었지만, 뚜렷한 주체 세력이나 재정적 지원 방안이 없던 야학들은 단명한 것으로 보인다. 1921년에 노동야학이 6개 있었지만,[142] 지속적으로 활동한 경우는 3개에 불과하였던 것이다.

야학이나 강습소를 유지하기 위해서 주민들의 기부금을 모아 교사 건립, 운영 경비 등으로 쓰는 것이 상례였다. 또 주기적으로 가극회나 학예회를 열어 주민들의 찬조금을 받는 것도 많이 활용된 방법이었다.[143] 기부금 찬조 내역을 보면, 야학 설립자나 운영자들, 또는 최인호, 김두태, 정표환, 강도순, 정재화 같은 일부 대농 지주들은 10원에서 50원에 이르는 비교적 큰 금액을 기부하였지만, 대개 형편에 따라 1원에서 5원에 이르는 금액을 기부하였으며, 지역의 이름난 사회운동가들도 적은 액수라도 찬조하는 것이 상례였다. 또, 양복점, 세탁소 등을 경영하는 상인들은 가게 이름으로 찬조하였고, 진주노동공제회, 형평사, 신문사 지국, 기독청년회 등은 단체 이름으로 찬조하였으며, 다른 야학이나 강습소에서도 찬조금을 보내어 동지애를 나타냈다. 또 각 지역의 농청 대표자들이 제3야학회를 유지하기 위하여 농계(農契)를 결성한 것처럼[144] 주민들이 집합적으로 후원하기도 하였다.

이렇게 많은 주민들이 비인가 교육 활동을 지원하고 협력하였지만, 모든 주민이 그런 것은 아니었다. 보기를 들어, 지역의 이름난 일부 친일 유지들은 일신고보 설립 운동에 전혀 협력하지 않았을 뿐만 아니라 야학 활동에도 전혀 후원을 하지 않았다. 그들은 대개 19세기 말 일본인들이 이주하기 시작할 때 통역이나 헌병대 군인, 관리 등을 하면서 적극적으로 친일 부역 활동을 하던 사람들이었다. 이런 점에서 그들의 행태는 일신고보 설립 운동에 적극 참여하거나 야학을 도운 대농 지주들과 뚜렷이 대비되었다. 대농

---

142 『동아일보』 1921년 8월 22일 '晋州農契獎學丹誠'.

143 『조선일보』 1923년 6월 23일 '晋州제1夜學 學藝會', 10월 19일 '晋州歌劇會의 初夜', 10월 20일 '晋州歌劇大會 第2夜', 1925년 8월 29일 '晋州第2夜學援助 歌劇會'; 『동아일보』 1921년 9월 22일 '第2勞動夜學 落成', 1923년 6월 11일 '晋東講習會 落成式'; 8월 11일 '晋州第2學會, 歌劇會盛況', 1924년 8월 30일 '晋州歌劇 盛況', 11월 19일 '第1夜學 曙光', 1925년 4월 26일 '新舊音樂演奏' 등.

144 『동아일보』 1921년 8월 22일 '晋州農契獎學丹誠'.

지주들 가운데에는 일제에 협력하기도 하고 소작료나 소작권 등의 문제로 농민들의 원성을 사기도 하였어도 주민교육을 위한 야학의 설립이나 운영을 적극 후원하였던 것이다. 또한 진주향교를 이용하여 강습회를 열고자 하였으나 유림들이 향교에서의 신학문 교습을 반대하여 개설조차 하지 못한 경우처럼[145] 교육 활동을 둘러싸고 주민들 사이에 대립이 일기도 하였다.

요컨대, 적대적인 친일 세력이나 신교육에 비우호적인 보수적 유림 집단 같이 일부 집단이 협조하지는 않았지만, 대부분의 지역 주민들, 특히 유지들의 지원과 협조 아래, 야학은 당국의 인가가 없어도 지역 사회에서 어느 정도 공적 교육기관으로 대우받았던 것으로 보인다. 보기를 들어 제1야학교의 경우, 수료식에 제2공보 교장, 동아일보 지국장, 다른 야학교 교장들이 참석하여 축사를 해주었으며,[146] 학예회에 일제 식민 세력을 대표하는 군수와 공립보통학교 교장이 참석하여 축사를 하고, 노농운동 단체인 진주노동공제회 집행위원장 장영정이 답사를 하였던 것이다.[147] 또 면장이 야학을 개설한 곳도 있고,[148] 보통학교 교사들이 자원하여 가르치기도 하였으며,[149] 관공서인 군청 사무실이나 공립보통학교를 야학 장소로 빌려주기도 하였다.[150] 이처럼 야학이 지역 사회에서 교육기관으로 지위를 누릴 수 있었던 이면에는 일제의 느슨한 통제가 부분적으로 작용하였다고 생각된다. 일제는 식민 통치 초기부터 야학을 통제할 목적으로 '사설학술강습회에 관한 건'(1913)이란 법규를 제정하였지만, 적어도 1920년대 전반기에는 어느 정도 야학 활동을 묵인하였던 것이다.[151] 그 이유는 여럿이었을 것으로 짐

---

145 『동아일보』 1922년 7월 11일 '教育을 反對하는 儒林'; 7월 22일 '靑年과 儒林의 衝突'.

146 『동아일보』 1921년 4월 1일 '勞動夜學校 修業式'.

147 『조선일보』 1923년 6월 23일 '晉州第1夜學學藝會'.

148 『조선일보』 1923년 10월 9일 '鳴石面長의 敎育奬勵'.

149 『동아일보』 1922년 7월 26일 '黃貞善女史寄附'.

150 『조선일보』 1921년 11월 20일 '晉州婦人夜學 開會'; 『동아일보』 1924년 6월 14일 '晉一學 父兄會, 婦人夜學 開催 決議'.

작된다. 우선, 야학의 교육 활동이 실용주의 성격이 강하였다. 야학의 교육 목표 밑바탕에는 기본적으로 주민들의 실력 양성이 깔려 있었으며, 교육 내용은 글쓰기, 셈본, 일어, 심지어 영어[152] 같은 실용 지식을 가르치는 것으로 구성되어 있었다. 그리고 야학의 설립자나 운영자들 가운데에는 사회적 명망가인 지역 유지들이 많았다. 그들의 사회적 배경이나 활동을 보면, 민족주의적 신념을 갖고 있었다고 보기 어려운 경우도 많았고, 심지어 일제 식민 세력에 어느 정도 협력하고 있는 경우도 있었다.

일제의 느슨한 통제와 실용주의적인 성격이 강하였다고 하더라도 야학 활동을 '반민족적'이라거나 '친일' 행위라고 해석하는 것은 타당하지 않다고 판단된다. 오히려 야학은 정규 교육기관에 비해 일제의 간섭을 덜 받아 민족주의 성격의 활동이나 교육이 많이 이루어질 수 있었다. 실제로 사회운동에 참여하던 젊은 지식인들이 교사를 맡아 가르치는 경우가 많았기 때문에 사회 비판이나 민족주의 성향의 활동이 이루어지는 사례가 많았다. 야학 활동의 민족주의 성격에 대하여는 이미 많은 연구들이 논증하고 있다.[153]

이와 같이 야학 활동은 복합적인 성격을 띠고 있었다. 교육 목적이나 과정, 그리고 전체 분위기를 살펴보면 대개 민족주의와 실용주의가 뒤섞여 있었다. 경우에 따라, 또 입장에 따라 어느 한 쪽이 더 강조되기는 하였지만, '민족주의'나 '실용주의' 가운데 어느 하나로 야학의 특성을 설명할 수는 없

---

151 姜東鎭, 위의 글, 32쪽.

152 『동아일보』 1924년 1월 25일 '진주영어강습'.

153 盧榮澤, 위의 글(1979); 車錫基, 위의 글; 오성광, "일제하 노동야학의 성격," 이규환·강순원 엮음, 『資本主義社會의 敎育』(창작과 비평사, 1984), 309-345쪽; 조연주, "1920년대 야학의 교육적 저항에 관한 연구," (연세대학교 석사학위 논문, 1986); 洪錫美, "日帝下의 農民夜學 硏究," (숙명여자대학교 석사학위 논문, 1986); 李明實, "日帝下 夜學의 民族敎育에 關한 연구: 1920年代를 中心으로," (숙명여자대학교 석사학위 논문, 1987); 金亨泰, "民衆夜學 運動의 展開," 『溪村 閔丙河敎授 停年紀念 史學論叢』(1988), 481-516쪽; 崔根植, "일제시대 야학운동의 규모와 성격," (고려대학교 석사학위 논문, 1992); 김형목, 『대한제국기 야학운동』(경인문화사, 2005) 등.

다고 판단된다. 그 대신에 야학 활동의 주요 특징은 주민운동이라는 점이었다. 정규 교육기관과 달리, 야학의 목적은 경제적 능력이 부족한 주민들을 교육하는 것이었다. 따라서 교육의 주체도 주민이었고, 수혜자도 주민이었다. 곧, 야학은 지역 공동체의 구성원을 위한 활동이었고, 지역이란 공간에서 벌어진 교육 활동이었다. 경우에 따라서 주도 세력이나 후원 집단의 정치적 입장이나 사회적 배경이 복합적인 양상을 보였지만, 대부분의 야학 활동은 '주민'에 의한, '주민'을 위한 활동이었다는 공통점을 갖고 있었다. 요컨대, 1920년대 전반기에 야학이나 강습소를 개설하고 운영하는 활동은 일신고보 설립 운동과 마찬가지로 지역 사회의 교육 환경을 개선하고자 하는 주민들의 자발적인 사회운동이었던 것이다.

4) 1920년대 후반 주민교육운동의 변화

1920년대 후반으로 넘어가면서 주민 생활의 안팎 환경, 특히 일제 식민 정책 같은 바깥 환경의 변화에 따라 진주 지역의 주민교육운동도 많이 바뀌어갔다. 특히, 일신여고보가 설립되고, 야학에 대한 일제의 간섭과 통제가 강화되는 상황 변화는 주민교육운동에 많은 영향을 미쳤다.

우선, 일신고보 설립 운동의 마무리 과정을 살펴보고자 한다. 1925년 4월에 남학교인 진주고보와 여학교인 일신여고보가 개교하여 진주에는 명실공히 인문계 중등 교육기관이 자리를 잡게 되었다. 뒤늦게 학생을 모집하게 된 진주고보의 지원자가 정원의 5배에 이를 정도로 주민들의 호응이 좋았다.[154] 그렇게 지원자들이 많았음에도 불구하고, 일제는 원래 약속했던 2학급 설치를 어기고, 1학급만 설치하여 진주 시민들의 원성이 대단히 컸다.[155] 한편, 일신여고보는 50명 정원의 1학급을 개설하였지만 지원자가 많아 60

---

154 『조선일보』 1925년 4월 13일 '晋州高普志願, 募集數의 5倍'.
155 『동아일보』 1925년 8월 22일 '高普學級減少와 晋州郡民奮起決議'.

명을 입학시켰다.[156] 여하튼, 남녀고보 두 학교는 주민들의 기대 속에서 출발하였다. 공립인 진주고보는 일제의 통제권 아래에 있었기 때문에 더 이상 주민교육운동의 성격을 유지할 수 없었지만, 사립인 일신여고보는 주민들의 관심 속에서 운영될 수밖에 없었다.

정규 학교로 출범한 일신여고보의 운영 과정은 설립 추진 과정에서 예상하지 못한 많은 변화가 일어났다. 무엇보다 인적 구성이 달라졌다. 일신고보의 교장으로 초빙되어 학교 설립에 진력하던 백남훈은 원래 계획대로 진척되지 않자 실망하여 진주를 떠났고,[157] 설립 운동의 중추적 역할을 맡았던 허만정도 향리인 지수면으로 낙향하였다.[158] 그리고 상무이사 양지환도 사퇴하여 업무에 혼란이 가중되었다.[159] 이러한 변화의 원인 가운데 하나는 이사회와 학교 운영을 둘러싸고 벌어진 이사들 사이의 갈등이었다. 일부 이사는 이사장이 전횡을 휘두른다고 생각하였으며, 또 다른 일부는 특정한 소수 집단이 학교 운영을 통하여 사리사욕을 채운다고 생각하였다. 이사들의 개인적인 친소 관계와 지역적 연고 등이 작용하여 분규는 더욱 악화되었다. 상황이 악화되자, 정성호, 김찬성, 강달영, 강상호, 한규상 같은 사회운동가들이 중심이 되어 다시 시민대회를 열었다. 시민대회 참석자들은 이사회 분규의 진상을 규명할 것과 교육 본연의 자세를 지킬 것을 결의하고, 이사들의 분쟁을 조정할 조정위원을 선임하였다.[160] 그리하여 시민들의 지대한 관심 아래 활동하게 된 조정위원들의 노력과 이사들의 양보로 분규는

---

156 『조선일보』 1925년 4월 28일 '晋州女高入學式'.

157 일제의 직접적인 통제 아래에 있는 공립학교 설립에 실망한 백남훈은 진주를 떠났다가 상무이사로 재단에 복귀한 허만정의 간청으로 1929년에 다시 진주로 돌아와 일신여고 교장을 맡았다. 그러다가 일제의 통제로 공립 봉산여학교로 바뀌자 다시 진주를 떠났다. 白南薰, 위의 글, 151-152쪽; 김중섭, 위의 글 (2011).

158 『동아일보』 1925년 2월 8일 '晋州의 譬地를 떠나, 村으로 돌아가면서'.

159 『동아일보』 1925년 5월 5일 '一新女高理事會'.

160 『조선일보』 1925년 12월 19일 '一新女高內幕, 再調査를 決議', 12월 22일 '一新女高內訌, 市民이 調停에 努力'.

일단락되었다.[161]

　그렇지만 주민들의 교육열과 관심에도 불구하고 일신고보의 운영은 순조롭지 않았다. 이후에도 일신여고 이사회의 분규는 여러 차례 반복되었던 것이다.[162] 쟁점은 교무 충실과 교사 건축 등 학교 발전과 업무에 관한 것 같았지만, 그 저변에는 여전히 이사들 사이의 반목과 갈등이 깔려있었다. 또 재단 기본금 기부를 약속하고 이행하지 않는 기부금 미납자 75명을 상대로 소송이 제기되는 등 이사들의 대립이 밖으로 표출되기도 하였다.[163] 이에 미납자들은 기부금 수납자에 대한 대우 문제와 간부들의 업무 의혹을 제기하며 납부를 미루고 있던 기부금을 납부하면서도 간부 불신임을 제기하기도 했다.

　이사회 내의 대립과 반목이 거듭되자 결국 학교 설립 운동의 핵심 지도자인 허만정이 업무에 복귀하게 되었다. 그가 이사들의 견해를 조정하고, 또 사회운동가들을 중심으로 지역 주민들의 압력이 가해져서 일신여고 이사회가 새로 구성되었다.[164] 이사장 김현국, 상무이사 허만정 중심으로 새로 개편된 일신여고 이사회는 기부금 미납금의 수금과 교사 건축에 주력하였다.[165] 그 결과 1928년 6월 구한말 군대가 주둔하던 진영지(陣營址)에 기와 2층 양옥의 교사를 착공하여 1929년 1월에 완공하고 1월 21일에 낙성식을 가졌다.[166] 학교 부지를 일제에 강압적으로 빼앗긴 뒤 자체 교사가 없어 사범학교 교실을 빌려 교육하던 더부살이를 청산하게 된 것이다. 그리고 1929년 3월 22일에 대강당에서 19명의 졸업생을 배출하는 1회 졸업식을 가졌

---

161 『조선일보』 1926년 1월 6일 '一新女高의 紛糾'.

162 『동아일보』 1926년 9월 2일 '問題가 再燃된 晋州一新女高普'.

163 『조선일보』 1926년 12월 17일 '晋州一新女高 寄附金履行訴訟'.

164 『조선일보』 1927년 11월 9일 '晋州一新女高 理事監査總改選'.

165 『조선일보』 1927년 11월 22일 '一段落지은 一新女高普'.

166 『동아일보』 1928년 5월 20일 '新築工事着手'; 『조선일보』 1929년 1월 24일 '晋州一新, 女高普新築落成'.

다.[167] 입학생 60명 가운데 일부만 끝까지 과정을 이수하여 이루어진 이 행사는 지역의 여성계에 큰 활기를 불어넣는 역사였다.[168] 이후에도 재단을 중심으로 학생 기숙사를 신축하는 등 교육 환경 개선을 위한 주민들의 활동이 지속되었다.[169]

이와 같이 1920년대 후반기, 일신고보 설립 운동은 우여곡절을 겪기는 하였어도 성공적으로 마무리되어 일신여고보가 정규 여성 교육기관으로서 확고하게 자리를 잡아 갔다. 일제의 간계로 주민들의 의도와는 달리 남녀 고등보통학교가 제각기 설립되었지만, 많은 인재를 배출하는 교육기관으로 정착되어갔다. 또한 이 두 학교는 민족주의 의식을 일깨우는 터전이 되기도 하였다. 1929년 11월 광주 학생들의 항일 운동을 기점으로 전국에서 학생 시위가 일어날 때 일신여고보와 진주고보의 학생들도 시위를 벌였다.[170] 이와 같이 지역 발전을 위한 중등교육기관으로 설립된 이 두 학교는 식민지 지배의 시대 상황에서 민족주의 배양의 요람이기도 하였다.

한편, 정규 학교와 달리, 비인가 교육기관인 야학 활동은 1920년대 후반기로 가면서 크게 위축되었다. 무엇보다 제일 큰 어려움은 재정 문제였다. 일반성면의 진동강습회 후원자였던 한영준 등이 진주노동공제회의 노동운동 사건에 관련되어 투옥되면서 진동강습회가 재정 곤란을 겪게 된 것처럼,[171] 진주면 내의 많은 야학들이 재정적인 문제로 침체되거나 중단되었다. 그러나 야학이 어려움을 겪을 때 주민들이 방관만 한 것은 아니었다. 진동강습회의 경우에는 학부형들이 주축이 되어 모금 운동을 벌여 채무를 갚

---

167 『조선일보』 1929년 3월 16일 '깃븐 卒業'.

168 여성 단체인 근우회 진주지회에서는 졸업생을 모두 초청하여 축하 모임을 갖기도 하였다.
   『조선일보』 1929년 3월 26일 '一新女高卒業生 歡迎會 開催'.

169 『중외일보』 1929년 11월 3일 '晉州一新女高 寄宿舍新築 實現'.

170 진주 지역 학생들의 항일 시위를 보도하고 있는 『조선일보』 1930년 1월 18일, 1월 22일;
   『중외일보』 1930년 1월 19일, 1월 22일, 2월 13일 등.

171 『조선일보』 1925년 7월 23일 '晉東講習會 維持難'.

을 수 있었고,[172] 다른 야학들도 주기적으로 학예회, 가극회 등을 열어 모금 활동을 벌이거나, 사회단체나 지역 유지들의 재정적 후원을 얻으려고 애썼다. 그 덕분에 일부 야학은 재정적 곤란을 겪기는 하였어도 명맥은 유지될 수 있었다. 예를 들어, 1926년 이후 곤란을 겪고 있는 제1야학교는 대농 지주인 서상필의 독지로 활기를 되찾았으며,[173] 재정적 어려움에 직면한 제3야학교는 대농 지주인 정상진의 후원을 얻어 계속 유지될 수 있었다.[174]

이와 같이 일부 야학은 주민들의 후원으로 유지되었지만, 대부분 명맥조차 유지하기 어려웠던 것으로 보인다. 예를 들어, 진주에서 시작된 형평운동이 전국으로 확산되면서 여러 곳에서 형평야학이 활성화되었지만,[175] 진주의 형평야학은 운영의 흔적을 찾을 수 없다. 또 관공서를 비롯하여 여러 기관에 부설되었던 여자 야학들의 경우에도 활동 자료를 찾을 수 없다. 대부분 활동을 중단한 것으로 짐작된다. 또 정규 학교가 없을 때에는 야학이나 강습회가 교육 활동의 중심지 역할을 하였지만, 정규 학교가 설립되면서 비인가 교육기관에 대한 주민들의 관심이나 지원이 점차로 줄어들어 더이상 유지되지 못한 경우도 많았다.

그러나 야학은 여전히 주민교육운동의 주요 형태로 활용되었다. 예를 들어, 1920년대 말 사회주의 이념이 확산되고, 진보적인 사회운동 단체가 늘어나면서 새로운 유형의 야학이 생겨났다. 진보적 여성 단체인 근우회 진주지회에서는 부인 야학을 열었고,[176] 조선일보 반성분국에서 노동야학을 설립하였고,[177] 사회주의 경향의 활동가들이 주축이 된 진주청년연맹에서는 노어(러시아어)강습회를 열었다.[178] 이는 러시아 혁명의 영향에 따라 러시

---

172 『조선일보』 1926년 3월 27일 '危境에 陷한 晋州講習會 有志의 熱誠으로 曙光'.
173 『조선일보』 1927년 2월 26일 '晋州夜學經營'.
174 『동아일보』 1928년 8월 28일 '鄭氏가 夜學維持'.
175 김중섭, 위의 글(1994), 237-239쪽
176 『조선일보』 1929년 1월 9일 '晋州槿友支會'.
177 『조선일보』 1929년 1월 20일 '晋州班城에서 勞動夜學設立'.

아에 대한 관심과 학습 욕구를 반영하는 것이었다. 물론 경찰주재소 순사에 의하여 운영되는 진주 사봉면의 동명노동야학에서 보듯이,[179] '노동야학'이라고 하여 모두 민족주의나 사회주의 영향권에서 이루어진 것은 아니었다. 그렇지만, 전반적으로 야학 활동에도 사회적 분위기에 따라 급진적 이념의 영향이 확산되었다. 진보적 이념을 표방하는 사회운동 단체 활동가들이 교육을 담당하거나, 교육 내용에 진보적 사상을 다루는 경향이 확산되었다. 이에 따라 일제는 비교적 방임 정책을 폈던 1920년대 초기와는 달리, 야학 활동에 대하여 탄압을 더욱 강화하였다. 예를 들어, 일제는 근우회 진주지회의 부녀 야학에 폐쇄 명령을 내렸으며,[180] 지수면 노동야학의 경우에는 인가받은 교사 구인회 등이 직접 교육을 담당하지 않았다는 이유로 허가를 취소하였다.[181] 1920년대 후반 사회운동계에 사회주의 이념이 확산되면서 사회운동에 대한 감시와 탄압이 한층 강화되었는데, 야학도 대상에서 벗어날 수 없었던 것이다. 이와 같은 야학 활동에 대한 탄압 기조는 1930년대에도 계속 이어졌다.[182]

이렇게 1920년대 후반 일제의 감시와 탄압에도 불구하고 야학 활동은 주민들의 요구에 따라 실용적인 내용을 교육하는 수단으로 계속 활용되었다. 보기를 들어, 진주여자청년회나 근우회 진주지회가 편물 강습회를 개설하거나,[183] 진주불교청년회가 재봉 강습회를 개설하여[184] 여성들에게 필요한 것을 제공하였다. 또 한글 강습이나 죽세공 강습 같은 단기간의 특별 교

---

178 『중외일보』 1929년 10월 19일 '晋州靑盟에서 露語講習開催'.

179 『조선일보』 1929년 4월 17일 '晋州寺奉面 東明勞動夜學'.

180 『조선일보』 1929년 7월 22일 '晋州槿友經營의 婦女夜學에 閉鎖令'.

181 『조선일보』 1930년 5월 1일 '許可업다고 勞動夜學禁止'; 6월 28일 '智水夜學前途漠然'.

182 姜東鎭, 위의 글, 31-36쪽.

183 『조선일보』 1928년 1월 19일 '晋州女靑 編物講習會'; 1929년 11월 6일 '晋州槿友支會 編物講習會'.

184 『중외일보』 1930년 9월 11일 '高等裁縫講習會'.

육 활동도 이루어졌다.

　이와 같이 사회운동 단체들이 주민들의 요구에 부응하면서 아울러 진보적 이념을 확산하려는 의도에서 실행되었기 때문에 1920년대 후반의 야학 활동에는 실용주의, 민족주의, 사회주의 색채가 뒤섞여 있었다. 그런 가운데 야학의 주민교육운동 성격은 부분적으로 유지되고 있었다. 언론 기관이나 여러 단체들이 주민 교육활동을 후원하거나 협력하였으며, 근우회 진주지회 주축의 야학 활동이나, 지역 유지들의 후원으로 계속 유지되는 제1야학교와 제3야학교 같이 운영자들이 계속 활동을 유지하는 곳도 있었다. 그렇지만, 야학 활동에 대한 일제의 감시와 탄압이 강화되면서 많은 지역 유지들이 후원을 중단하여 대부분의 야학이 곤란을 겪으며 활동을 중단하는 등 주민교육운동은 전반적으로 크게 위축되었다. 주민교육운동도 1930년대 일제가 전쟁을 준비해 가는 시대 상황의 영향을 피할 수 없었던 것이다.[185]

3. 일제침략기 주민교육운동의 성격

　지금까지 살펴본 것처럼, 일제 식민 통치라는 시대 상황에서 진주에서는 교육 기회의 절대 부족 등 열악한 교육 환경을 바꾸려는 주민 교육운동이 활발하게 일어났다. 일신고보 설립 운동과 같은 정규 학교 설립 활동이나 학교의 교육 환경 개선 활동이건, 야학이나 학술강습소와 같은 비인가 교육기관의 설치 및 운영의 교육 활동이건, 지역 주민들의 적극적인 참여 덕분에 커다란 성공을 거두었다. 지금까지의 논의를 중심으로 주민교육운동의 특성을 좀 더 깊이 파악하기 위하여 세 측면, 곧, 누구에 의해(운동 주체),

---

185　姜東鎭, 위의 글; 崔根植, 위의 글.

어떤 방법으로(운동 전략), 무엇을 위하여(운동 목적) 이루어졌나를 살펴보고자 한다.

먼저, 운동 주체를 보면, 대다수 주민들의 참여와 성원 덕분에 주민교육운동이 활발하게 이루어진 것을 알 수 있다. 적극적 친일 부역 집단이나 보수적 유림 집단과 같은 일부 세력이 비협조적이었거나 반대한 경우도 있지만, 각계각층의 주민들이 정규 교육기관뿐만 아니라 비인가 기관의 교육 활동에 적극 참여하였다. 그 가운데 교육운동을 주도적으로 이끈 세력은 크게 두 부류였다. 하나는 대농 지주, 전직 관료 등 지역 유지들이었고, 다른 하나는 여러 사회운동 단체에서 활동하는 직업적 사회운동가들이었다. 두 집단은 정규 기관이건 비정규 기관이건 교육 활동에 적극 참여하며 많은 기여를 하였다. 일신고보의 설립 발기인으로 기본금을 기부한 지역 유지들 가운데 많은 수가 야학 활동에도 적극 협력하였으며, 야학 운영에 참여하던 직업적 사회운동가들은 일신고보 설립 운동을 돕는 기성회 후원회 활동에 적극적이었다. 이렇게 지역 유지들이건, 직업적 사회운동가들이건, 많은 주민들의 적극적인 주민교육운동을 통하여 진주는 '교육도시'로 발전할 수 있었다.

그런데 사회 경제적 배경이나 일제와의 관계를 살펴보면 그 두 집단은 커다란 차이가 있었다. 지역 유지들은 대개 대농 지주들이거나 전현직 관리, 지역의 거상(巨商)으로서 상류 계급이었던 반면에, 직업적 사회운동가들의 배경은 다양하였다. 직업적 사회운동가들은 사회 개혁 활동에 적극 참여하였다는 점만 공통적이었을 뿐, 출신 계급이나 교육 정도, 사회적 경험이 제각기 달랐다. 그들 가운데에는 청년운동, 노동운동가로 활동한 박재표(나동면), 정재화(사봉면), 형평운동의 지도자 강상호(정촌면) 같은 대농 지주 출신도 있었으며, 중등 교육을 받아 일찍이 신문물을 접한 지식인도 상당수 있었고, 강달영, 박진환, 한규상, 강상호, 정성호 등과 같이 3 · 1운동의 지도자로 복역한 이들도 있었다.

또, 일제와의 관계에서도 지역 유지들과 직업적 사회운동가들은 대조적인 위치에 있었다. 대부분의 지역 유지들은 진주에 거류하는 일본인들과 관변 단체를 결성하여 활동하는 등 일제 식민 체제에 순응하고 있었다. 심지어 일부는 경남도평의회 의원이나 진주면의회 의원에 출마하거나 선출되어 임무를 수행하는 등 적극적인 친일 활동을 펼치기도 하였다. 지역 사회에서 기득권을 누리던 그들은 사회적 교제나 사업을 위해서 식민 세력과 호의적 관계를 유지하는 것이 필요하였을 것으로 짐작된다. 반면에, 사회 변혁을 도모하는 사회운동가들은 일제 식민 세력과 긴장 관계를 갖고 있었다. 경찰은 사회운동 단체의 활동을 언제나 감시하고 간섭하였다. 특히, 3·1운동 관련자들이나 제2차 조선공산당 책임비서로 활동하던 강달영 같이 민족주의나 사회주의 활동에 깊이 관여하던 사람들은 언제나 경찰의 요주의 대상으로 간주되어 활동에 제약을 받았다. 이와 같은 차이로 말미암아 지역 유지들과 직업적 사회운동가들은 사회적 쟁점에 따라 서로 다른 입장을 갖고, 때로는 직접 대립하기도 하였다. 특히, 1922년 진주노동공제회 결성 이후 노농(勞農) 운동이 활성화되면서 소작 문제 같이 직접적인 이해관계로 갈등이 더욱 심화되기도 하였다.

이렇게 사회 경제적 배경이 다르고, 이해관계가 달라 대립하였음에도 불구하고, 지역 유지들과 직업적 사회운동가들이 주민교육운동에 적극 협력한 것은 그만큼 교육의 중요성을 인식하고 교육 발전을 위하여 일하겠다는 의지를 공유하고 있었기 때문이다. 또 그 바탕에는 지역 공동체의 공동 이익을 위하여 협력하는 전통이 있었다. 그러한 전통의 지역 공동체 의식 아래 지역 사회의 발전을 위해서 교육이 중요하다는 인식을 공유하였던 것이다. 이와 같은 지역 공동체의 연대감은 3·1운동 이후 지역사회운동이 활발해지면서 더욱 발전되었다. 3·1운동의 영향으로 민족주의 분위기가 널리 확산되어 있었던 것도 지역 공동체 발전을 위한 협력 체제 구축에 기여하였다. 그 결과 지주였던 일부 지역 유지들이 정규 교육을 받지 못하는 주민들을 위한 야학 활동을 지원하였으며, 또 지역사회운동 활동가들은 중등 교육기관 설립을 위한 활동에 적극 협력하였던 것이다.

오히려 일신고보 설립 추진 과정이나 야학 활동에서 본 것처럼 두 집단의 사회적 배경이나 일제와의 관계에서의 차이는 교육운동의 성과를 높이는 데 기여하였다. 정규 교육기관 설립을 위하여 지역 유지들은 주민 교육에 필요한 재원 동원이나 일제와의 협력 관계 유지 등을 맡았던 반면에, 직업적 사회운동가들은 인적 동원이나 후원 세력 구축, 활동 유지를 위한 감시 등을 맡았다. 지역 유지들이 전면에 나선 반면에, 직업적 사회운동가들은 뒤에서 후원하는 양상이었다. 예를 들어, 강선호, 강달영, 박진환, 강상호, 한위건 같은 사회운동가들은 일신고보 설립 운동 과정에서 전면에 나서지 않고 기성회 후원회나 학교 개설 촉진 시민대회, 백남훈 교장의 영입, 교사 건립을 위한 주민 동원 등에만 참여하였다.[186] 그렇지만 비정규 교육기관의 경우에는 역할이 바뀌어 직업적 사회운동가들이 전면에 나서서 야학의 설립과 운영을 맡았다. 또 장영정, 김장환, 강달영, 박봉의 같은 활동가들은 야학 활동의 학예회, 수료식 등 비인가 교육기관의 활동을 적극 후원하였다.[187] 그 대신에 지역 유지들은 재정적으로 후원하며 뒤에서 돕는 양상이었다. 그렇기 때문에 지역 유지들이 후원해준 1920년대 전반기에는 야학 활동이 활발하였지만, 그들의 후원이 끊긴 1920년대 후반에는 대개의 야학이 재정 곤란을 겪으며 활동이 위축되었던 것이다.

사회운동이 안팎 환경에 따라 전략을 수립하고 조정하는 일반적 경향에 비추어[188] 지역 유지들과 활동가들의 역할 분담 전략은 일제 식민지 지

---

186 제2야학교 교장인 강선호는 여러 단체에 관여하던 지역의 이름난 사회운동가였고, 강달영은 노농운동의 핵심 지도자였으며, 박진환은 진주청년회, 진주노동공제회의 주도적인 활동가였고, 강상호는 형평사 창립과 전국 확산의 중추적인 역할을 맡았던 형평운동 지도자였고, 백남훈 교장의 영입에 가교 역할을 한 한위건도 널리 알려진 공산주의 운동가였다.

187 장영정은 노동공제회 진주지회를 이끈 대표적인 노농운동가였고, 김장환은 진주청년회 등 여러 단체에서 활동한 사회운동가였고, 박봉의는 진주자작회, 진주노동공제회 등에서 활동한 노농운동가였다.

188 김중섭, 위의 글(1994); William A. Gamson, *The Strategy of Social Protest* (Dorsey Press,

배 상황이 고려되어 이루어진 것이라고 짐작된다. 모든 사회 활동이 경찰의 철저한 감시를 받는 식민지 상황에서 상대적으로 온건하며 일정한 수준에서 일제 식민 체제에 협력하고 있던 지역 유지들의 참여는 일제의 협력을 구하거나 감시를 완화시키는 데 효과적이었을 것이다. 특히, 정규 학교 설립 같이 일제의 협력이 절대적으로 필요한 경우에는 더욱 그랬다. 일제의 내략이나 묵인 없이는 기부금 모집이나 재단 및 학교 설립 허가가 이루어질 수 없었다는 점을 고려하여 지역 유지들이 전면에 나서서 적극 주도하였던 것으로 보인다. 당시 다른 지역의 학교 설립 운동이 성공할 수 없었던 요인 가운데 하나가 일제의 간섭과 방해였다는 점을 고려할 때, 진주 지역 주민들의 역할 분담, 특히 유지들의 주도적인 역할이 학교 설립 운동이 성공할 수 있었던 주요 요소였다고 판단된다.

그러나 지역 유지들과 직업적 사회운동가들의 역할 분담은 그들의 사회적 배경이나 활동 성향으로 볼 때 서로 긴밀하게 협력하여 세운 전략적 소산이라고는 생각되지 않는다. 오히려 앞서 언급한 바와 같이, 지역 공동체의 구성원으로서 지역 발전을 위해 교육이 중요하다는 일반적인 인식을 공유하고, 교육에 대한 지역 주민들의 열의를 알고 있었기 때문에 협력하게 되었다고 짐작된다. 이러한 특징에도 불구하고, 일제와 협력 관계를 유지하고 있는 지역 유지들이 주민교육운동을 주도하면서 야기된 한계를 간과할 수 없다. 우선, 지주들은 일제의 요구를 전면적으로 거부하거나, 일제 정책에 반하는 입장을 갖기가 어려웠을 것이다. 대표적인 보기가 일신고보 설립 운동의 변화다. 일제가 일본인 자녀들도 다니는 공학(共學) 공립학교 설립을 의도하며 이사회를 압박하는 상황에서 이사회 구성원이던 지역 유지들이 일제의 요구를 거부하기 힘들었을 것이다. 그런 이유에서 많은 이사들이 학교 운명을 결정짓는 중요한 이사회에 불참하였을 것으로 짐작된다. 결국 학

1975).

교 설립 기본금의 대부분과 학교 부지까지 빼앗기며 일제의 요구대로 결정되었던 것이다. 또 지역 유지들의 한계는 1920년대 후반 일제 통제가 강화되자 야학 활동의 후원을 중단한 것에서도 볼 수 있다. 그 결과 야학 활동이 위축되고, 그 만큼 주민교육의 기회가 줄어들었다. 요컨대, 일제의 요구를 거부하기 힘든 지역 유지들의 주민교육운동 참여 수준도 일제가 허용하는 범위 안에서 이루어졌던 것이다. 이와 같이 일제 식민 체제에 순응하고자 하는 지역 유지들의 한계는 1920년대 말 근우회 진주지회나 진주청년동맹 같은 사회운동 단체들의 야학 활동 노력과 비교할 때 더욱 분명하게 드러났다. 일제의 식민 통치 체제가 공고화되고 지역 유지들의 친일 부역 활동이 강화되는 상황에서 지역 유지들이 예전처럼 주민교육운동에 기여하리라고 기대하기는 어려웠던 것이다.

이제, 마지막으로, 1920년대 진주 지역 주민교육운동의 목적을 살펴보고자 한다. 주민교육운동의 일차적 목적은 절대적으로 부족한 교육 기회를 확대하려는 것이었다. 이것은 중등 교육기관인 일신고보의 설립 운동이나, 각 지역에 정규 학교인 보통학교의 설립과 학교 교육 환경 개선으로, 또 학교에 갈 수 없는 주민들을 위한 야학이나 학술강습소같은 비인가 기관의 설치 운영으로 나타났다. 이와 같이 교육 기회를 확대하려는 주민교육운동의 목적은 일신고보의 설립 기성회 취지서에 잘 나타나 있다.

'민족의 隆昌을 許하는자 氣候 地味 山海 天惠的 利用과 政治, 經濟, 實業, 人爲的 施設에 着眼 留意치 아니함이 不可할지요. 且此를 行함에는 교육의 補給 向上이 第一義가 될지라……. 慶南은…… 所謂 中等敎育 機關은 東萊一角에 一東明學校가 有할 뿐이니 此로써 年年 數千人의 道內 普通學校 卒業生의 收容함을 得할가 此 志士의 腦漿을 絞할 事이 아닌가. 堂地及 附近 郡邑으로 言할지라도 普通學校 卒業生이 每年 二千人에 達한 바 負급源學의 資가 乏하야 其驥足을 展치 못하고 天惠의 學年을 浪擲하난 者 十居其九하니…….'189
(밑줄은 글쓴이가 덧붙임)

이 취지서는 진주에 중등학교가 없어 진주나 인근 지역의 보통학교 졸업생들이 학업을 계속하기 어렵기 때문에 학교를 세우려고 한다는 것을 뚜렷하게 밝히고 있다. 또, 민족 발전을 위하여 교육이 중요하다는 점을 인식하며, 뒤떨어진 교육 환경으로 말미암아 지역 사회가 발전할 수 없다는 점을 감안하여 학교를 세워 지역 발전을 도모하려고 한다는 것이다. 이러한 취지는 진주 지역의 교육운동이 지역 공동체의 발전을 도모하는 주민운동이었다는 것을 보여주고 있다. 곧, 오랫동안 함께 생활해 온 역사적 경험을 통하여 형성된 지역 공동체를 기반으로 주민들을 위한 교육운동이 발전되었던 것이다. 그리고 그 바탕에는 오랜 기간 사회적 교류를 통하여 형성된 지역 공동체 의식이 깔려있었다. 요컨대, 진주 지역의 주민교육운동은 지역 공동체의 기반에서 활성화될 수 있었던 지역사회운동이었으며, 민족 발전을 위한 실력 양성을 도모하는 '민족주의'의 요소와 근대 사회로 나아가고자 하는 '근대성'의 요소가 뒤섞여 진행된 집합 행동이었다.

이와 같이 3·1운동 이후 지역 사회에 확산된 민족주의 요소는 주민교육운동의 저변에 깔려있었다. 일본 동경의 2.8독립선언을 주도한 백남훈을 진주와 지역적인 연고도 없는데 초대 교장으로 초빙한 것이나, 일제의 통제를 덜 받는 사립을 고집한 것이나, 사회단체에서 활동하는 젊은 교사들이 야학이나 학술강습소에서 가르친 것들은 주민교육운동의 민족주의 경향을 잘 보여주고 있다. 또한 근대 사회로 발전하는 데 필요한 역량을 키우려는 실용주의 목적도 주민교육운동에 깔려 있었다. 일신고보 기성회 취지서나 비인가 교육 기관의 교육 내용에서 보듯이, 주민들에게 교육 기회를 넓혀주어 지역민의 발전과, 민족의 융성을 도모하려는 것이 주민교육운동의 주요 목적이었던 것이다.

---

189 진주고등학교사 편찬위원회, "사립 일신고등보통학교 기성회 취지서," 『晉高 70年史』(晉州高等學校), 83쪽.

4. 맺음말: 교육도시 진주의 발전

진주 지역의 주민교육운동은 기본적으로 지역 사회의 개혁과 발전을 도모하는 전형적인 지역 공동체 운동이었다. 그것은 교육을 중시하는 전통과 3·1운동 이후 활발하게 지역사회운동의 사회적 분위기 속에서 주민들에게 교육 기회를 주고자 주민들이 중심이 되어 벌인 활동이었다. 그 바탕에는 민족 해방과 독립을 위해 실력 양성이 필요하다는 민족주의와 근대 사회 발전을 위한 교육이 필요하다는 실용주의가 뒤섞여 작용하고 있었다. 따라서 때로는 일제의 식민지 지배에 대한 온건한 저항의 색깔을 갖기도 하고, 때로는 민족 발전을 통해 근대 사회로 나아가고자 하는 실용적인 활동으로 나타나기도 하였다. 또한 그러한 활동의 바탕에는 일제 식민지 지배에서 벗어나고자 하는 민족의 기대와, 전통 사회에서 근대 사회로 발전하고자 하는 사회적 요구가 있었다.

3·1운동 이후 1920년대 전반기 주민교육운동의 두드러진 또 하나의 특징은 다양한 사회적 배경을 가진 주민들이 동참하였다는 점이다. 지역 유지들이건, 진보적인 사회운동가들이건, 일부의 친일 부역 집단이나 완고한 보수 집단을 제외한 대부분의 주민들이 정규 교육기관뿐만 아니라 비정규 교육기관을 통하여 교육 기회의 확대와 교육 환경 개선을 위한 활동에 적극 참여하였다. 특히, 지역 유지들은 정규 교육기관의 설립이나 교육 환경 개선을 주도하면서, 또한 비정규 교육기관인 야학이나 강습소에 적극 후원하였으며, 사회단체 활동가들은 비정규 교육기관을 통한 주민교육에 적극 활동하면서 학교 설립 운동에 협조하였다. 이와 같이 사회 발전 전망에 대한 공감대 아래 지역 공동체의 공동 번영을 도모하는 각계각층의 적극적인 참여를 통하여, 무엇보다 교육의 중요성에 대한 인식 아래 주민 교육을 위한 사회 환경 개선 활동을 통하여 진주가 더욱 확고한 '교육도시'로 발전할 수 있었다.

3

경남 도청 이전과 주민저항운동

　　진주는 경남의 도청 소재지였다. 1925년 일제의 정책에 따라 도청이 부산으로 이전되기 전까지 진주는 경남의 행정 중심지였으며, 1,300년 이상의 역사를 갖고 있는 도시였다.[1] 진주가 언제부터 도시의 꼴을 갖추게 되었는지 연원은 다소 불분명하지만, 적어도 통일 신라 초기 7세기 말에 진주는 이미 주요 거점 고을이었다. 신문왕(681-691) 시절에 우리나라 최초의 지방 행정구역인 9주 5소경이 설치되었는데, 오늘날의 진주에 9주의 하나인 청주(菁州)가 설치되었던 것이다.[2] 이때 청주가 거느린 속군(屬郡)은 하동, 남해, 고성, 함안, 거제, 단성, 함양, 거창, 합천, 고령, 성주에 이르렀을 정도로 오늘날의 서부 경남북 일원에 걸쳐 있었다. 그 후 지명은 강주(康州, 757년), 청주(799년), 강주(825년?), 진주(晋州, 940년)로 바뀌어 왔다. 고려 성종 2년(983년) 지방 행정구역 개편 때에는 12목 중 하나가 되었으며, 고려 현종 9년(1018년)의 지방 행정구역 개편 때는 8목의 하나로 자리 잡았다. 이때 속군 2, 속현

1　晋州市史編纂委員會, 『晋州市史』 상권(1994), 324-825쪽; 김해영, 『진주 역사』(문화고을, 2010).

2　晋州市史編纂委員會, 위의 글, 상권, 341-344쪽.

7, 지사군 1, 현영관 3을 관할하는 큰 고을이었다. 조선조에 진주목은 20목 (牧) 가운데 하나였으며, 진주목사가 있던 진주는 서부 경남의 행정 중심지였다. 1895년 지방제도 개편 때는 경남 서부 21개 군을 관할하는 진주부로 바뀌었다. 동부 경남의 동래부가 경남의 6개 군과 경북의 4개 군을 거느린 것과 비교하면, 진주부의 관할 지역이 얼마나 큰 지 쉽게 알 수 있다. 그리고 1895년의 지방 행정조직 개편에 대한 반발을 무마하기 위해 1896년에 1 부(府) 13도(道)제로 재개편될 때, 진주는 다시 경상남도 관찰부의 소재지가 되었다. 이와 같이 진주는 오랜 기간 명실 공히 경남의 수부(首府) 도시로 인정받아 왔다.[3]

그런데 조선이 일제 식민지로 전락되고 경남 도청 이전안이 나오면서 진주의 위상은 위협받기 시작하였다. 일제가 식민지 지배를 위해 가장 의존한 것은 군사력과 행정 조직이었기 때문에 침략자 일제의 주요 당면 과제는 군사력 동원과 행정 체계 운용의 효율성을 높이는 것이었다. 이런 관점에서 일제는 각 도의 행정 부서를 관장하는 도청 소재지를 옮겼다.[4] 제일 먼저, 일제는 1910년 8월 조선을 강제 점령하자마자 그 해 10월 1일 조선통독부령 (제6호)으로 수원에 있던 경기도청을 서울로 옮겼다. 이후 1920년 11월 1일에 경성(鏡城)에 있던 함경북도 도청을 신군사 도시인 나남(羅南)으로 옮겼고, 1923년 11월 30일에 의주(義州)에 있던 평안북도 도청을 '東亞의 관문'으로 일컫던 신의주로 옮겼다.[5] 그리고 1925년 4월 1일 진주에 있던 경상남도 도청을 조선 침략의 전진기지였던 부산으로 옮겼고,[6] 1932년 10월 1일 공주에

---

3 위의 글 상권, 344, 346, 357, 359-360, 443쪽.
4 일제 강점기에 일어난 도청 이전을 집중적으로 연구한 孫禎睦, "强占初期 3개道 道廳移轉의 과정과 결과"(1984); "忠南道廳 이전의 과정과 결과: 植民政策 강행에 대한 民衆抵抗의 한 단면"(1985); "慶南道廳 이전의 과정과 결과: 치열한 反對運動의 뿌리에 있던 것"(1986). 이 세 논문은 그의 책 『日帝强占期 都市化過程研究』(일지사, 1996)에 재수록되어 있다.
5 孫禎睦, 위의 글(1984), 494-512쪽.
6 孫禎睦, 위의 글(1986), 513-539쪽.

있던 충청남도 도청을 경부선과 호남선의 분기점인 신흥 도시 대전으로 옮겼다.7 대개 식민 통치의 편리를 위하여 철로 중심으로 새로 건설된 도시로 옮긴 것이다.

식민 통치 초기에 도청을 옮긴 경기도나 1920년대 초의 함경북도, 평안북도의 경우와 달리, 경상남도 도청의 이전은 진주 주민들의 아주 거센 반발에 직면하였다. 그리고 진주 주민들의 거센 반대 활동은 다른 지역의 도청 이전 과정에도 영향을 미쳤다. 예를 들어, 공주 주민들이 충청남도 도청 이전에 거세게 반발하였으며, 도청 이전의 기미가 있던 다른 지역의 주민들도 긴장감을 갖고 대응하였다. 이와 같이 진주의 도청 이전 반대 활동은 일제의 특정 정책에 대한 주민들의 대표적인 저항 사례로 평가되고 있다.8 조선총독부의 정책 결정에 반발한 진주 주민들의 반대 활동은 식민 통치 자체에 저항하는 것이었지만, 그 과정과 양상을 자세하게 살펴보면, 일제의 식민 통치와 그에 대한 저항이라는 이분법적 도식을 뛰어 지역 공동체의 역동적 관계가 내재되어 있는 것을 알 수 있다. 참여 집단은 지역의 각계각층 주민이 망라되어 있다는 점에서 단순히 반일 세력의 결합체라고 보기 어려웠으며, 그들의 의도나 목적은 더욱 복합적인 양상을 보였다.

결국, 경남 도청 이전은 일제의 식민지 통치를 강화하는 과정에서 빚어진 일이었지만, 그 결과 진주는 1,300년 이상, 특히 1896년 행정구역 개편 이후 초기 30년 동안(1896-1925) 도청 소재지로서 갖고 있던 경남의 수부도시라는 위상을 잃게 되었다. 실제로 도청 이전이 해당 도시에 미치는 영향은 대단히 컸다. 도청이 빠져나간 도시는 빠르게 위축되거나, 발전의 정체 현상을 보였다. 그것은 겉으로 드러난 인구 수나 외양에만 한정되지 않고 정치, 경제, 사회, 문화 등 도시 전반에 나타났다. 심지어, 지역 사회의 쟁점을 결정하는 과정에서 주민의 참여 기회가 줄어들거나 방식이 달라지고, 상급

---

7   孫禎睦, 위의 글(1985), 540-571쪽.
8   孫禎睦, 위의 글(1986), 513-539쪽.

기관의 지시나 요구에 따라 의사 결정이 이루어지는 왜곡 현상까지 나타났다. 이런 점에서 진주 지역 주민들의 도청 이전 반대운동은 단순히 일제 통치 정책에 대한 저항을 뛰어넘어 지역 발전 방향에 대한 주체적인 결정을 요구하는 것이었다. 기본적으로 '식민 통치에 대한 저항'의 성격을 갖고 있지만, 오랫동안 유지되어 온 '지역 공동체 의식'을 통하여 지역 주민들이 지역의 장래를 결정하는 데 참여하고자 하였던 것이다. 그에 따라 각계각층의 주민들이 도청 이전 반대 활동에 참여하였으며, 사회적 배경에 따라 지역 주민들의 대처 방안이 각기 다르게 나타난 것을 볼 수 있다. 가장 두드러진 것은 친일 관변 유력자들이나 지역사회운동의 활동가들의 차이였다. 일제와 일본 거류민, 친일 관변 유력자, 직업적 사회운동가, 그밖에 다양한 지역 주민 집단이 각기 다른 입장에서 참여하고 있는데, 그 과정에서 일제 식민지 지배와 지역 사회의 역동적 관계가 얽혀 나타났던 것이다. 이제 구체적으로 경남 도청 이전 반대 활동을 살펴보고자 한다.

1. 경남 도청 이전 과정

1896년 개편된 행정구역 체계는, 그 뒤 광역시가 생기고 도농 지역이 통폐합되는 등 부분적인 변화가 있지만, 지금까지 유지되고 있는 도(道) 체계의 기본 골격이다. 이런 점에서 1925년의 경남 도청 이전은 지난 100여 년 동안 진주 지역의 역사에서 가장 큰 사건의 하나로 인식되고 있다.[9]

19세기 말 조선은 서구 문물과의 접촉을 통하여 변화를 겪으면서 사회

9　1963년 부산시가 직할시로 승격된 이후, 경남 도청을 유치하기 위하여 여러 지역이 경합을 벌였다. 그 결과 1983년 창원시로 이전된 뒤 현재에 이르고 있다. 그리고 창원은 2010년 7월 인근의 마산과 진해와 통합하여 인구 110만 명의 거대한 도시로 발전하였고, 진주는 34만 명의 소규모 도시로 머물러 있다.

제도의 개혁을 모색하였다. 행정 구역 개편은 그 가운데 하나였다. 그러나 조선이 일제의 식민지로 전락하면서 개혁은 파행을 겪게 되었다. 식민지로 전락한 조선은 일제 식민 지배의 본질적 성격대로 경제적 착취와 정치적 사회적 억압을 겪게 되었다.[10] 대표적으로 1910년대의 토지조사 사업 시행이나 회사령 공포를 통한 경제적 착취는 조선의 전통적인 경제 구조를 송두리째 뒤흔들며 식민 지배 체제로 바꾸어 갔다. 또한 일제는 교육 기관의 폐쇄와 통제, 언론 매체의 강제적 장악을 통하여 조선 사회에 대한 통제를 가속화하였다. 그리고 통치 강화를 위하여 도청 이전을 획책하게 되었다.

경남 도청 이전은 일제 식민지 지배가 시작되면서 제기되었다. 특히, 부산포가 일제의 식민지 침략 거점지로서 개발되고 1905년에 경부선이 개통되면서 경남 도청이 간선 철도 교통 체계에서 멀리 떨어진 오지(奧地)인 진주에 있다는 것은 불편하기 그지없었던 것이다. 특히, 일본이나 서울과의 왕래를 중시하는 행정 관료들에게 진주는 도청 소재지로서 부적격하다고 비쳐졌다. 그에 따라 도청 이전 문제가 간헐적으로 제기되었다. 경남 관찰사 황철(黃鐵)은 1909년에 도청을 부산으로 이전할 것이라고 발설하였고, 1911년에 일본어 지역 신문인 『부산일보』는 "도청 부산 이전 결정"이라고 보도하였으며, 1916년에 총독부 일본어 기관지인 『경성일보』는 "도청 이전 문제"를 기사로 다루었다. 이렇게 도청 이전 문제가 표면으로 떠오를 때마다 진주시민들은 집단적으로 크게 반발하였고, 그러면 일제는 도청 이전이 낭설이라며 발뺌을 하여 다시 수면 아래로 가라앉곤 하였다.[11] 1920년 4월에도 일간 신문에 다시 경남 도청의 부산 이전설이 보도되자,[12] 또다시 진주

---

10 일제 침략의 성격을 논의한 글은 아주 많다. 포괄적으로 다루고 있는 朴慶植, 『日本帝國主義의 朝鮮支配』(청아출판사, 1986) 볼 것.

11 『동아일보』 1925년 1월 1일 '경남 도청 이전 반대운동의 경과'; 孫禎睦, 위의 글(1986), 515쪽.

12 『동아일보』 1920년 4월 8일 '경남 도청 이전설'; 『매일신보』 1920년 4월 12일 '경남 도청 이전문제'.

시민들은 집단적으로 반발하였다. 시민들은 '진주도청 이전방지동맹회'(晉州道廳移轉防止同盟會)를 결성하고, 집회를 열어 도청 이전 반대를 결의하였으며, 인군의 12개 군민들은 가게 문을 닫고 철시하는 등 거세게 반발하였다.[13] 그러자 조선총독부에서는 다시 도청 이전 계획을 부정하였다.[14] 그러나 이때부터 경남 도청 이전안은 훨씬 빈번하게 제기되었으며, 그때마다 진주시민들은 적극적으로 반대 의사를 밝혔다.[15]

도청 이전 문제가 본격적으로 크게 불거진 것은 1924년 여름이었다.[16] 1923년도 지방비 예산에 계상된 경남도사범학교 교사와 금융조합 연합회 건립 등이 집행되지 않는 것에 의구심을 품은 진주시민 700여 명은 7월 26일 시민대회를 열고 대표단을 조선총독부에 보내 진상을 파악하기로 결의하였다.[17] 이에 따라 진주시민 대표들이 7월 31일 경남 도지사를, 8월 6일에 총독부의 관리들을 방문하여 도청 이전 계획이 없다는 답변을 들었다. 이에『동아일보』는 '진주문제 일단락, 도청 이전설은 총독부도 반대'라고 보도하기도 하였다.[18] 그렇지만 도청 이전설이 끊이지 않아 진주시민들은 다시 8월 18일

---

13 『매일신보』1920년 4월 24일 '도청 이전설과 반대'; 5월 13일 '도청 이전방지동맹 시민대회'; 5월 16일 '진주시민대회, 도청 이전방지운동';『동아일보』1920년 5월 13일 '도청 이전 반대와 진주시민의 운동'. 경남 도청 이전 반대운동에 관하여 일본인 기록인 勝田伊助,『晉州大觀』(1940; 진주신문사 1995). 그는 진주에 거류하던 일본인 언론인으로서 이 운동에 참여하였던 경력이 있기 때문에 일본인 측의 입장을 잘 보여주고 있다.

14 『동아일보』1920년 5월 31일 '道廳不移轉乎';『매일신보』1920년 6월 4일 '경남 도청 이전설은 萬無하다고'.

15 보기를 들어,『조선일보』1921년 5월 24일 '도청 이전, 한다는 말 대하야 백성들은 극히 반대', '경남 도청 이전문제로 진주민이 부산에 宣戰';『동아일보』1921년 8월 1일 '진주인의 死活문제, 다년 숙제의 도청 이전' 등 볼 것.

16 『시대일보』1924년 6월 16일 '재연되어가는 경남 도청 이전설'.

17 『동아일보』1924년 7월 28일 '진주시민 또 대회';『조선일보』1924년 7월 28일 '진주시민의 결의', '진주시민대회 도청 이전은 사활문제라고';『매일신보』1924년 7월 29일 '진주시민대회, 來會者 7백명'.

18 『매일신보』1924년 8월 3일 '진주시민위원, 지사 방문';『동아일보』1924년 8월 13일 '진주문제 일단락, 도청 이전설은 총독부도 반대'.

에 도청 이전 반대 결의를 위한 시민대회를 열기도 하였다.[19]

그러던 중, 그 해 12월 8일, 경남 도청 소재지를 부산으로 바꾸며, 그 시행을 1925년 4월 1일에 한다는 조선총독부령(76호)이 관보(官報)에 게재되었다는 기사가 각 일간지에 보도되었다.[20] 결국, 오랫동안 풍문으로 떠돌던 경남 도청의 부산 이전 계획이 확정 발표된 것이다. 일제는 비밀리에 추진하던 계획을 공표하여 도청 이전을 기정사실화 한 뒤 예정대로 이전을 실행에 옮겼다. 1924년 초부터 부산에 도립 자혜병원이라고 위장 발표하고 신축하던 건물이 1925년 봄에 완공되자 도청 청사로 변경하여 1925년 3월 15일부터 이삿짐을 옮기기 시작하였다.[21] 그리고 4월 1일에 부산 청사에서 업무를 개시하여 경남 도청의 부산 시대를 시작하였고, 4월 17일에 자혜병원이라고 위장하였던 신축 건물에서 이전식을 열어 자축하며 도청 이전을 완료하였다.[22]

2. 경남 도청 이전 반대운동

1) 반대운동의 전개 과정

앞서 본 것처럼, 경남 도청 이전설이 나올 때마다 진주 시민들은 즉각 집단행동을 통해 반대 의사를 분명하게 밝혀왔다. 1920년에는 도청 이전 방지동맹회라는 조직을 만들어 서부 경남 지역의 주민들로부터 반대 청원 서

---

19 『동아일보』 1924년 8월 22일 '도청 이전설과 진주시민'.

20 1924년 12월 8일에 보도된 『매일신보』 '경남 도청의 이전, 敏活을 圖코자 釜山府로'; 『시대일보』 '경남 도청 이전은 금일 부산으로 확정 발표'; 『조선일보』 '경남 도청 이전 결정, 진주에서 부산으로'; 『동아일보』 '경남 도청 진주에서 부산에 이전' 등을 볼 것.

21 『매일신보』 1925년 3월 15일 '15일부터 개시할 진주도청 이전'.

22 『동아일보』 1925년 4월 19일 '경남 도청 이전식'.

명 날인을 받아 총독부와 일본 정부에 전달하고 시민대회를 열어 집단적인 시위를 벌이기도 하였다. 그러다가 총독부에서 도청 이전 계획이 없다고 하자 활동을 중단하였다. 1924년 여름에도 도청 이전 풍문이 다시 나돌자, 진주시민들은 시민대회를 열어 결사반대 의지를 보이며, 대표단을 총독부에 보내 도청 이전 절대 반대라는 총독부 관리의 의사를 확인하기도 하였다.

이와 같은 진주 주민들의 반대에도 불구하고 일제는 경남 도청의 부산 이전을 비밀리에 추진하다가 1924년 12월 8일 공식적으로 결정 사실을 발표하였다. 그러자 진주 시민들의 반대운동이 다시 폭발적으로 일어났다.[23] 총독부의 공식발표가 알려지자마자 진주시민들은 진주좌(진주극장)에 모여 도청 이전 방지동맹회를 다시 결성하고 실행위원, 진정위원 등을 선임하였다. 저녁에는 번영회 주최로 도청 이전 방지활동에 대한 방침을 토의하고, 반대 결의를 밝히는 전보를 총독부와 일본 정부에 보냈다. 그 이튿날, 12월 9일에 진정위원들은 서울로 출발하고, 300여 명의 시민들은 도청과 도지사 관사에 가서 시위를 벌이며 경찰과 대치하였다.

서울에 간 진정위원들은 12월 10일에 총독을 비롯한 관리들을 만나 이전 반대를 진정하였으나 성과가 없었다. 전보로 그 사실을 알게 된 시민들은 진주극장에 모여 세금 불납 동맹 결성, 면 직원 동맹 휴직 단행, 시가지 철시 등을 결의하였다.[24] 그리고 흥분한 시민 3,000여 명은 도지사 관사에 몰려가 경찰과 대치하면서 시위를 벌였다. 그렇지만 상황은 크게 달라지지 않았다. 그러자 시민들은 더욱 격렬하게 반발하였다. 12월 11일에는 주민들이 남강의 배다리를 폐쇄하여 교통이 두절되었고, 학생들은 등교를 거부하고, 시장 상인들은 가게 문을 모두 닫고, '진주독립만세' 등을 외치는 시위대

---

23   경남 도청 이전 반대운동의 과정은 당시 『조선일보』, 『동아일보』, 『시대일보』, 『매일신보』 등의 보도와 勝田伊助, 위의 글, 43-48쪽에 기초하여 재구성하였다.

24   『조선일보』1924년 12월 13일 '교섭 실패의 비보에 흥분한 진주시민'; 『시대일보』1924년 12월 13일 '세금불납 門戶폐쇄, 면직원의 총사직동맹결의'.

가 시가지를 휩쓸고 다녀 진주 시내는 무정부나 다름없는 상태가 되었다. 그 이튿날, 12월 12일에도 수백 명의 시민들은 시가지를 돌아다니며 구호를 외치는 등 계속 반대 시위를 벌였다. 반대 시위에는 학생, 일반 상인, 농민뿐만 아니라 기생, 면사무소와 군청의 관리들까지 참여하였다. 그리고 상인들은 부산과의 거래를 단절할 것을 결의하고, 기자단은 반대 성명을 발표하였다.[25] 특히, 이날 진주좌에서 열린 시민대회는 주민저항운동의 새로운 전기가 마련되는 집회였다. 조직 개편을 통하여 사회운동 단체 지도자들이 대거 이전 반대운동의 지휘부에 공식적으로 참여하게 된 것이다. 그리고 12월 13일에는 농민운동과 노동운동을 이끌어온 진주노동공제회가 반대운동을 결의하였다. 제2공립보통학교 학생들도 동맹휴학을 단행하였고, 다른 학교도 뒤따를 태세였다. 12월 14일에는 진주군 출신 경남도평의원, 진주면협의원, 진주학교조합평의원, 진주학무위원 등 일제에 협력하던 공직자들도 연명으로 사임을 결의하였고, 총독부 기관지『매일신보』와 일본어 신문『경성일보』,『부산일보』를 사보지 말자는 비매운동을 결의하였다. 그리고 12월 16일에는 음식점, 여관업자들이 주세와 영업세 불납 동맹을 결의하였다.

　　이와 같이 진주 시민들은 격렬하게 반발하였지만, 경상남도의 각 부군은 도청 이전 문제에 대하여 지리적 위치에 따라 입장이 달랐다. 마산, 진주, 창원, 통영, 고성, 사천, 함안, 의령, 창령, 합천, 산청, 함양, 거창, 하동, 남해 등 1부 14군의 진주 주변 지역 부군(府郡)은 도청 이전을 반대하였지만, 부산, 울산, 양산, 동래, 김해, 밀양 등 부산 근처의 1부 5군은 찬성하였다.[26] 이런 상황에서 도청 이전 반대운동은 진주를 넘어 인근 지역으로 확산되었다. 12월 11일부터는 통영, 마산, 산청, 고성, 사천, 남해, 하동, 삼가 등지에서 도청 이전을 반대하는 집회나 시위가 열렸다.[27] 지역에 따라 차이는 있어

25　『조선일보』 1924년 12월 14일 '대부산거래 단절결의', '기자단도 반대 결의';『동아일보』 1924년 12월 14일 '교통기관을 파괴'.
26　『동아일보』 1924년 12월 12일 '경남 도청 이전문제로 전장화한 진주일대의 살기'.

도 대개 시민대회를 열어 이전 반대를 결의하였으며, 실행위원을 선출하여
활동 계획을 세우고, 대표단을 진주에 파견하는 곳도 있었다. 그리고 경성
청년회, 대구상업회의소 같이 전국 여러 단체에서 보내준 격려 전문이 답지
하는 등 경남 도청 이전 문제는 점점 전국적인 쟁점으로 확산되었다.[28] 한
편, 도청 이전을 찬성하는 부산 주변지역 주민들은 도청 이전을 기정사실화
하기 시작하였다. 도청 소재지로 결정된 부산에서는 경남 도청 이전 부산협
찬회를 중심으로 주택 건설 등을 추진하며 도청 이전을 준비하였다.[29]

이렇게 지역에 따라 찬반으로 갈려 있는 상황에서 일제는 경찰을 앞세
워 도청 이전 반대운동을 탄압하기 시작하였다. 12월 24일로 예정된 진주군
민대회와 25일의 경남도민대회를 앞두고 진주경찰서는 12월 23일에 도청
이전 방지 동맹회 간부들을 불러 총독부나 경남 도지사를 비난하거나 납세
불납동맹 결성, 시가점포 철시 등을 하지 말 것을 요구하며, 앞으로는 총독
부 방침에 따라 활동을 단속할 것이라고 통보하였다.

그렇지만 경찰의 감시 속에서도 12월 24일의 진주군민대회와, 25일의
경남도민대회는 예정대로 개최되었다. 6백여 명의 군민대회 참가자들은 도
청 이전의 절대 반대를 다시 결의하고, 진정과 탄원을 계속 하기로 하였
다.[30] 그 이튿날 진주좌에서 열린 경남도민대회에는 마산부와 함안, 합천,
남해, 사천, 하동, 산청, 함양, 진행, 창원 등 1부 9개군 대표가 참석하였다.
경찰의 간섭으로 도민유지대회로 명칭이 바뀌었지만, 참석자들은 경남 도

---

27 『동아일보』 1924년 12월 15일 '각지의 시민대회'; 16일 '산청도 반대'; 18일 '참착하게 진행,
   각지와 협동하야 반대운동'; 20일 '경남 도청 이전 반대, 하동도 군민대회'; 『조선일보』
   1924년 12월 15일 '사천에 시민대회'; 16일 '兩處의 시민대회, 삼천포와 고성에서도 반대',
   '통영서도 대회, 이전 반대결의'.

28 『조선일보』 1924년 12월 17일 '각지 축전답지(遝至)'; 『동아일보』 1924년 12월 18일 '각지
   동정전보'.

29 『조선일보』 1924년 12월 22일 '경남 도청 이전협찬임원선거', '도청 이전으로 주택2백급설';
   『매일신보』 1924년 12월 12일 '경남 도청 이전 共贊會'.

30 『조선일보』 1924년 12월 26일 '진주의 군민대회'.

청의 부산 이전 반대를 거듭 결의하였다.[31] 그런 가운데 도청 이전 반대운동에 대한 경찰의 방해와 감시는 더욱 노골화되었고, 하동대표 조동호와 마산대표 송본다장(松本多藏)을 불온한 연설을 하였다는 이유로 구금하여 취조하기도 하였다.[32] 이후 경찰의 방해와 탄압은 더욱 거세졌다. 도청이전방지동맹회에서 1925년 1월 1일 시민대회를 연다고 광고하자, 경찰은 12월 31일에 이 단체의 강주한, 승전이조(勝田伊助), 백야성이(柏野誠二)를 구금하였다가 반대운동을 중단한다는 서약서를 받고 풀어주었으며, 실행위원들 집을 방문하여 반대운동을 엄금한다고 경고하였고, 1925년 1월 1일에는 이 단체 본부를 수색하여 깃발과 선전 유인물을 압수하였다.[33]

이렇게 일제는 경찰을 통하여 반대 활동을 탄압하면서, 다른 한편, 일본 거류민과 친일 부역 세력을 움직여 유화책을 내놓기 시작하였다. 화전(和田) 경남도지사는 12월 27일에 진주번영회 간부들을 불러 도청 이전 대신에 진주에 줄 보상책인 대상안(代償案)을 제시하였다.[34] 주 내용은 홍수 피해가 잦은 남강의 치수(治水) 계획, 배다리로 건너다니는 남강에 철교 교량 가설 문제, 도동면과 진주면의 남강하류수리조합 설치 계획, 진주면과 평거면의 수해방지책, 설립 허가가 난 사립 일신고보의 도(道) 이관에 따른 공립화 문제 등에 관한 것이었다. 그 이튿날 도청 이전 방지동맹회에서는 실행위원회를 열어 도지사가 제시한 대상안을 놓고 논의하였다. 이에 대하여 한국인 위원들은 반대하는 입장이었지만, 일부 일본인들은 수락 의견을 피력하였다. 이렇게 의견이 갈리자, 일단 대상안을 거부하고 도청 이전 반대운동을 계속하는 것으로 결론을 맺었다.[35] 그렇지만 일제의 대상안이 제시되면서

31　『조선일보』 1924년 12월 29일 '1府9郡 대표가 도민유지대회 개최'.

32　『동아일보』 1925년 1월 2일 '양 대표를 경찰이 검속'.

33　『조선일보』 1925년 1월 6일 '구속, 留置, 경계'; 1월 10일 '경남 도청방지 간부 전부석방, 운동안켓다는 서약서를 써노코'; 『동아일보』 1925년 1월 11일 '도청 이전 반대 철저하게 압박'.

34　『동아일보』 1925년 1월 3일 '화전지사가 타협조건을 제출'.

도청 이전 반대운동은 새로운 전환점을 맞게 되었고, 반대운동의 지도부 내에서도 의견 차이가 있다는 것이 드러났다.

반대운동 지도부의 균열은 1월 9일에 열린 실행위원회에서 더욱 두드러지게 드러났다.[36] 한국인 위원들은 도청 이전의 취소를 요구하는 입장을 견지하였지만, 일본인 위원들은 이미 발표된 결정 사항을 철회하는 것이 어려우므로 대상안을 더 많이 요구하자는 쪽으로 선회하고 있었다. 이날 회의에서 신현수를 비롯한 일부 위원의 반대에도 불구하고, 실행위원 수를 한국인 10명 일본인 10명으로 축소하기로 결정하고 실행위원을 선임하였다. 그리고 새로 선임된 강상호, 이현중은 즉석에서 사임하였으나 실행위원회는 그들의 사임을 수리하지 않았다. 그리고 박재화 등 한국인 3명과 상원삼사랑(上原三四郞) 등 일본인 3명의 상경위원을 선임하여 도청 이전 후 진주 발전에 대한 보상책을 교섭하도록 위임하였다. 이처럼 도청 이전 방지동맹회는 일본인 위원들이 의도하는 방향으로 진행되어 갔다.

이렇게 도청 이전 방지활동의 방향이 바뀌자 진주시민들은 이에 분개하여 상경위원들의 활동을 불신임하기에 이르렀다.[37] 시민들의 반대와 비난을 받으며 상경하였던 교섭위원들은 하강(下岡) 정무총감을 만났으나 별다른 성과를 얻지 못한 채, 도청 이전 취소나 연기는 절대 불가하며, 이미 제시한 대상안 수준의 진주 발전 약속만을 확인하고 돌아왔다.[38]

총독부의 완강한 입장과 반대운동 지도부의 균열 속에서 도청 이전 반대 활동에 대한 경찰의 감시와 탄압은 더욱 심해졌다. 경찰은 시민대회의 집회를 금지시켰으며, 1월 12일에는 실행위원회에서 일본인 측에 반발한 신

---

35   『동아일보』 1925년 1월 3일 '긴급실행위원회'.
36   『동아일보』 1925년 1월 13일 '경찰 입회로 위원회'; 『조선일보』 1925년 1월 13일 '문제만혼 도청 이전방지'.
37   『조선일보』 1925년 1월 14일 '상경위원 불신임, 진주시민 분개'.
38   『조선일보』 1925년 1월 19일 '6개조의 밋기로 진주상경위원을 달래인 총감'.

현수와 강상호를 구금하고, 13일에는 반대운동에 적극 참여하는 이범욱, 박태홍 등 사회운동가들을 구금하였다가 앞으로 반대운동에 참가하지 않는다는 약속을 받고 풀어주었다.[39] 이러한 과정을 거치면서 반대 활동의 동력은 크게 떨어졌다. 결국 1월 21일에 경남 도청 이전방지 동맹회는 집행위원들이 총사퇴하면서 자연히 해산하게 되었다. 그리고 그 대체 조직으로 진주부흥회가 1월 27일에 결성되었다.[40] 실행위원 40인 가운데 과반수가 관리와 일본인으로 선임되는 등 반관반민(半官半民)으로 구성된 이 단체가 시민들의 입장과 이익을 위해서 활동할 것이라고 기대하는 시민들은 거의 없었다.[41] 진주부흥회에서 발표한 20개 항의 부흥책은 일반 시민들의 생활과는 하등 관계가 없다는 것이 시민들의 인식이었다.

이런 가운데 도청 이전 반대운동이 더 이상 지속되기는 어려웠다. 결국, 경남 도청은 일제의 계획대로 1925년 4월 1일에 부산으로 옮겨가고, 진주는 오랫동안 누려온 경남의 수부도시라는 위상을 잃게 되었다. 아이러니하게도 이날 마산과 진주 사이의 철도가 개통되었다.[42] 철도도 안 닿는 오지라서 도청을 부산으로 옮긴다는 이유가 사라지는 날 경남 도청은 진주에서 부산으로 가게 된 것이다.

2) 주도 세력의 사회적 배경

지금까지 살펴본 것처럼, 진주시민들은 경남 도청의 이전을 반대하는 활동에 대대적으로 참여하였다. 학생들의 집단 등교 거부, 상인들의 가게 개점 거부 및 철시, 수천 명에 이르는 시위대의 규모나 빈번한 시위, 기생들

---

39 『동아일보』 1925년 1월 14일 '陳情 4위원 출발, 경찰 위원을 속속 검거'; 『조선일보』 1925년 1월 15일 '夜半에 돌연 활동, 도청 이전방지 못하게 하고자'.
40 『동아일보』 1925년 2월 6일 '경상남도청 이전방지회 해산, 진주부흥회를 새로 조직'.
41 『동아일보』 1925년 3월 6일 '유명무실한 부흥회, 도청을 빼긴 진주시민분개'.
42 勝田伊助, 위의 글, 40쪽.

의 시위 참여, 관청 관리들의 집단 사직 동맹 결성, 음식점 여관 업자들의 납세 거부, 기자단의 반대 성명 등은 도청 이전 반대가 범시민적으로 이루어졌다는 것을 잘 보여주고 있다. 그러나 도청 이전 반대운동의 속사정은 대단히 복잡하였다. 무엇보다 이 운동을 이끈 지도 세력의 배경이 다양하였다. 지도 세력은 사회운동의 목적이나 성격, 전략 등을 결정짓는 주요 요소인데,[43] 당시 신문 보도에 등장한 사람들을 보면, 일제 침략의 수혜자인 진주 거주 일본인 유력자들로부터 일제 정책에 저항하는 직업적 사회운동가에 이르기까지 다양한 집단이 망라되어 있었다. 도청 이전 반대운동의 양상은 1924년 12월 일제의 공식 발표 이전 단계와 그 이후로 크게 나눌 수 있는데, 이에 따라 지도 세력의 구성도 달라졌다. 우선, 1920년부터 1924년 8월까지 도청 이전 반대 활동을 보도한 신문 자료를 중심으로 공식 발표 이전에 반대운동을 주도한 사람들을 정리하면 다음 〈표 5〉와 같았다.

〈표 5〉는 일제가 관보에 경남 도청 이전 계획을 공식적으로 발표하기 이전 도청이전의 풍문이 떠돌 때마다 일어난 반대 활동, 곧, 제1단계 도청 이전 반대 활동 관련자들의 면모를 보여주고 있다. 그들은 1920년 4월 언론에 도청 이전 풍문이 보도되자 결성된 도청 이전 방지 동맹회의 활동 임원, 1921년 7월 진주는 철도가 접속이 되지 않아 도청 소재지로 부적합하다는 지적에 따라 철도 건설 촉진을 위해 상경한 진정위원, 1924년 여름에 지방비 예산이 집행되지 않는 것이 도청 이전과 관련된다는 의구심이 생기면서 열린 시민대회를 주도하거나, 도청 이전 반대 의사를 전달하기 위하여 총독부를 방문하고 도지사를 면담한 위원들이다. 그들은 도청 이전설이 나돌 때마다 적극적으로 반대 활동을 주도한 핵심 인물이라고 할 수 있다. 특기할 만한 것은 진주 지역의 한국인 유력자들과 진주에 거류하는 일본인들이 함께 참여하고 있다는 점이다. 이들의 배경을 살펴보면, 한국인들은 공통적으

43　김중섭, "사회운동 분석의 대안적 접근 방법," 『사회학연구』 세번째책(1985), 188-211쪽.

<표 5> 도청 이전 공식 발표 이전의 반대운동 주도 세력

시기 및 조직	직책 및 역할
1920. 5. 도청 이전 방지동맹회 시민대회[1]	회장: 徐珍旭, 부회장: 杉亨, 上原三四郎, 清水佐太郎, 상경진정위원: 姜元魯, 朴在杓, 李珍雨, 鄭相珍, 朴在華, 鄭泰(台?)範, 池錫奎, 崔斗煥, 許萬斗, 黃義浩(이상 한국인) 清水佐太郎, 上原三四郎, 미확인 1인(이상 일본인)
1921. 7. 남선철도速成 진정위원[2]	上原三四郎, 清水佐太郎, 鄭圭鎔, 徐珍旭,
1924. 7. 26. 진주시민대회[3]	개회사: 鄭泰(台?)範(진주번영회장), 임시의장: 原田 경과보고: 강주한
1924. 8. 6. 上京 陳情委員[4]	鄭台範, 金琪邰, 姜周漢(이상 한국인), 上原三四郎, 清水佐太郎, 原田定造(이상 일본인)
1924. 8. 18. 도지사 면담委員[5]	姜周漢, 鄭台範, 金東式(이상 한국인), 上原三四郎, 清水佐太郎, 高橋武夫(이상 일본인)

자료: 1) 『매일신보』 1920년 5월 16일 '진주시민대회, 도청 이전방지운동'.
　　2) 『동아일보』 1921년 8월 1일 '진주인의 死活문제'.
　　3) 『조선일보』 1924년 7월 28일 '진주시민의 결의'.
　　4) 『동아일보』 1924년 8월 13일 '진주문제 일단락'.
　　5) 『동아일보』 1924년 8월 22일 '도청 이전설과 진주시민'.

로 대농 지주거나 일제에 협력하는 사람들이었다. 1920년에 도청 이전 방지
동맹회 회장과 1921년 7월에 남선철도 속성 진정위원을 맡았던 서진욱은
대농 지주로서 식산은행 진주지점 이사를 역임하고, 관변단체인 조혼회, 상
보회 등에서 활동하던 인물이다. 또 강원로[44]나 박재화[45]는 면장을 역임하
거나 관변단체에서 활동하던 인물이었다. 정태범, 황의호, 박재표, 이진우
등은 진주면협의회 같은 관변 단체에서 활동하던 인물이었다.[46] 그렇지만

44　강원로는 1910년대 초대 진주면장(勝田伊助, 위의 글, 16쪽), 1923년 경남도 평의원(『조선
　　일보』 1923년 3월 26일), 진주지주회 발기인 및 부회(『동아일보』 1924년 3월 21일) 등을
　　역임하였다.

45　박재화는 진주면장을 역임하고 경남도 평의원 선거에 출마하기도 하고, 번영회 회장을 맡
　　는 등 관변 단체에서 활동하였다.

46　참고적으로, 지정면인 진주의 1920년도 면협의원 당선자는 松浦利三郎, 清水佐太郎, 北川

황의호, 박재표, 정상진 같이 일부는 대지주이면서도, 청년회나 야학 같은 사회 활동에 적극 참여하거나 후원하던 사람들이었다. 이와 같이 이 시기에 도청 이전 반대 활동을 주도한 한국인 지도세력은 친일 관변 단체 인사나 지역의 유력자들로 혼합되어 구성되었던 것이다.

한국인 못지않게 도청 이전을 적극 반대한 사람들은 일제 침략과 함께 진주로 이주해 온 일본인 거류민 유력자들이었다. 1903년 일본인이 진주에 처음 이주한 이래, 일본인 거류민 수는 1910년에 1,025명, 1912년 2,107명, 1923년 2,494명으로 빠르게 증가하였다.[47] 일본인 수가 늘어나고, 일제 식민지 체제가 강화되면서 진주 지역 내에서 일본인들의 영향력이 커지게 되었으며, 일제의 지원 아래 일본인 거류민들은 여러 가지 특혜를 누렸고, 그에 따라 재력을 축적한 일본인들이 크게 늘어났다.[48] 일제 총독부의 법제화에 따라 1910년에 일본인 이주자 단체인 진주학교조합이 결성되었으며,[49] 경남 도청, 진주군청, 진주면 사무소 같은 관청의 상위직은 일본인들로 채워졌으며, 그들은 지역 사회문제에 대하여 커다란 영향력을 행사하였다. 또 일본인만을 위한 학교를 설립하여 조선인과 차별화된 좋은 교육 환경이 제공되었다.[50] 이렇게 일본인들이 짧은 기간에 일정한 활동 공간을 형성하며 기득권을 구축하기 시작한 것은 진주가 경부선 축에서 동떨어진 지리적 불리함에도 불구하고 경남 도청 소재지라는 이점이 있었기 때문이다. 그러므

茂三郎, 上村重次郎, 黃義浩, 朴在杓, 鄭敬翼, 金琪郜, 金東式, 韓선?考, 李致安, 李珍雨 등이었다(『매일신보』 1920년 11월 23일). 이밖에 李範彧, 鄭台範, 金炳台, 原田定造, 등도 선거전에서 유력한 후보라고 보도되기도 하였다(『매일신보』 1920년 11월 9일 '진주鹿逐界'). 면장의 자문기관이었던 진주면협의회의 협의원은 명예직으로서 면 부과금 5원 이상 납부자만이 선거권, 피선거권을 가졌다는 점에 비추어 관변 유력자들의 상징적 지위였다. 孫禎睦, 『韓國地方制度 · 自治史研究(上)』(일지사, 1992), 185-186쪽.

47 勝田伊助, 위의 글, 25, 31쪽.
48 진주지역 일본인 거주자들의 축재 과정 사례를 勝田伊助, 위의 글, 37쪽 이후 여러 곳 볼 것.
49 위의 글, 31-32쪽. 학교조합의 초대 관리자로 석정고효(石井高曉)가 임명되었다.
50 김중섭, 위의 글(1995), 233-295쪽.

로 도청이 이전될 경우 진주로 정착한 일본인들이 입을 경제적 사회적 타격
은 클 수밖에 없었다. 그런 탓으로 그들은 한국인 못지않게 훨씬 적극적으
로 반대운동을 펼쳤던 것이다.

〈표 5〉에서 보는 바와 같이, 일본인 거류민 유력자들은 1920년 4월,
1921년 7월, 1924년 여름 등 도청 이전 문제가 제기될 때마다, 한국인 유력
자들과 함께 "도청 이전 방지동맹회"의 임원이나, 총독부 관리나 경남도지
사를 만나러 가는 진정위원을 맡았다. 또 반대운동 단체를 결성하여 총독부
관리들을 찾아가 반대 의사를 진정하거나 철도 부설을 촉진하는 활동을 벌
였으며, 지역 주민들을 동원하여 집단적인 반대운동을 이끌었는데, 그 배경
에는 도청 이전으로 경남 행정 수도의 기득권을 잃게 되면 정치적, 경제적
손실이 클 것이라는 우려가 있었던 것이다.

그러나 1924년 12월 일제가 도청 이전 계획을 공식 발표하게 되면서
그동안의 반대 활동은 효과가 없었던 것으로 판정되었다. 따라서 도청 이전
이 공식 발표된 뒤 주민들의 반대 활동은 새로운 양상으로 전개되었다. 곧,
저항운동이 더욱 거세어진 제2단계 도청이전 반대 활동이 시작되었는데, 이
시기의 반대 활동을 주도한 세력을 정리하면 〈표 6〉과 같다.

〈표 6〉은 일제의 공식 발표 이후 도청 이전 반대 활동을 주도한 사람들
의 면모를 보여주고 있다. 1924년 12월 10일 도청 이전이 발표되자마자 상경
하여 총독부 관리를 만난 교섭위원들은 이전처럼 진주 지역의 관변 유력자
들이었다. 그러나 12월 12일 시민대회에서 도청 이전 방지 실행위원회를 구
성하면서 지역의 사회운동 단체 활동가들이 도청 이전 반대 활동에 처음으
로 가세하였다. 실행위원장은 전직 면장이며 일본인 거류민의 유력자인 상
원삼사랑(上原三四郞), 부위원장은 진주 최대 지주이자 경남도 평의원이던 한
국인 유력자인 김기태(金琪邰), 그리고 자문은 이전부터 반대 활동을 주도해
온 한국인과 일본인 유력자들이 맡았지만, 각 부서의 실행위원을 일본인과
한국인이 나누어 맡게 되면서 진주노동공제회의 핵심 지도자인 강달영, 조

<표 6> 도청 이전 공식 발표 이후의 반대운동 주도 세력

시기 및 역할	관련자 명단 및 참고 사항
1924. 12. 10 상경 교섭위원[1]	金甲淳, 鄭台範, 姜周漢, 邊悳煥, 姜潤永(이상 한국인) 清水佐太郎, 原田定造, 鹽尻庄市郎, 高橋武夫, 坂本誠二(이상 일본인)
1924. 12. 12. 도청 이전 방지 실행위원회[2]	실행위원장: 上原三四郎, 부위원장: 金琪邰 상담역: 石井高曉, 清水佐太郎, 原田定造, 長濱三郎, 黃義浩, 朴在華, 鄭台範 서무부: 勝田, 姜周漢, 坂本誠二, 韓啓泳, 飯田鐵次郎, 趙佑濟, 宋源湘, 邊悳煥 회계부: 北川茂三郎, 間島佐七郎, 李現重 募資係: 鯨田詢吉, 李範彧, 清水심一, 朴進煥, 澤彦喜, 姜潤永 新聞係: 高橋武夫, 姜達永, 姜善昊, 杉亨, 尹炳殷, 佐久間弘二 地方係: 申鉉壽, 姜相鎬, 鄭鍾根, 朴台弘, 鄭佑植, 金在泓, 中島官四部, 鹽尻庄之郎, 原田定造, 森島桓造, 清水佐太郎, 長濱三郎 외 상담역 전부
1924. 12. 25. 경남도민대회[3]	개회사: 金琪邰, 임시좌장: 清水佐太郎, 경과보고: 坂本, 邊悳煥, 대표연설: 李康雨, 勝田, 松本多藏(마산), 趙東皓(하동), 黃甲周(진해) 타 지역 대표자: 趙在鎭(함안), 李學世(합천), 韓泰俊(남해), 睦兌淵(사천), 趙東皓(하동), 吳明鎭(산청), 尹增鉉(함양), 目下田平茨(마산), 黃甲周(진해), 以後清藏(창원)
1924. 12. 31. 경찰검속 유치대상자[4]	姜周漢, 勝田伊助, 坂本誠二, 朴龍根, 梁德見
1925. 1. 9. 개선된 실행위원[5]	위원장: 上原三四郎, 부위원장: 朴在華 위원: 李現重, 姜相鎬, 姜順世, 邊悳煥, 李康雨, 鄭相珍, 韓啓泳, 黃義浩, 鄭佑植(이상 한국인), 上村重次郎, 北川茂三郎, 鹽尻庄之郎, 中島官四部, 清水佐太郎, 石井高曉, 原田定造, 澤彦喜, 關藤造(이상 일본인), 상경위원: 清水佐太郎, 이강우, 韓啓泳, 原田定造,
1925. 1. 10. 경찰에 피검된 위원[6]	姜相鎬, 申鉉壽, 李範彧, 朴台弘, 白性基, 徐善明, 宋嫄淑
1925. 1. 22. 도청 이전 반대운동에 대한 간담회[7]	朴進煥, 姜相鎬, 申鉉壽, 趙佑濟, 姜大昌, 姜達永, 朴台弘, 鄭成鎬, 郭우영?, 金鍾鳴, 金長煥?, 高景仁, 朴在杓, 李學贊, 河石金, 尹炳殷, 李영현?

자료: 1)『조선일보』1924년 12월 11일 '적기를 번득이는 3백여 군중의 시위'; '도청 이전은 철저한 日鮮 차별';『동아일보』1924년 12월 12일 '경남 도청 이전 문제로 전장화된 진주일대의 살기'.
  2)『조선일보』1924년 12월 15일 '部署整齊한 방지운동'.
  3)『조선일보』1924년 12월 29일 '一府九郡 代表가 道民有志大會 開催'.
  4)『조선일보』1925년 1월 6일 '검속, 유치, 경계'.
  5)『동아일보』1925년 1월 13일 '경관 입회로 위원회';『조선일보』1925년 1월 13일 '문제만흔 도청 이전방지'.
  6)『조선일보』1925년 1월 15일 '야반에 돌연 활동'.
  7)『매일신보』1925년 1월 26일 '진주관민의 간친, 도청 이전 반대'. 인쇄가 분명하지 않은 경우는 물음표(?)를 붙임.

우제, 박진환, 박태홍, 김재홍, 형평운동을 이끄는 강상호, 신현수, 야학 활동을 주도하는 강선호, 이현중, 황의호, 지역 언론인인 강달영(『조선일보』진주지국장), 윤병은(『동아일보』진주지국 기자) 등 지역의 이름난 직업적 사회운동가들이 참여하였던 것이다. 그때까지 개입하지 않던 사회운동가들이 참여하게 되면서, 도청 이전 반대운동은 진주 지역의 일본인 집단과 한국인 친일 세력, 한국인 사회운동 세력이 협력하는, 명실공히 범시민적인 활동으로 발전하게 되었다. 그 뒤 2주 동안 도청 이전 반대 활동은 진주의 범시민 운동으로 발전하였을 뿐만 아니라 활동 범위도 서부 경남 지역으로까지 확산되었다. 그 결과 도청 이전을 반대하는 경남의 행정 지역은 1부 14개 군에 이른 반면에, 찬성 지역은 1부 5개 군에 지나지 않았다. 그것은 반대운동의 지역 확산을 위하여 실행위원회에 지방계(地方係)를 설치하고 적극적으로 활동한 결과였다. 그 과정에서 지방계 실행위원인 신현수와 강상호가 밀양까지 가서 활동하다가 경찰에 검속되기도 하였다.[51] 그러한 활동의 결실로 1924년 12월 25일에 열린 경남도민대회에는 서부 경남 일원의 1부 9개군의 대표자 30명도 참석하였으며, 마산, 하동, 진해의 대표자가 연설하는 등 도청 이전 반대 활동의 외연 확대가 두드러지게 나타났다.

이와 같이 제2단계 반대 활동은 각계각층의 시민들과 다양한 시민 단체가 참여하고, 대규모의 시위가 벌어지고, 활동 대상 지역이 확대된 것이 특징이었다. 특히, 진주의 대표적인 진보 단체인 노동공제회까지 도청 이전 반대 활동에 가담하였으며,[52] 평범한 시민들까지 도청 이전 반대 활동의 경비 모금에 참여하였다.[53] 그리고 도청 이전 반대 활동은 전국적인 관심사가 되어 전국 각지에서 격려 전문이 답지하였으며,[54] 『동아일보』는 사설을 통

51　『조선일보』1924년 12월 21일 '진주위원 검거, 밀양에서 두명'.

52　『조선일보』1924년 12월 15일 '노동공제회도 궐기'.

53　『조선일보』1924년 12월 17일 '방지동맹 성금'.

54　『조선일보』1924년 12월 17일 '각지 축전답지(遝至)'.

하여 일제의 일방적 도청 이전 강행을 "무단적 문화정치"라고 비판하였다.[55]

도청 이전 반대 활동이 더욱 활발해진 주요 요인은 제2단계에서의 지도부 구성 변화였다. 제1단계 반대 활동의 지도부는 주로 친일 관변 세력이나 일본인 거류민들이었지만, 제2단계에는 상황의 추이를 보던 지역의 사회운동 활동가들이 지도부의 실행위원회에 참여하게 되면서 진주 시민들은 일제 식민 통치 정책에서 비롯된 도청 이전 문제가 진주의 장래에 커다란 영향을 미칠 중대 사안이라는 것을 더 절실하게 인식하게 되었다. 그리고 오랫동안 경남의 중심도시였던 진주가 일제의 강압으로 일제 침략의 전진기지인 신흥 도시 부산에게 도청을 뺏기는 것을 절대 용인할 수 없다고 생각하였다. 물론 시민들도 지역 유지들처럼 도청 이전으로 말미암아 정치적, 경제적 손실이 클 것이라는 것을 잘 알고 있었다. 그런 점에서 친일 관변 세력이건, 일본인 거류민들이건, 사회운동가들이건 모든 진주 시민은 도청 이전을 절대 반대하는 입장을 똑같이 갖고 있었던 것이다.

이와 같이 반대 활동의 활성화에 기여한 지도부 개편은 진주 지역 사회 측면에서 볼 때 다음과 같은 세 가지 점에서 특별히 의미가 있었다. 첫째, 정치적 입장의 차이를 떠나 진주 지역의 공동 이익을 위해서 모든 시민이 협력하였다는 점이다. 이것은 권력이나 위계질서에서 비롯된 대립과 갈등이 드러난 지역 사회의 특성보다 공동 이익을 위한 지역 공동체의 특성이 강하였다는 것을 보여준다.

둘째, 지도부 개편을 통하여 사회운동가들의 존재가 확인되었다는 점이다. 이것은 3·1운동 이후 활성화된 진주지역 사회운동계의 역량을 인정한 결과라고 생각된다. 앞서 본 바와 같이 3·1운동 이후 다양한 사회운동이 활발하게 일어나면서 직업적인 사회운동가 집단이 등장하여 일정한 영향력을 가진 사회 세력을 형성하고 있었다. 진주노동공제회가 조직되어 농

---

55 『동아일보』 1924년 12월 13일 사설 '武斷的 문화정치'.

민운동과 노동운동을 이끌고 있었으며, 조선의 신분사회에서 가장 천대받던 백정들을 위한 형평운동이 전국으로 확산되어 있었다. 또 학교 설립 운동이 성공적으로 진척되어 사립 일신고등보통학교의 설립 인가를 받아놓은 상태였다. 이렇게 다양한 사회운동을 이끌어온 직업적 사회운동가들은 지역 사회에서 일정한 영향력을 갖고 있었다. 그렇기 때문에 도청 이전 반대 운동을 주도하던 친일 관변 유력자들도 사회운동 세력의 협력이 필요하였을 것으로 보인다.

셋째, 지역 사회의 의사 결정 과정의 역동성을 보여주었다는 점이다. 지금까지 지역 사회의 의사 결정은 대부분 유력자 집단이 주도하여 왔는데, 사회운동가들이 반대 활동에 참여하면서 지역 사회의 의사 결정에 참여하게 된 셈이었다. 그렇지만 다른 한편으로는, 일제 침략이 본격화되면서 이주하기 시작한 일본 거류민들이 친일 관변 세력인 지역의 유력자들과 함께 지역 현안 문제를 결정하는 주요 행위자라는 것이 다시 확인되었다. 이에 따라 친일 관변 세력인 유력자, 일본 거류민, 사회운동가 집단의 복합적인 관계 속에서 지역 사회의 의사 결정 과정은 역동적으로 전개되었지만, 다음 단원에서 논의될 일제의 대응 측면에서 보듯이 경찰이 이전보다 더욱 적극적으로 도청 이전 반대 활동을 간섭하고 강압적으로 방해하기 시작하면서부터 일제와 일본 거류민들이 절대 권한을 갖고 있다는 것이 드러났던 것이다.

일제의 개입으로 도청 이전 반대 활동은 제3단계로 접어들게 되었다. 특히, 1924년 12월 25일 경남도민대회 전후로 일제가 경찰의 강제력을 동원하여 반대 활동을 적극적으로 탄압하는 한편, 행정 계통을 통하여 회유책을 쓰며 반대 활동 지도부 분열을 획책하는 등 적극적으로 개입하면서 상황은 급변하게 되었다. 그리고 12월 25일 도민 대회가 열린 며칠 뒤인 27일 화전(和田) 경남도지사가 진주번영회 간부들을 불러 대상안을 제시하면서 반대 활동의 지도부가 분열하기 시작하였다. 우선, 대상안을 받아들이자는 일본인들과 반대하는 한국인들로 나뉘었으며, 한국인들 사이에도 관변 유력자들과 사회운동가들의 태도가 달랐다. 관변 유력자들은 더 많은 보상을 받을 요량으로 반대하였고, 사회 활동가들은 도청 이전 자체를 막고자 하였다. 결국 1925년 1월 9일 실행위원회가 일본인과 한국인의 관변 유력자들 중심으로 개편되면서 사회운동가 집단의 반발을 무력화시키는 동시에, 일제의 도청 이전 계획을 수용하는 쪽으로 입장을 바꾸었다. 그렇게 되면서 관변 세력이 주도하는 도청 이전 반대운동의 목적은 대상안(代償案)의 내용에 관한 것으로 변질되고 말았다. 이에 대항하여 사회운동가들은 대상요구 반대 활동을 벌였다.[56] 그리고 노동공제회, 형평사, 청년회 등 여러 단체 지도자들은 1월 25일 도청 이전 반대운동에 대한 간담회를 가지며 대책을 논의하였지만,[57] 일제의 도청 이전 추진과 관변 세력이 주도하는 타협의 흐름을 바꾸어 놓을 수 없었다. 결국 도청 이전 반대 활동은 더 이상 성과를 내지 못하였고, 경남 도청은 1925년 4월 진주를 떠나 부산으로 이전되고 말았다.

3) 일제의 정책과 대응

경남 도청의 부산 이전 문제는 일제의 식민 통치와 밀접하게 이어져있었다. 군사력과 행정 조직에 의존하는 일제 식민 지배 체제에서, 각 지역 사회의 역사적 배경이나 균형 발전의 지리적 여건 등은 도청 소재지를 정하는데 고려 사항이 아니었다. 경남의 경우, 부산이 경남의 동부 지역에 치우쳐 있다거나, 진주가 역사적으로 경남의 중심 도시였다는 것은 도청 소재지 선정의 기준으로 고려될 수 없었던 것이다. 오로지 식민 통치의 편의가 주요 기준이었다. 진주는 경부선 축의 철도 교통 체계에서 멀리 떨어져 있어 불편하기 때문에 도청 소재지로서 적합하지 않은 반면에, 일제 침략의 전진기지인 부산은 경부선의 개통으로 서울과 일본을 손쉽게 이을 수 있는 위치에

56　『동아일보』 1925년 1월 16일 '代償요구반대운동'.
57　『매일신보』 1925년 1월 26일 '진주관민의 간친, 도청 이전 반대'.

있다는 것이 중요하였다.

경남 도청의 부산 이전 문제는 일제 침략이 본격화되면서부터 추진되었지만, 진주 지역 주민들의 거센 반발 때문에 강하게 추진할 수 없었던 것이다. 그러는 사이에, 행정 편의와 일본인 이주자 폭증 등의 이유를 내걸어 경기도청은 1910년 서울로, 함경북도 도청은 1920년에 나남으로, 평안북도 도청은 1923년에 신의주로 이전하였다. 또한 일제는 경남뿐만 아니라 충남, 황해도, 강원도 등지의 도청 이전을 모색하고 있었다. 따라서 경남 도청 이전을 둘러싼 사태 진전은 해당 지역의 주민들에게 초미의 관심사가 아닐 수 없었다. 실제로 경남의 도청 이전이 공식 발표된 뒤에 충남의 공주, 황해도의 사리원, 강원도의 춘천 등지의 대표단이 총독부를 방문하여 도청 이전 반대 활동을 벌이기도 하였다.[58]

한편, 경남 도청 이전 사태는 일제의 식민 통치 정책에서 비롯된 것이지만, 지역 현안을 둘러싸고 일제가 지역 주민들과의 관계를 어떻게 설정하고 통제하였나를 잘 보여주었다. 우선, 진주 주민들의 반대 활동에 대하여 일제의 대응은 공식 발표 이전과 이후가 크게 달랐다. 1924년 12월 공식 발표 이전까지 일제는 유화적으로 대응하였다. 도청 이전 풍문이 돌 때마다 즉각 반발하며 반대 활동을 벌인 진주 지역민들에 대하여 일제는 도청 이전 계획 자체를 부정할 뿐 적극적으로 대응하지 않았다. 반대 활동의 주도 세력이 지역의 관변 유력자들이었기 때문에 식민 통치를 위해서 일본 거류자와 한국인 관변 유력자들의 협력이 필요하였고, 또 그들과 긴밀한 협조 관계를 갖고 있었기 때문에 일제는 그렇게 대응하였을 것으로 짐작된다.

그러나 도청 이전을 공식 발표한 이후 일제의 대응은 크게 달라졌다. 특히, 사회운동단체 활동가들이 도청 이전방지동맹회의 지도부에 참여한

---

58 『동아일보』 1924년 12월 18일 '충남, 강원, 진정위원 안심하고 도라가'; 『조선일보』 1925년 1월 13일 '황해도청, 이전은 극난'; 1월 31일 '충남북 합병설로 지방주민 반대'; 2월 26일 '강원도청 이전설로 춘천주민 진정'.

뒤부터 경찰의 감시와 탄압이 더욱 심해졌다. 경찰은 진주군민대회와 경남 도민대회를 앞두고 이전방지 동맹회 간부들을 불러 협박하고, 반대 활동의 확산을 위하여 밀양에 갔던 활동가들을 검거하였으며, 경남도민대회를 도민유지대회로 명칭을 바꾸도록 강요하였고, 회의 과정을 감시하다가 불온한 연설을 하였다는 이유로 대표자들을 구금하여 취조하였다. 또, 시민대회를 준비하던 활동가들을 구금하였다가 활동 중단 서약서를 받고 풀어주기도 하였고,[59] 1925년 1월 9일 실행위원회에서 일제의 대상안에 대한 입장 차이로 격론을 벌인 다음 날 밤에는 반대 활동에 참여하는 사회운동가들을 대거 검거하였으며,[60] 또 이전방지동맹회 사무실을 대대적으로 수색하여 물품을 빼앗아 갔으며, 일부 공산주의자의 선동을 막는다는 명분으로 도청 이전방지 동맹회의 활동을 방해하였다.[61] 이와 같이 사회운동가들이 도청 이전 반대운동을 원활하게 벌이지 못하도록 한 경찰의 행동은 일제가 초기의 온건한 통제 방식에서 강압적인 탄압으로 선회하였다는 것을 보여주었다. 그 결과 도청 이전 반대 활동의 지도부가 분열되었으며, 지역 현안 문제에 대한 지역 주민의 자율적인 문제 해결은 불가능하게 되었다. 요컨대, 일제는 강제력을 이용하여 지역 사회의 의사 결정 과정에 개입하며 식민 정책을 강제적으로 실행하였으며, 그 과정에서 지역 사회의 현안 문제를 결정하는 데 절대 권력을 갖고 있다는 것이 분명하게 드러났다.

또한 주민들을 분열시키고자 하는 일제의 전략도 더욱 두드러지게 드러났다. 경찰을 통하여 반대 활동을 펴는 사회운동가들을 구금하는 등 탄압하면서, 다른 한편, 경남 도지사는 지역 유력자들을 불러서 도청 이전에 대한 대가로 대상안(代償案)을 내놓으며 회유하였던 것이다. 특히, 관변 유력자들에게는 동맹회 간부들 사이에 공산주의자가 있어 반대 활동이 불순하다

---

59 『조선일보』 1925년 1월 6일 '검속, 유치, 경계'.

60 『조선일보』 1925년 1월 15일 '야반에 돌연 활동'.

61 『동아일보』 1925년 1월 16일 '代償요구반대운동'.

는 식으로 협박하면서, 아울러 도청 이전의 보상책을 제시하며 회유하는 식으로 강온 양면의 전략을 구사하였다. 이렇게 일제는 강경한 입장의 사회운동가들과 온건한 관변 유력자들을 구분하여 차별적인 억압 전략을 구사하였으며, 또 관변 유력자들도 한국인들과 일본인 거류민들의 입장이 다르다는 점을 이용하여 분열을 조장하였다. 이런 상황에서 제3단계의 도청 이전 반대 활동은 일제 정책에 저항하는 사회운동가 집단과 일본인 거류민과 지역 유력자로 구성된 친일 관변 세력의 지도부 분열로 효과적으로 진행될 수 없었다. 결국 도청 이전 방지동맹회가 와해되어 도청 이전 반대라는 원래 목적은 사라지고 그 대신에 주목적이 지역 경제 발전인 진주부흥회가 새로 조직되었다. 관청 관리들과 일본인 거류민들이 주도하는 부흥회에는 경제적 이권 상실을 우려하던 친일 관변 세력만 남아 일제의 요구에 따라 움직였다. 그 결과 도청 이전을 저지하려는 사회운동가들은 더 이상 활동할 수 없게 되었다. 반대 활동을 탄압하는 한편, 경제 부흥을 빌미로 도청 이전의 반발을 무마하려고 한 일제의 책략이 성공한 셈이다.

그런데 도청 이전 보상책으로 일제가 제시한 경제 부흥방안은 주민들의 실생활을 향상시키기 위한 것과는 거리가 멀었다. 관변 세력으로 구성된 진주부흥회는 일제의 의중을 반영하여 다음과 같은 20개항의 부흥책을 제시하고 있는데, 이것 역시 주민들의 권익을 위한 것이 아니었다.[62]

① 치수(治水)사업 속성(速成)
② 진주 하동간 2등도로 개수
③ 사립 일신고보 공립 변경
④ 사립 여자고등보통학교 신설
⑤ 남강가교(架橋)
⑥ 대구연초전매국 출장소 설치

---

62 『동아일보』 1925년 2월 6일 '경상남도청 이전방지회 해산, 진주부흥회를 새로 조직'.

⑦ 전기회사를 면(面) 경영으로 하고 수도비 7천원 원조

⑧ 농업학교를 3년제에서 5년제로 연장

⑨ 철도개통식 때 물산공진회 개최 (단, 비행기 파견을 요구하되 도의 원조
로 할 일)

⑩ 수리사업(관개용수)

⑪ 저리자금융통

⑫ 철교에 수조를 부설하여 진주면 천전리까지 연장

⑬ 진주의령간 등외도로 신축 속성(速成)

⑭ 사범학교를 진주에 영구 존치할 조건을 덧붙임

⑮ 우편국 신축 속성

⑯ 사범학교를 2년 연한에서 4년으로 연장

⑰ 특산물에 관한 제사공장 신설

⑱ 제1보통학교 여자부 독립

⑲ 상업은행 지점 설치

⑳ 남선육지면(南鮮陸地綿) 전매조면공장 설치

위의 1, 7, 12항은 거의 매년 여름마다 남강의 홍수 범람으로 피해를 겪
는 진주 주민들에게 시급하였던 치수 사업과, 도시의 확장으로 필요하였던
상수도 같은 시설 건설에 관한 것이었고, 2, 5, 13항은 인근 지역까지 도로
망 개설이 시급하였다는 점을 반영한 것이다. 특히, 시가지 한 가운데를 가
로질러 흐르는 남강의 도강을 위해 설치된 배다리[船橋]는 홍수가 일어나면
떠내려가 대체 교량이 시급하였다.[63] 이와 같은 기반 시설과 함께, 10항 수
리 시설, 11항 저리 융자, 17항 제사공장 신설, 20항 전매조면공장 설치 같
은 경제 부흥을 위한 방안과, 6항 대구연초전매국 출장소와 19항 상업은행
지점, 15항 우편국 같은 편의 시설의 설치나 신축이 제안되었다. 얼핏 보면,
이 부흥안은 진주 지역의 당면 과제를 포함하여 경제 발전을 이루기 위한

63　이때 제안되어 건설된 남강다리에 철근이 사용되었다고 하여 남강 철교란 말이 생겼다.

여러 방안을 포괄한 것처럼 보이지만, 엄격하게 말해, 도청 이전과 전혀 관계없는 도시 기반 시설의 보완책이었다. 이 방안들은 도청이 있건 없건 간에 시급히 해결되어야 할 현안 과제였다. 오히려 이러한 내용들은 진주가 경남 도청 소재지로서 인구 1만 7천 명이 거주하는 도시였지만,[64] 기반 시설이 대단히 낙후되었다는 것을 반증하는 것들이었다. 그렇기 때문에 진주의 일반 주민들은 도청 이전의 보상이라고 내놓은 이 부흥안이 진주 발전을 위한 실질적인 방안이 아니라 지주나 재력가들의 경제 활동을 돕는 방안에 지나지 않는다며 크게 반발하였다.[65]

게다가 일제는 도청 이전을 발표하면서 재판소, 경찰서, 군청, 사범학교, 농업학교, 종묘장 등 도청 이외의 기관은 그대로 둔다고 약속하였는데,[66] 이 부흥안에는 그런 내용마저 빠져있었다. 단지, 교육 기관에 관한 내용이 여럿 포함되었다는 점이 이채로웠다. 3항 사립 일신고보의 공립 변경, 4항 사립 여고보의 신설, 8항과 16항의 농업학교와 사범학교의 수학 기한 연장, 16항과 18항의 사범학교의 영구 존치와 제1보통학교 여자부의 독립 등 교육 관련 사항이 6개항에 이르렀다. 처음 약속했던 관공서의 존치는 명시하지 않고 주민들의 관심이 많은 교육 기관 관련 내용으로 포장한 것이다. 얼핏 보면, 교육 도시 진주에 걸맞은 제안들이었다. 그러나 그 배경에는 일제의 간계가 숨어 있었다. 도청뿐만 아니라 재판소, 경찰서 등 주요 행정 기관을 이전하면서, 주민들의 불만을 무마하기 위하여 교육 관련 사항을 집어넣은 것이다.

일제의 간악함을 더 잘 보여주는 것은 사립 일신고보에 관한 것이었다. 앞 장에서 본 바와 같이, 1920년부터 시작된 사립 일신고보 설립 운동은 설

64　1924년에 진주 인구는 한국인 14,192명, 일본인 2,344명, 외국인 50명 합계 16,586명이었다. 勝田伊助, 위의 글, 70쪽.

65　『동아일보』 1925년 3월 6일 '유명무실한 부흥회, 도청을 빼긴 진주시민분개'.

66　『동아일보』 1924년 12월 8일 '경남 도청 진주에서 부산에 이전'.

립 기본금과 교사 신축 부지를 마련하여 우여곡절 끝에 설립 인가를 받아 놓은 상황이었다. 그런데 도청 이전과 아무 관계가 없는 이 사항을 보상안에 포함시키면서, 게다가 모금된 20만 원과 교사 신축 부지를 제공하면 남자 고등보통학교를 공립으로 설립하고 그 대신에 여자고등보통학교 설립 허가를 내주겠다는 것이었다. 정부 예산으로 세워야 하는 공립학교를 주민들이 모은 학교 설립 기금을 빼앗아 세우겠다는 것이고, 여자 학교를 설립하려면 다시 재단 기금을 만들라는 것이었다. 그래서 허만정, 백남훈 같은 지도자들이 일제의 제안에 극력 반대하였던 것이다. 결과적으로 경남도민들이 학교 설립을 위해 만든 기금 13만 원과 교사 부지를 바탕으로 공립 진주고등보통학교가 세워지고 사립 일신여고보가 인가를 받아 두 학교가 설립되었지만, 그 배경에는 도청 이전에 대한 반발을 무마하면서 주민들의 교육운동까지 이용하였던 일제의 간계가 있었던 것이다.

4) 반대운동의 목적과 성격

경남 도청 이전 반대운동의 주목적은 말 그대로 진주에 있는 경남 도청의 이전을 반대하는 것이었다. 이것은 일제 침략이 시작된 이래 큰 논란 없이 도청을 옮긴 다른 지역의 경우와[67] 달리, 대규모의 반대 활동이 일어났다는 점에서 특기할만한 역사였다. 3 · 1운동 이후 진주 지역에서 전개된 다양한 사회운동을 통해서 주민들의 사회 참여가 활발하였던 분위기는 도청 이전 반대 활동의 활성화에 기여하였다. 또, 3 · 1운동 이후 널리 확산된 반일(反日) 저항 의식과 도청 소재지로서의 지역 이익과 자존심을 지키자는 정서가 서로 상승적으로 작용하였던 것이다.

그런데 진주의 도청 이전 반대 활동은 다소 복합적인 목적과 성격을 갖

---

67 수원에서 서울로, 경성에서 나남으로, 의주에서 신의주로 옮기는 과정에 관하여는 孫禎睦, 위의 글(1984).

고 있었다는 것을 간과해서는 안 된다. '도청 이전 반대'라는 목표는 일제의 정책 결정에 대하여 저항하는 것이다. 따라서 '반일(反日) 운동'으로 해석될 수 있을 것이다.[68] 그러나 앞서 살펴본 것처럼, 주도 세력의 면모나 진행 과정을 보면, 단순히 반일 운동으로 보기 어려운 면이 많다. 일본인 거류민 유력자들이나 친일 관변 세력이 주도한 도청 이전 반대 활동은 정책 수정을 요구하는 것이지 일제에 저항하는 '반일'의 성격까지 갖고 있지 않았기 때문이다. 1924년 12월 도청 이전 계획의 공식 발표 이전까지 제1단계 활동을 이끈 관변 유력자 집단은 총독부 정책에 영향을 미쳐 도청 이전을 막으려는 의도에서 반대 활동을 벌였던 것이다.

그렇기 때문에 그들은 도청 이전 계획이 공식 발표된 직후에도 여전히 정책 수정을 요구하며 도청 이전 계획의 철회를 관철시키고자 1924년 12월 10일 재등(齋藤) 총독과 하강(下岡) 정무총감을 만났던 것이다. 총독부 측에서 "부산이 경제, 문화, 교육, 교통의 중심지"이기 때문에 옮기게 되었다고 설명하자 진주의 대표단들은 설득력 없는 이유라고 반발하며 부산 이전을 찬성하는 쪽은 1부 5군 인구 50만에 지나지 않으나, 반대하는 쪽은 1부 14군 인구 130만 명이나 되며, 교육, 문화로 보나 진주는 수백 년의 역사를 가지고 있다고 주장하였다.[69] 그렇지만 진주의 관변 유력자들은 도청 이전이 식민 정책과 일본인들의 이익을 위해서 계획된다는 것을 잘 알고 있었다. 진주에 돌아와 총독부 관리와의 면담 경과를 설명하는 과정에서 그들은 진주에 있는 일본인이 수천 명에 지나지 않으나 부산에는 5만 명이나 있기 때문에 도청을 부산으로 이전하려고 하는 것이라고 해석하였던 것이다. 그리고 그들은 도청 이전 문제가 거론될 때마다 총독부에 진정해왔기 때문에 총독부에 배신감을 갖게 되었을 텐데, 해결책을 일제 식민 통치에 대한 반대에

---

68   孫禎睦, 위의 글(1986).

69   『조선일보』 1924년 12월 11일 '도청 이전은 철저한 日鮮차별'; 『동아일보』 1924년 12월 12
      일 '진정대표의 기함'.

서 찾으려고 하지 않고, 총독의 상급자인 일본 천황에게 소원하겠다는 것에서 찾았다.[70] 요컨대, 그들의 목적은 '반일(反日)'이 아니라 정책 철회에 있었다. 일제가 대상안을 제시하자 재빠르게 수용하며 도청 이전을 기정사실화한 것도 그들의 주 목적이 도청 소재지로서 누리던 이익을 지키기 위한 것이었음을 보여준다. 이 점은 특히 일본인 거류민들이 적극적으로 반대 활동을 한 이유였다. 일본인 거류민 유력자인 석정고효(石井高曉)의 권총 자살 사건에서 보듯이 도청 위치 문제는 개인 이익과 밀접하게 연관되어 있었던 것이다.[71]

관변 유력자들뿐만이 아니라 주민들도 도청 소재지로서의 기득권을 지

---

70 상경 진정위원 김갑순을 인용한 『조선일보』 1924년 12월 11일, 『동아일보』 1924년 12월 12일. 손정목(孫禎睦), 위의 글(1996)은 김갑순을 '반일적 인사'(532쪽), '반일(反日) 반골(叛骨)인사'(566쪽)라고 적고 있다. 그러나 대농 지주였던 김갑순은 청년회, 청수(淸水) 형기(衡器)부정 규탄대회, 일신고보 기성회, 번영회, 경남도 평의원 선거 출마 등 사회운동 단체로부터 친일 관변 단체에 이르기까지 활동 범위가 광범위하였으며, 그가 참여한 활동의 성격으로 미루어 반일 인사로 보기는 어렵다고 판단된다. 결국 김갑순 같은 한국인 관변 유력자들은 총독부의 도청 이전 정책에 반발하였어도, '반일'이나 일제 식민 통치에 대한 저항으로까지 발전하지 않았던 것이다.

71 도청 이전 반대운동의 실패를 비관하던 석정고효(石井高曉)는 1926년 10월 15일 새벽 1시에 진주신사에 배례한 후 도청 이전 반대운동 봉고문(奉告文)을 읽은 뒤 권총으로 자살하였다(『동아일보』 1926년 10월 18일 '진주日人원로, 권총자살'). 일본인 언론인인 승전이조(勝田伊助)는 진주시민들이 그의 자살을 도청 이전 반대운동의 실패에 따른 책임감에서 비롯된 것이라고 의미를 부여하며 비를 세워 그 뜻을 기렸다고 기록하였다(勝田伊助, 위의 글, 47-48쪽). 그러나 이 일본인의 기록은 비판적으로 검토할 필요가 있다. 글쓴이가 만난 노인들의 증언에 의하면, 학교 조합의 초대 관리자로서 일본인 거류민 사회의 유력자였던 석정(石井)은 일제 침략 초기에 진주에 이주하여 관청을 끼고 사업을 해서 크게 성공하였다. 그런데 도청이 부산으로 이전하면서 일이 제대로 되지 않자 자살하였다는 것이다. 승전이조(勝田伊助)도 도청 이전 문제가 대두되면서 그가 남강 치수 사업을 서둘러 벌이려고 하였다고 기록하고 있다(勝田伊助, 위의 글, 57쪽). 이런 점으로 미루어 볼 때, 석정(石井)은 개인 사업 유지를 위해 도청 이전을 반대하다가 그것이 실패로 돌아가면서 사업이 제대로 되지 않자 자살하였는데 사업 실패의 원인을 도청 이전으로 돌리려고 하였다고 추론된다. 정확한 사실을 규명하기는 쉽지 않지만, 도청이 이전된 뒤 1년 6개월 지나서 자살을 감행한 것은 이러한 추론이 전혀 근거 없는 것은 아니라는 것을 보여준다. 신사(오늘날의 순의단 자리에 있었음)에 올라가는 길가에 있던 그의 추모비는 해방 후에 진주 시민들에 의해 파손되었다고 한다.

키기 위하여 집회나 시위에 적극 참여한 것이라고 짐작된다. 그들은 도청 소재지로서 얻는 행정적 경제적 이익이 엄청나게 크다는 것을 잘 알고 있었다. 그러나 도청 이전 계획이 공식 발표된 이후, 특히, 사회운동 단체 지도자들이 지도부에 참여하게 되는 제2단계 반대 활동에서는 성격이나 양상이 달라졌다. 시민들의 시위가 격화되고, 장날에도 상인들은 철시하며 총파업을 단행하였으며, 학생들은 등교 거부 동맹을 맺고, 진주에 주재하는 기자단까지 반대 결의 성명을 발표하였다. 이런 행동의 바탕에는 반일(反日) 정서가 깔려있었고, 그런 분위기는 시간이 흐르면서 점점 증폭되어 갔다. 시위대 가운데에 적기(赤旗)가 보이기 시작하였고, 결사대 조직이 결의되고, 시위 구호로 "진주독립만세"가 등장하며, "조선인 존재를 무시하는 폭정"을 규탄하는 시위로 바뀌어 갔다.[72] 총독부의 철저한 언론 검열 탓으로 시위 관련 보도의 많은 부분이 삭제되었지만, 시위 진압을 위해서 무장 경찰대가 출동하였다는 보도 내용으로 미루어 시민들의 시위가 격렬해지면서 반일(反日) 활동으로 바뀌었다는 것을 알 수 있다.

사회운동가들의 참여뿐만 아니라 사회운동 단체의 적극적인 입장 표명도 도청 이전 반대 활동의 성격 변화에 기여하였다. 진주의 농민운동과 노동운동을 주도해온 노동공제회는 그때까지의 방관적인 태도를 바꾸어, 12월 13일 반대 선언서와 결의문을 발표하면서 "(도청)이전 문제에 대한 제국주의 정치에 반대하여 전조선적 무산계습의 여론을 환기하여 철저히 정치당국의 반성"을 촉구하고 나섰다.[73] 또, 지역사회운동의 중심지 역할을 하던 청년회나 전국 조직을 갖고 있던 형평사 등도 반대 활동에 적극 참여하기 시작하였다. 이렇게 사회운동 단체들은 집단적인 입장 표명을 통하여 도청 이전 문제와 일제 식민정책을 연결하여 비판하였던 것이다. 결국 일제의 탄압과 분열책으로 도청 이전 반대 활동의 지도부가 분열되는 상황에서도 사

---

72 『동아일보』 1924년 12월 15일 '결사대 조직, 험악화한 도청 이전 반대운동'.
73 『조선일보』 1924년 12월 15일 '노동공제회도 궐기'.

회운동가들은 도청 이전 반대 활동을 계속하려고 하였지만,[74] 경찰의 탄압 아래 반일 성격의 도청 이전 반대운동은 지속될 수 없었다.

　　결국 일제의 계획대로 경남 도청이 부산으로 이전되었다는 점에서 도청 이전 반대운동은 실패하였다고 평가할 수 있을 것이다. 그러나 식민 통치의 편의를 위한 일제의 정책 결정에 주민들이 대규모로 저항하였다는 점은 특기할 만하다. 경기도, 함북, 평북의 도청 이전 때와 달리, 경남의 경우에는 주민들이 적극 참여하여 일제의 정책 결정과 집행에 제동을 걸려고 하였던 것이다.

　　그럼에도 불구하고, 도청 이전 반대운동의 실패는 향후 지역 공동체에 관한 사안을 처리하는 방식이나 과정에 커다란 영향을 미쳤다. 무엇보다 제일 큰 영향은 주민들이 지역 사회의 사안을 스스로 처리하는 자율성이 크게 위축되었다는 점이다. 도청 이전은 경남의 절대 다수(1부 14군 130만 명)가 반대하였지만 일제가 밀어붙인 것이었다. 결국 사회단체나 대다수의 지역 사회 주민들이 주장해도 상급 기관의 관청에서 결정한 대로 집행된다는 선례가 된 것이다. 곧, "다수 인민의 의사를 무시하고"[75] 관(官) 중심으로 이루어지는 의사 결정 체제가 굳어지게 되었다. 그것은 우리 사회가 더욱 더 관(官) 중심으로, 또 권력자의 결정대로 움직이고 중앙의 결정대로 따르는 타율적인 사회로 가게 된 원형이 되었다. 행정 체제의 위계질서가 사회 전체의 의사 결정 과정에 영향을 미치는 주요 변인이 되었고, 사회의 다른 영역의 권한이나 자율성은 줄어들게 되었다. 그 결과 지역 사회의 자율성이나 자치 능력이 점점 위축되어 갔고, 이 와중에 지역 공동체의 자율성은 점점 줄게 되고, 주민들의 사회운동은 크게 위축되었다. 그리고 지역 사회의 모든 사항, 심지어 일상생활이나 문화적 사항까지 행정이나 중앙의 정치 논리대로

74　『동아일보』 1925년 1월 16일 '대상요구 반대운동'; 『조선일보』 1924년 1월 20일 '진주시민 대분개'; 1월 22일 '도청 이전방지로부터 官造代償運動에'.

75　『동아일보』 1924년 12월 13일, 사설 '무단적 문화정치'.

결정되는 경향이 커지게 되었다.[76]

　그렇기 때문에 겉으로 내세운 목적이나 활동 내용에서는 드러나지 않지만, 도청 이전 반대 활동에서 지역 공동체 지키기 성격을 찾아볼 수 있다. 곧, 외부 간섭에 대항하여 지역 공동체의 권익을 지키고 지역 사회의 자율성을 강조하였던 것이다. 결국 이 운동이 성공할 수 없었던 탓으로 도청 이전이라는 겉으로 드러난 결과뿐만 아니라 지역 공동체의 위축이 완연하게 나타나는 등 보이지 않는 커다란 파장을 낳았다. 도청이 이전된 뒤 진주 지역은 인구나 경제 측면에서 정체되기 시작하였다. 오랫동안 진주의 생활권에 속해 있던 함안, 의령 등지는 마산이나 부산 중심의 생활권으로 옮겨가게 되었다. 서부 경남의 인근 지역으로부터 인구가 유입된 탓으로 진주의 도시 규모는 급격하게 줄어들지 않았지만, 일본인 거류민 수는 크게 줄어들었다. 1923년에 2,500명에 육박하였는데, 1925년을 기점으로 2,000명 안팎으로 줄어들었다.[77] 도청을 비롯한 도 단위의 행정 기관이 이전해 가면서 종사자들과 그 가족들, 그리고 관련 사업자들이 대거 빠져나갔기 때문이다.

　단기간으로 볼 때, 남강다리가 건설되고 도로가 개설되어 도시 생활의 기반 시설이 확충되기는 하였지만, 그 이후 도시 발전에 필요한 시설 투자가 제대로 이루어지지 않았을 뿐만 아니라 새로운 산업이 육성되지 않은 탓으로 진주는 정체된 도시가 되고 말았다. 부산을 중심으로 동부 경남의 발전에 비해서 진주의 정체는 상대적으로 더욱 심각한 박탈감을 낳았다. 이와 같은 지역 사회의 정체는 주민들의 생활뿐만 아니라 지역사회운동의 위축으로 나타났다. 3·1운동 이후 만들어진 사회운동 단체 가운데 많은 단체가 1920년대 후반에 없어지거나 활동을 하지 않고 명목만 유지하였다. 게다가

76　『동아일보』(1924. 12. 13)는 사설 '지방문화의 분포 균점하는 점으로 보아서도…… 몰상식 무정견의 일례'를 통하여 이 점을 지적하고 있다.

77　거주자 수의 변화 추세는 1923년(2,494명), 1924년(2,344명), 1925년(1,966명), 1926년(1,972명), 1927년(2,106명), 1928년(1,990명), 1929년(2,084명)으로 나타났다. 勝田伊助, 위의 글, 70쪽.

1920년대 전반기에 사회단체 활동에 협력하던 대농 지주나 자산가들조차 지역 사회 활동에 지원을 중단하고 관료들이나 관 주도의 사업에만 협력하는 등 점점 친일 관변 유력자로 바뀌어 갔다. 이와 더불어 행정 권력이 지역 사회의 중추 세력으로 자리 잡게 되면서 지역 주민들의 자율성은 더욱 위축되었다.

그렇지만 도청 이전 반대 활동 덕분에 '의도하지 않은 결과'(unintended consequences)로 얻은 것이 교육도시의 위상이었다. 일제가 제시한 도청 이전의 보상안에 교육기관 관련 사항이 포함된 결과 중등 교육기관 설립 등 교육 환경이 개선되면서 진주는 교육도시로서의 면모를 더욱 갖추게 되었다. 남학교인 공립 진주고보와 여학교인 일신여고보의 설립뿐만 아니라 학교 이전 풍문이 돌던 사범학교가 계속 진주에 남게 되었고, 실업 교육 기관인 농업학교가 발전하면서 각 분야에서 인재를 육성하는 중등교육기관이 자리 잡은 진주는 교육도시로서의 명성을 더욱 높이게 되었던 것이다.

3. 맺음말: 지역 공동체의 자율성 상실

1925년 4월 일제는 식민 지배 정책 차원에서 침략 직후부터 계획하던 경남 도청을 진주에서 부산으로 이전하였다. 진주 시민들은 격렬하게 도청 이전 반대 활동을 펼쳤지만, 일제의 계획대로 이루어진 것이다. 그 결과 진주는 1,300여 년 동안 경남의 중심도시로서 누리던 위상을 잃게 되었다.

도청 이전 반대 활동의 과정과 결과는 진주 지역 사회의 복합성과 역동성을 확연하게 보여주었다. 우선, 주민들의 배경에 따라 활동 목표도 달랐고, 일제의 대응 방식도 달랐다. 친일 관변 유력자들이 주도한 제1단계의 반대운동은 진정이나 탄원 활동을 통하여 일제 정책을 바꾸려는 것이 주목적이었으나, 진주 지역 사회운동 단체와 시민들이 참여한 제2단계에는 일제

정책에 저항하는 반일 운동의 성격으로 바뀌었다. 그러자 제1단계에는 유화적 태도를 취하던 일제는 제2단계에는 적극 대처하여 반대운동을 분열하는 전략을 썼다. 경찰을 통하여 시위를 강제 진압하고 활동가들을 구금하는 등 강력하게 탄압하는 한편, 도지사를 비롯한 행정 계통은 도청 이전에 대한 보상안을 제시하면서 회유하려고 하였다. 반대운동의 참여자들은 도청 소재지로서의 지역 사회의 이익을 지키려는 목적은 같았지만, 집단 이익을 최대한 지키면서 일제와의 협력 관계를 유지하고자 한 친일 관변 유력자들은 일제의 제안을 수용한 반면에, 일제 식민 통치 정책에 대한 저항 차원에서 반대 활동을 하던 사회운동가들이나 시민들은 일제의 제안을 거부하였다. 결국 일제의 보상안을 수용한 친일 관변 세력의 협력 속에서 일제는 계획대로 경남 도청을 부산으로 이전시킬 수 있었다.

이 과정에서 일본인 거류민과 친일 관변 유력자들, 그리고 직업적 사회운동가들, 상인, 학생, 기자단 같은 다양한 성격의 시민들, 식민 세력의 전위대라고 할 수 있는 경찰과 행정 관청 등이 지역의 의사 결정 과정에 관련되어 있는 주요 행위자라는 것을 거듭 확인하게 되었다. 우선, 예전과 달리, 사회운동가 집단이나 다양한 성격의 시민들이 참여하였다는 것이 주목된다. 그리고 협력과 연대, 긴장과 대립, 갈등의 관계가 일어나면서 역동적인 과정이 전개되었다. 그렇지만 결국 식민 통치라는 특수한 상황에서 회유와 강압의 방식으로 일제가 개입하면서 일제의 계획대로 결정되었고, 그 과정에서 관변 유력자들의 협력이 중요하게 작용하였다. 다양한 집단이 지역 문제를 결정하는 행위자였지만, 결국 일제가 의사 결정의 주도적인 영향력을 갖고 있다는 것을 보았다.

이와 같은 결과가 지역 공동체에 미친 영향은 지대하였다. 우선, 주민들의 의사를 무시한 채, 상급 기관이나 중앙 관청에서 지역 사회의 문제를 결정하는 사례가 되었다. 또 도시 발전이 행정 기관 중심으로 운용되며, 행정 권력이 지역 사회의 일을 주도하는 사례가 되었다. 그 결과 지역 사회의 자율성이 위축되고, 사회적이나 경제적인 문제도 행정이나 정치의 논리대로 결정되며, 주민보다 관(官) 중심으로 움직여 가는 타율적인 사회로 변질되어 갔다. 이 과정에서 지역의 유력자들은 지역 사회의 자율성을 지키는 것에 관심이 없었으며, 오히려 중앙 권력 집단에 의존하는 경향을 보였다. 지역의 민주주의와 자율성 확대에 노력해야 할 지역 유력자들이 오히려 중앙 권력의 강제력에 길들여져 지방 자치의 발전을 가로막고, 지역의 자기 결정권을 부정하는 행태를 자행하였던 것이다.

경남 도청 이전 이후 진주는 더욱 강화된 중앙 권력의 영향력 확대 속에서 지역의 자율권이나 자치 능력을 발전시킬 수 없었다. 그것은 진주의 쇠락을 재촉하였으며, 그 결과 진주는 오랫동안 정체된 도시가 되었다. 서울 중심, 권력자 중심 체계를 깨뜨리고, 주민들이 주인이 되어서 "우리 스스로 우리다운 지역 공동체"를 만들어가야 하는 커다란 과제를 후손에게 남겨 놓았던 것이다.

제3부
근대 사회로의 이행

1장 기독교 전래와 지역 사회의 변화

2장 신분 사회 해체와 형평운동

3장 지역 사회의 역동성과 농민운동

1

기독교 전래와 지역 사회의 변화

1905년 가을, 호주 장로교 빅토리아 청년회에서 파송한 선교사 커렐 (Hugh Currell, 巨烈烋, 1871-1943, 진주 재직 1905~15)이 진주로 이주하였다. 아일랜드에서 의학을 전공한 의료 선교사인 커렐은 1902년 5월에 한국에 도착하여 부산 지역에서 의료 선교 활동을 처음 시작하였다. 그러나 부산에는 이미 서구식 의료 시설이나 의료진이 있었던 반면에, 당시 경남 도청 소재지인 진주에는 그런 시설이나 인력이 전무하였으며 개신교도 전래되지 않은 상황이었다. 이런 점을 고려하여 커렐은 한국 생활이 익숙해지자 진주로 이주하기로 하였던 것이다. 그래서 여러 차례 진주를 방문하며 준비한 뒤에 1905년 조사(오늘날의 전도사에 해당됨) 박성애(朴晟愛)와 함께 진주로 이주하였다. 그는 미리 준비한대로 성내동에 초가를 매입하여 진료소를 개설하고 예배를 드렸다. 비로소 진주 지역의 개신교 선교가 시작된 것이다.[1] 부산에서

---

1 진주교회사연혁위원회, 『晉州面玉峯里 耶蘇敎長老會 沿革史』(이하 『연혁사』로 줄임), 1-3쪽, (晉州, 1930); A. Kerr · George Anderson, *The Australian Presbyterian Mission in Korea, 1889-1941*, (Australian Presbyterian Board of Missions, 1970) 11-13. 74쪽; Sang Gyoo Lee(이상규), "A Study of the Australian Presbyterian Mission Work in Korea, 1889-1941," (Th.D. 신학박사 학위 논문, Australian College of Theology, 1994), 118-121

활동하던 커렐이 진주에 선교 활동 거점지(mission station)를 구축하였다는 것은 부산 거점의 호주 장로회 선교부가 서부 경남까지 활동 영역을 확장하였다는 것을 의미하였다. 그것은 또한 20세기 초 개신교가 진주 지역 사회의 변화에 커다란 영향을 미치게 된 출발이었다. 그러나 지금까지 진주 지역의 개신교 전래와 선교 활동을 포함하여 호주 장로교의 서부 경남 선교 활동은 한국의 기독교 역사 연구에서 상대적으로 소홀히 다루어져 왔다.[2]

1. 한국 사회 변동과 개신교

개신교는 진주에 들어오기 20년 전에 한국에 처음 들어왔다. 개신교가 처음 전래된 19세기 후반에 한국 사회는 유례없이 복합적인 상황에 놓여 있었다. 오랫동안 안정된 정치 질서를 구축하며 쇄국 정책을 유지해오던 조선 왕조는 밖으로는 강대국의 틈바구니에서 강제로 문호를 개방하게 되면서 외세 침략의 위기에 직면해 있었고, 안으로는 홍경래란, 임술년의 전국적인 민란, 갑오농민전쟁 등과 같이 대다수 사회 구성원들의 도전을 겪고 있었다. 조선 사회의 근간이었던 신분 질서는 무너져 가고 있었고, 유교 중심의 가치 체계도 와해 조짐이 뚜렷하였으며, 지배층 내부에서는 수구파와 개화파의 갈등이 있었다. 또 상업 확대, 농업 기술의 발전 등에 힘입어 농민층의 분화

쪽; 정병준, 『호주장로회 선교사들의 신학사상과 한국선교 1889-1942』(한국기독교역사연구소, 2007).

2   기독교 역사서에서 진주나 서부 경남 지역에 관한 것은 거의 찾아보기가 어렵다. 白樂濬,『韓國 改新敎會史: 1832-1910』(延世大學校 出版部, 1973); 민경배,『한국기독교회사』개정판(대한기독교출판사, 1982); 민경배,『한국기독교사회운동사』(대한기독교출판사, 1987); 한국기독교사연구소,『한국기독교의 역사』제I·II권(기독교문사, 1989, 1990); 한국교회백주년준비위원회 사료분과위원회, 『대한예수교 장로회백년사』(大韓예수교長老敎 總會, 1984). 진주의 선교 교육에 관한 부분도 대부분의 교육사에서 다루고 있지 않다. 손인수,『한국근대교육사』(연세대학교 출판부, 1971) 볼 것.

가 가속화되었다. 이렇게 정치, 경제, 사회 여러 측면에서 복합적으로 일어나는 변화의 배경에는, 서학(西學)에 대항하여 동학(東學)이 생겨나고 일부 지배 집단이 개화 운동을 벌이는 것에서 보듯이, 긍정적으로든 부정적으로든 서구 문물과의 접촉 경험이 있었다. 그리고 서구 문물이 유입되면서 정치 제도 개혁, 군대 체제 개편, 서구식의 교육 제도 도입 등이 다양하게 이루어졌다. 이렇게 영향을 미친 서구 문물 가운데 대표적인 것 가운데 하나가 개신교였다.

개신교가 조선에 들어온 최초의 서구 종교는 아니었다. 이미 천주교가 17세기 초에 전래되어 소수의 개종자를 갖고 있었다. 그렇지만 천주교는 유교 통치의 조선 왕조로부터 박해를 받아 널리 확산되지 못 하였다.[3] 1784년의 을사추조적발사건(乙巳秋曹摘發事件)으로부터 신유박해(1801), 기해박해(1839), 병오박해(1846) 등에 이르는 대규모의 천주교 신자 박해 사건에서 보듯이, 기존 질서의 와해를 우려하는 조선 지배층은 천주교의 유입에 적대적이었다. 반면에, 개신교의 선교는 비교적 순탄하게 전개되었다. 1880년대 중반에 입국하여 다소 조심스럽게 활동을 시작한 알렌, 언더우드, 아펜젤러 등 미국 선교사들은 점차 활동 지역과 대상을 확대해 갔다. 특히, 1886년의 한불조약 체결 이후 다른 종교와 마찬가지로 개신교도 더욱 자유롭게 선교 활동을 할 수 있었다. 그렇지만 개신교가 짧은 기간에 성공적으로 확산되었다는 것은 특기할 만하다. 선교사들의 입국 이전에 이미 중국을 왕래하던 상인들을 통하여 기독교를 접하면서 자생적으로 기독교 공동체가 형성되어 있었고, 일본에 갔던 개화파 인사를 통하여 기독교 문물이 유입되었다는 사실과 함께, 성경의 번역과 광범위한 반포, 미국 선교부의 적극적인 지원 등이 개신교의 성공적인 확산에 기여하였다고 이해된다. 그러한 성공은 또한

---

3   샤를르 달레, 『한국 천주교회사』(안응렬·최석우 역주), 상·중·하(분도출판사, 1979-1980); 최석우, 『한국 천주교회의 역사』(한국교회사연구소, 1982); 한국기독교사연구소, 위의 글, 제I권(1989).

19세기 말 20세기 초의 한국 사회 변화와 무관하지 않았다. 전통적 질서로부터 벗어나 근대 사회로 변화해 가는 동시에 전례 없는 외세 침략과 식민지 경험의 복합적 과정을 겪고 있던 한국 사회의 독특한 상황이 개신교의 빠른 확산에 작용하였던 것이다.[4]

개신교의 전래는 한국 사회의 변화에 여러 형태로 많은 영향을 미쳤다. 근대 사회를 먼저 경험한 서구의 종교인 개신교는 전통 사회의 와해를 가속화시켰다. 특히, 기독교의 복음적 사고는 유교 질서에 근거한 전통적인 사회적 가치를 대치할 수 있는 대안으로 인식되어 사회 변화의 촉진 세력에게 호의적으로 받아들여졌다. 그렇지만 기독교는 식민 세력인 일제와의 관계에서는 다분히 이중적이었다. 기독교 선교의 지원 국가인 서구 열강은 일본과 마찬가지로 세계 곳곳에서 제국주의적 침략을 자행하였지만, 다른 한편으로는 일제에 저항하는 한국민의 잠재적인 지원 세력이 될 수 있었다. 이처럼 복합적 성격을 갖고 있는 개신교 선교를 단순하게 설명하기는 어려울 것이다.

한 세기 이상의 역사를 가진 개신교 선교를 연대기적 서술을 넘어서 선교 과정과 특성, 한국 사회에 미친 영향 등에 대한 연구는 여전히 중요하다.[5] 이에 덧붙여 초기의 개신교 선교가 지역 사회에 미친 영향을 역사 사회학적 측면에서 따져보는 것도 필요하다. 전통적으로 강한 동질적 공동체를 형성하고 있던 지역 사회는 사람들이 살아가는 구체적인 삶의 현장으로서 생생하고 역동적인 개신교 선교 활동을 잘 보여줄 것으로 기대되기 때문이다. 개신교가 전래될 즈음 진주 지역은 전통 사회로부터 근대 사회로 이행

---

4 민경배, 위의 글(1982), 위의 글(1987); 백낙준, 위의 글; 한국기독교연구소, 위의 글; 박정신, 『근대 한국과 기독교』(민영사, 1997).

5 이만열, 『한국 기독교 문화운동사』(한국기독교출판사, 1987); 민경배, 위의 글 (1987); 한국교회백주년준비위원회 사료분과 위원회, 위의 글; 이덕주, 『초기 한국 기독교사 연구』(한국기독교사연구소, 1995); 한국기독교사연구소, 위의 글; 박정신, 『한국 기독교사 인식』(혜안, 2004); 박정신, 『한국기독교사의 새로운 이해』(새길, 2009) 등 볼 것.

하면서 아울러 일제 식민지를 겪는 근대 한국의 역동적 상황을 겪고 있었다. 한국 전체 상황으로 볼 때는 개신교의 복음주의가 시대적 변화와 복합적으로 뒤얽혀 사회 전체에 많은 영향을 미치는 시기였다.

개신교가 처음 전래된 1905년 즈음에 진주는 인구가 약 10,000명~15,000명으로 추산되는 작은 소읍이었다.[6] 그렇지만 제1부에서 간략히 살펴본 바와 같이, 진주는 오랜 역사를 가진 지방 행정의 중심 도시로서 전통 사회의 지속과 근대 사회로의 이행, 일제 침략과 식민 통치 등을 중첩적으로 겪고 있는 전형적인 지역 공동체였다. 19세기 후반에 농민층의 계층 분화가 가속화되면서 대농 지주가 대거 등장하고 영세농이 뚜렷하게 증가하였고, 그 와중에 1862년(임술년)의 진주농민항쟁, 1894년의 갑오농민전쟁 등의 사회적 격변을 겪었다. 게다가 일제 침략이 자행되면서 농민층은 더욱 분화되어 소작농이 크게 늘어나고 있는 상황이었다. 아울러 인구 증가, 도심지 확장, 상공업 발전 등이 동시에 일어나면서 상공업 종사자가 늘어난 반면에 농업 인구의 비중은 상대적으로 줄어들고 있었다. 다른 한편으로는, 일제 식민지로 전락하면서 일본인들이 대거 이주해 와서 행정 기관을 장악하고 경제력을 잠식하며 지역 사회에서 영향력을 키워가고 있었다. 그리고 부산 개항과 경부선 건설로 비약적으로 발전하는 동부 경남에 비해 상대적으로 심한 위축감을 겪고 있었다.

그런 가운데 조선의 신분 질서와 유교의 유습은 여전히 유지되고 있었다. 삼강오륜으로 대표되는 유교 문화적 전통 속에서 여성이나 어린이에 대한 사회적 억압의 관행이 남아 있었고, 신분 질서가 엄격한 사회적 분위기에서 백정 등에 대한 차별 관습도 계속 되고 있었다. 그리고 경남의 다른 도

---

6 일본인 기록에는 1909년의 진주면 인구가 조선인 10,057명, 일본인 953명, 외국인 13명, 총 11,022명이었다.(勝田伊助, 『晉州大觀』, 1940; 진주신문사, 1995, 70쪽) 반면에, 진주군 인구는 대한제국 호구 조사(1907)에는 77,874명으로, 진양속지에는 1913년에 119,302명으로 기록되어 있다(晉州市史編纂委員會, 『晉州市史』 중권, 1995, 446쪽).

시보다 먼저 관립학교가 설치되는 등 경남의 행정 중심 도시로서의 혜택을 받고 있었고, 주민들의 교육 열의가 높았다. 그렇지만 문맹율이 90% 이상으로 추정되는 시대 상황에서,7 여성을 포함한 절대 다수의 취학 대상자들이 정규 교육을 받을 수 없는 등 교육 환경은 여전히 열악하였다. 이와 같은 복합적 요소들이 중첩되어 있는 진주 지역의 사회적 상황은 개신교 선교 활동의 주요 배경으로 작용하였으며, 또 개신교 선교는 이러한 지역 사회의 변화에 많은 영향을 미쳤던 것이다.

2. 진주 지역의 개신교 전래와 선교 활동

한국의 기독교 역사와 마찬가지로, 진주 지역에서도 천주교가 먼저 들어왔다. 박해 시기인 1866년에 정찬문이 천주교도로서 참형을 받아 순교하는 일이 일어났으며, 1898년에 프랑스 에밀리오 따께 엄신부가 들어와 진주면 외곽지역인 바라실(장재동)에서 전도하다가 1901년에 마산으로 이주하였고, 그 후, 1905년에 줄리앵 권 신부가 진주군 문산면에 부임하여 공소가 본당으로 승격하였다.[8] 그 즈음에 호주 장로교의 커렐 선교사가 진주로 이주하면서 개신교의 선교 활동이 시작되었다.

호주 장로교가 경남 지역을 맡게 된 것은 선교사 연합공의회의 선교 지역 분할 협정에서 비롯되었다. 미국의 남북 장로교, 캐나다 장로교, 미국의 남북 감리교 등 여러 선교회가 들어와 활동하면서 협력의 필요성이 커져 1909년에 이른바 '교계예양'(敎界禮讓)으로 일컬어지는 선교 지역 분할 협정이 맺어졌는데, 그에 따라 전국의 선교 지역이 양대 세력인 장로회와 감리회 중

---

7   노영택, "일제 시기의 문맹율 추이,"『國史館論叢』제51집(1994), 123-129쪽.

8   천주교마산교구 설정10주년기념 경축준비위원회,『교구 설정 10주년 기념』(천주교 마산교구, 1976), 15-16쪽; 천주교 문산교회,『文山聖堂 八十年史: 1905-1985』(1985), 66-80쪽.

심으로 분할되고 호주 장로교 선교회는 부산 경남 지역을 맡게 되었다.[9]

부산에서 처음 활동한 개신교 선교사는 캐나다 토론토대학 학생기독교 청년회(YMCA)에서 파송한 게일(James Scarth Gale, 奇一)이었다.[10] 그는 1889년 7월부터 부산에서 선교 활동을 하다가 1891년 봄에 미국 북장로교 본부 선교사로 이적하면서 원산지방으로 이주해 갔다. 또 토론토대학교 의과대학 기독청년회(YMCA)에서 파송한 의사 하디(Robert Hardie)가 1890년 9월부터 1892년 11월까지 부산에 머물다 갔고, 미국 북장로교 선교부에서 파송한 베어드(William M. Baird)가 1891년부터 활동하였다. 이렇게 미국 북장로교의 선교사들이 부산을 중심으로 활동하고 있을 즈음에 호주 장로교 선교사 죠셉 데이비스(Joseph Henry Davies)가 1889년에 누이 메리와 함께 서울에 왔다가 그 이듬해 부산까지 여행하였다. 그런데 그가 여행 중에 천연두와 폐렴에 걸려 부산 도착 다음날 세상을 떠나고 말았다. 그러자 그를 파송했던 호주 빅토리아 장로교회 청년연합회와 장로교 여선교회 연합회(Presbyterian Women's Missionary Union)가 데이비스를 기려 한국에 선교사를 파송하기로 결의하였다.[11] 그에 따라 1891년에 맥카이(James H. Mackay) 부부를 비롯한 다섯 명의 선교사가 부산에 오게 되었다. 그 이듬해(1892) 맥카이 목사 부인이 폐렴으로 세상을 떠나는 시련도 겪었지만, 호주 선교사들은 그 뒤에도 계속하여 부산에서 활동하였다. 그 결과 일정 기간 미 북장로교와 호주 장로교 선교회가 부산 지역에서 함께 활동하였다. 그러다가 1909년에 선교 지역 분할 협정이 맺어지면서 호주 장로교가 부산 경남 지역을 맡게 되었고, 1914년에는 미국 북장로교 선교회가 부산을 모두 떠나게 되었다.

한편, 진주의 기독교는 1902년 부산과 경남을 관할하는 호주 장로교 선

9　한국기독교사 연구소, 위의 글(1989), 208-218쪽; 백낙준, 위의 글, 208쪽.

10　이상규, "부산지방 기독교 전래사,"『한국 기독교와 역사』3호(1994ㄱ), 152-153쪽; 이상규, "釜山地方에서의 基督教 傳來와 敎育・醫療活動(1880-1910),"『港都釜山』11호(1994ㄴ), 169-221쪽.

11　이상규, 위의 글(1994ㄱ), 153-156쪽.

교회에 도착하여 활동하던 커렐 선교사가 1905년 진주로 이주하면서 시작되었다. 진료소를 개설하여 의료 선교를 펼치던 커렐은 1906년 4월에 예배당 건축을 위해 도시의 중심지인 대안면에 토지를 매입하여 이사하였다. 그리고 사립 안동학교를 세워 남자 교육을 시작하였으며, 8월에는 커렐 부인과 박성애의 부인이 중심이 되어 사립 정숙여학교를 세웠다. 남학교 학생수가 21명이고, 여학교는 15명을 모집한 것으로 보아 이 학교들은 처음부터 주민들의 호응을 얻었다고 짐작된다. 그리고 강주식, 서윤보 같은 지역 사회의 활동가들이 교회에 다니기 시작하는 등 주민들 가운데 개종자가 생겨났다. 1907년에는 목사 커렐, 조사 박성애, 영수(領袖, 제직의 우두머리에 해당) 김경숙, 집사 김성숙으로 직책을 정하여 교회의 틀을 갖추었다. 직책을 맡은 이들이 모두 진주 출신은 아니었지만[12] 지역 주민들에게 점점 기독교가 전파되었으며, 교회는 지역 사회 활동의 중심지로 자리 잡아 갔다. 1907년에 진료소 한켠에 책사(冊肆, 서점)를 개설하여 지역 주민들의 교제 장소로 삼았으며, 1908년 10월에는 교인들이 서로 돕는, 특히 어려운 교인들의 보호에 치중한 상조회 성격의 연제회가 창립되었다.[13]

　　이처럼 커렐의 선교 활동이 자리를 잡아 가면서 호주 선교회의 여러 선교사들이 진주에 왔다.[14] 1907년에 커렐의 권유로 진주에 온 스콜스(Nellier Scholes, 시넬리, 柴泥) 양은 특히 교육 사업에 헌신적이었다. 1908년에 커렐이 안식년을 맞아 호주로 돌아가면서 생긴 공백을 메우기 위하여 부산에서 켈

12　1878년 부산진에서 출생한 박성애(朴晟愛)는 한문을 사숙하였고, 1905년 엔젤(G. Engel, 王吉志) 목사에게 세례를 받고 커렐 목사의 조사로 진주에 온 뒤, 1915년 옥봉리교회 장로가 되었고, 1912년 평양신학교에 입학하여 1917년 졸업하고 1918년 목사 장립을 받은 뒤, 그 해 옥봉리교회 담임목사로 부임하여 시무하다가 1920년에 창원읍교회로 전임하였다(『연혁사』 65-66쪽). 또 김성숙은 전북 장수 출신으로 진위대 군인으로 진주에 머물다가 기독교를 믿게 되었고, 권서인(勸書人)으로 전도에 종사하였으며, 남학교 교사도 겸무하였다. 그리고 1920년에 신학교를 마친 뒤 목사 장립을 받았다.(『연혁사』 3, 9쪽)

13　『연혁사』 10, 12쪽.

14　호주선교회 소속 선교사들에 관하여 정병준, 위의 글 볼 것.

리(Mary Kelly, 뒤에 맥켄지(J.N. Mackenzie) 목사 부인이 됨) 양이 와서 스콜스를 도왔으며, 1909년에는 라이얼(D.M. Lyall, 羅大闢, 羅大闢) 목사가 와서 선교 활동에 참여하였다. 1910년 4월에 클러크(F.L. Clerke, 哥佛蘭西) 양이 병원의 간호부장으로 오면서 병원 업무는 한층 틀이 잡혔고, 1911년 11월에 맥라렌(C.I. McLaren, 馬羅連, 마찰수) 의사 부부가 도착하여 병원 진료와 업무 처리를 분담하였다. 1911년에 캠벨(A.M. Campbell, 甘敏義) 양이 와서 스콜스를 도와 여학교에서 가르쳤으며, 1913년에는 알렌(A.W. Allen, 安蘭讜) 목사, 커닝햄(F.W. Cunningham, 權任咸) 목사, 레잉(C.J. Laing, 梁要安) 양이 도착하여 선교 활동에 가담하였다. 캠벨은 1913년에 스콜스 후임으로 여학교 교장을 맡았고, 알렌은 커렐에 이어 광림학교 교장을 맡아서 1925년 창신학교 교장으로 옮겨갈 때까지 교육 활동에 힘썼다. 맥라렌 부인은 1916년에 3~6세 사이의 어린이를 대상으로 유치원을 시작하였는데, 그녀가 1917년에 안식년을 맞아 호주로 떠나게 되자 그 일을 캠벨이 계승하여 유치원 교육을 계속하였다.

이후에도 선교사들은 계속 교체되었다. 라이얼이 1914년에 마산으로 전출하여 창신학교의 기틀을 다졌고, 스콜스는 1919년에 건강이 악화되어 호주로 돌아갔다가 멜본에서 타계하였으며, 캠벨도 역시 건강이 악화되어 일을 그만 두고 1922년에 진주를 떠나 호주로 가서 1930년에 타계하였다. 병원 진료를 담당하던 맥라렌은 1917년 1차 세계대전에 참전하기 위하여 진주를 떠났으며, 그 대신에 클러크가 1918년에 진주에 도착한 데이비스(E.J. Davies, 代至安) 여의사와 함께 배돈병원을 운영하였다. 1921년 10월에 온 커어(E.A. Kerr, 巨怡得) 양은 여학교의 책임을 맡았다.

한편, 한국인의 개종자도 크게 늘어났으며, 교회 활동도 활발해졌다. 1909년 정월(음력)에 서부 경남 최초로 진주교회[15]에서 열린 도사경회(都査經

---

15 진주교회 당회록에 의하면, 처음에는 "진주면 옥봉리 예수교 장로회"로 하였다가 1933년 2월에 진주교회로 개명하였다고 한다(『진주교회사』 1985, 6쪽). 그러나 통상적으로 진주교회, 진주예배당, 옥봉리 교회 등으로 불렸기 때문에 이 글에서도 혼용하였다.

會)에는 인근 지역에서 많은 사람이 참석하여 성황을 이루었다.[16] 한편 교직
자들도 늘어나기 시작하였다. 조사 박성애는 1912년에, 박영숙은 1913년에
평양신학교에 입학하여 목회자 수련 과정에 들어갔으며[17] 1914년에는 경상
노회로부터 장로 2인을 피택할 허가를 얻어 박성애, 박영숙을 선임한 뒤
1915년 8월에 장립식을 가졌다. 1913년에 조직된 성경 연구 모임인 연경반
(研經班)에는 20명 정도 열심히 참석하였고, 1915년 2월부터 목요일 밤마다
구역 기도회를 갖기로 하였다. 1916년 11월에 전도회를 결성하였지만 남성
들이 잘 참여하지 않아 여전도회로 개칭하여 활동을 계속하였고, 1920년에
는 관할 지역을 10개 구역으로 나누어 20인의 권찰에게 분담케 하는 등 지
역 내의 선교 활동을 강화하였다.

　이렇게 개신교가 전래된 지 불과 10년 만에 진주교회는 한국인 중심의
교회로 발전하였다. 그 가운데 가장 상징적인 것은 한국인 당회장 선임이었
다. 1915년에 커렐이 사임한 뒤 알렌이 당회장을 맡으면서 신학교를 마친
박성애를 공동 목사로 선임한 것이다. 또, 알렌이 안식년을 맞아 호주로 돌
아간 사이 당회를 맡은 커닝햄과 함께 일할 임시 목사로 김이제 목사를 청
빙하였다. 그 뒤 1921년에 김이제를 담임목사로 정식 선임하면서 진주교회
는 명실 공히 한국인 담임 목사가 시무하는 교회가 되었다. 이후에도 교회
의 담임목사는 이약신(1929-1931 재직), 윤인구(1931-1935 재직), 김용구(1935-1938
재직) 등 한국인으로 이어졌다. 병원과 학교 업무는 호주 선교회가 계속 맡았
지만, 교회는 한국인 중심으로 움직였던 것이다.

　진주 지역의 선교 활동이 활발해지면서 농촌 지역의 교회 설립도 늘어
났다. 장로회 역사 기록에 의하면,[18] 1908년에 금산면 송백리(松栢里)교회,

16　『연혁사』 13쪽.

17　박성애는 1918년에 진주교회 목사로, 박영숙은 1920년에 통영 대화정교회 목사로 부임하
　　였다.

18　車載明, 『朝鮮예수敎 長老會史記』 상권(朝鮮예수敎 長老會 總會, 1928), 288-289, 294-295,
　　300-301쪽; 하권(한국교회사학회, 1968), 249-250쪽. 이 책을 기초로 경남 지역 교회에 관

일반성면 창촌(倉村)교회, 1909년에 지수면 승내동(勝內洞)교회, 이반성면 반성(班城)교회, 명석면 남성동(南星洞)교회, 1910년에 대평면 신풍리(新豊里)교회, 대평면 대평(大坪)교회, 금곡면 송곡(松谷)교회, 1919년에 진성면 천곡리(泉谷里)교회 등이 설립되었다.[19] 송백리교회와 천곡리교회처럼 호주 선교사들이 전도하여 설립된 경우도 있지만, 대개 지역의 개종자가 세운 자생적인 교회들이었다.

한편, 진주 도심지 안에도 별도의 예배소가 설립되었다. 최초의 별도 예배소는 백정들을 위한 것이었다. 커렐이 옥봉의 백정 마을에 전도하여 개종자가 생기자 예배소를 설치하고 예배 인도자를 파견하여 따로 예배 보도록 한 것이다.[20] 옥봉 마을은 진주교회에서 멀지 않았지만 신분 차별의 사회적 상황을 고려한 것이다. 백정들을 위한 옥봉 예배소와 달리, 1924년 남성동(南城洞) 예배소는 교인들이 점점 늘어나게 되면서 설치된 사례이다.[21] 1924년에 설립된 알렌 선교사는 도심지 중앙통 길의 북쪽 지역에 거주하는 교인은 옥봉리 교회에, 남쪽의 교인은 남성동 예배소에 참석하도록 권하였다.[22] 남성동 예배소는 훗날 진주면내의 두 번째 장로교회로 발전하여 오늘날의 진주성남교회와 성북교회의 뿌리가 되었다.

한편, 1920년대에 장로교 이외의 교파가 진주에 처음 전래되었다. 1923년에 안식교(제7일 안식일 예수재림교)가 들어왔고, 동양선교회 복음전도관(성결교회)에서는 임도오(林道五) 전도사가 1924년 3월에 교회를 세우고,[23] 그

한 사항을 정리한 조헌국 (편), 『부산, 경남 장로교회 조직사: 1889-1924』 (유인물)볼 것.

19 車載明, 위의 글(1928)에는 행정 구역이 표기되지 않았으나 현 상황에 맞추어 표기하였으므로 설립 당시의 면 명칭은 다소 차이가 있을 수 있다. 20세기 초 진주 지역 행정 구역 변천은 晋州市史編纂委員會, 위의 글, 중권(1995), 258-266쪽 볼 것.

20 『연혁사』 15-19쪽.

21 『시대일보』 1924년 6월 26일.

22 『연혁사』 47-48쪽.

23 "진주중앙성결교회 연혁"(1955), 필사본; 『활천』 제2권 5호(동양선교회 복음전도관 기관지, 1924. 4), 290쪽.

해 6월에 비봉동 운동장에서 전도강연회를 열기도 하였다.[24] 이렇게 안식교와 성결교가 전래되었지만, 진주 지역의 개신교 선교는 여전히 장로교가 주도하였다. 1920년대 후반의 두드러진 활동으로는 소외받던 어린이를 위한 1927년의 기독소년회 창립,[25] 1910년대 말에 조직되었다가 활성화되지 않았던 남전도회를 다시 부활시킨 1929년의 노동전도회 조직 등이 있었다.[26]

지금까지 논의한 개신교 선교 활동을 연표로 정리하면 다음 〈표 7〉과 같다.

〈표 7〉 진주 개신교 선교 관련 주요 내용 연표(1905-1930)

연 도	옥봉리 예배당 관련 주요 내용	다른 교회 관련 주요 내용
1905	옥봉리 예배당 개소 진료소 개설	
1906	사립 안동학교 개설	
1907	사립 정숙여학교 개설	
1907	책사(서점) 개설	
1908	연제회(상조회) 창립	금산면 송백리교회 설립, 일반성면 창촌교회 설립
1909	사립 광림학교로 명칭 변경, 사경회 개최	지수면 승내동교회 설립, 이반성면 반성교회 설립, 명석면 남성동교회 설립
1910		대평면 신풍리교회 설립, 대평면 대평교회 설립, 금곡면 송곡교회 설립
1913	배돈병원 봉헌식 연경반(성경 연구모임) 조직	
1914	장로 장립(1915년 장립식)	
1916	진주기독유치원 개설 주일학교 시작 전도회 구성(여전도회로 전환)	
1916		
1918	한국인 박성애 목사 청빙	

<hr>

24 『시대일보』 1924년 6월 15일.

25 『연혁사』 53-54쪽.

26 『연혁사』 62쪽.

(계속)

연 도	옥봉리 예배당 관련 주요 내용	다른 교회 관련 주요 내용
1919		진성면 천곡리교회 설립
1920	기독청년회 창립, 김이제 목사 청빙, 권찰회 조직	
1921	길선주목사 초빙 부흥회 개최 유년 주일학교 개설	
1922	여자기독청년회 창립	
1923		안식일 재림교회 설립
1924	남성동 예배소 개소 기독청년면려회 조직	동양선교회 복음전도관 설립
1925	시원여학교 개교 여름철 아동 성경학교	
1926	찬양대 조직	
1927	기독소년회 창립 경남주일학교 개최	
1929	노동전도회(남전도회) 창립 광림학교 폐교	

3. 개신교 선교 활동의 성격

지금까지 살펴본 바와 같이, 20세기 초 진주 지역의 개신교는 빠른 속도로 확산되며 많은 활동을 벌였다. 이 시기의 선교 활동은 크게 근대성, 민족주의, 복음주의 측면에서 지역 사회에 커다란 영향을 미쳤다. 그 각각을 살펴보면서 개신교의 전래가 진주 지역 사회에 미친 영향을 파악하고자 한다.

1) 근대성

　　개신교 선교활동이 진주 지역에 미친 가장 두드러진 영향 가운데 하나
는 근대 사회로의 이행에 기여한 것이었다. 구체적으로 교육 기회 확대, 근
대 의료 수혜 증대, 평등사상의 전파, 주민들의 사회 참여 등 여러 측면에서
볼 수 있다. 우선, 주민 교육의 기회 확대와 근대 교육의 확산은 초기부터
선교 활동의 핵심 내용이었다. 커렐이 진주로 이주한 1900년대 중반은 일제
가 강압적으로 을사조약을 맺으면서 조선 정부의 학부에 일본인 고문을 앉
혀 교육 체제와 내용을 간섭하는 등 교육 분야의 침략을 본격화하는 시기였
다. 이후 일제는 1908년의 '사립학교령'과 1911년의 '조선 교육령'을 통해 한
말에 전국 곳곳에서 생겨났던 많은 사립학교를 폐쇄시키면서 "충량한 국민
을 육성"(조선교육령 제2조)하고자 하는 식민지 교육 정책을 강화해 갔다. 그
결과 한국인의 교육 환경은 기회나 내용 면에서 더욱 열악해졌는데, 이것은
진주도 예외가 아니었다. 진주에는 관찰부 소학교, 공립실업학교, 사립학교
등이 몇 군데 있었지만, 수용 능력이 극히 한정되어서 절대 다수의 취학 연
령 어린이가 학교에 다닐 수 없었다.[27] 이런 상황에서 개신교의 안동학교
(1906년)와 정숙여학교(1907년) 설립은 교육 기회의 확대에 기여하였다. 이 학
교의 교과 과정에는 성경 공부와 예배가 들어있었지만, 수용 한도의 20%까
지 비기독교 학생을 받아들인다는 호주 장로교 선교부의 방침에 따라 주민
들의 관심이 컸다.[28] 또한 수업료를 받지 않았기 때문에 이 학교에는 진주뿐
만 아니라 인근 지역에서도 학생들이 왔다. 보기를 들어, 3·1운동을 주도
하여 재판에 회부되었던 광림학교 출신 가운데 김태성은 경북 영덕, 김영조

27　상황이 다소 개선된 1922년에도 경남의 취학 대상 어린이 249,688명 가운데 불과 1할인
　　26,399명이 정규 학교에 입학하는 실정이었다. "조선인 교육과 일본인 교육의 비교 (경남
　　특집)," 『開闢』 제4권 4호(1923. 4), 5쪽.

28　Kerr·Anderson, 위의 글, 47쪽.

는 고성군, 정몽석은 하동군, 최응림은 산청군 출신이었다.[29]

개신교 선교를 위한 학교의 설립 당시 교사진을 보면, 안동학교는 교장 커렐, 교감 김경숙, 학감 박성애, 교사 안확, 학무위원 서윤보, 이영숙, 강주식, 김성숙이었고, 정숙여학교는 교장 커렐 부인, 교사 박순복(박성애 부인)이 맡았다.[30] 한국인이 사립학교를 운영하는 것을 억제하는 일제의 방침에 따라 교장은 선교사가 맡았지만, 교사는 전국에서 충원된 한국인 기독교인들이 맡았으며, 기독교로 개종한 지역 유지들이 학무위원을 맡아 학교의 주요 사항을 결정하는 데 참여하도록 배려하였다. 1909년에 정부의 학교 설립 요건에 맞추기 위하여 이 두 학교를 광림학교로 통합하면서 박성애를 임시 교장으로 신청하였으나 정부에서 서류를 받아주지 않아 라이얼 선교사로 바꿔 신고하여 인가받는 등 학교 운영은 끊임없이 정부의 간섭을 받았다.[31] 그후 교장직은 1910년에 호주에서 안식년을 마치고 돌아온 커렐이 다시 맡았다가 알렌(안란애), 커닝햄(권임함)으로 이어졌다.

사립 광림학교로 개명한 뒤 정부로부터 '각종학교'의 인가를 받은 이 학교는 1912년과 1915년의 재학생 수가 40명이었고 1915년에는 심상과(초등) 4년과 고등과(중등) 2년으로 분리하는 등[32] 점차 발전하였다. 1924년에는 늘어나는 학생들을 수용하기 위해서 호주 선교회와 지역 유지들의 협찬을 받아[33] 새 건물을 지었으며,[34] 1920년대 중반에는 심상과를 6년으로 늘려 보

---

29 3·1운동의 과정과 참가자 배경에 대하여 제2부 제1장 볼 것.

30 『연혁사』 5-8쪽.

31 『연혁사』 15쪽.

32 朝鮮總督府內務部學務局, 『朝鮮人敎育 私立學校 統計要覽』(1912), 81, 87쪽; (1915), 116, 124-125쪽.

33 교사 신축비 모금에는 기독교인뿐만 아니라 지역 유지들도 참여하였다. 낙성식 축하금 제출자 명단에는 정상진(100원, 대농 지주), 김주학(50원, 기독교인), 서윤보(50원, 기독교인), 백남훈(30원, 일신고보 교장) 등을 비롯한 많은 주민들이 있었다.(『조선일보』 1925년 5월 8일)

34 『동아일보』 1924년 8월 13일, 1925년 5월 5일; 『조선일보』 1925년 1월 14일, 5월 8일.

통학교 승격운동을 벌이기도 하였다.[35] 그러나 일제가 선교 학교를 '각종학교'로 분류하여 보통학교와 차별하는 정책을 시행하는 상황에서 광림학교의 발전은 쉽지 않았다. 각종 학교의 졸업생들은 중학교 진학을 위해서 다시 시험을 치러야 하는 학력 인정 제한으로 말미암아 광림학교의 재학생 수는 늘어났어도 졸업생 수는 많지 않았다.[36]

무엇보다도 광림학교의 제일 큰 어려움은 재정 문제였다. 미국이나 캐나다의 장로교나 감리교에 비하여 재정 상황이 열악하였던 호주 장로교 해외 선교부는 학교 운영에 어려움을 많이 겪었다. 기본적으로 호주 선교부는 서부 경남을 관장하는 진주에 남녀 학교를 세우지만 한국 교회가 운영 능력을 갖게 되면 남학교의 운영권을 넘긴다는 방침이었다.[37] 그러므로 1915년에 교사 부지를 제공하였던 선교회가 1925년에 교사를 새로 지을 때 예산 12,000원 가운데 8,000원밖에 지원해 주지 못하였으며, 그것도 5년 안에 현지 교회가 학교 재정을 맡는 조건이 달려 있었다. 게다가 1914년 미 북장로교가 부산 지역에서 철수하고 1915년 일제가 새 교육령을 제정하여 교육과 종교의 분리와 학교 등록을 요구하는 등 교육 선교에 대한 통제를 강화하는 상황에서 호주 선교회는 교육 선교 활동을 조정할 수밖에 없었다. 그리하여 진주 광림학교의 지원은 줄이고, 학교를 세우려던 통영, 거창 지역에는 여성 강습소, 야학, 유아원 교육으로 대체하였다. 그 대신에 부산의 일신여학

---

35 『조선일보』 1926년 3월 5일.

36 공식 통계가 발견되지 않아 정확한 것은 알 수 없지만, 당시 신문 보도에 의하면 재학생 수에 비해 졸업생이 적었다. 1925년 남녀학교 분리 이전의 재학생이 300명 수준이었고(『조선일보』 1925년 1월 17일), 분리 후인 1927년에 광림학교 재학생이 130여 명(『조선일보』 1927년 11월 4일)이었지만 졸업생 수는 1925년 분리 독립할 때까지 여학교 졸업생 누계가 4년제 심상과 12회 65명, 고등과 8회 21명이었고(『조선일보』 1925년 1월 17일), 1923년에 고등과 3명, 초등과 13명(『조선일보』 1923년 3월 28일), 1928년에 16명(『동아일보』 1928년 3월 25일)이었다. 이러한 신문 보도는 단편적이고, 또 일관성도 결여되어 있지만, 많은 입학생이 졸업하지 않았다는 것을 보여주고 있다.

37 Kerr · Anderson, 위의 글, 45쪽.

교와 마산의 창신학교를 중학교 과정으로 육성하기로 하였다.[38]

광림학교 측에서는 지원이 절실하였지만, 진주교회는 학교를 떠맡아 운영할 역량을 갖고 있지 못하였다. 게다가 광림학교는 '각종학교'로 분류되어 상급 학교 진학 시험을 쳐야했기 때문에 주민들의 호응도 낮았다. 그리고 3·1운동 이후 지역 주민들의 노력에 힘입어 여러 곳에 보통학교와 강습소가 생겨나고 진주고보, 일신여고보, 진주사범학교 같은 고등교육 기관이 설립되는 등 교육 여건이 점차 개선되어 가는 상황에서 광림학교에 대한 주민들의 관심은 점점 줄어들었다. 결국 진주 지역의 유일한 기독교계 남학교였던 광림학교는 1929년에 문을 닫게 되었다.[39]

반면에, 여자 교육을 담당한 시원여학교는 호주 선교부의 방침에 따라 계속 유지되었다.[40] 이것은 네비우스 선교 방법의 영향을 받아 여성을 우선적으로 선교 대상을 삼는다는 1893년의 장로교 선교 방침에 따른 것이었다.[41] 또 호주 선교회도 선교 지역마다 여학교를 세워 조선시대에 차별받던 여성들을 돌봐야한다는 기본적인 정책을 갖고 있었다. 그렇기 때문에 진주에 선교 거점을 마련하자마자 진주 지역 최초의 여성 교육 기관인 정숙여학교를 세웠으며, 학교 인가를 받기 위해 광림학교로 병합하면서도 여자부를 독자적으로 운영하였고,[42] 그 뒤 여건이 개선되자 1925년에 시원(柴園)여학교로 독립 운영하였던 것이다.

여학교의 운영은 남녀가 내외하는 조선 사회의 관습을 감안하여 주로 여자 선교사들이 맡았다. 특히, 1907년에 진주에 왔다가 1919년 건강이 악화되어 호주로 귀국한 뒤 세상을 떠난 스콜스(시넬리),[43] 1914년부터 1922년

---

38 위의 글, 49쪽.

39 위의 글, 104쪽.

40 위의 글, 48쪽.

41 민경배, 위의 글(1987), 19-20쪽.

42 『연혁사』 15쪽.

43 시원(柴園, 시교장의 뜰)여학교는 스콜스의 업적을 기리어 명명된 것이었다.

4월까지 교장을 맡다가 건강이 악화되어 1922년 귀국한 뒤 1930년에 세상을 떠난 캠벨(甘敏義), 그 후 4년간 교장을 맡은 커어(EA Kerr, 巨怡得), 그 후 1934년까지 교장을 역임한 클러크(哥佛蘭西) 등이 헌신적으로 일했다. 1934년 일제의 신사참배 강요 문제로 학교가 곤경에 처하자 클러크가 사임하고, 그 대신 1921년부터 광림학교에서 가르쳐온 정석록(丁錫祿)[44]이 최초의 한국인 교장으로 취임하였다. 그러나 시원여학교도 결국 신사참배를 거부한다는 이유로 1939년 7월 31일에 폐교 처분을 받아 문을 닫게 되었다.[45]

개신교의 선교 활동은 학교 교육만이 아니라 비정규 교육 기관을 통해서도 근대 교육 확산에 기여하였다. 특히, 유치원, 주일학교, 여름성경학교 등을 통해 조선의 유교 전통에서 업신여김을 당하던 어린이를 위한 교육 활동을 펼쳤다. 1916년 맥라렌 부인(Jessie McLaren)이 매일 오전 2시간씩 취학 전 어린이를 모아 가르치기 시작한 것이 진주기독유치원의 효시가 되었다.[46] 이것은 1926년에 정식 인가를 받아 1940년 일제의 유치원 폐교령으로 문을 닫을 때까지 명실공히 지역 사회의 주요 보육기관으로 기여하였고,[47] 진주군 반성을 비롯한 많은 지역의 선교 활동에 본보기가 되었다.[48] 또 1916년에 처음 개설된 주일학교는 1921년에 70여 지역 200여 명이 참석한 가운데 경남주일학교 강습회가 열릴 정도로 발전하였다.[49] 그리고 1925년부터 여름방학을 이용하여 개최된 여름성경학교는 어린이들에게 기독교를 알리고 학업을 증진시키는 기회가 되었다.[50] 여성 기독교 신자들의 지원 아

---

44 정석록(1895-1939)은 평남 강동 태생 기독교인으로서, 숭실학교를 마친 뒤 1921년에 광림학교 남자부 교사로, 1922년부터는 여자부 교사로 재임하였다. 신사참배 강요로 시련을 겪는 와중에 교장을 맡았던 그는 시원여학교가 강제 폐교 조치를 당한 뒤 몇 개월 만에 세상을 떠났다.

45 Kerr · Anderson, 위의 글, 51, 105쪽.

46 『연혁사』 64-65쪽.

47 Kerr · Anderson, 위의 글, 69쪽.

48 『조선일보』 1928년 11월 2일.

49 『연혁사』 29쪽.

래 운영되거나,[51] 기독청년회, 배돈병원 전도회 등 교회 관련 기관들의 협찬
과 성원 아래 진행된[52] 주일학교와 교사 강습회, 여름 성경학교는 1933년
일제의 방해로 중단될 때까지 정기적으로 열리면서 주민들에게 기독교 사
상과 근대 교육을 확산시키는 데 기여하였다.

이밖에도 어린이 권리 증진과 기독교 교육을 위한 선교 활동이 여러 형
태로 이루어졌다. 예를 들어, 1927년에 기독소년회를 결성하였으며,[53] 실현
여부는 불분명하지만, 어린이 잡지의 발간을 계획하였다.[54] 또 교회, 선교사
저택 등 선교 활동의 시설물을 언제나 어린이들에게 개방하였다. 거창, 통
영 등지에 아동 복리 부서를 설치하여 배돈병원과 유기적으로 연계된 어린
이 치료 및 양육 체계를 갖추는 등[55] 전통 사회에서 소외받던 어린이를 위하
여 특별한 관심을 갖고 활동하였다.

개신교 선교가 지역 사회의 근대화에 기여한 또 하나의 주요 분야는 의
료 분야였다. 서구식 의료 기관이 없는 상황에서 개설된 커렐의 진료소는
지역 주민들에게 치료 기회를 넓혀주었을 뿐만 아니라 질병에 대한 합리적
인식, 예방법의 대처, 위생 관념의 증대 등 근대식 질병 치료 개념을 심어 주
면서 지역 사회의 의료 근대화에 크게 기여하였다. 진료 과목을 세부화하지
않은 채 거의 모든 환자를 진료하던 의료 선교 활동은 주민들로부터 열렬한
호응을 받았다. 1910년 공립 서구식 의료기관인 진주자혜의원이 개설된 뒤
에도[56] 의료 선교는, 특히 빈민 무료 진료 활동은 선교 활동의 성과를 드높
이는 데 크게 기여하였다.[57]

---

50 『연혁사』 48쪽.

51 『조선일보』 1923년 2월 9일.

52 『연혁사』 51-53쪽; Kerr · Anderson, 위의 글, 70-72쪽;『조선일보』 1923년 1월 27일.

53 『연혁사』 53-54쪽.

54 『조선일보』 1928년 1월 23일.

55 Kerr · Anderson, 위의 글, 85-87쪽.

56 晋州市史編纂委員會, 위의 글, 하권(1995), 336쪽.

선교 활동이 주민들의 호응을 얻는 데 기여한 진주의 의료선교활동은 전적으로 호주 장로교 해외 선교부의 지원으로 이루어졌다. 호주의 선교부에서는 병원 신축 및 운영, 의료진 파견 등 의료 활동의 핵심 사항을 지원하였다. 환자가 늘어나면서 진료 공간이 절대 부족하자 1907년부터 병원 확장을 추진하던 커렐의 계획은 선교회 본부의 승인과 호주 장로교 여선교회 연합회 및 해외 선교부(Foreign Missions Committee)의 지원으로 실현될 수 있었다.[58] 안식년을 이용하여 호주로 돌아간 커렐은 의료 사업이 단순한 질병 치료가 아니라 질병으로 고통 받는 사람들을 도와줌으로써 개신교 복음을 전하는 수단이라고 설득하였으며, 호주 선교회에서도 경제적 이유로 제대로 치료 받지 못하는 사람들을 돕는 의료 사업이 선교 활동 차원에서 이루어져야 한다고 인식하였던 것이다.[59] 이러한 의료 선교는 교육 선교와 함께 1880년대 후반 한국에 들어온 개신교의 선교 전략을 계승하는 것이었다.[60]

커렐의 모금 활동을 통해 결실을 맺게 된 서구식 의료시설인 배돈병원[61]은 1912년 초 신축 중에 불이 나서 예정보다 다소 늦게 1913년 하반기에 완공되었다. 이 병원의 의료진은 의사인 데이비스, 맥라렌, 엔젤, 그리고 클러크 간호부장 등 호주에서 파견된 의료 선교사들로 구성되었고, 운영비는 호주의 여선교회 연합회, 해외선교부 등의 지원으로 충당되었다.[62] 병원이 확장되면서 진료 받는 주민 수도 크게 늘어났다. 데이비스 선교사의 1939년 보고서에 의하면,[63] 외래 환자 수가 1929년 9,802명에서 1937년에

57　『시대일보』1924년 5월 23일;『조선일보』1928년 2월 12일.

58　Kerr · Anderson, 위의 글, 75쪽.

59　위의 글, 76쪽.

60　박영신, "초기 개신교 선교사의 선교 운동 전략,"『東方學志』제46-48권(연세대학교 국학연구원, 1985), 529-553쪽.

61　배돈병원(Paton Memorial Hospital)은 1906년 6월에 825파운드를 기증하여 병원 설립의 기초를 닦아준 페이튼(Margaret Whitecross Paton) 부인을 기념하여 명명되었다. 그녀는 뉴 헤이브리즈 선교사 페이튼의 부인으로 이민족에 대한 선교 활동에 애정이 컸다.

62　Kerr · Anderson, 위의 글, 76쪽.

20,700명으로 늘어났으며, 입원 환자도 298명에서 865명으로 늘어났다. 병원은 영리 목적으로 운영되지는 않았지만 수입도 6,757엔에서 23,943엔으로 늘어났으며, 진료 과목이 세분화되고, 한국인 의사의 진료 분담이 확대되는 등 괄목할 만하게 발전하며 지역 사회의 의료 근대화에 크게 기여하였다.[64]

셋째, 개신교 선교가 진주 지역의 근대 사회로의 이행에 기여한 또 하나의 영역은 일상생활의 관행 변화였다. 근대 사회로의 이행을 사회 구성원의 평등한 권리와 대우를 강조하고 주민의 참여 민주주의 실현과 자율적 의사 결정을 확대하는 것이라고 볼 때,[65] 전통적 신분 질서를 타파하고 사회 문제를 해결하려는 활동에 주민들의 자율적인 참여가 늘어난 것은 분명히 괄목할 만한 모습이다. 신분 질서에 대한 도전을 보여주는 대표적인 보기가 백정 집단의 기독교 개종과 그것에서 비롯된 신분 갈등 사건이었다. 앞서 본 바와 같이 진주 외곽에서 집단 거주하던 백정들 가운데 선교사 커렐의 전도로 기독교로 개종한 사람들은 옥봉에 설치된 예배소에서 예배를 드렸다. 조선의 최하층 천민에 대한 사회적 차별 탓으로 일반인 신도들과 함께 예배를 볼 수 없었기 때문이다. 그러다가 안식년을 떠난 커렐 대신 진주교회를 맡은 라이얼 선교사가 '하나님 압헤는 존비귀천지별이 업스니' 가까운 두 곳의 예배소를 합쳐 함께 예배 보도록 조치하였다.[66] 라이얼의 조치에 따라 1909년 5월 둘째 주일에 15인의 남녀 백정이 예배당에 들어오자, '우리나라 레절과 풍속을 본다 홀지라도 흡할 시기는 아직 일으다'며 백정과의 동석 예배를 거부하는 신도들은 예배당을 떠났다. 이에 라이얼은 '사름을 깃브게

---

63   위의 글, 79쪽 재인용.

64   위의 글, 102쪽.

65   Peter Wagner, *A Sociology of Modernity: Liberty and Discipline* (New York: Routledge, 1994).

66   『연혁사』 15-19쪽.

하는 것보다 하느님을 깃브게 함이 올치 아니하냐'며 백정들과의 합석 예배를 강행하였다. 30여 명의 교인들이 라이얼 목사를 지지하였으나 약 200여 명은 계속 합석 예배를 거부하는 등 신도들 사이의 파란이 7주간이나 지속되었다. 이와 비슷한 일이 1890년대 서울 승동교회에서도 있었다.[67] 그러나 승동교회는 계속 함께 예배 보는 것으로 해결되어 많은 백정 지도자들이 신실한 기독교 신자로 개종하였었다. 그런데 진주에서는 백정 차별의 사회적 관습을 극복하지 못하였고 갈등을 빚었던 것이다. 그러다가 선교사들의 중재로 교회를 이탈하였던 신도들이 교회로 되돌아 왔고, 그리고 백정에 대한 편견을 버리게 되었다. 그리하여 백정들과 예배를 함께 봄으로써 갈등을 극복하게 되었다.[68] 이 사건은 기독교 전래를 통해 백정들이 모든 사람이 똑같이 존귀한 존재라는 평등사상을 접하게 되었다는 것을 보여주고 있다. 비록 형평사의 창립과 확산 과정에서 개신교가 조직적으로 참여하거나 지원한 증거는 없지만, 개신교의 평등사상은 신분에 대한 편견을 없애는 데 기여하였고, 그것은 10여 년 뒤 백정 신분 해방을 위한 형평운동의 발전으로 이어졌다.[69]

개신교가 전래되면서 주민들의 일상생활에 변화를 가져온 또 하나의 사례는 지역 사회의 현안 문제에 대한 주민들의 참여 독려였다. 대표적인 사례가 남녀 기독청년회의 활동이었다. 기독교인들이 3·1운동에 적극 참여한 경험이 있었으며, 기독청년회를 통해서 활동이 조직적으로 이루어졌다. 1920년 7월에 회원 37명으로 창립된 기독청년회[70]는 지역 사회 젊은이들의 중추적인 조직으로서 지역사회운동의 발전에 기여하였으며, 여러 가

---

67 임순만, "기독교 전파가 백정 공동체에 미친 영향," 형평운동 70주년 기념사업회 엮음, 『형평운동의 재인식』(솔출판사, 1993), 65-102쪽.

68 Nellier Scholes, "Good out of Evil," *The Chronicle: Our Missionary Mailbag* (1909. 9. 1).

69 진주 지역의 형평운동 형성 과정에 관하여는 제3부 제2장 볼 것.

70 『연혁사』 40쪽.

지 지역 주민들을 위한 활동을 전개하였다. 1921년 여름 방학을 이용하여 곤양, 하동, 남해, 삼천포, 사천, 반성, 지수, 의령, 신반, 삼가, 산청 등 진주 인근 지역을 순회하며 음악 연주와 전도 강연을 하였으며,[71] 가을에는 주민들을 위한 운동회와 음악회를 개최하였다.[72] 또, 1922년에는 수해 의연금 모금을 위한 예술단의 순회 활동과 음악회를 개최하였으며,[73] 다른 종교 단체의 청년회, 노동공제회 등과 함께 각 단체 연합회를 결성하는 등[74] 연대 활동에도 적극적이었다. 특히, 진주 지역의 3·1운동을 주도한 심두섭, 한규상을 비롯한 홍수원, 변세희, 김인숙, 정성록 등 기독청년회 활동가들이 연대 활동에 크게 기여하였다.

또한 기독교 여성단체는 여성의 사회 참여에 크게 기여하였다. 처음에 기독청년회 안에서 남녀 회원이 함께 활동하였지만, 1921년 진주여자기독청년회로 분리 독립하여 여성들을 위한 다양한 활동을 더욱 적극적으로 펼쳤다. 여자 야학의 설립 운영에 관한 언론 보도나,[75] 여자 자작회 조직, 강연회 개최, 학기말 이용 순회 강연대 조직, 잡지 강독 모임 결성 등 임시총회의 결의 사항에서 보듯이[76], 지역 여성들의 사회 참여 확대와 지위 향상을 도모하였다. 서성실, 박덕실, 성석순, 이봉순 같은 핵심 회원들은 기독여성운동을 주도하며 여성의 사회 참여 활동을 확대하였다. 그리고 성석순 등 일부 회원은 1920년대 후반 대표적 여성운동단체인 근우회 진주지부의 결성을 주도하기도 하였다.

이밖에도 개신교의 여러 기관은 다양한 활동을 통하여 지역 사회와의

---

71 『동아일보』 1921년 8월 1일.

72 『동아일보』 1921년 10월 16일; 11월 13일.

73 『매일신보』 1922년 11월 9일; 『연혁사』 40-41; 『조선일보』 1925년 8월 16일; 『동아일보』 1925년 8월 18일.

74 『조선일보』 1923년 1월 19일.

75 『조선일보』 1922년 12월 11일.

76 『조선일보』 1923년 2월 4일; 『동아일보』 1923년 2월 8일.

협력을 도모하였다. 남녀 기독청년회는 "완전한 문명을 하려면 종교냐 교육이냐?"[77]와 같은 종교와 사회 발전의 주제를 다루는 토론회 개최 등을 통하여 시민 교육을 도모하였으며, 연제회(상조회)를 결성하여 생활이 어려운 이웃을 돕는 활동을 펼쳤으며,[78] 1911년에는 진주의 화재 이재민을 위해서 구제 연보를 하여 전달하였고,[79] 1922년에는 황해도 재령의 수해 이재민들을 위한 연보를 통해 의복과 구제의연금을 모아 보내기도 하였다.[80]

지금까지 살펴본 바와 같이 개신교의 전래는 여러 가지 점에서 진주 지역이 근대 사회로 이행하는 데 영향을 미쳤다. 특히, 전통 사회에서 억압받던 사회적 약자들, 예를 들어 신분제에서 억압받던 백정, 교육받지 못한 사람, 삼강오륜의 사회 질서에서 업신여김을 당하던 여성이나 어린이, 질병으로 고통 받는 사람들을 선교 대상으로 삼아 사회적 관심을 불러일으키는 데 애썼다. 또한 학교, 병원, 교회, 유치원, 기독청년회, 기독소년회 같은 다양한 조직과 기구의 활동을 통하여 문맹 퇴치, 근대 교육 확산, 의료 시설 확충 및 기회 확대, 신분을 초월한 전도 대상 확대, 주민의 지역 문제 참여 증대 등을 도모하였다. 또 기독교는 서구 문물을 전달하는 통로가 되어 지역 사회의 근대 발전에 기여하였다.

2) 민족주의

진주에 개신교가 전래된 20세기 초, 외세 침략과 일제 식민 지배로의 전락을 겪고 있는 상황에서 개신교 선교 활동은 민족주의와 깊이 관련될 수밖에 없었다. 한국 사회 전체에서 볼 때, 친일 성향을 보이는 일부 선교사나

---

77 『조선일보』1923년 1월 25일.

78 『연혁사』12쪽.

79 『연혁사』21쪽.

80 『연혁사』40-41쪽.

지도자도 있었지만, 많은 개신교 지도자들이나 교인들은 민족주의 성향이 강하였다.[81] 식민지로 전락한 민족 상황을 통감하며 나라를 부강하게 만드는 것이 급선무라는 민족주의적 정서가 널리 퍼져있는 가운데, 선진국인 서구 선교사를 통해 들어온 개신교는 나라를 부강하게 해주는 신문화라는 인식이 주민들 사이에 자연스럽게 생겨났다. "장년, 노년들이 예수교에 입교를 하는 것도 신앙보다도 신문화를 흡수하려는 움직임이었다"는 한규상의 증언대로,[82] 초기 개종자들의 교회 출석 동기에는 민족주의적 정서가 저변에 깔려있었다. 곧, 외세 종교라고 적대감을 갖기보다는 오히려 신문화를 배우는 기회로 생각하며 교회에 참석하였던 것이다.

민족주의 분위기는 교회뿐만 아니라 학교, 청년회 등 선교 조직이나 활동 내용에도 확산되어 있었다. 안동학교에서는 1906년 개화파 인사인 안확(安廓)을 교사로 초빙하여 학생들에게 민족주의 열기를 심어주었고, 진주에 주둔하고 있던 구한말 군인 김조식을 초빙하여 군사 훈련을 시키기도 하였으며, 1908년 안확 후임으로 온 조윤섭은 실력 양성을 강조하며 면학 분위기를 조성하였다.[83] 이러한 활동 모두 "기울어진 국운을 붙들어 보겠다는 안타까운 애국 정열의 발로"[84]에서 이루어졌다.

개신교 선교 활동의 민족주의 분위기는 3·1운동에서도 볼 수 있다. 3·1운동을 주도한 중앙의 개신교 조직과 연결되어 있지 않은 탓으로[85] 진

---

81   노치준, 『일제하 한국 기독교 민족운동 연구』(한국기독교역사연구소, 1993).

82   한규상, 『나의 민족, 나의 조국』(보이스사, 1980), 123쪽. 한규상(韓圭相, 1898-1971)은 진주 출생으로 사립 광림학교를 다녔고, 1919년 3·1운동에 참여하여 징역 1년을 선고받고 복역하였다. 그는 출옥한 뒤 1920년에 진주교회의 초대 장로며 훗날 목사가 된 박영숙의 딸 박덕실(朴德實)과 교회에서 서양식 결혼식을 올렸다. 그들 부부는 진주기독청년회 등 여러 사회 활동에 적극 참여하였다.

83   한규상, 위의 글, 31-33쪽.

84   위의 글, 32쪽.

85   金良善, "三一運動과 基督敎界," 東亞日報社 엮음, 『3·1運動 50周年 紀念論集』(동아일보사, 1969), 254-255쪽.

주 지역의 시위는 다른 지역보다 늦게, 3월 18일에 처음 일어났는데, 그 주
동자들은 김재화, 강달영, 박진환 같은 지역의 젊은 활동가들과 심두섭, 한
규상 등 기독교도들이었다. 또 선교 학교인 광림학교 졸업생들이 시위대에
앞장 서는 등 개신교인들은 3 · 1운동의 확산에 크게 기여하였다. 이런 탓으
로 3 · 1운동으로 체포된 사람들 가운데에는 광림학교 졸업생을 비롯한 기
독교인이 많았다.

　　제2부 제1장에서 본 바와 같이 3 · 1운동 이후 민족주의 분위기는 진주
지역에 널리 확산되었는데, 그 영향은 개신교에서도 볼 수 있었다. 1920년
11월에 진주 야소교부인회가 불온한 행동을 하였다는 이유로 경찰에 의해
강제로 해산당하였다거나,[86] 12월에 기독교 전도부가 불온 선전을 하였다
는 이유로 조사받았다거나,[87] 또 1921년에 '경남전도대'를 결성한 혐의로 진
주교회 교인들이 구금당하였다거나 하는 사례들이 그 증거였다. 특히, '경남
전도대' 사건은 진주교회 목사 박성애를 비롯한 열성적인 성도들이 평양국
민회와 연락하여 조선의 국권 회복을 목적으로 경남전도회를 결성하고 조
선 독립자금을 모집하였다는 혐의로 기소된 사건이었다. 1921년 4월 13일
진주지청에서 열린 이 사건의 공판은 교회 지도자들까지 민족주의 성향이
강하였다는 것을 잘 보여주고 있다.[88] 공판정에서 박성애는 통영, 남해, 거
창 등지에서 회원 10여 명을 모아 경남전도회를 조직한 사실은 시인하면서
도, 독립운동을 한 혐의는 부인하였고, 평의원, 회계 사무를 담당하던 정성
도도 1920년 6월 김정수, 강성화, 홍수원과 함께 경남전도대를 조직하였다
는 사실을 인정하면서도, 독립운동을 한 혐의는 부인하였다. 경남전도회 취
지서를 작성한 김정수나, 그것을 인쇄한 홍수원도 마찬가지였다. 거창의 고
운서 역시 경남전도대 진주본부와 거창지부의 결성 혐의를 부인하였다. 하

86　『매일신보』 1920년 11월 16일.

87　『조선일보』 1920년 12월 10일.

88　『동아일보』 1921년 4월 16일.

지만 실제로 독립운동을 벌이지는 않았다고 하더라도 교회 전반에 민족주의가 퍼져있다는 것을 알 수 있다.

그 뒤 일제는 1921년 4월 18일에 열린 공판[89]에서 정성도, 김정수, 강성화, 홍수원에 대하여는 증거 부족으로 구형을 유보하였지만, 박성애와 고운서에게는 불온사상을 갖고 있다며 각각 징역 2년을 구형하였다. 박성애는 다시 혐의 사실을 부정하는 자료를 제시하였고, 고운서도 오영선(거창교회 조사)과 국민회를 조직하였다는 혐의를 부인하였다. 그러면서 고운서는 "독립은 한국 민족의 행복뿐만 아니라 세계 평화의 원인이라고 생각하므로 범죄로 인정할 수 없다"는 취지로 진술한 것으로 보아 그들의 활동에 민족주의 정서가 깔려 있었다고 짐작된다. 결국 4월 20일의 공판에서 박성애, 정성도, 김정수, 강성화, 홍수원은 증거 불충분으로 무죄 선고를 받았지만, 고운서는 오영선, 주남규(전 거창교회 조사, 평양신학교 학생)와 공모하여 거창전도대를 조직하고 평양국민회와 연락하여 독립자금을 모금하고 국권 회복을 도모하였다는 죄목으로 징역 1년을 선고받았다.[90]

이와 같이 개신교 활동에 널리 퍼진 민족주의 분위기 탓으로 개신교인들이나 개신교 활동은 경찰의 밀착 감시를 받았다. 특히, 3 · 1운동 참여자들이 주축이고, 동경 기독청년회(YMCA) 총무로 2 · 8 독립선언을 배후에서 주도한 일신고보 교장 백남훈이 고문으로 있던[91] 기독청년회에 대한 경찰의 감시가 특히 심했다. 지역 사회 단체들과 긴밀히 협력하고 있었기 때문에 기독 청년회 회원들은 종종 불온사상의 혐의를 받아 경찰에 잡혀가기도 하였던 것이다.[92]

지금까지 살펴 본 바와 같이 진주 지역의 개신교 활동은 민족주의 확산

---

89 『동아일보』 1921년 4월 22일.
90 『동아일보』 1921년 4월 23일.
91 『동아일보』 1923년 10월 27일; 『조선일보』 1925년 2월 17일.
92 『조선일보』 1921년 11월 20일.

에 기여하였는데, 그 양상에는 몇 가지 특징이 있었다. 우선, 민족주의 활동은 한국인 교인들, 특히 평신도들이 주축이었다. 앞서 논의한 근대 사회로의 이행 활동은 선교사들이 중심이었지만, 민족주의 분위기는 기독청년회, 광림학교 같은 교회 안팎의 유관 단체 활동에서 두드러지게 나타났다. 이러한 민족주의 성향은 개신교의 종교적 성격보다 식민지 지배 상황에서 비롯되었다고 생각된다. 뒤에서 논의할 신사참배 문제에서 보듯이 호주 선교사들이 일제에 호감을 갖고 있지 않은 것은 분명하지만, 3·1운동을 지원한 평양 등 일부 지역의 선교사들처럼[93] 적극적으로 교회 내의 민족 운동을 지원한 증거는 찾을 수 없다. 곧, 호주 선교사들은 한국민의 민족 문제보다 근대 사회로의 발전에 관하여 관심이 많았다고 짐작된다. 이와 같이 교역자와 평신도들 사이에 차이가 있기는 하지만, 전반적으로 개신교의 활동에는 민족주의 성향이 강하였으며, 특히, 3·1운동과 그 이후의 민족주의 확산에 기여하였다. 그러나 실력 양성과 같은 온건한 전략 아래 이루어졌을 뿐 겉으로 드러내놓고 민족 해방 활동을 벌이지는 않았던 것으로 짐작된다.

3) 복음주의

　　개신교의 선교 활동은 성공적으로 빠르게 진주 지역에 자리 잡아 갔다. 이와 같은 성공적인 선교 활동은 복음주의의 열성적인 전파와 더불어 이루어졌다. 초기의 개종자들은 함께 모여 성경을 읽고 토론하고 학습하며, 장터나 마을을 두루 다니며 열심히 전도하여,[94] 개신교가 전래된 지 불과 몇 년 지나지 않아 많은 수의 교인을 확보하였다. 그 결과, 1909년 음력 1월 1주일간 열린 최초의 남자 도사경회(都査經會)에는 초신자도 많이 참석하였고, 그 가운데 인근 지역에서 온 14명을 포함한 31명의 결신자가 생겼다.[95] 그

93　『매일신보』 1919년 4월 8, 11, 12, 16, 17, 21일.

94　『연혁사』 4-5쪽.

들은 훗날 각 지역에 교회를 세우는 데 크게 기여하였다. 이러한 성공은 1907년 전국적으로 확산된 대부흥운동[96]으로부터 직접 영향을 받은 결과라는 증거는 찾기 어렵지만, 그 복음주의적 분위기와 무관하지 않을 것으로 짐작된다.

진주의 기독교 확산에 바탕이 된 복음주의는 기본적으로 하나님과 예수 중심으로 역사와 인간 사회를 이해하는 기독교 교리를 강조하는 것으로 선교 활동의 주요 원동력이었고 교회 성장의 바탕이 되었다. 또, 교인들에게는 개신교의 사회적 영향력의 원천으로 이해되었다. 이러한 복음주의적 믿음에서 개신교 선교 활동이 이루어졌으며, 그러한 활동은 근대 사회로의 이행 활동과 민족주의적 신념의 활성화에 크게 기여하였다.

이와 같은 복음주의적 열성 속에서 진주교회가 빠르게 성장하였다. 1909년 3월 라이얼 선교사가 부임할 때에는 교인 수가 400여 명에 이르러 예배를 두 번에 나누어 볼 정도로 성장하였다.[97] 교회가 성장하면서 여러 형태의 조직이 생겨나고, 특별 활동이 이루어졌다. 곧, 연경반(研經班) 조직, 장로 장립, 전도회 결성 등이 이루어졌고,[98] 부흥회와 대전도회 같은 큰 집회가 빈번하게 열렸다. 1917년 10월에 전국적으로 알려진 부흥사 김익두 목사 초청 부흥회, 1921년 6월에 1주일간 열린 대전도회, 1921년 9월 말부터 10월 초까지 9일간과 11월 두 차례에 걸쳐 길선주 목사를 초청한 부흥회,[99] 또 1929년 9월 9일 동안 열린 김익두 목사 초청 부흥회[100] 등 교회의 특별 행사는 언론에도 보도되었다. 이러한 도사경회나 부흥회가 열리면, 서부 경남

---

95   『연혁사』 13쪽.

96   한국기독교사연구소, 위의 글, 제I권(1989), 267-273쪽; 윤경로,『한국근대사의 기독교사적 이해』(역민사, 1992); 이덕주, 위의 글(1995).

97   『연혁사』 13-14쪽.

98   『연혁사』 23-45쪽.

99   『조선일보』 1921년 11월 22일.

100 『연혁사』 60-61쪽;『중외일보』 1929년 10월 8일.

전 지역의 교인들이 모여 숙식을 함께 하며 집회를 가졌다.[101] 그들은 낮에는 집집마다 방문하며 전도하고 저녁에는 성경 강습과 초빙 목사의 설교를 듣는 등 복음 전파와 학습 기회로 삼았다. 부흥회를 인도한 길선주나 김익두의 설교는 "기도 만능," "충성되게 믿어라" 같은 제목에서 보듯이 복음주의를 강조하였다. 그들의 부흥회는 저녁마다 1천여 명이 참석하고, 결신자가 140여 명이나 되는 등 성황을 이루었다.[102]

이러한 복음주의적 선교의 활성화는 교회 조직의 확장과 교인 수의 증가로 이어졌다. 도심지에 남성동 예배소가 새로 개소되고, 여름 성경학교, 주일학교 등이 활발해지고, 1920년대 후반에는 남전도회가 다시 결성되어 남성 신도의 교회 활동을 이끌어 갔다.[103] 교인 수도 급증하였다. 1925년 7월의 통계에 의하면, 한국인 신자 1,710명, 일본인 신자 19명, 외국인 9명 모두 1,738명이고, 교회당 수는 18개소, 목사는 외국인 3명과 한국인 9명에 이르렀다.[104] 비록 이 통계가 개신교와 천주교를 구분하고 있지 않지만, 외국인을 제외한 15,110명[105]의 진주 인구 가운데 기독교 인구가 11.3%에 이르렀다는 것은 기독교의 성공적 선교를 의미하는 것이었다. 진주교회의 공식 기록에서도 교인의 증가를 확인할 수 있다.[106] 1930년에 진주교회는 세례입교자 199명, 타처로부터의 이명 교인 95명으로 입적된 교인이 모두 294명

---

101 하동 고전교회를 다니던 정순국(1915년생 진주성남교회 시무, 진주노회 공로목사)은 부흥회 참석 경험을 증언해 주었다(1997. 6. 20, 정순국 자택). "그런 큰 부흥회 또는 都査經會를 1년에 1회 정도 가졌다. 그때가 되면 서부 경남 각지의 교회에서 봉래동 진주교회로 쌀 1되 정도를 들고 모여 와서 숙식을 함께 하면서 찬송하고, 기도하며, 설교를 들었다……(평안도) 선천 장터의 깡패였던 김익두가 참회하고 목사가 되어 전국의 유명한 부흥사로 돌아다녔는데, 믿으려면 제대로 믿으라고 목청 높여 질타하던 장면이 인상적이었다."

102 『조선일보』 1921년 11월 22일; 『중외일보』 1929년 10월 8일.

103 『연혁사』 62쪽.

104 『시대일보』 1925년 11월 5일.

105 勝田伊助, 위의 글, 70쪽.

106 『연혁사』 73-74쪽.

이었고, 다른 교회로의 이명 교인 91명, 사망 교인 32명, 출교인 10명, 거주 불명자 18명으로 제적된 이가 151명이어서, 재적 교인수가 143명이었으며, 학습교인 및 속교인 등을 포함하여 매주일 500여 명이 출석할 정도로 교회가 성장하였다. 교회 직분자는 담임목사 1인, 장로 3인, 안수 집사 3인, 남녀 서리집사 7인, 남녀전도사 2인, 남녀 권찰 12인이었으며, 부속 기관은 장년 주일학교, 유년 주일학교, 권찰회, 청년면려회, 남녀전도회, 십일조회가 있었고, 호주 선교회에서 경영하는 기관으로 학교, 병원, 성경학원, 유치원 등이 있었고, 교회에서 소요되는 매월 경비도 150원이나 되었다. 이 통계가 1924년 남성동 예배소와 분리된 이후의 것이라는 점에서 볼 때 1920년대 진주 지역에 개신교가 크게 확장되었다는 것은 의심할 여지가 없다.

이와 같은 개신교 선교의 성공은 하나님의 섭리를 강조한 복음주의의 확산을 의미하였다. 이것은 한국의 전통적인 믿음 체계나 삶의 양식의 변화에도 반영되었다. 보기를 들어, 금주단연(禁酒斷煙)을 강조하고, 전통적으로 용인되던 축첩 제도를 부정하고, 미신타파를 부르짖으며 샤머니즘에 젖어 있던 관습을 버릴 것을 요구하는 복음주의의 영향으로 기독교인과 일반인 사이의 삶의 태도가 달랐던 것이다. 실제로 첩을 두고 있어서 장로 장립이 거부된 사례도 있고, 음주 등의 타락된 생활로 지탄을 받고 출교된 경우도 있었다. 교회사를 기록하면서[107] 마지막으로 교인들에게 "경제적 타락을 경계하고, 가난한 교회를 본받아 근검절약하고, 성경 공부를 매진하고, 교역자 양성을 급선무로 삼고, 영적 생활을 높여 기도를 열심히 하고, 주일학교 사업에 헌신하고, 농촌 사업에 힘 쓸 것" 등을 권고한 것도 이러한 복음주의 맥락에서 나왔던 것이다. 이러한 변화는 교인뿐만 아니라 지역 주민들의 삶의 방식에서도 나타났다.

---

107 김정수 장로가 교회사를 기록하였다고 밝히고 있다. 『연혁사』, 1930.

4. 신사참배 문제와 선교 활동의 변화

진주 지역의 개신교 선교는 근대 사회로 바뀌고, 민족주의가 확산되는 데 기여하였다. 또한 개신교의 확산에는 개신교의 종교적 특성인 복음주의가 작용하고 있었다. 특히, 근대성 증대와 민족주의는 1920년대 전반기에 두드러지게 나타난 반면에, 1920년대 후반기에는 퇴조하는 경향을 보였다. 그러나 복음주의는 1920년대 후반에도 여전히 강조되었다. 이와 같이 시대 배경에 따라 달라진 개신교 내의 분위기는 1930년대에의 중요한 쟁점이었던 신사참배 처리 과정에도 영향을 미쳤다.

1930년대 일제의 강요로 일어난 신사참배 문제는 종교적 측면과 민족주의적 측면에서 한국 기독교 전체의 역사에 지대한 영향을 미쳤다.[108] 종교적인 측면에서 볼 때, 일본의 전통 신앙인 신도(神道)에 의해 일본 왕의 조상신으로 여겨지는 천조대신(天照大神)을 비롯한 여러 신화적 인물이나 영웅을 안치해 놓은 사찰인 신사나 신궁을 참배하는 것은 기독교 교리에 배치되는 것이었다. 그리고 민족주의 측면에서 볼 때도 신도가 천황제 국가의 지배 이데올로기로서 국가 종교의 성격을 강하게 띠고 있기 때문에 신사참배 강요는 군국주의 강화와 식민지의 민족 말살 수단으로 인식되었다. 그런데 1930년대 중반 본격적으로 대륙 침공을 시작한 일제는 신사참배를 강요하였으며, 그에 대한 거부를 문제 삼기 시작하였다. 일제의 강요에 천주교, 감리교, 안식교, 성결교, 구세군, 성공회 등 대부분의 교파들이 일찍이 굴복하였고, 마지막으로 장로교도 1938년 총회에서 신사참배를 공식 결의하였다.[109]

종교적으로나 정치적 측면에서 1930년대 민감한 쟁점으로 등장한 신사참배 문제는 진주 지역의 개신교에서도 피할 수 없는 사안이었다. 우선,

---

108 한석희, 『일제의 종교침략사』(기독교문사, 1990), 137-195쪽; 한국기독교사연구소, 위의 글, 제II권(1990), 285-301쪽.

109 한국기독교사연구소, 위의 글, 제II권(1990), 299쪽.

호주 장로교 선교회에서는 신사참배 문제가 제기되자 1936년 2월 8일 마산에서 선교 공의회(Mission Council)를 열어 참배 반대를 공식 결의하였다.[110] 그렇지만 일제의 강압으로 선교 활동을 중단하고 학교를 폐쇄해야 하는 상황에서 신사참배 반대 방침을 계속 유지하기는 쉽지 않았다. 결국 1938년 장로교 총회에서 신사참배를 결의하자 호주 선교회에서도 그 문제를 다시 논의하게 되었다. 1938년 12월 28일 부산의 운영위원회와 이듬해 1월 4일부터 5일간 진주에서 열린 선교위원회 특별 회의에서 신사참배 문제를 중점적으로 다루게 되었다 그러면서 선교사들 사이에 입장 차이가 드러나기 시작하였다. 신사참배를 거부하면 폐교 당한다는 것을 아는 선교 학교의 선교사들을 포함한 일부는 신사참배를 찬성하는 쪽으로 입장을 바꾸었다. 특히, 맥켄지(J. N. MacKenzie) 목사 같이 일제 정책을 적극 옹호하는 이도 있었다. 그러나 맥라렌[111] 같이 일본 신도의 성격을 잘 알고 있는 선교사들은 기독교인 양심상 신사참배를 할 수 없다는 주장을 굽히지 않았다. 결국 1939년 1월 10일에 시행된 최종 투표에서 24명 참석자 가운데 20명이 신사참배 반대 입장을 고수하면서, 호주 선교회는 기독교 신앙에 위배된다는 확신 아래 신사참배를 하지 않기로 최종 결정을 내렸다.[112]

호주 선교회의 신사참배 반대 결의를 접한 일제는 호주 선교회에서 운영하는 학교를 폐쇄하고, 선교사 추방을 감행하였다. 그에 따라 1939년 7월

---

110 Sang Gyoo Lee(이상규), 위의 글, 192쪽; Kerr · Anderson, 위의 글, 89-90쪽.

111 일본에서 선교 활동을 하던 사무엘 맥라렌의 차남으로 태어난 맥라렌(1882-1957)은 일본을 잘 알고 있었다. 호주 멜본 의과대학에서 공부한 그는 한국 최초의 신경정신과 의사로서 한국의 의료 질적 향상에 크게 기여하였으며, 제1차 대전이 끝난 뒤 진주로 돌아왔다가 1923년 세브란스 전임 교수로 옮겨갔지만 호주 선교회 소속으로 신사참배 문제에 강경한 입장을 갖고 있었다. 이상규, "한국에 온 호주 선교사 마라연(馬羅連, Charles McLaren, M.D, 1882-1957), 그의 생애와 선교," (미발표, 1997); Esmond W. New, *A Doctor in Korea: The Story of Charles McLaren, M.D.*(Sydney: Australian Presbyterian Board of Missions, 1958).

112 Sang Gyoo Lee(이상규), 위의 글, 194-196쪽.

에 시원여학교가 폐쇄되었다. 진주에 있던 마지막 선교 학교가 사라지게 되면서 교육 선교가 막을 내리게 된 것이다. 또 일제는 배돈병원 병원장을 한국인으로 교체할 것을 강요하였다. 그 즈음 호주 선교회에서는 1930년대 후반의 어려운 상황에서도 배돈병원 발전을 위하여 진력하고 있었다.[113] 1938년의 엑스레이 검진자가 232명, 병리 검사가 4,368건에 이르는 등 배돈병원은 꾸준히 발전하고 있었다. 더욱이 1938년 요코하마에서 세상을 떠난 테일러[114] 병원장의 후임으로 부임한 데이비스(Davies, 代至安)는 적립된 17,000엔으로 병원 확장을 계획하고 있었다. 남성 환자는 김준기, 여성 환자는 데이비스, 이비인후과는 로(Low)의 책임 아래 진료하고 있었는데, 1940년부터는 내과, 외과, 산부인과, 이비인후과, 치과로 진료 과목을 세분화할 계획까지 갖고 있었다. 그런데 일제의 강요로 호주 선교회는 1941년 초에 배돈병원에서 손을 뗄 수밖에 없었다. 그래서 데이비스 후임으로 김준기가 병원장을 맡았지만 배돈병원은 재정상의 어려움을 극복하지 못하고 결국 문을 닫게 되었다. 호주 선교사의 주요 사업이었던 의료 선교의 거점도 사라지게 된 것이다. 이것은 단순히 의료 선교가 끝난 것을 의미하지 않았다. 30여 년 진주의 개신교 선교를 이끌었던 호주 선교회의 자취가 완전히 사라지게 된 것이다.

결국, 신사참배를 거부한 호주 선교사들은 1941년 4월 일제의 추방령에 의해 30여 년 동안 선교 활동을 벌이던 진주를 떠나게 되었다. 1939년 세브란스 병원에서 진주로 돌아와 있던 맥라렌 선교사만이 선교회 재산 정리

---

113 Kerr · Anderson, 위의 글, 79-80쪽.

114 영국 에딘버러 의과대학 졸업생인 테일러(Taylor, 魏大仁)는 1912년 자청하여 선교지를 뉴 헤브라이드즈(New Hebrides)에서 한국으로 옮겼다. 1913년에 한국에 도착한 테일러는 1914년 통영을 사역지로 삼은 뒤 인근 지역의 섬 지역을 돌아다니며 의료 선교를 펼쳤다. 1916년부터 나병 진료를 위한 병원 건립을 계획하였으나 선교부의 허락을 얻지 못하여 실현시키지 못 한 채 1918년 진주로 옮겨와서 배돈병원장으로 일하였다. Kerr · Anderson, 위의 글, 82, 110쪽.

등 뒷처리를 위해 남았다. 그 후 맥라렌 선교사는 1941년 말 일제의 태평양 전쟁 도발로 11주 동안이나 구금당하였다가 부산으로 이송되었다. 거기에서 다시 부산의 라이트(Wright, 芮元培) 부부, 통영의 레인(Lane) 부부와 함께 가택 연금으로 갇혀있다가 1942년 6월 일본 고베로 이송되었다. 그리고 포로 교환 형식으로 동아프리카를 거쳐 호주로 풀려나게 되었다.[115]

그런데, 호주 선교회의 선교사들과 달리, 진주 지역의 개신교 지도자들은 일제의 강압에 굴복하고 신사참배를 실행하였다.[116] 1930년대 중반부터 호주 선교회의 영향에서 벗어나 있던 진주교회는[117] 일제의 간섭을 더욱 심하게 받고 있었다. 예배를 비롯한 모든 교회 집회에 경찰이 참석하여 감시하고 있었으며, 목사나 전도사, 장로 등은 자유롭게 토론하거나 활동할 수 없었다. 이런 상황에서 신사참배 문제는 교회 내 구성원들 사이에 민감한 쟁점이 되었다.

결국, 1938년 여름 진주교회 제직회는 일제 경찰의 강요와 감시 아래 신사참배 안건을 상정하여 반대 입장 표명은 물론 토의조차 할 수 없는 상황에서 신사참배를 결의하였다. 그리고 회의를 끝낸 뒤 참석자들은 단체로 신사에 참배하였다. 이에 반발하여 김용구 목사와 4명의 장로를 비롯한 교회 직분자들이 사직하였다. 그리고 많은 교인들이 교회에 나가지 않고 개인적으로 신앙생활을 하였다. 그것은 소극적으로나마 일제에 저항하는 의사 표시였다.

그러나 진주교회 내에는 소극적으로나마 일제에 저항하는 교인들과 달리, 적극적으로 일제에 협력하는 개신교인들도 있었다. 목회자 없이 지내던 진주교회에 신사참배를 찬성하는 목사 김영환(金英煥, 1939-1945 재직)이 1939

---

115 Kerr · Anderson, 위의 글, 80쪽; 이상규, 위의 글, 1997.

116 Kerr · Anderson, 위의 글, 90-91, 179쪽.

117 커닝햄 목사는 공동목사 직함을 갖고 있었지만, 순전히 자문 역할을 할 뿐 교회 제직회의 결정 사항에 전혀 영향을 미치지 않았다(Kerr · Anderson, 위의 글).

년 2월에 부임하여 적극적으로 일제에 부역하기 시작하였다. 그들의 친일 부역 활동 성격은 1939년 2월에 발표된 다음의 성명서에 잘 나타나 있다.

> "예수는 동양 사람이며, 우리는 동양의 지도자인 일본 신민으로서 조국 일본 국가와 동양의 영원한 평화를 위해서 기꺼이 신도 숭배를 한다. 신사참배가 교리와 배치된다며 동양 사람들의 정신을 이해하지 못하고 우리들의 성공을 파괴하며 일본 민족의 사명을 짓밟는 이민족(선교사들을 지칭함)이 우리의 신성한 형제애 안에 있다. 세 번째 성전(청일 전쟁, 노일 전쟁, 그리고 이번의 중국 침공을 의미함)에서 일본 정신을 전 세계에 떨침으로써 진정한 일본 신민의 올바른 태도를 가져야 한다. 앞으로 일본인이 아닌 외국인의 지도력과 지원으로부터 정신적으로 물질적으로 완전히 단절해야 한다."[118]

진주교회가 일제 부역 세력으로 전락했음을 뚜렷하게 밝히고 있는 이 성명서는 그들이 민족을 버렸을 뿐만 아니라 기독교 역사를 왜곡하고 복음주의도 상실하였음을 잘 보여주고 있다. 일제 경찰은 교회 직분자 회의에서 토론 없이 채택된 이 성명서를 자체 부담하여 각 지역의 교회와 경찰에 발송하였다. 이렇게 신사참배를 둘러싼 갈등을 겪으면서 진주의 기독교 세력은 크게 위축되었다. 호주 선교사들은 추방되어 진주를 완전히 떠나게 되었고, 대다수의 교인들은 교회 출석을 거부하며 소극적으로나마 일제와 친일 부역 교역자들에게 저항하였으며, 또 일부는 한상동, 주기철 등이 이끄는 신사참배 거부 운동에 적극 가담하였다. 이전에 300여 명이나 되던 진주교회 예배 참석자는 80명 수준으로 떨어졌다.[119] 더 나아가 진주교회는 민족과 신앙을 버린 교역자들에 의해 주도되면서 심지어 기독교의 본질을 훼손시키기까지 하였다. 그 결과 초기 개신교 선교의 전통은 단절되고 말았다.

---

118 Kerr · Anderson, 위의 글, 176-178쪽. 우리글을 영어로 번역한 자료를 다시 번역한 것이기 때문에 내용 전달에 치중하였으며, 이해를 돕기 위하여 괄호 안에 설명을 덧붙임.
119 위의 글, 91쪽.

근대 사회로의 변화 기여, 민족주의적 활동, 복음주의적 헌신 등 진주 지역의 개신교 전통은 사라지게 되고 기독 정신이 없는 교회만 남게 되었던 것이다.

5. 맺음말: 서구 문물의 전래와 영향

개신교가 진주에 처음 들어온 20세기 초부터 신사참배 문제로 갈등을 빚는 1930년대 말까지 한국 사회와 마찬가지로 진주 지역 사회도 격심한 변화를 겪었다. 일제의 식민지 지배 체제 아래 주민들의 모든 생활은 일제가 정해놓은 틀 안에서 움직일 수밖에 없었다. 그렇지만, 3·1운동과 그 이후의 여러 사회운동을 통하여 주민들은 새로운 사회를 만들어가고자 하는 활동을 다양하게 펼쳤다. 그 과정에서 개신교는 주민들의 삶 속에 들어가 지역 사회가 다양한 형태로 바뀌어가도록 기여하였다. 식민 지배에 대한 저항과 반감으로 민족주의 분위기가 주민들의 생활 속에서 확산될 때 개신교의 여러 활동은 민족주의 확산에 기여하였고, 전통 사회의 폐습을 버리고 근대 사회로 가려는 움직임에 개신교의 활동은 앞장서고 있었다. 기독교의 민족주의 분위기는 3·1운동에 많은 기독교인들이 참여하였다거나, 기독교 단체나 신도들이 민족 독립 활동의 혐의를 받으며 일제의 감시 대상이 되고 경찰에 잡혀갔다거나, 기독교 기관의 활동이 민족주의 확산에 기여하였다거나 하는 많은 사례에서 확인되었다. 그러나 개신교가 진주 지역에 더 큰 영향을 미친 것은 근대 사회로의 이행에 기여한 점이었다.

많은 주민들은 개신교를 선진 사회인 서구의 문물을 전달하는 전령으로 인식할 정도로 개신교 전래 초기부터 우호적인 태도를 갖고 있었다. 호주 선교사들이 처음 시작한 개신교 선교 활동은 질병으로 고통 받는 이들을 위해 병원을 세우고, 선교 학교를 세워 주민 교육에 힘쓰고, 여성, 어린이,

백정 등 사회적 약자에 대하여 관심을 갖고 배려하는 것이었다. 호주 선교회로부터 지원받는 배돈병원은 진주뿐만 아니라 서부 경남의 주민들을 위한 중요한 의료 기관이었고, 선교사들이 운영하는 광림학교, 시원여학교를 비롯한 여러 선교 학교는 주민들에게 더 많은 교육 기회를 제공하였다. 또 여성 단체를 만들어 사회 참여의 기회를 넓혀 주거나, 백정들에게 전도하거나, 주일학교, 소년회 등을 통하여 어린이 권익을 위한 활동을 확대하는 등 많은 부분에서 개신교는 지역 사회의 근대성 확대에 기여하였다. 이러한 배경에는 호주 선교사들의 헌신과 복음주의 중심의 교회 활동과 선교 활동이 있었다. 호주 선교사들은 병원과 학교 중심으로 선교 활동을 펴면서, 교회는 한국인 중심으로 움직이도록 하였기 때문에 교회는 빠른 속도로 토착화되어 갔을 뿐만 아니라 신도가 크게 늘어나고, 진주 지역 곳곳에 새 교회가 설립되는 등 빠르게 성장하였다.

그러나 신사참배를 둘러싸고 갈등이 빚어지면서 개신교 선교 활동과 교회는 큰 위기를 겪게 되었다. 신사참배를 반대하는 호주 선교회의 활동은 전면 금지되었고, 선교사들은 추방을 당하였다. 그 결과 진주의 선교 학교는 폐쇄되고, 의료 선교의 교두보였던 배돈병원도 문을 닫게 되어 호주 선교회 활동의 흔적은 찾을 수 없게 되었다. 반면에, 한국인들이 이끄는 교회는 대부분의 교직자들과 신도들이 신사참배를 반대하였지만, 일부 목사와 신도들이 찬성하면서 초기의 선교 전통은 단절되고, 기독 정신을 잃어버린 교회만 남게 되고, 그 결과 진주의 개신교는 급속도로 위축되어 갔다. 이렇게 진주의 개신교 선교 활동은 지역 주민들을 위하여, 또 주민들과 함께 이루어졌지만, 역사 변동 속에서 부침을 겪었다. 일제 식민지 지배 상황에서 겪은 역사적 상처는 해방 이후에도 오랫동안 지역 사회에 남아 있었다. 그렇지만 근대 사회로 이행하는 데 기여한 초기 선교의 역사와 정신은 여전히 진주 지역 사회의 소중한 자산이라고 평가되고 있다.

2

신분 사회 해체와 형평운동

1923년 4월 24일 백정(白丁)[1] 70여 명이 진주 시내 대안동에 모여 형평사(衡平社) 기성회를 열었다. 조선 시대에 가장 차별받던 신분 집단인 백정들이 공개적인 장소에서 단체를 결성한 것은 유례없는 일이었다. 그들의 목적은 '저울[衡]처럼 평등한[平] 사회를 만들자는 단체[社]'라는 이름에서도 간단명료하게 나타났듯이 백정 차별 없는 평등한 사회를 건설하려는 것이었다. 기성회가 열린 다음날 곧바로 형평사 발기총회가 열렸다.[2] 약 80여 명의 백정들과 지역의 활동가들이 참석한 가운데 임시의장 강상호의 사회로 진행된 발기총회는 밤 12시가 되어서 끝났다. 이 발기총회는 형평운동의 기틀을 잡는 중요한 회의였다. 참석자들은 백정의 처지를 밝히며 인간으로서의 평등과 해방을 주창하는 '형평사 주지(主旨)'를 채택하였을 뿐만 아니라, 규칙통과, 임원 선거, 유지 방침, 교육기관 설치, 발회식 거행, 회관 설치, 각 지

---

1   형평사원들이 '백정' 호칭을 없애기 위해 처절히 싸웠는데도 불구하고 이 글에서 그 낱말을 쓰는 것에 우선 양해를 구한다. 그 낱말은 역사적 사실을 담고 있기 때문에 형평사 창립 이전 상황을 이해하는 데 도움을 줄 것으로 판단되어 그대로 썼다.

2   『조선일보』 1923년 4월 30일.

역에 출장하여 취지를 선전할 일, 발회식한 것을 신문 지상에 광고할 일 등 여러 안건을 결의하였다. 그리고 형평사의 취지를 전국에 알려 동지를 구하기로 하고 이를 위하여 선전대를 둘로 편성하여 4월 29일부터 경남의 여러 곳에 보내기로 결의하였다. 또 인쇄물을 배포하여 취지를 선전하고, 아울러 취지를 신문에 게재하여 전국에 널리 알리기로 하였다. 그리고 형평사 발기 축하회를 5월 13일에 개최하여 전국 동지들의 참여를 권유하기로 하였다.

이렇게 중요한 사항을 결의한 발기총회를 마침으로써 형평사는 사회단체의 모양을 갖추고 정식 출범하게 되었다. 발기총회 참석자들이 600여 원의 동정금을 모았다거나,3 임시 회관을 설치하기로 하였다거나, 활동의 전국 확산을 계획한 것 등은 백정들의 열의와 성원을 잘 보여주는 것이었다. 창립을 주도한 사람들은 평등 사회를 지향한다는 단체의 목적을 뚜렷하게 밝혔다. 백정들이 직업상 도축장이나 고기 가계에서 평형을 유지하며 무게를 재는 데 쓰는 도구인 저울을 상징적으로 활용하여 형평[평형]을 지향하는 사회를 건설하여 백정 신분 행방을 추구한다는 것을 밝힌 것이다. 그리하여 우리 역사에서 가장 구체적인 인권 증진을 위한 활동인 형평운동이 시작되었다.4 형평사는 때에 따라 공식 명칭이 바뀌기는 하였어도,5 백정해방운동 단체를 가리키는 대명사가 되었으며, '형평'은 그들이 지향하는 세계의 상징어가 되었다.

---

3 당시의 화폐 가치를 오늘날 기준으로 환산하기는 어려우나, 당시 교사와 같은 봉급생활자의 월급이 20-30원인 것을 감안할 때 거액임에는 틀림없다.

4 형평운동을 종합적으로 다룬 김중섭, 『형평운동 연구: 일제 침략기 백정의 사회사』(민영사, 1994), 영어 독자를 위해 쓴 Joong-Seop Kim, *The Korean Paekjŏng Under Japanese Rule: The Quest for Equality and Human Rights*(London and New York: RoutledgeCurzon, 2003); 김중섭, 『형평운동』(지식산업사, 2001), 이 책의 일본어 번역본 金仲燮, 『衡平運動: 朝鮮の被差別民・白丁, その歷史とたたかい』高正子 옮김(大阪: 解放出版社, 2003) 볼 것.

5 창립 당시에 단체 이름은 '형평사'였지만, 일본의 수평사(1922년에 창립 당시의 명칭은 '전국수평사'였다.)와 구별하기 위하여 '조선형평사'라고 통칭되기도 하였다. 또, 형평사는 뒤에 '형평혁신동맹', '조선형평사총본부' 등 여러 이름으로 바뀌기도 하였다.

형평운동은 1935년 4월 24일 제13차 형평사 전국 대회에서 단체 이름을 대동사(大同社)로 바꾸면서 원래의 성격을 상실할 때까지[6] 13년 동안이나 지속되었다. 이것은 일제침략기에 가장 오랫동안 지속된 전국 조직으로 발전하며 활동한 사회운동으로 기록되고 있다.

1. 신분 질서와 백정

왜 20세기 초 형평운동이 일어났을까? 형평사 창립이나 형평운동 발전은 오래전부터 지속된 사회적 조건에서 비롯되었다는 것은 의심할 여지가 없다. 따라서 조선시대에 백정들이 어떤 사회적 대우를 받았으며, 근대 사회로 넘어오면서 어떤 변화를 겪었나 밝혀보는 것이 필요하다. 거기에는 백정 해방운동이 일어날 수밖에 없는 사회적 구속성, 또 형평사를 조직하고 운용해 가는 데 필요한 사회적 허용성, 그리고 사회적 구속성을 인지하고 허용성의 확대를 돕는 사상적 바탕이 깔려 있으며, 안팎 환경의 여러 요소들이 작용하였던 것이다. 그러면 왜 진주에서 처음 형평사가 조직되었을까? 그 대답을 얻기 위해서는 형평사가 조직되던 시기뿐만 아니라 역사적으로 진주 지역의 사회적·문화적 배경에 대한 이해가 필요하다.

1) 백정과 사회적 차별

형평사가 창립될 즈음 진주에 백정들이 얼마나 살고 있었는지는 불분명하다. 김의환은 350명 안팎으로 추산하고,[7] 김용기는 400여 호로 추산하

---

6   대동사가 일제에 부역하는 이익 집단으로 변질되었기 때문에 대동사로 바뀌면서 형평운동이 끝났다고 보는 것이다.

7   金義煥, "日帝治下의 衡平運動攷- 賤民(白丁)의 近代로의 解消過程과 그 運動,"『鄕土 서울』

고 있다.[8] 1920년의 진주 인구가 24,852명이라는 점에서,[9] 1.4%에 지나지 않는 350명이라는 김의환의 추정치는 다소 낮추어 본 것으로 짐작된다. 반면에 당시 한 가구 당 식구가 5명 이상이라는 점을 보면 백정 인구가 최소한도 2,000명(전체 인구의 8%)이 넘는다고 본 김용기의 추산은 다소 늘려 잡은 것이라고 판단된다. 형평사가 창립된 지 몇 년 지난 뒤의 통계(1929년 6월 기준)이지만, 경상북도의 백정 수가 김천 969명, 예천 891명, 의성 686명, 상주 580명, 안동 486명이었다.[10] 경찰 조사가 정확한지는 여전히 의문이지만, 경북의 경우에 비추어 볼 때 진주에 2,000명이 넘는 백정들이 살았다고 보기는 어려울 것이다. 통상 40만 형평사원이라고 하는 형평사 측의 주장은 전체 인구 2천만 가운데 5%가 백정이라고 보는 것인데, 그 추산대로 하면, 진주의 백정은 진주 인구의 5%인 1,200명 수준이었을 것으로 짐작된다. 그러나 형평사의 주장이 세를 과시하기 위하여 과장된 측면이 있다는 점을 고려할 때 진주의 백정 인구는 약 1,000명 수준이었을 것으로 짐작된다. 이와 같은 추산으로 볼 때 다른 지역보다 진주에 백정들이 더 많이 살았다고 보기는 어려울 것 같다.

　　19세기 말 조선의 신분질서는 공식적으로 와해되었지만 신분 차별의 유습은 20세기 초에도 여전히 남아 있었다. 백정들에 대한 차별이 진주에서 특별히 더 심하였다고 볼만한 증거는 없지만, 형평사가 타파하고자 한 신분 차별은 널리 퍼져 있었다. 한마디로 백정에 대한 차별이 일상생활 전반에 걸쳐 다양한 형태로 자행되었다.[11] 조선 사회에서 백정들은 기와집에서 살

31호(1967), 59쪽.

8　　金龍基, "衡平運動의 發展", 『慶尙南道誌』 상권(1958), 818쪽.

9　　勝田伊助, 『晋州大觀』(晋州: 晋州大觀社, 1940), 71쪽.

10　　慶尙北道警察部, 『高等警察要史』(1934), 350-351쪽.

11　　車賤者, "白丁社會의 暗澹한 生活狀을 擧論하야 衡平戰線의 統一을 促함," 『開闢』 제5권 7호(1924. 7), 39-45쪽; 今村鞆, "朝鮮의 特殊部落"(1909. 5) 『朝鮮風俗集』(1914), 44-74쪽; 글쓴이 모름, "衡平社員對 農民衝突에 就하야," 『新民』 5호(1925. 9), 53-54쪽; 鮎具房之進,

거나, 명주옷을 입거나, 망건을 쓰거나 가죽신을 신는 것들이 허용되지 않았다. 상투를 틀지 못 하였고, 외출할 때에는 평양자(平涼子, 패랭이)를 써야 했다. 옷차림의 차별 관습은 신분질서의 상징이었다. 그러므로 옷차림만 보아도 사람들은 그들의 신분을 알 수 있었다.[12] 백정들은 작명이나 관혼상제에서도 차별을 겪었다.[13] 인(仁), 의(義), 효(孝), 충(忠) 같은 고상한 의미를 가진 글자를 이름에 넣을 수 없고, 그 대신에 피, 돌, 석 같은 천한 의미의 글자를 주로 썼으며, 항렬도 나타낼 수 없었다. 또 비백정들이 백정과의 혼인을 금기시하여 백정들끼리 결혼하였으며, 결혼식에서도 말이나 가마를 타지 못하였고, 결혼의 상징으로 비녀를 꽂아 머리를 올리지 못하고 둘레머리를 하였다. 장례 때에는 상여를 사용할 수 없었고 묘지도 비백정들의 묘지와 분리하여 썼고, 가묘(家廟)도 만들 수 없었다. 특히, 백정과 비백정과의 결혼이나 묘지의 공동 사용은 20세기 초에도 여전히 금기시되었다.

백정들은 비백정들과 교제할 때도 지위가 낮다는 것을 표시해야 했다. 나이가 어린 사람, 심지어 어린 아이에게조차 항상 고개를 숙이고 자신을 소인이라고 부르며 최상의 경의를 표시하였다. 상민들 앞에서 담배를 피우거나 술도 마실 수 없었다. 비백정들과 대화할 때도 존댓말을 쓰면서 하댓말로 대꾸를 받았다. 비백정 집에 갔을 때에는 뜰아래에서 머리를 조아리며 존대어를 써야 하고, 길을 같이 걸을 때에도 항상 비백정들보다 뒤처져 따라 가야 했다. 또 공공 집회 장소에 출입할 수 없었고, 사회 집회나 교류에서 차별 대우를 받았다. 만약 백정들이 차별 관습을 어길 경우에는 마을 주민들로부터 감금을 당하거나 매 맞는 등 집단 사형(私刑)을 받는 것이 예사였다. 게다가 국가에서조차 백정들을 차별하였다. 백정들은 호적(戶籍)에도 따

『雜攷』 제5집(白丁 附水尺, 禾尺, 楊水尺, 1932. 11) 그리고 김영대를 비롯한 여러 형평사원 및 후손들, 이춘엽을 비롯한 진주 지역의 노인들과의 대담 내용을 활용하였다.

12   車賤者, 위의 글, 41쪽.

13   위의 글, 42쪽.

로 관리되었고, 납세나 국방의 의무도 상민들과 다르게 적용되었다.[14] 심지어 조선의 기본 법률인『경국대전』에서는 백정들을 성 밖에 집단 거주하도록 규정해 놓았다.[15] 그 유습으로 백정들은 20세기 초에도 집단 촌락을 형성하며 사는 경우가 많았다.[16] 형평사가 조직될 즈음에 진주의 백정들은 동장대(오늘날의 경남은행 자리)에서 옥봉 씨앗골에 이르는 곳이나, 서장대 아래 나불천 가까이 성곽 부근에서 모여 살고 있었다.

1894년 갑오경장으로 신분은 공식적으로 없어졌지만, 차별 관습은 여전히 남아 있었다. 이러한 차별 유습에서 비롯된 갈등은 20세기 초에도 빈번하게 일어났다. 그 단적인 보기가 1900년에 진주에서 일어난 갓의 사용 요구 탄원이었다. 진주군을 비롯한 인근 16개 군의 백정들이 신분을 상징하는 머리 관을 자유롭게 쓸 수 있도록 해 달라고 관찰사(오늘날의 도지사)에게 탄원을 냈다.[17] 그런데 관찰사는 백정들의 요구에 대하여 소가죽으로 갓끈을 매도록 지시하였다. 백정들의 직업을 나타내는 소가죽을 이용하여 굴욕적인 차별 표시를 강요하였던 것이다.[18] 이와 같은 백정들의 차별 철폐 움직임에 대하여 주민들이 백정 마을을 습격하는 등 갈등이 일어나기도 하였다.[19] 이런 유형의 반발은 형평사 조직 이후에도 빈번하게 일어났었다. 심

---

14 위의 글, 43쪽

15 『經國大典』, 제5권 刑典(一志社, 1978), 460-461쪽, "才白丁團聚."

16 朝鮮總督府,『朝鮮の聚落』중권(1933), 306-308쪽.

17 『황성신문』1900년 2월 5일, 17일.

18 『황성신문』1900년 2월 28일.

19 『황성신문』1900년 10월 20일. 백정들의 저항에 관한 金靜美, "19세기말에서 20세기 초에 있어서의 백정," 강재언 외,『韓國近代社會와 思想』김정희 옮김(중원문화사, 1984), 215-217쪽; 高淑和, "衡平社에 對한 一研究: 創立背景과 初創期(1923-1925) 衡平社를 中心으로,"『史學研究』38호(1984), 661-663쪽 볼 것. 출처를 밝히지 않아 확인할 수가 없지만 1910년 즈음에도 차별 대우와 관련되어 백정들과 백정들 사이에 갈등이 있었다고 한다. 백정들이 차별에 반발하여 전래되어온 관습을 따르지 않자 농청(農廳) 중심으로 소고기 비매 운동을 벌이며 압력을 가하여, 결국 백정들이 굴복하였다는 것이다. 金義煥, 위의 글 (1967), 66쪽; 李命吉, "身分制 해체와 衡平社운동," II,『晉州商議』20호(1986. 7), 14-15쪽.

지어 충북 제천에서는 비백정들이 백정들에게 강제로 패랑이를 씌워 시가지를 끌고 다니기도 하였다.[20]

또 앞 장에서 본 바와 같이 1909년 진주 옥봉리교회에서 백정과 비백정의 동석예배를 둘러싸고 갈등이 일어나기도 하였다. 당시 다른 사람들보다 서구 문물에 익숙하여 전통적 폐습을 타파하는 데 앞장섰던 기독교인들조차 백정들과 함께 예배를 볼 수 없다고 거부하여 파란이 일어났던 것이다.[21] 심지어 같은 천민 신분이었던 기생들조차 백정들과의 교류를 거부하였다. 형평사 창립 직전인 1922년에도 대구에서 백정들이 야유회에 기생들을 데리고 간 것이 사회적으로 문제가 되어 기생 단체에서는 해당 기생들을 기적(妓籍: 기생조합 명부)에서 삭제한 일도 있었다.[22] 또, 진주에서는 형평사 창립 축하식의 여흥을 위해 기생들에게 협력을 요청하였지만 진주의 기생조합에서는 기생들을 보내지 않기로 결의하기도 하였다.[23] 또 정부 기록인 민적에도 백정 이름 앞에 붉은 점이나 O표 같은 표시를 하거나 도한(屠漢) 같은 글자로 표기하여 신분을 밝혀 놓고 있었다.[24] 근대 교육제도가 도입되어 교육 기회가 늘어났지만, 백정 자제들은 취학하기가 힘들었고,[25] 학교에 가더라도 비백정 자제들과 같이 수업을 받지 못하는 경우가 많았다.[26] 이와 같은

---

20 『동아일보』 1923년 9월 11일.

21 진주교회사연혁위원회, 『진쥬면 옥봉리 예수교 쟝로회 연혁사』(1930. 4. 30), 15-19쪽.

22 『매일신보』 1922년 5월 11일.

23 『동아일보』 1923년 5월 20일.

24 예를 들어, 형평사 창립을 주도한 장지필은 일본에서 대학 3년을 중퇴한 뒤 총독부에 취업하려고 등본을 떼어보니 직업란에 도한(屠漢)이라고 적혀있어 등본을 제출할 수가 없었다고 한다(『동아일보』 1923년 5월 2일). 그렇기 때문에 민적의 신분 표시 삭제는 형평사 창립 초기에 요구한 내용 가운데 하나였다(『조선일보』 1923년 5월 14일).

25 어느 형평사원 후손은 부모가 아닌 형평사 지도자 강상호의 손을 잡고 학교에 가게 되었다고 한다(ㄱ. ㅁ. ㅎ. 대담 1986. 6. 7). (형평사원이나 그 후예들은 이름이 밝혀지기를 원하지 않았기 때문에 그들의 이름을 피하거나 첫 자음만 밝힘)

26 예를 들어, 천안군 입장면에서 백정 자제들은 분반 수업을 받거나 분란이 일어났을 때 퇴학을 당하였다. 『동아일보』 1924년 7월 18일, 21일, 23일.

백정 차별은 형평운동이 시작된 1920년대는 물론이고, 심지어 1950년대나 1960년대까지 잔재가 남아 있었다.[27]

2) 근세 사회 변동과 백정

백정 차별은 여전하였지만, 19세기 말 20세기 초 백정들을 둘러싼 사회적 상황은 크게 바뀌고 있었다. 우선, 500여 년 동안 조선 사회를 지탱해오던 신분 질서가 무너지고 있었다.[28] 1801년에 공노비 해방령이 내려지면서 천민 집단 가운데 수가 제일 많던 노비 집단이 공식적으로 없어지게 되었다. 개인 소유의 사노비는 여전히 남아 있었지만, 공노비의 해방은 신분 제도 와해의 신호탄이었다. 그리고 1894년 갑오농민전쟁 때 농민군이 제시한 '폐정 개혁안'과 그 뒤 정부 측의 개혁안에 백정에 대한 차별 철폐가 포함되면서[29] 공식적으로 신분 차별이 사라졌다. 그러면서 성 밖의 집단 거주 지역에서 진주 시내 중심지로 옮겨와 사는 백정들이 생겨났다. 형평사 창립 즈음에 백정 공동체의 유력자였던 이학찬은 대안동으로 이주하여 살고 있었고,[30] 형평사 재무를 맡았던 정찬조는 대안동에서 강상호 이웃에 살고 있었다.[31] 그렇게 비백정과 이웃해서 살면서 교류하게 되고, 정보 교환이나 새 사상을 접할 기회를 가질 수 있었다.

다른 한편, 도시가 발전하고, 상설 시장이 생기고, 생활 방식이 바뀌면서 백정들도 영향을 받게 되었다. 조선 사회에서 백정들은 가축을 잡거나,

---

27   형평사원 후손으로서 백정과 형평운동의 자료를 모아 기록한 金永大, 『實錄 衡平』(松山出版社, 1978) 볼 것.

28   조선 사회의 신분 구조 변화를 연구한 四方博, 『李朝人口에 關한 身分階級別的 觀察』(梨大出版部, 1962); 鄭奭鍾, 『朝鮮後期 社會變動』(一潮閣, 1983); 平木實, 『朝鮮後期 奴婢制研究』(知識産業社, 1982).

29   金靜美, 위의 글, 191-226쪽; 高淑和, 위의 글, 646-648쪽.

30   金義煥, 위의 글(1967), 59쪽.

31   이춘엽 대담(1984. 5. 9, 1986. 5. 17); 정찬조의 아들 ㅈ.ㅋ.ㄱ. 대담(1986. 5. 18).

고기를 팔거나, 가죽 제품을 만들거나, 고리 제품을 만들어 파는 것 같은 분야에 종사하였으며, 사회적으로 그런 일은 백정의 전유물로 인식되었다.[32] 그런데 19세기 말 정부가 도축, 피혁 가공 산업에 대한 통제를 강화하기 시작하면서 백정들은 경제적 타격을 받게 되었다.[33] 게다가 일제 침략과 함께 침투한 일본 자본가 집단이 도살장이나 건피장 운영권을 장악하는 사례가 늘어났다. 특히, 도축업, 정육업, 피혁산업에서 밀려난 백정들은 전통산업의 기득권을 잃고, 심지어 도축장의 일꾼으로 전락하는 사례도 많았다. 그러면서 백정 공동체 전반에 위기감이 확산되었다. 물론 이 과정에서 백정 집단 내에서도 계층 분화 현상이 나타났다. 대부분의 백정들은 경제적 곤란을 겪었지만, 소가죽 장사나 고기 장사를 해서 부를 축적한 백정들이 생겨났던 것이다. 진주에서도 예전에는 여자 백정들이 고기를 머리에 이고 집집마다 팔러 다녔는데, 1920년대 초 진주 공설시장(오늘날의 중앙시장)이 상설시장으로 바뀌면서 정육점을 열어 재산을 모은 백정들이 생겨났다.[34] 그런 백정 상인들이 형평사 창립에 적극 참여하였다.[35] 그렇다고 진주의 백정들이 다른 지역보다 더 부유했다는 의미는 아니다. 1909년의 경우, 경상남도만 보더라도 동래, 창원, 의령, 거창, 밀양, 울산의 도축수가 진주보다 많았던 것으로 보아[36] 그곳에 부유한 백정들이 더 많았을 것으로 짐작된다.

이와 같은 사회 경제적 변화에도 불구하고, 백정들은 여전히 사회적 신분의 동질성뿐만 아니라, 동업이나 결혼 등을 통하여 형성된 뿌리 깊은 공

---

32 今村鞆, 위의 글, 47-48쪽, 이 밖에 술이나 음식을 파는 주점을 열거나, 농사를 지으며 생계를 이어가는 경우도 많았다. ㄱ.ㅅ.ㅁ. 대담(1986. 5. 19); ㅈ.ㅅ.ㅇ.(1912년생) 대담(1986. 5. 21); 김중섭, 위의 글(1994), 63-69쪽.

33 백정의 경제력 기반이 되는 도살, 고기 및 가죽 거래가 커지면서 정부의 행정적, 사회적 통제 강화 모습에 대하여 金靜美, 위의 글.

34 이춘엽 대담(1986. 5. 17); ㄱ.ㅁ.ㅅ. 대담(1986. 5. 19).

35 ㄱ.ㅁ.ㅅ. 대담(1986. 5. 19); ㄱ.ㅁ.ㅎ (1929년생) 대담(1986. 6. 7).

36 『경남일보』 1910년 2월 26일 "경상남도 경찰부 조사 도장(屠場)수"(1909년 말).

동체 의식을 갖고 있었다. 조선 시대에는 서울의 승동도가(承洞都家)를 정점으로 전국의 백정들이 연결된 강력한 조직력이 있었다.[37] 일종의 백정 조합인 승동도가는 서울 승동(일명 개장수골으로, 오늘날의 인사동)에 본부를 두고, 전국의 백정 부락에서 간부를 선발하여 운용되며, 또 도살업과 고기점을 경영하였다. 그것은 백정들 사이의 사소한 분쟁을 해결해주는 등 실질적으로 백정 집단을 대표하는 조직이었다. 이 백정 조직은 갑오개혁 때 없어졌지만, 그 유산으로 백정들은 전국적인 연결고리를 갖고 있었다. 1900년 진주 백정들의 갓과 도포 사용 탄원도 예전의 백정 조직을 통하여 이루어졌을 것으로 짐작된다.[38] 또 1910년에 서울의 도수조합 최용규(崔鏞圭)가 경상남도의 도수조합소(屠獸組合所)를 결성할 목적으로 진주에 왔다거나,[39] 의령 사람 장지필이 도살업에 종사하는 사람들로부터 돈을 받아 도수 영업 운동을 시도한 것이나,[40] 진주의 도살업자들이 경남 각 군의 도살업자들에게 통지하여 수십 명이 진주에 모인 것도 백정 조직의 재건을 도모한 것이었다고 짐작된다.[41] 이렇게 오랫동안 형성되어 온 결속력과 연대감, 조직 잔재 등은 형평운동에 필요한 인적 자원 및 물적 자원을 동원하는 데 요긴하게 쓰인 유산이었다.

백정의 경제적 역량이나 사회적 여건의 변화와 함께 백정에 대한 사회적 차별이 부당하다는 평등사상의 확산도 형평운동의 발전에 중요하게 기여하였다. 갑오농민전쟁 때 '폐정 개혁안'을 통해 신분 철폐를 내걸고 있는 동학 농민군이 진주 지역에서도 활발하게 활동한 점으로 보아 진주 주민들도 동학의 평등사상을 접하였을 것이라고 짐작된다.[42] 또 앞 장에서 보았듯

37　車賤者, 위의 글, 44쪽.

38　『황성신문』 1900년 2월 5일, 17일.

39　『경남일보』 1910년 1월 5일. 진주에서 간행된 이 신문은 장지연이 만든 우리나라 최초의 지방신문이다.

40　『경남일보』 1910년 1월 7일.

41　『경남일보』 1910년 1월 15일.

이, 1905년 개신교가 전래되면서 옥봉 마을의 백정들이 기독교 평등사상을 접한 경험이 있었다. 그 후 백정과 비백정 신도들의 동석예배를 추진하면서 일부 신자들의 동석예배 거부사건이 일어나기도 하였지만 선교사들의 중재로 서로 화해하고 백정에 대한 편견과 폐습을 깨고 함께 예배보았던 경험이 있다.[43] 이러한 경험을 통하여 진주 지역에는 신분차별에 대항하는 평등사상이 퍼졌던 것이다.

2. 형평사 창립과 형평운동

백정들을 둘러싸고 있는 사회적 조건이나 경험 못지않게, 3·1운동 이후 진주 지역의 여건과 경험이 형평사 창립의 주요 요인으로 작용하였다. 제2부 제1장에서 살펴본 바와 같이, 3·1운동과 그 이후의 여러 형태의 사회운동을 통하여 사회 개혁 분위기가 진주에 널리 확산되어 있었다. 그리고 청년운동, 종교운동, 교육운동 농민운동, 노동운동 같은 다양한 활동을 이끄는 직업적 사회운동가 집단이 형성되어 있었고, 그들을 중심으로 지역 사회에서 일정한 영향력을 갖고 있는 사회운동계가 구축되어 있었다. 형평사는 그렇게 활동하는 다양한 사회운동 단체 가운데 하나였다. 사회 개혁에 적극적인 직업적 사회운동가들이 형평사 창립에 기여하였으며, 형평운동의 발전에 크게 도와주었다. 곧, 형평사는 백정들과 비백정들의 협력을 통하여 만들어지고 발전할 수 있었던 것이다.

42　경상남도지 편찬위원회, 『慶尙南道誌』 중권(1959), 823-831쪽; 확실한 근거를 제시하고 있지 않지만 "동학군의 백정 신분 철폐의 제창이 형평사 운동의 원형을 제공한 것"이라고 보는 李命吉, 위의 글(II), 6-9쪽.

43　진주교회사연혁위원회, 위의 글, 15-19쪽. 이미 서울에서도 19세기말에 백정 부락에 기독교가 전래된 사례가 있었다. S.F. Moore, "The Butchers of Korea," *Korean Repository*, 제5권(1894. 4), 127-132쪽.

1) 형평사의 창립

　　형평사 창립 준비는 1923년 봄부터 시작되었으리라고 짐작된다. 창립의 핵심 지도자인 신현수가 강상호와 함께 1923년 3월 정읍의 보천교를 방문한 뒤 진주로 돌아오면서 형평사 창립을 논의하였다고 증언하였기 때문이다.[44] 또『조선일보』는 1923년 봄부터 백정 해방 운동의 조직 움직임이 시작되었다고 하였다.[45] 진주의 비백정 활동가들이 4월 중순부터 백정들을 설득하여 사회운동 단체의 결성을 준비하였다는 것이다. 그렇지만 형평사의 창립 과정과 배경에 대한 설명으로 제일 많이 이용되는 자료는 일제 경찰과 경찰 첩보원이 남긴 아래의 기록이다.[46]

　　경상남도 진주에 이학찬(李學贊)이란 자가 있었는데, 그는 <u>자제를 교육시키기 위해 몇 번이나 공·사립학교에 입학시키려고 했지만, 백정이라는 구실로 입학을 거절당하든지 입학을 했어도 학대에 못 이겨 도중에 스스로 퇴학하기에 이르렀다.</u>(밑줄은 글쓴이가 덧붙임) 그러한 부당한 압박은 이학찬을 분격시키기에 충분한 것이었다. 마침 일본 관서(關西) 지방에서 수평운동(水平運動)이 치열하게 전개되자, 이학찬은 호기가 온 것으로 생각하고, 진주 소재 일반인인 강상호(姜相鎬), 신현수(申鉉壽), 천석구(千錫九) 등에게 고충을 호소, 그들의 찬동을 얻어 1923년 4월 25일 백정의 해방을 목적으로 하는 조선형평사를 창립하였다. 그들은 먼저 사칙(社則)을 정하고 강상호, 신현수, 천석구, 이학찬, 장지필(張志弼) 등 6, 7명의 간부를 선정한 뒤 사무실을 진주에 설치하여, 백정

44　김용기, 위의 글, 816쪽.

45　『조선일보』 1923년 4월 30일.

46　朝鮮總督府警務局, 『最近における朝鮮の治安狀況- 昭和八年』(1934), 우리말로 옮긴 글로 『1930년대 민족해방운동』(거름, 1984), 13-122쪽; 慶尙北道警察部, 위의 글; 이반송·김정명, 한대희 엮어 옮김, 『식민지시대 사회운동』(한울림, 1986). (원제는 李磐松, 『朝鮮社會思想運動沿革略史』, 東京, 嚴南堂, 1934). 이것은 坪江汕二(이반송의 일본 이름), 『朝鮮民族獨立運動秘史』(1966)의 내용과 거의 같다.

해방 운동의 제 일보를 내딛었다.[47]

이 자료는 지금까지 많은 글에서 비판 없이 받아들여 형평운동의 창립
배경으로 활용되고 있다.[48] 그러나 형평사가 창립된 지 10여년이 지난 뒤
기록된 이 자료는 다음 몇 가지 점에서 사실에 부합되지 않아 진위 여부가
의심스럽다. 첫째, 형평사 창립의 계기가 이학찬 개인의 자제 교육에 대한
차별 경험이었다는 점이다. 자제 교육을 시키려던 이학찬이 백정이라고 차
별하는 것에 화가 나서 비백정의 찬동을 받아 조선형평사를 창립하였다는
것이다. 그런데 일제의 기록을 전혀 알지 못하는 진주 사람들, 특히 형평사
원이나 그 후예들이 이학찬에게 홍역으로 얼굴에 흉터가 많은 딸이 하나 있
었다고 증언하는 것으로 미루어,[49] 정규 학교의 입학 기회가 절대 부족한 당
시 상황에서 이학찬이 딸의 교육을 위해서 "몇 번이나 공·사립학교에 입학
시키려고" 했는지 의구심이 생긴다. 또, 1920년대 초 진주 지역에는 정규 학
교나 야학에서 교육이 활발하였지만,[50] 형평사 창립 이전에 백정들의 학교

---

47 이반송, "조선의 사회운동," 이반송·김정명, 위의 글, 66쪽. 이것은 조선총독부 경무국 기
    록과 비슷하지만 약간 더 자세하게 서술되어 있어서 이 글을 인용하였다.

48 형평운동에 대한 최초의 연구논문인 金義煥, 위의 글(1967), 51-90쪽; 이와 비슷한 내용인
    金義煥, "日帝下의 衡平運動,"『韓國思想』제9집(1968), 177-208쪽; 최근의 논문인 김준형,
    "진주 지역 형평운동의 역사적 배경," 형평운동 70주년 기념사업회 엮음,『형평 운동의 재
    인식』(도서출판 솔, 1993), 31-64쪽; 일본인 논문인 池川英勝, "朝鮮衡平社運動へして,"『朝
    鮮學報』제83집(1977. 4), 141-162쪽. 이러한 내용은 여러 통사책에서도 반복되고 있다. 金
    義煥, "平等社會를 위하여: 衡平運動,"『韓國現代史』제8권(新丘文化社, 1971), 357쪽; 李瑄
    根,『大韓國史』제10권(新太陽社, 1973), 208쪽; 독립운동사 편찬위원회,『독립운동사』제
    10집(대중투쟁사) 5장(형평운동)(1980), 726-727쪽; 김윤환, "노동운동의 성격," 민족운동
    총서 편찬위원회 엮음,『민족운동총서』제9집(대중운동), (민족문화협회, 1981), 150쪽; 김
    해영,『진주 역사』(문화고을, 2010), 144쪽.

49 이춘엽(李春葉, 강상호 부인, 1902년생) 대담(1984. 5. 9, 1986. 5. 17); 형평사원이었던 ㄱ.
    ㅁ.ㅅ.(1909년생) 대담(1986. 5. 19); 형평사원의 아들인 ㅈ.ㅌ.ㄱ.(1929년생) 대담(1986.
    5. 18).

50 진주 지역의 교육에 관하여 제2부 제2장 볼 것.

입학이나 그와 관련된 차별대우를 받았다는 자료를 찾을 수 없다. 설령 위의 기록이 사실이라고 하더라고, 개인의 불만 때문에 형평사를 창립하였다고 보는 것은 형평운동이 일어난 역사적, 사회적 조건을 간과할 가능성을 낳게 된다.

둘째, 이학찬이 주도하여 조선형평사를 창립하였다는 점이다. 우선, 창립 당시 명칭은 '조선형평사'가 아니라 '형평사'였다. 이것은 편의상 조선에 있는 단체라는 의미에서 쓴 오류일 수도 있다. 그렇다고 하더라도, 이학찬 주도설은 명백한 오류다. 이학찬은 진주 지역 백정 공동체의 유력자였지만 대부분의 자료가 강상호나 장지필이 창립을 주도하였다고 기록하고 있기 때문이다. 또 창립 이후의 활동에서도 이학찬보다 그 두 사람의 역할이 훨씬 컸다.[51] 『조선일보』는 진주 지역의 활동가들이 백정들을 설득하여 형평사를 결성하였다고 보도하였으며, 그 이후 일련의 신문 보도에서도 이학찬의 활동 내용은 별로 찾아볼 수 없다. 창립된 뒤 10여 년이 지난 일제 경찰의 기록보다 당시 상황을 보도하고 있는 언론이 더 사실에 가까울 것이라고 판단된다.

셋째, 수평운동의 치열한 전개가 형평사 창립의 계기가 되었다는 점이다. 조선의 백정과 일본의 부락민은 특정한 직업에 종사하며 전통 사회의 신분 질서에서 천민으로 사회적 차별을 받아온 역사적 유사성을 갖고 있으며, 또 형평사 창립 1년 전인 1922년 3월 수평사(水平社)가 창립되었고, 두 단체의 명칭도 비슷하다는 점에서 이와 같이 짐작하였을 것으로 판단된다. 그러나 수평사의 활동이 형평사 창립에 영향을 미쳤다는 것은 어디에서도 근거를 찾을 수 없다. 일본 부락민들의 신분해방 단체인 수평사 관련 소식, 특히, 보수주의적인 국수회(國粹會)와의 충돌 사건을 보도한 『조선일보』와 『동아일보』를 통하여 지식인들이나 백정들이 수평사를 알게 되었으리라 짐작

51　김중섭, 위의 글 (1994).

되지만,[52] 그것이 형평사 결성에 직접 영향을 미쳤다고 보기는 어려웠다. 게다가 이학찬이 일본 관서지방의 수평사 활동에 대하여 알고 있었다는 증거도 찾을 수가 없다. 오히려 형평사 창립 이전부터 백정운동이 있었으며, 3·1운동 이후 사회운동에 열성적으로 참여하던 활동가들이 백정 문제에 대하여 관심을 갖게 되었다는 것은 진주의 사회적 경험을 통하여 형평운동이 일어났다는 것을 보여준다. 그리고 창립 초기에 형평사 지도자들이 수평사와의 관계를 부정하며 수평사와의 교류에 소극적이었다는 점은[53] 형평사 창립이 수평사 영향으로 이루어진 것이 아니라는 것을 보여주는 증거라고 판단된다.[54]

이와 같이 역사적 사실이 정확하지 않을 뿐만 아니라 형평운동의 역사적 상황과 의미를 올바로 이해하는 것을 가로막는다는 점에서 일제의 이 기록은 바로 잡아져야 할 것이다. 한편, 형평사 조직 과정과 창립식에 대한 또 다른 자료는 김용기의 기록이다.[55] 그는 경상남도 역사를 쓰면서 형평사 창립을 주도한 핵심 인물인 신현수의 증언을 토대로 형평사 창립 과정을 다음과 같이 기록하였다.

그(신현수)는 본래 양반집 자제로서 한학을 공부하다가 경술년 한일 합방 후 맨 먼저 신사조에 접하고, 일찌기 국권 회복의 민족 운동에 투신하여 기미 독립 운동 때에는 그 전위대로서 역할을 하였다. 그 후 그는 기미 독립 정신을 곧게 지니고, 민족 해방의 첩로는 민중의 계몽 국민 교육이 선결 문제라는 사

---

52 『조선일보』 1923년 3월 22일, 24일, 4월 21일, 5월 15일;『동아일보』 1923년 3월 21일, 22일(사설), 24일, 25일. 형평사와 수평사의 관계에 관하여 김중섭, "한국 형평사와 일본 수평사의 인권 증진 협력 활동 연구,"『사회와 역사』 제84집(한국사회사학회, 2009), 133-175쪽.

53 장지필은 "형평사가 수평사와 악수할 것이라고 주목하지만 백정 해방을 이루고 평등대우만 받으면 더 바랄 것이 없다"고 말한다. 『동아일보』 1923년 5월 20일.

54 김중섭, 위의 글(2009), 133-175쪽.

55 金龍基, 위의 글, 810-824쪽.

회적 풍조에 따라서, 진주에서 몇 동지와 합세하여 유치원과 보통학교 설립을 발기하였다. 그러나 일시에 거액의 융통할 길이 없어서 유지의 기부금을 요청하였으나 그것 역시 여의치 않아, 당시 천시하는 백정 계급에 돈이 많다는 소문을 듣고 그 대표자인 강상호(지난 가을 (1957년) 72세로 반성에서 별세)를 방문하여 그 취지를 말하였더니 일언지하에 쾌락을 받았다 한다. 이때는 바로 기미 독립 만세 후 4년째인 1922년 겨울이었다. 그를 기회로 강씨와 친교가 깊어져서 학교 설립을 추진하던 중 그 다음해 3월에 전라북도 정읍에 본거지를 둔 보천교 본부에서 교도 확대 축하회가 있었는데, 그 식에 참석하는 지방 대표에 대하여는 선전비로 대금을 급여한다는 진주 지구의 신도대표 조우제(고인)의 말을 듣고 그 대금을 받아다가 교사 건축 자금에 충당하자는 의견의 일치를 보고 진주 지구의 신도대표라는 명목을 띠고 신현수, 강상호, 조우제 등 32명(강씨 외는 전부 양민 자제)이 정읍에 출장하였다. 때는 1923년 3월 중순이었다……. 신, 강 두 사람은 정읍 출장을 후회하며 진주에 먼저 돌아왔는데, 그 귀로에 양인(兩人)은 더욱 의사가 상통하여 여러 가지 사회 문제를 비롯하여 우리 민족 광복 문제에까지 발전하게 되었다. 거기에서 만족 광복 운동에는 민족의 계몽과 단합이 가장 필요하다는 것과, 당시 근 40만 명의 백정은 별거하여 같은 단군 성조의 후예로서 차별 천시 당하고 일반 양민과 분리되어 국경 아닌 국경이 동포 간에 존재하고 있으니 먼저 이것을 시정하여야 한다는 의견의 일치를 보았다. 그래서 민족 전선의 급선무는 백정 계급의 해방이 그 선결책이라는 결론 하에 그 결사의 명칭을 생각하게 되었다. 신씨는 이미 일본의 동태와 사상적 변천을 짐작하고 있던 참이라 "일본에서도 신평민의 해방 운동으로서 수평사 운동이 맹렬히 전개하고 있다. 우리는 수평보다 더 뜻이 깊은 저울같이 공정한 평등을 주장하는 뜻에서 형평(저울은 백정들이 고기 가게에서 항상 사용하고 있는 것이니 그 뜻도 내포하고 있음)이라고 하는 것이 좋을 듯하오."라고 제안하니, 강씨는 절대 찬동하고 그 자리에서 (동지 장지필(현재 의령 거주 당년 75세)을 추천하고 진주에 도착하는 대로 동지를 규합하여 적극적인 활동을 전개할 것을 굳게 약속하였다 하니, <u>형평운동의 태(胎)는 신씨의 제의로 백정 출신인 강씨의 협조자를 얻어서 1932년 3월 하순경에 결성하였다</u>(밑줄은 글쓴이가 덧붙임)는 것을 알 수 있다. 이 사실은 재작년 강상호 생존시에 방문하여 그것을 질문하였던 바 일치하였고, 또 기타의 사실에 있어서도 별 차이가 없으므로 신씨 담화를 위주한 것이다. 그 해 4월 15일 신현수, 강상호, 장지필의 수명은 형평운동의 준비 회합을 열고 취지 목적을 결정하고 결성대회를 4월 25일로 결정하였다……. 1923년 4월 25일은 형평사 결성의 역사적 대회일이었다. 이 대회에서 신현수를 정식 회장에, 강상호를 부회장에, 장지필을 총무에 각기 위원으로 선출……56

이 글은 형평운동 참여자의 증언을 토대로 썼다는 점에서 의미가 있다. 형평사 창립 지도자인 신현수는 3·1운동 직후 교육 증진을 위한 활동이 활발한 사회적 분위기에서 교육기관 설립을 위하여 부유한 백정 지도자인 강상호를 접촉하였으며, 교육 활동 자금을 확보하기 위해서 그와 함께 보천교를 방문하였다가 귀로에 의기투합하여 형평사를 창립하게 되었다고 증언하였다. 곧, 형평사는 교육 기관을 설립하려는 의도 아래 이루어진 비백정들과 부유한 백정들의 교류를 계기로 만들어졌다는 것이다. 그러나 이 글은 지나치게 신현수 개인의 기억에 의존하여 사실에 부합되지 않는 것을 기록하는 오류를 범하고 있다. 우선, 신현수의 제안으로 백정 강상호의 동의를 얻어 형평사가 시작되었다는 점이다. 그러나 강상호가 백정이라는 것은 당시의 여러 자료나57 그의 경력을 볼 때 사실이 아니다.58 둘째, 형평사 창립

---

56 위의 글, 816-818쪽.

57 강상호를 양반, 일반인, 청년진보 사상가라고 기록하고 있는 이반송, 위의 글, 66쪽; 柏本守人, "白丁の差別撤廢運動-朝鮮衡平社について,"『東洋』제29권 3호(1926. 3), 39-40쪽 볼 것.

58 강상호(姜相鎬, 구명 姜璟鎬)는 1887년 진주에서 나서 1957년 9월 20일(음) 경남 진양군 반성면에서 세상을 떠났다. 그의 아버지는 부농으로서 대안면장을 역임하며 봉양학교를 설립하였다(『경남일보』 1910. 5. 26). 그는 서당에서 한문을 배웠고, 진주 제1보통학교(오늘날의 진주초등학교) 1회(1909) 졸업생이며(14명의 졸업생 합동 사진), 학창 시절에 국채보상운동에 참여하였다(『매일신보』 1907. 4. 13). 그리고 1910년에 공립 진주실업학교에 합격하였으며(『경남일보』 1910. 6. 13), 사립 봉양학교(1919년에 진주 제2보통학교로 바뀜. 오늘날의 봉래초등학교로 이어짐)의 운영에 참여하였으며(사립 봉양학교 4회 졸업식 사진은 강상호가 당시 진주 최대 지주였던 김기태와 나란히 앉아 졸업생들과 찍은 장면을 보여줌),

일에 회장 신현수, 부회장 강상호, 총무 장지필이 선출되었다는 점이다. 이 것 역시 다른 자료의 기록과 맞지 않다. 『조선일보』에 따르면 창립일에 선출된 임원진은 위원, 간사, 이사, 재무, 서기 등의 직제였고, 최고 직제인 위원은 위계 개념이 없었다.[59] 당시 이것을 보도한 『조선일보』의 진주지국장이 신현수였다는 점에서 30여 년 전 일에 대한 76세 노인 신현수의 증언은 정확하지 않을 가능성이 높다고 판단된다. 셋째, 교육 활동에 필요한 자금을 얻기 위하여 백정 지도자인 강상호를 만났다는 점이다. 이것도 시기적으로 사실에 부합되지 않는다.[60] 게다가 강상호는 이미 사립 봉양학교를 운영하고 있었다는 점에서[61] 그럴 개연성이 낮다고 판단된다. 김용기는 신현수

3·1 독립만세 운동 때 참가하여 1년 복역했고(『매일신보』 1919. 4. 23, 25), 『동아일보』 진주지국 초대 지국장을 역임하였고(『동아일보』 1920. 4. 1;『東亞日報社』 제1권(1920-1945), (東亞日報社, 1975), 441쪽. 2대 지국장 김의진(金義鎭)이 1921년 3월에 취임한 것으로 보아 지국장으로 오랫동안 일하지 않은 듯함), 진주노동공제회에 참여하였다(『동아일보』 1923. 2. 24). 이상이 형평사 이전의 강상호 행적이다(그의 부인 이춘엽과 그의 손자 강병우(姜秉宇) 증언과 여러 자료 참조). 1923년 즈음에도 그는 형평사뿐만 아니라 진주공존회(『조선일보』 1923. 5. 9;『동아일보』 1923. 5. 10), 동우사(『조선일보』 1924. 10. 26), 사립 일신고등보통학교 설립 기성회(『동아일보』 1924. 3, 6, 10), 경남도청 이전 반대 운동(『조선일보』 및 『동아일보』 1924. 12, 1925. 1. 여러 곳)에 참여하였다. 그러나 그가 형평운동에 제일 주력하였기 때문에 그의 친구들은 "강상호가 역사의 한 페이지를 쓰려고 형평운동에 매달린다"고 농담하였다고 이춘엽은 증언하였다. 이와 같이 형평사 활동에 매진한 덕분에 강상호는 백정 사회에서 존경받았던 것 같다. 형평사원이었던 ㄱ.ㅁ.ㅅ.은 그를 "앞장선 선각자"라며 증언하였으며(1986. 5. 19), 형평사원의 아들인 ㄱ.ㅁ.ㅎ.(1929년생)은 혈연관계가 없던 강상호의 손을 잡고 초등학교에 입학하였다고 기억하였고(1984. 6. 7), 초기 형평사의 핵심 간부의 아들인 ㅈ.ㅌ.ㄱ.(1929년생)은 자기 아버지가 명절 때마다 노년의 강상호에게 고기를 보내주었다고 증언하였고(1986. 5. 18), 형평사원의 아내인 ㅈ.ㅅ.ㅇ.(1912년생)은 강상호가 세상을 떠난 뒤 축산기업조합장으로 장례를 치러주었다고 증언하였다(1986. 5. 21). 강상호의 일대기를 기록한 김중섭, "백촌 강상호," 『문화고을 진주』 제3호(진주문화연구소, 2009), 352-363쪽.

59 『조선일보』 1923년 4월 30일.

60 신현수가 강상호를 처음 만난 것은 1919년 3·1운동 즈음이거나, 진주 제1보통학교 2년 선후배였다는 점에서 초등학교 때로 거슬러 올라갈 것으로 짐작된다. 또 신현수의 증언대로 신현수가 경술합방과 기미독립운동으로 지역 사회의 교육에 관심을 갖고 있었다면, 이미 3·1운동 이전에 교육운동의 경험이 있고, 또 3·1운동을 주도하여 복역한 이후 여러 사회 운동에 참여하고 있던 강상호를 형평사 창립 이전에 만났을 것으로 짐작된다.

의 증언을 주로 활용하면서 강상호로부터 확인받았다는 점을 강조하였지만, 이 글은 형평사의 창립에 대한 설명으로서 여러 가지 미흡한 점이 많다. 예를 들어, 장지필을 제외하고 백정들의 참여나 역할에 대한 언급이 전혀 없다. 또 강상호와 신현수가 교육 활동 자금을 얻기 위해 정읍의 보천교 본부를 다녀왔다고 언급하면서[62] 그것이 어떻게 백정해방운동으로 이어졌는지 밝히고 있지 않다. 결국, 신현수가 경술국치와 3·1운동을 겪으며 투철한 민족의식을 갖고 교육, 언론, 형평운동에 열성적으로 참여한 진주 지역의 이름난 사회운동가였지만,[63] 지나치게 본인 중심의 진술이라는 점을 간파하지 못하고, 또 사실 여부를 올바로 확인하지 않은 탓으로 이 글은 편협하고 부정확한 기록이 되고 말았다. 또 교육 기관을 설립하기 위한 모금 과정에서 우연히 형평사가 만들어진 것처럼 묘사할 뿐 형평사 창립의 사회적 배경을 충분히 설명하지 못하고 있다.

요컨대, 일제 경찰이나 김용기의 기록은 형평운동의 형성 과정을 적절

61　朝鮮總督府內務部學務局,『朝鮮人教育 私立學校 統計要覽』(1915), 116, 124-125쪽.

62　그들이 1923년 3월 15일에 다른 사람들과 함께 정읍으로 떠났던 사실을 기록하고 있는『開闢』제4권 5호(1923. 5), 59쪽.

63　신현수(申鉉壽)는 1893년 7월 28일 진주에서 태어나 1961년 6월 9일에 진주에서 세상을 떠났다. 그의 선대는 진주 시내인 대안동에서 한약방을 하여 재산을 갖고 있었으며, 신현수대에 와서 남강 건너 망경동으로 옮겨 살았다고 한다(신현수의 손자 신영진(申榮珍) 대담, 1986. 5. 21). 그는 1911년 3월 진주 제 1보통학교를 졸업하고(진주중안초등학교 졸업생 명부), 진주청년회에서 활약하고(『동아일보』1923. 1. 14), 진주저축계 발기총회에서 감사로 선출되고(『동아일보』1921. 1. 14), 진주금주단연회 발기인총회에 발기인으로 참여하고(『동아일보』1923. 3. 29), 진주부업 장려회에 참여하였다(『조선일보』1923. 4. 21). 그리고 형평사 창립 당시 조선일보 진주지국장이었으며(1921년에 지국장 신현수 이름으로 조우제를 총무에 임명하는 것으로 보아 이전부터 언론계와 관계를 맺었던 것으로 짐작된다.『조선일보』1921. 12. 1), 형평사 창립 이후에도 진주공존회(『조선일보』1923. 5. 9;『동아일보』1923. 5. 10), 진주소유원(少幼院:『조선일보』1923. 10. 25), 진주기근구제회(『조선일보』1924. 10. 25), 동우사(『조선일보』1924. 10. 26)에 참여하였다. 1923년 11월에는 주로 친일 세력이 참여하는 진주면 협의회의원 선거에 당선되기도 하였다(『동아일보』1923. 11. 24). 신현수의 망경동 지역 교육활동에 대한 주민들의 감사 뜻을 적은 공적비가 2003년에 발견되었다. 이 비는 시민 단체인 진주문화사랑 모임의 주축으로 2005년에 다시 망진산에 세워졌다(『경남일보』2005. 6. 8).

하게 설명하지 못할 뿐만 아니라 그 역사적 의미를 파악하는 데 방해 요소를 제공하고 있다.[64] 앞서 살펴본 것처럼, 형평운동이 일어나는 배경에는 백정들을 둘러싼 여러 사회적, 경제적 조건이 작용하고 있었으며 진주의 역사적 경험과 사회적 분위기가 형평사 창립에 기여하였다는 것을 간과해서는 안 될 것이다.

2) 형평운동의 확산

진주 지역의 비백정 출신의 활동가들과 백정 출신의 지도자들이 백정 신분해방운동에 기여한 것은 형평사를 창립하였을 뿐만 아니라 전국의 사회운동으로 발전시켰다는 점이다. 그들은 발기총회에서 결의한 대로 형평운동의 확산을 위하여 빠르게 움직였다. 애초에 두 대로 편성하여 경남에만 가기로 하였던 선전대를 각 지역의 호응이 좋자 네 대로 확대 편성하여 삼남지역까지 방문하였다.[65] 그리고 5월 13일에 각지의 백정 공동체 대표자들을 진주로 초청한 가운데 형평사 창립 축하식을 거행하였다.

5월 13일 진주좌(진주극장)에서 열린 형평사 창립 축하식은 조선시대 신분질서에서 최하층으로 천대받던 백정들이 공개적으로 자신들의 활동 취지를 전체 사회에 널리 알리며 벌인 역사상 최대의 행사였다.[66] 일요일인 이날 아침 10시경에 간부들은 자동차 세 대로 나누어 타고 시내를 돌아다니며 7천여 장[67]의 선전지를 배포하였다. 그리고 오후 한 시[68]에 진주좌에 다시 모

---

64 후대의 많은 연구들이 이 두 입장을 소개하고 있다. 高淑和, 위의 글, 645-690쪽, 특히 663-666쪽; 李命吉, "身分制 해체와 衡平社운동," Ⅰ·Ⅱ·Ⅲ, 『晋州商議』 19호(1986. 4), 20(1986. 7), 21호(1986. 10), 특히 20호, 15-17쪽; 井口和起, "朝鮮の衡平運動: 衡平社の創立と初期の運動," 部落問題研究所 엮음, 『水平社運動史の研究』 제6권(1973), 277-298쪽, 특히 283- 284쪽.

65 『조선일보』 1923년 5월 14일.

66 이 날의 진행 과정은 『조선일보』(1923년 5월 19일)와 『동아일보』(1923년 5월 17일)를 바탕으로 구성하였다.

여 축하식을 거행하였다. 위원 강상호가 개회사를 한 뒤, 각 지방에서 온 대
표자 400여 명[69]을 점명하고 위원 신현수가 취지를 설명하였다. 이어 위원
정희찬이 여러 단체에서 보내온 수십 통의 축전을 낭독하였다. 축전을 보내
온 단체 가운데에는 북성회(北星會), 평문사(平文社), 점진사(漸進社), 적기사(赤
旗社) 같은 사회주의 계열의 단체들이 포함되어 있었다. 이어서 내빈 축사가
있었다. 사회운동가인 강달영(姜達永), 강대창(姜大昌), 조우제(趙祐濟), 이진우
(李珍雨)와 진주 주재 일본인 기자인 승전이조(勝田伊助)가 축사를 하였다. 진
주의 활동가인 남홍(南洪)이 "민족의 계급관"이란 제목으로 강연을 한 뒤, 다
과회를 하면서 여러 지방에서 온 대표들이 자신들의 경험담을 나누며 즐기
다가 하오 5시경에 형평사 만세 삼창으로 축하식을 마쳤다. 참석자들은 폐
회 이후에도 여흥을 즐기다가 오후 6시 30분경 해산하였다.

그 이튿날 5월 14일에 여러 지방대표 300여 명은 진주 청년회관에 다
시 모여 지방대표자 회의를 열었다.[70] 임시의장 신현수 사회로 조직과 운동
방향을 비롯한 여러 사항을 다루었다. 중앙 본부인 본사에 서무부, 재무부,
외교부(外交部), 교육부, 정행부(正行部)의 다섯 부서를 설치하고, 달마다 일정
한 수당을 받으며 실질적인 사업 진행을 책임지는 상무위원을 한 사람 두기
로 하였다. 그리고 본사 위원과 이사를 선임한 뒤, 상무위원으로 장지필을
뽑았다. 장지필의 상무위원 선임은 앞으로 형평운동 과정에서 그의 비중이
더욱 커질 것으로 예상되는 대목이었다. 또 각 도에 지사를,[71] 각 군에 분사
를 설치하여 형평운동을 대대적으로 넓혀가기로 하고, 그 계획의 일환으로

---

67 『동아일보』는 수만 장이라고 보도함.

68 『동아일보』는 오후 2시라고 함.

69 『동아일보』는 백정대표 100여 명과 기타 회원 500여 명이라고 적음.

70 『조선일보』 1923년 5월 21일.

71 이날 부산, 대구, 논산, 옥천의 지사 설치를 결정하고, 지사장으로 부산 조주선(趙周善), 대
구 김경삼(金慶三), 논산 천명순(千明順), 옥천 강태원(姜泰元)을 내정하였다. 이 네 사람은
지사장 이름으로 의연금을 냈다. 『조선일보』 1923년 5월 24일.

제2회 형평 대회를 충청 지역에서 열기로 하였다. 그리고 각 지방 대표와 개인들의 의연금으로 기본금을 마련하여 사업을 계속해 가기로 하고, 그 자리에서 의연금 2,200여원을 모았다.[72]

지방대표자 회의에서 결의한 대로 형평사 본사는 지사 및 분사 설립을 돕기 위하여 두 대의 순회단을 삼남 지역에 파견하였다. 제1대는 신현수와 장지필으로 구성하여, 5월 21일 대전서 충남북과 전남북 대표들이 모인 가운데 형평사 남선(南鮮) 대회를 열고,[73] 5월 22일에는 형평사 대전분사 설치를 도왔다.[74] 그 뒤 그들은 전남 정읍군 형평분사(5월 23일),[75] 전남 광주지사(5월 25일),[76] 목포분사(5월 27일),[77] 전북 김제의 서광회(5월 28일),[78] 군산분사(5월 30일),[79] 전북 익산군 이리의 동인회(5월 30일)[80] 등 여러 지역의 백정 단체의 창립 발기회나 창립 기념식에 참석하여 형평사 확산을 도모하였다. 그리고 신현수는 이리에서 본사의 사무 집행을 위하여 진주로 떠나고, 장지필은 전주지사의 창립(5월1일)을[81] 도운 뒤 공주에 와서 다른 대표단인 강상호와 이학찬에 합류하였다.[82] 그들은 임시로 논산에 설치되었던 충남지사를 충남도청 소재지 공주로 옮겨 놓은 뒤 창립총회를 열었다(6월 6일).[83] 그리고 그

72　『조선일보』1923년 5월 24일, '형평지사의 의연금' 내역.

73　형평사 남선 대회에 천안, 조치원, 공주, 옥천, 전주 등지에서 100여 명의 대표가 모였다.『동아일보』1923년 5월 28일.

74　『조선일보』1923년 5월 28일.

75　『조선일보』1923년 5월 27일.

76　『조선일보』1923년 5월 30일;『동아일보』1923년 5월 31일.

77　『조선일보』1923년 6월 2일.

78　『조선일보』1923년 6월 5일;『동아일보』1923년 6월 6일.

79　『조선일보』1923년 6월 4일;『동아일보』1923년 6월 6일.

80　『조선일보』1923년 6월 2일;『동아일보』1923년 6월 3일.

81　『조선일보』1923년 6월 10일.

82　신현수와 장지필로 구성된 순회단의 활동상은 자세하게 『조선일보』에 보도되었지만, 제2 순회단인 강상호와 이학찬의 활동상은 자세하게 보도되지 않았다. 이것은 신현수가 『조선일보』 진주지국장이었던 것이 작용한 결과라고 짐작된다.

들은 청주, 조치원, 천안(6월 9일)에서 분사 발회식을 가진 뒤[84] 대구지사의 발회 축하식에 참석하였다(6월 10일).[85] 그곳에서 본사위원 천석구를 만난 뒤, 장지필, 천석구, 이학찬은 밀양을 거쳐 진주로 돌아오고, 강상호는 삼랑진을 거쳐 부산에 와 있던 본사위원 하석금을 만나 함께 진주로 돌아왔다.[86]

순회단의 활동은 큰 성공을 거둔 것으로 평가된다. 이미 형평사 창립을 알고 있었던 각 지역의 백정들은 순회단에 협력하며 형평사 하부 조직 결성에 적극 참여하였다. 이러한 순회단 활동을 계기로 형평사 조직이 삼남 지방으로 빠르게 확산되는 등 형평운동은 전국으로 발전하였다. 순회단이 진주로 돌아온 뒤, 6월 15일 형평사 본사 사무소에서 임시의장 정희찬의 사회로 위원회를 개최하여 그 동안의 성과를 평가하고, 앞으로의 활동 방향을 의논하였다.[87] 이날 회의에서 지사 및 분사들의 창립 축하식에 보낼 파견위원으로 정희찬, 장지필, 신현수, 이학찬을 선정하고, 경남 각 지역의 분사 설치를 구체적으로 의논하였다. 그리고 본사와 부산지사에서 한 사람씩 추천한 위원들이 경남 각 지역을 돌아다니며 의연금을 모으기로 하였다. 또 본사 유지를 위하여 적당한 사업을 하기로 하고, 우선 사원의 출자와 본사의 기본금으로 인쇄업을 경영하기로 하였다. 직업 없이 어려움을 겪는 사원들에게 형평사원 업소에서 일하도록 알선하는 한편, 사원 교육을 위하여 적당한 교육 기관이 만들어질 때까지 야학 강습소를 운영하기로 하였다. 이를 위하여 강사를 초빙하여 매일 밤 두 시간씩 동사무소에서 간편한 교육부터 시작하기로 하고 교과 과정은 수양에 관한 것(수신, 修身), 일용 상식에 관한 것, 산술, 일어, 사회지식 강화와 국내외 사정을 파악하기 위한 각 신문의 중

83　『동아일보』 1923년 6월 11일.

84　『조선일보』 1923년 6월 16일; 『동아일보』 1923년 6월 16일.

85　『동아일보』 1923년 6월 10일.

86　언론 보도를 종합할 때, 제1순회단 신현수, 장지필, 제2순회단 강상호, 이학찬 이외에도 천석구, 하석금이 각 지역을 순회한 것으로 짐작된다.

87　『조선일보』 1923년 6월 21일 '형평 본사의 위원회'.

요 사항 탐독 등으로 구성하기로 하였다. 그리고 각 지사나 분사에도 야학 개설을 권하기로 하는 한편, 울산에서 일어난 형평 사원의 집단 항의 사건에 파견할 조사위원으로 신현수를 선정하였다.[88] 마지막으로, 형평 사원들은 일치단결하여 사업을 진작시키되 방해받을 때에는 서로 협동하여 적극 대처하기로 결의하고, 만일의 사태에 대비하여 8명의 호위군과 40여 명의 대원으로 결사대를 조직하기로 하였다.[89]

이와 같이 창립된 지 불과 2달 만에 형평사 활동은 빠르게 자리 잡아 갔다. 전국 각 지역에서 형평운동이 활기를 띠게 되었으며, 전국 사회운동 계의 한 축을 담당하면서 백정 차별 철폐를 통한 신분제 해체와 평등 사회의 구현을 통한 근대 사회로의 이행에 크게 기여하였다.[90]

3. 형평운동을 둘러싼 반응

형평사의 성공적인 창립과 형평운동의 빠른 발전은 지도부와 사원들의 적극적인 참여와 헌신 덕분이었다. 그러나 신분 차별을 없애려는 형평운동을 지지하는 세력과 반대하는 세력, 그리고 식민 통치 세력 사이의 역학 관계는 형평운동의 진행 과정의 주요 변수로 작용하였다. 그것은 새로운 환경을 만들려고 하는 사회운동의 역동적인 특성을 뚜렷이 보여주는 것이었다.

---

88 울산의 백정들이 경찰의 무리한 도수(屠獸) 단속에 집단 항의하면서, 그 사실을 진주 본사에 알려 와서 조사 위원을 파견하게 된 것이다. 『조선일보』 1923년 6월 14일.

89 이러한 결의의 배경에는 울산 사태뿐만 아니라 5월 20일 즈음에 일어난 진주 지역의 형평 운동 반대 움직임이 있었다.

90 이에 대한 자세한 내용은 김중섭, 위의 글(1994).

1) 후원 집단

형평사가 진주 지역의 직업적 사회운동가들과 백정 유지들의 협력을 통하여 창립되었기 때문에 처음부터 3·1운동 이후 진주 지역에 구축된 사회운동권의 지지 속에서 활동할 수 있었다. 특히, 직업적 사회운동가들이 갖고 있는 연결망은 형평사의 발전에 주요한 자원이 되었다. 우선, 백정들의 공개적인 활동인 형평사 기성회와 발기총회가 지역사회운동의 거점이었던 진주청년회관에서 열린 것 자체가 청년회의 협력을 보여주는 증거였다. 그리고 3주쯤 뒤에 열린 창립 축하식에서 지역 사회운동가들이 확실하게 지지와 후원을 아끼지 않는 것을 뚜렷하게 볼 수 있다.[91] 이 자리에 참석한 내빈들은 대부분 지역의 직업적 사회운동가들이었다. 축사를 한 강달영, 강대창, 조우제는 진주노동공제회의 핵심 간부였고, 이진우는 진주청년회 간부, 일본인 승전이조는 일본 언론사의 진주 주재 기자였다. 그리고 강연을 해준 남홍은 진주청년회 간부이자 동아일보 진주 주재 기자였다. 그들은 형평사 창립을 주도한 사회활동가들인 강상호, 신현수, 천석구 등과 함께 3·1운동부터 지역의 여러 사회운동에서 활동하고 있었다. 이와 같이 형평사는 창립 때부터 지역의 비백정들로부터 협력과 지지를 받고 있었던 것이다.

또 창립 축하식에 축전을 보내준 단체의 면면을 보면, 다양한 사회운동 단체가 형평운동을 지지하였다는 것을 알 수 있다. 그 가운데에는 사회주의 계열의 진보적 단체와 일본 유학생 단체도 있었다. 예를 들어, 사회주의 계열의 재일 유학생 단체인 북성회는 축전을 보내주었을 뿐만 아니라 기관지 『척후대』(斥候隊)를 통하여 형평사 창립 소식을 널리 알리는 등 형평운동을 적극 지지하였다. 특히, 『척후대』(斥候隊) 3호는 마치 형평운동 특집호인 것처럼 많은 지면을 할애하여 형평사 창립 관련 내용을 보도하고 있다.[92] "자

---

91 『조선일보』 1923년 5월 19일; 『동아일보』 1923년 5월 17일.
92 『斥候隊』 3호(1923년 5월 15일) 이여성(李如星)의 격문(1쪽), "형평사 주지" 전문과 이리의

세히 듣지 못 하였지만 굳세게 전진하라"는 내용의 격려문을 통해 형평운동 발전을 기원해 주었으며, "백정 단체의 형평운동이지만 자기들의 지위 향상과 대우 개선에 그치지 않고 장차 이 자본주의의 불공평한 사회를 파괴하고 사회주의의 형평한 사회를 건설하기까지 바라며 빈다"고 논평하며 형평운동과의 연대 의사를 밝히고 있다.[93] 이러한 점으로 미루어보아, 진주의 활동가들이 형평사 창립 이전에 다른 지역 사회운동 단체나 활동가들에게 창립 사실을 미리 알리거나 협력을 구한 것 같지는 않다. 그 대신에 형평운동을 전국으로 확산시키는 과정에서 창립 소식이 다른 지역에 알려지게 되면서 지지를 얻게 되었다고 짐작된다. 그 결과 불과 3주 뒤지만 창립 축하식에 즈음하여 많은 사회운동단체로부터 지지와 축전을 받게 되었던 것이다. 그래서 북성회의 경우에도 형평사 창립 사실을 뒤늦게 알게 되었지만 창립 축하식을 기회로 공식적인 지지 표명과 함께 협력 관계 구축을 희망한다고 밝혔던 것이다.

형평운동은 사회운동계뿐만 아니라 언론으로부터도 주목을 받았다. 형평사 창립을 주도한 강상호(『동아일보』초대 진주지국장 역임), 신현수(현직『조선일보』진주지국장), 창립 축하회 때 강연을 한 남홍(『동아일보』진주지국 기자 역임), 내빈 축사를 해 준 승전이조(일본 신문의 진주 주재 기자) 등은 전현직 언론인으로서 처음부터 형평운동에 깊이 관여하고 있었다. 그런 이유로『조선일보』와『동아일보』같은 언론은 형평운동 관련 소식을 심층 보도하였다. 3·1운동 이후 일제의 이른바 '문화 통치' 아래 창간된 신문이나 잡지들도 다른 사회운동의 활동과 마찬가지로 형평운동 관련 소식을 상세하게 보도하였다.

하나 흥미로운 것은『조선일보』와『동아일보』가 형평사 창립에 대하여 미묘한 입장 차이를 보였다는 점이다.『조선일보』는 2단 2,600자 분량의 기사를 통하여 형평사의 조직 과정과 주지를 자세하게 보도하였을 뿐만 아

동인회, 김제의 서광회의 취지서(7-8쪽)을 싣고 있다.
93 『斥候隊』3호(1923년 5월 15일), 8쪽.

니라,[94] 사설을 통하여 백정 단체의 당위성을 강조하며 앞길을 축원해 주었다.[95] 그 뒤에도 『조선일보』는 형평사가 생겨나 반상(班常) 철폐를 시도한다는 기사(5월 13일), 창립 축하식 행사 소식(5월 19일)을 싣고 있으며, "타파에서 단결까지 노력하기"(5월 21일)라는 사설을 통하여 형평운동이 단순한 계급의 평등 운동으로 그치지 말고 전체 각 계급의 해방 단결을 도모하는 운동이 되도록 힘쓸 것을 요청하는 등 형평사 관련 소식을 지속적으로 보도하였다. 그리고 6월 21일에서 6월 28일까지 8회에 걸쳐 일본 유학생으로 북성회 회원이며 척후대 편집위원인 장적파(張赤波, 張日煥)의 글 "조선 형평운동의 궐기 ― 일본 수평운동의 전진"을 실어 형평운동을 격려하였다.

반면에, 『동아일보』는 처음에 형평사 창립에 대하여 유보적인 입장을 보였다. 『동아일보』는 창립 사실을 보도하지 않았을 뿐만 아니라, 『조선일보』가 보도한 다음 날, 이미 모든 계급이 없어진 마당에 괜히 평지풍파를 일으키는 것이 아닌가 염려된다는 논지의 칼럼 '횡설수설'을 게재하였고,[96] 며칠 뒤 같은 내용의 칼럼을 반복하여 실었다.[97] 이 칼럼은 형평사 창립을 일본의 수평사 운동에 자극되어 이루어진 것으로 짐작하면서, 거죽만 보고 모방하는 것은 신중해야 한다면서, 여러 사람들이 형평운동을 일으킬 것이 아니라 형평을 깨뜨리는 자를 사회에서 제재하는 것을 강구하는 것이 필요하다고 주장하였다. 그렇지만 『동아일보』도 발기회 행사[98]를 알리는 짤막한 보도[99]와 창립 축하식 보도[100] 이후부터는 형평운동 관련 내용을 상세하게

94　『조선일보』 1923년 4월 30일.

95　『조선일보』 1923년 5월 3일 사설 '형평사의 분기'.

96　『동아일보』 1923년 5월 1일.

97　『동아일보』 1923년 5월 4일.

98　이것은 『동아일보』의 오보이다. 발기회가 아니고 창립 축하식이다. 그런 이유인지 5월 13일을 형평사의 창립일로 잘못 적고 있는 글도 있다. 金義煥, 위의 글(1967).

99　『동아일보』 1923년 5월 12일.

100　『동아일보』 1923년 5월 17일.

다루기 시작하였다. 사설을 통해 형평운동을 철저히 관철하여야 하며 일반 인들의 각성을 절규한다고 주장하였다.[101] 또 사설을 통하여 형평운동을 인정하면서 진행상에 과실이 없기를 바란다고 당부하고 있다.[102] 그 이후부터 동아일보는 형평운동 관련 기사를 더욱 상세하게 보도하였다. 특히, 5월 20일 즈음에 일어난 진주 지역의 형평운동 반대 움직임을 비교적 빠르면서도 상세하게 보도하여 사회적 관심을 불러 일으켰다.[103]

이런 점들을 종합해 볼 때, 『조선일보』는 처음부터 형평운동을 적극적으로 사회주의 계열과 연계하여 보려고 한 반면에, 『동아일보』는 처음에는 비교적 조심스럽게 접근하며 형평사 창립에 유보적인 입장을 갖고 있었다고 판단된다. 그렇지만 시간이 지나면서 『조선일보』와 『동아일보』는 다 같이 형평운동에 호의적인 태도를 갖고 관련 사항을 적극 보도하였던 것이다.

2) 형평운동 반대 활동

사회운동계와 언론이 형평사의 창립과 발전에 호의적이며 협력하는 입장이었지만, 사회 구성원들이 모두 우호적인 것은 아니었다. 사회 환경을 바꾸려는 사회운동의 특성상 기존의 질서를 유지하려는 집단의 탄압이나 그들과의 갈등이 빈번하게 일어난다. 이것은 이전에 백정들이 집합행동을 벌일 때마다 반복해서 일어났는데, 형평사의 경우에도 예외가 아니었다. 진주 지역에서 형평사를 반대하는 최초의 움직임은 아이러니하게도 조선시대에 똑같이 천민으로 차별받던 기생들에게서 일어났다. 기생조합이 형평사 창립 축하식 여흥에 기생들을 참가시키지 않기로 결정하였던 것이다. 그 뒤 비백정 주민들의 반발은 형평사 활동이 활발해지면서 드러나기 시작하였

---

101 『동아일보』 1923년 5월 18일 사설 '형평운동의 의의'.
102 『동아일보』 1923년 5월 29일 사설 '해방 운동의 일군: 형평사의 남선대회'.
103 『동아일보』 1923년 5월 20일.

다. 특히, 창립 축하식이 대대적으로 선전되고, 진주에서 제일 큰 건물인 진주좌에서 행사가 열리면서 반발 분위기가 더욱 심해졌다. 그러나 사소한 개인적 충돌은 있었지만, 5월 24일의 집단적인 반대 행동만큼 사회 문제로 비화되지는 않았다. 5월 24일에 진주 지역 24개 동리에서 온 농청[104] 대표자들이 중안동 사무소에서 모여 소고기를 사먹지 않기로 결의함으로써 진주 전역의 주민들이 형평운동을 반대하는 모양새가 되었다.[105] 형평운동이 시작된 이래 최초의 집단적인 반대 활동이었다. 수백 명의 주민들은 그날 저녁 늦게까지 '형평사 공격,' '새 백정 강상호, 신현수, 천석구'와 같은 내용의 깃발들을 들고 다니며 진주의 중심가인 대안동과 평안동에서 시위를 벌이고, 신현수와 천석구의 상점들을 공격하고, 강상호처럼 형평운동을 돕는 비백정 출신 지도자들의 집에 돌을 던지는 등 소란을 피웠다. 또, 일부는 설립 인가를 신청하기 위해 닦아놓은 일신고등보통학교의 터에 소를 끌어다 놓고 "새 백정 나와서 소 잡아라"고 고함치며 시위를 벌였다.[106]

주민들의 반대 활동은 그 다음날에도 계속 되었다. 반대 활동 주모자들은 소고기 불매운동을 벌이기로 결정하고, 마을마다 2명씩 감시자를 내세워 각 음식점을 점검하며 쇠고기를 사지 못하도록 하고, 고기를 사먹는 집은 벌을 주기로 하였다. 그날 저녁에는 술 취한 사람의 행패로 시작된 싸움에서 형평사원들과 반대 활동하는 주민들 사이의 집단 충돌로 확산되기도 하였다. 그리고 그 다음날 24개 동리의 농청 대표자 70여 명은 진주 도심지 가까이에 있는 의곡사에 모여 다음과 같은 내용을 결의하였다.

---

104 농청은 마을의 자치적인 협동 기구였다. 농악 놀이나 결혼, 장례 같은 마을의 큰 행사 때 필요한 기구를 관장하기도 하고, 며느리가 시부모를 구박하거나 백정이 신분 질서를 어기는 경우와 같이 전통적인 관습을 깨뜨렸을 때 해당자에게 벌을 주기도 하였다. 농청을 중심으로 백정들을 억압한 사례는 1912년 즈음에도 있었다고 한다. 위의 주19번 볼 것.

105 형평운동 반대 활동은 『동아일보』 1923년 5월 20일 '형평운동에 불평'과 5월 30일 '형평사회를 반대하여 우육(牛肉)의 비매 동맹' 보도 내용을 참조하였다.

106 이 내용은 이춘엽 대담(1984. 5. 9; 1986. 5. 17)에서도 확인되었다.

① 형평사에 관계하는 자는 백정과 동일한 대우를 할 것

② 쇠고기를 절대 사먹지 않을 것을 동맹할 것

③ 진주청년회에 형평사와 관계 맺지 못하게 할 것

④ 노동 단체에 형평사와 관계 맺지 못하게 할 것

⑤ 형평사를 배척할 것[107]

이 결의를 통하여 형평사뿐만 아니라 형평운동을 후원하거나 협력하는 사람들, 특히 진주청년회와 진주노동공제회가 공격 대상이라는 것이 드러났다. 이러한 반대 활동에 대하여 형평사 측에서도 적극 대처하였다. 삼남 지방을 순회 중이던 본사 위원 신현수가 급히 진주로 돌아왔으며, 나머지 본사 위원들도 순회를 마치는 대로 진주로 돌아와서 대책을 강구하였다. 급히 열린 형평본사 위원회에서는 형평운동을 방해하는 경우 적극적으로 공동 대처한다고 기본 입장을 정리한 뒤, 결사대를 조직하여 만일의 사태에 대비하기로 결의하였다.[108] 그동안 백정들의 활동이 반대 세력의 탄압으로 실패하였던 역사를 되풀이하지 않겠다는 의지를 표명한 것이다.

이와 같은 대치 상황에서 『동아일보』는 사설을 통하여 양 측이 오해를 풀고 문제를 해결하라고 촉구하였으며,[109] 진주의 사회운동 단체들도 일부 주민들의 반대 활동에 대한 대처 방안을 강구하였다.[110] 6월 7일 오전에는 강달영의 사회로 진주 각 단체연합회의 임시총회를, 또 같은 날 오후에는 조우제의 사회로 진주노동공제회 위원회를 열어 상황 파악과 공동 대책을 논의하였다. 진주의 활동가들은 일부 농민들의 반대 활동 배후에는 지주들과 보천교 세력이 있다고 보고 있었다. 선동자들로부터 자백 받은 것이라면

---

107 『동아일보』 1923년 5월 30일.

108 『조선일보』 1923년 6월 21일; 이춘엽 대담(1984. 5. 9; 1986. 5. 17). 이춘엽은 박달 방망이를 든 형평사원들이 형평사 사무실 앞 골목에 늘어서서 방위하면서 반대 세력의 공격에 대비하였다고 증언하였다.

109 『동아일보』 1923년 5월 31일 사설 '반형평운동: 화해 협조의 해결 바람'.

110 『조선일보』 1923년 6월 13일과 6월 15일; 『동아일보』 1923년 6월 27일.

서 진주노동공제회 위원회에 보고된 내용에 의하면 지주들이 소작운동을 주도하는 진주노동공제회 간부들을 곤경에 빠뜨릴 목적으로 "진주노동공제회 간부들이 형평사를 옹호하여 5천 여원을 받았고, 형평사 발기인들 몇 사람도 돈을 받았다"고 뜬소문을 퍼트려서 각 동네 농민들을 선동한 것이고, 또 보천교 측에서는 보천교 반대운동을 벌이는 사회운동 단체들을 파멸시킬 목적으로 농민들의 행동을 과장 선전하였다는 것이다.[111] 이와 같이 사회단체 활동가들은 농민들과 형평사원들 사이에 원한이나 대립이 있어서 형평운동 반대 활동이 일어난 것으로 보지 않았기 때문에 이 문제의 원만한 해결을 위하여 중재에 나서기로 하였다. 그에 따라 6월 18일 농민 집회에 가서는 농청의 형평사 반대 활동을 중단하고 소고기 불매 동맹을 취소할 것을 설득하는 한편, 형평사 측에게는 결사대 조직을 해체하고, 그 사실을 농청에 알리도록 하였다.[112] 이와 같은 사회운동가들의 노력 덕분에 형평운동 반대 활동은 더 이상 계속되지 않고 사그라졌다. 그 이후에도 진주뿐만 아니라 전국 곳곳에서 형평운동 반대 활동이 간헐적으로 일어나면서 형평사 측과 충돌을 빚었지만, 상설 조직에 의한 지속적인 반대 활동으로 고착화되지는 않았다.

3) 식민 통치 세력의 반응

형평운동은 조선의 신분질서의 차별 관습을 없애려는 운동이었지만, 일제 식민지 지배라는 시대적 상황을 벗어날 수 없었다. 조선 사람들의 모든 활동을 감시하는 일제가 형평운동을 감시 대상에서 제외할 리가 없었다. 그런데 일제는 형평운동에 대하여 이중적 태도를 갖고 있었다. 한편으로는 신분 차별 관습에서 비롯된 조선 사람들끼리의 갈등이나 싸움으로 보고 방

---

111 『조선일보』 1923년 6월 15일.
112 『동아일보』 1923년 6월 27일.

관하거나 조장하는 태도였고, 다른 한편으로는 식민지 지배에 위협하는 활동으로 변질될까 우려하며 감시하는 태도였다. 특히, 수평사 활동이 일본의 지배 체제에 도전하는 것이라고 보면서 형평사가 수평사와 협력하거나 연대하여 치안을 위협하지 않을까 우려하였다.[113] 그렇기 때문에 일제는 드러내놓고 탄압하지 않으면서도 경계심을 갖고 형평사 활동을 감시하였다.

이와 같은 일제의 이중적 태도는 진주경찰서의 처리 방식에서도 볼 수 있었다. 형평운동 반대 활동이 일어나자 진주경찰서장은 농청 대표들을 불러 "일본에서 예다(穢多)를 평민과 같이 대우하지 않을 뿐만 아니라 그들이 성공한 일도 없다. 형평사도 그렇게 될 것이니 농청에서 간섭할 것이 없다"며 그들을 무마하려고 하였다.[114] 수평사를 일으킨 부락민의 차별적인 옛날 호칭을 들먹이며 그들에게 형평운동이 성공하지 못할 것이라고 하였지만, 그 속셈은 사회적 분란을 막으려는 데 있었다. 한편, 형평사 간부들이 '도한'이나 붉은 점 같이 민적에 있는 백정 신분 표시의 삭제를 요구하자 경남 경찰부 고등과장은 시정을 약속하며 각 군청에 시정할 것을 지시하였다.[115] 여기에도 형평사 측의 요구를 어느 정도 들어주는 듯 하면서 긴장 관계를 만들지 않으려는 속셈이 있었다고 판단된다. 그러면서 다른 한편으로 형평사의 동태를 파악하며 감시하였다. 보기를 들어, 경기도 경찰부는 형평운동이 사회주의 선전에 오염될까 우려된다는 명목 아래 각 경찰서에 백정들의 직업, 연령, 재산 정도, 성격, 교육정도 등 인적 사항을 조사해 놓고 행동을 감시하면서 사회주의 경향을 보이면 단속할 것을 지시하였다.[116] 또한 총독부 기관지인 『매일신보』의 보도에서도 일제의 이중적 태도를 읽을 수 있다. 『매일신보』는 『동아일보』의 조심스러운 접근과 다르게 신속하게 형평사

---

113 형평사와 수평사의 협력 관계에 관하여 김중섭, 위의 글(2009).

114 『동아일보』 1923년 5월 30일.

115 『조선일보』 1923년 5월 14일.

116 『조선일보』 1923년 6월 5일: 『동아일보』 1923년 6월 5일.

창립 사실을 보도하면서도,[117] "이미 30여 년 전에 사라진 신분을 타파하겠다는 것은 공연히 평지에 풍파를 일으키는 것이 아닌가 반문하면서, 그저 일 좋아하는 호사가들이 꾸몄거나 신지식인이라는 무리들이 공연히 일자리나 밥거리를 만들려는 것이 아니냐."는 총독부 고관의 말을 인용하면서 부정적 입장을 보였다. 이 입장은 형평운동은 30년이나 뒤진 것이라는 사설을 통하여도 확인되었다.[118]

요컨대, 형평운동 초기 단계에 일제의 태도는 우려하면서 관망하고, 그러면서 감시하고, 백정과 비백정 사이의 충돌 해결에는 소극적이면서, 자기들과는 적대 관계를 만들지 않으려는 등 다중적이었다. 그러나 형평사가 전국 조직으로 발전하며 영향력을 확대해 가자, 일제의 감시와 탄압은 더욱 심해졌다. 형평운동을 둘러싸고 일어난 충돌 사건에서 언제나 형평사 측에 적대적인 입장이었으며, 형평사가 수평사와 협력하거나 다른 사회운동 단체와 연대 활동을 벌일 때마다 적극적으로 탄압하고 방해하였다.[119]

4. 창립 시기 형평운동의 특징

1) 참여자 배경

형평사 측에서는 통상 40만 형평사원이라고 주장하였지만 실제 참여자 수는 불분명하다. 백정 신분에 속했던 사람들은 사회적으로 형평사원이라고 인식되었으며, 또 실제로 가입 절차를 거치지 않았어도 자신을 형평사의

---

117 『매일신보』 1923년 5월 2일.
118 『매일신보』 1923년 5월 2일 사설 '백정 부족의 형평운동'.
119 자세한 내용은 김중섭, 위의 글(1994), 특히 165-179쪽; 수평사와의 협력 관계에 관한 일제의 반응에 관하여 김중섭, 위의 글(2009) 볼 것.

일원이라고 생각하였다. 그러나 일부가 적극적으로 형평운동에 참여하였고, 그 가운데 활동을 주도하는 핵심적인 집단이 형평사 지도부를 형성하였다. 그런데 형평운동의 창립과 초창기 발전에 기여한 기폭집단에 강상호, 신현수, 천석구 같은 비백정도 있다는 점이 형평운동 지도부의 독특한 모습이었다. 이와 같은 비백정의 참여는 부락민들만 참여한 일본의 수평사와 다른 점이었다. 그렇지만 형평운동이 각 지역의 백정들에 의해서 주도된 것은 분명하였다. 이러한 특징은 핵심적인 활동가들인 지도부 구성에서도 드러났다. 우선, 형평사 창립 당시의 지도부 집단으로 발기 총회에서 다음과 같이 임원이 선출되었는데, 백정들이 중추적인 역할을 하고 있는 것을 볼 수 있다.

- 위원: 강상호, 신현수, 천석구, 장지필, 이학찬
- 간사: 하석금(河石金),[120] 박호득(朴好得)
- 이사: 하윤조(河允祚), 이봉기(李鳳基), 이두지(李斗只), 하경숙(河景淑), 최명오(崔明五), 유소만(劉小萬), 유억만(劉億萬)
- 재무: 정찬조(鄭贊祚)
- 서기: 장지문(張志文)

단지, 집단 지도 체제 형식으로 형평사를 대표하는 위원 가운데 강상호, 신현수, 천석구[121]는 비백정 출신으로 여러 사회운동 단체에서 활동해

---

120 『매일신보』(1923. 5. 2)와 『조선일보』(1923. 5. 2)에는 하금석(河金石)으로 기록되어 있으나 형평사원 ㄱ. ㅁ. ㅅ.와 ㅈ. ㅅ. ㅇ.의 증언으로 미루어 볼 때 하석금(河石金)의 오식이라고 판단된다. 그 뒤에 『조선일보』(1923. 5. 24)도 하석금으로 기록하고 있다.

121 천석구(千錫九)는 진주 사람으로 종이, 장판 같은 품목을 취급하는 가게를 경영하였으며 강상호보다 젊었다고 한다(이춘엽 대담). 그는 형평사 창립 즈음에 진주금주단연회(『동아일보』 1923. 3. 29), 진주저축계(『동아일보』 1923. 9. 8), 보천교 소년회(『동아일보』 1923년 5. 10) 등 여러 단체에 참여하고 있었다. 그러나 형평사 창립 이후 다리에 병이 생겨 적극적으로 활동하지 못하였다고 한다(이춘엽 대담, 1984. 5. 9; 1986. 5. 17). 실제로 창립 이후의 형평사 관련 언론 보도 자료에서 그의 이름을 찾아볼 수 없다.

온 직업적 사회운동가들이고, 장지필, 이학찬은 백정 출신으로 백정 공동체의 유력자들이었다는 점이 특기할 만 하였다. 의령 출신의 장지필[122]은 대학 교육을 받은 지식인으로 1910년경에 도수조합 결성을 시도하였던 경험이 있었고, 이학찬은 진주 공설시장에서 정육점을 경영하는 재력가였다. 이러한 출신 배경의 차이를 활용하여 비백정 출신 지도자들은 지역 사회 구성원, 특히 다른 사회운동 단체들과의 연결고리를 맡고, 백정 출신 지도자들은 백정들을 동원하고 연결하는 역할을 맡았던 것으로 짐작된다.

반면에, 간사, 이사, 재무, 서기 등 실무 집단은 모두 백정 출신으로 진주 공설시장에서 고기 가게를 하는 사람들이었다.[123] 나이가 30대 중반에서 40대 초반이었던 그들은 다른 백정들보다 경제력을 갖고 있었으며, 동업 관계뿐만 아니라 혈연관계를 통하여 서로 연결되어 있었다. 이봉기와 이두지, 유억만(1881-1949)과 유소만(1885-1965)은 형제였고, 하윤조와 하경숙은 같은 집안 사람이었다. 그들은 백정들의 집단 거주지인 옥봉 지역에서 살거나, 비백정인 강상호와 이웃하여 살았던 정찬조(1889-1953)처럼 도심지로 이사해서 살고 있었다.[124] 이와 같이 그들은 직업, 혈연, 이웃 관계 등으로 서로 잘 알고 있었기 때문에 형평사 조직을 위해 함께 참여하는 것이 용이하였다.

이와 같이 형평사는 진주의 직업적 사회운동가들과 백정 공동체의 유력자들에 의해서 만들어졌고, 또 전국 조직을 지향하였지만, 형평운동이 확산되면서 지도부 구성도 달라지게 되었다. 우선, 5월 13일 창립 축하식 이후

---

122 장지필(張志弼)은 1882년 경남 의령(당시 의령은 진주 생활권이었다)의 부유한 백정 집안에서 태어나, 일본에서 대학 3년을 중퇴한 뒤, 총독부 취업을 시도하였다가 백정 신분이라는 것을 알게 되어 취업을 포기하고 백정 운동을 하게 되었다고 한다(『동아일보』 1923. 5. 20). 1910년 도수조합 설립을 시도하였으며, 형평사 창립에 참여한 이후 형평운동의 핵심적인 지도자로 활동하였다. 해방 후 그는 충남 홍성에서 세상을 떠났다. 그 후 그의 아들 장영제가 1964년에 평우사(平友社) 발기인 대회를 여는 등 형평사를 잇는 조직의 재건을 시도하였으나 성공적으로 진척되지는 않았다(김영대 대담, 1986. 1. 15).

123 그들의 배경은 형평사원이나 그 후손들과의 면담을 통하여 파악하였다.

124 그의 아들과 강상호 부인이 똑같이 증언하고 있다.

에 삼남 지방의 사람들이 대거 임원으로 참여하게 되었다. 축하식 이후 열린 회의에서 다음과 같이 임원 11명, 이사 24명이 선출되었는데 지도부의 출신 지역이 다양해진 것이 두드러졌다.[125]

- 위원: 강상호, 신현수, 천석구, 정희찬, 장지필, 이성순(李聖順), 조익선(趙益善), 박유선(有善), 이학찬, 이상윤(李相潤), 김경삼(金慶三)
- 이사: 하경숙 외 23인[126]

위원과 지사장에 선임된 지도급 인물은 진주의 강상호, 신현수, 천석구, 정희찬, 장지필, 이학찬, 부산의 이성순, 조익선, 조주선(지사장), 마산의 박유선, 이상윤, 대구의 김경삼(위원 겸 지사장), 충남 논산의 천명순(지사장), 충북 옥천의 강태원(지사장) 등이었다. 이전과 달리, 진주 출신 사회운동가 정희찬이 위원으로 합류하고, 마산, 부산, 대구 출신 위원이 대거 충원되고, 논산과 옥천의 지사장이 선임된 것이 특징이었다. 다른 지역 출신의 지도자들은 백정의 후예로서 소가죽 장사나 고기 장사로 재력을 쌓은 백정 공동체의 유력자들이었다. 한편, 하경숙을 제외한 다른 이사들의 명단이 알려지지 않았는데, 하경숙의 지위로 보아 위원들보다 비중이 낮은 인사들이 실무를 맡았을 것으로 짐작된다.

형평운동 초창기의 참여자 면모를 보여주는 또 하나의 주요 자료는 창립 축하식에 참석한 뒤 의연금을 낸 납부자 명단이다. 그들은 주로 밀양, 김해, 부산, 거창, 마산, 진주, 통영, 사천, 고성, 창령, 영산, 의령, 함안, 합천, 진해, 웅천, 창원, 덕산, 단성, 초계, 남해, 하동, 산청군 생초, 반성, 함양 등 경상남도 일원에서 온 사람들이었다. 그리고 충청남도 논산과 대전 등지에서 온 사람들도 있는 것으로 보아, 창립 축하식에는 경상남도 각 지역의 백

---

125 『조선일보』 1923년 5월 21일, 24일.
126 『조선일보』 1923년 5월 28일.

정 유지들이 주로 참석하였지만, 다른 지역의 백정들도 왔던 것을 알 수 있다. 이와 같이 창립 이후 한 달도 지나지 않아 형평사의 활동 범위가 경상남도 전역과 경상북도, 충청남북도에 이르는 삼남지방까지 빠르게 확산되었는데, 그러한 확대의 주역은 각 지역 백정 공동체 구성원들이었던 것이다.

2) 조직

창립 당시 제정된 '형평사 사칙'은 형평사가 전국적인 위계질서의 조직망을 갖춘 중앙 집권적 조직을 지향하였다는 것을 보여준다.[127] 본사를 중심으로 각 도에 지사를, 각 군에 분사를 두고, 각 지사 및 분사는 본사 사칙에 준용하는 규칙을 가지며,[128] 그 지방의 상황을 본사에 보고하도록 규정하였다.[129] 그리고 본사는 달마다 정기 총회를 열고, 위원회의 필요에 따라 임시 총회를 소집할 수 있도록 하였으며,[130] 각 지사 및 분사는 회원 100명마다 1명씩의 비율로 대표를 선정하여 총회에 참석시킬 수 있도록 규정하였다.[131] 그리고 사칙에 본사의 위치는 진주에 둔다고 규정하여[132] 형평운동 발상지인 진주가 중심지가 되도록 하였다. 당시에 대부분의 사회운동이 서울 중심으로 진행되는 관례에 비추어 형평사가 한반도 최남단에 있는 진주에서 창립된 것도 특기할 만하지만, 본사를 진주에 둔다고 규정하여 진주 중심으로 진행하고자 한 것도 흔한 현상이 아니었다. 그러나 창립된 지 얼마 지나지 않아 파벌 싸움이 벌어지면서 본사 위치가 전국적인 운동의 본부 역할을 하기에 너무 외떨어져 있다는 주장이 대두된 것으로 보아, 본사의

---

127 衡平社 社則(앞으로 '사칙'으로 줄임) 제2조.

128 사칙 제14조.

129 사칙 제15조.

130 사칙 제16조.

131 사칙 제16조 1항 및 2항.

132 사칙 제2조.

위치 문제는 초기부터 논란거리였던 것으로 보인다.[133]

　형평사 조직의 또 하나의 특징은 업무 분담 규정이었다. 사칙은 위원 5
인, 재무 1인, 간사 3인, 서기 1인, 이사 약간 명, 고문 약간 명을 두는 것을
명문화하고, 각각에 대한 책무를 규정하였다.[134] 곧, 위원은 위원회를 조직
하고,[135] 간사는 위원의 지휘에 따라 사무를 처리하고,[136] 이사는 이사회를
조직하여 중요 사항을 토의하며 그 상황을 위원에게 보고하며,[137] 재무는
재정을 관리하면서 위원회의 승낙을 얻어 금전 출납을 처리하며,[138] 고문은
본사 발전에 찬조하도록 하였다.[139] 그리고 각 자리의 임기를 1년으로 하
고[140] 정기 총회나 임시 총회에서 책임을 물을 수 있도록 하였다.[141] 그러나
이 규정은 5월에 열린 창립 축하식 즈음에 바뀐 것으로 짐작된다. 축하식 직
후 열린 위원회에서 위원 11명, 이사 24명이 선임되었으며, 매달 수당을 받
는 상무위원을 한 사람 두어 일을 관장하도록 하였기 때문이다. 그것은 활
동이 전국으로 확산되면서 조직 확대가 필요하게 되었기 때문에 취해진 조
치라고 짐작된다.

　형평사는 기본적으로 회원들의 회비로 운영되는 자발적인 결사체를 지
향하였다. 찬조금과 사원들의 의무적인 입사금 및 정례 회비를 통하여 조직
의 유지비용을 충당하도록 규정하고,[142] 사원들은 입사금 1원, 사비 매월 20

---

133 『조선일보』 1923년 6월 4일. 본사를 진주에 계속 두자는 주장과 서울로 옮기자는 주장이
　　대립하여 형평운동 단체가 둘로 갈라지기 조차하였다. 진주를 지지하는 입장은 주로 경남
　　지역 사원들이었다. 형평운동 내 파벌 다툼에 관하여 김중섭, 위의 글(1994), 제4장.
134　사칙 제7조.
135　사칙 제8조.
136　사칙 제9조.
137　사칙 제10조.
138　사칙 제11조.
139　사칙 제12조.
140　사칙 제13조.
141　사칙 제16조.
142　사칙 제17조.

전을 내도록 하였다.[143] 발기총회 때 의연금 600여원이 모였고, 창립 축하식 직후 회의에서 운영 자금 일만 원을 추렴키로 결정하고 그 자리에서 의연금 2,200여원을 모을 정도로 회원들이 열성적으로 후원하여 적어도 초창기에 재정적 어려움은 없었던 것 같다. 이와 같이 회원들의 적극적인 참여와 후원 덕분에 형평운동은 빠르게 전국 조직으로 발전하였다.

3) 목적과 지향성

형평사의 1차적인 목적은 신분 차별 철폐와 평등 대우였다. 발기회 때 나온 '형평사 주지'와 '형평사 사칙'은 이 점을 잘 보여주고 있다. 계급 타파, 모욕적 칭호 폐지, 교육 장려, 상호 친목을 목적으로 한다는 것을 사칙에 규정한 바와 같이,[144] 형평운동의 목표는 '계급 타파, 모욕적 칭호 폐지'로 상징되는 인권 운동, '교육 장려'가 뜻하는 생활 개선 운동, '상호 친목'을 내세운 공동체 운동이었다.

첫째, 인권 운동으로서 형평운동은 단체 이름이 뜻하듯이 모든 인간이 똑같은 권리와 대우를 받는 평등 사회를 만들고자 하였다. 이러한 목표는 "형평사 주지"의 첫 줄에 뚜렷하게 드러나 있다.

공평(公平)은 사회의 근본이요 애정은 인류의 본량(本良)이다. 연(然)함으로 아등(我等)은 계급을 타파하며 모욕적 칭호를 폐지하며 교육을 장려하야 우리도 참사람이 되기를 기(期)함이 본사의 주지이다.[145]

이어서 "형평사 주지"는 전통 사회에서 겪은 차별적 지위를 없애는 것

---

143 사칙 제6조 1항.

144 사칙 제3조.

145 "衡平社 主旨,"『조선일보』1923년 4월 30일; 김중섭, 위의 글(1994), 327쪽, 자료 1.

이 형평사의 제일 큰 임무라는 점을 분명히 밝히고 있다.

> 지금까지 조선의 우리 백정은 여하(如何)한 지위와 여하한 압박에 처(處)하
> 였는가. 과거를 회상하면 종일 통곡(痛哭)에 혈루(血淚)를 난금(難禁)할 바다.
> 이에 지위와 조건 문제 등을 제기할 여가도 없이 목전(目前)의 압박을 절규함
> 이 우리의 실정이오. 이 문제를 선결(先決)함이 우리의 급무(急務)로 인정할 것
> 은 적확(的確)한지라.[146]

오랫동안 차별받아온 신분 질서를 없애고 평등한 대우를 주장하는 사
회를 만들자는 형평운동의 1차적 목적은 전국 조직으로 발전하면서 백정 신
분 집단에 속했던 사람들뿐만 아니라 전국의 모든 사람들에게 뚜렷하게 각
인되었다. 그러한 인식은 다른 지역의 백정 단체 취지문에도 반영되어 나타
났다. 대표적인 보기가 형평사의 영향으로 전북 익산의 백정들이 만든 서광
회(曙光會)의 선언문이다. 이 선언문은 다음과 같이 '인권', '권리' 같은 낱말을
구체적으로 적시하며 인간으로서 가져야 할 기본 권리를 회복하는 것이 단
체의 목적이라는 것을 뚜렷하게 밝히고 있다.

> …… 白丁! 白丁! 不合理의 代名詞, 不自然의 代名詞, 侮辱의 別名, 虐待의
> 別名인 백정이라는 名稱下에서 <u>人權</u>의 蹂躪, 經濟의 搾取. 知識의 落伍, 道德
> 의 缺陷을 當하야 왓다. …… 그러므로 우리는 此 進化 法則에 依하야 向上하
> 려 한다. 여기에서 <u>權利</u>를 恢復하고 自由를 解放하려고 桎梏的 制度를 脫出하
> 며 傳統的 習慣을 打破하야 同民族的 差別을 撤廢하려는 同時에 侮蔑的인 白
> 丁이라는 名詞를 撤廢하야 우리의 歷史를 一層 新鮮케 하며 우리의 生活을 一
> 層 眞善美케하랴 한다……. (밑줄은 글쓴이가 덧붙임)[147]

---

146 위의 글.
147 "서광회 선전문,"『조선일보』 1923년 5월 26일;『동아일보』 1923년 5월 26일; 김중섭, 위의
　　글(1994), 328쪽, 자료 2.

둘째, 형평운동은 교육을 통한 생활 개선 운동이었다. 형평사 사칙에서 내건 목적인 교육 장려는 형평사원들이 절실하게 추구했던 내용 가운데 하나였다. 정규 학교에서 교육 기회를 갖지 못했던 백정들은 문화적으로 윤택한 삶을 누릴 수 없었다. 그렇기 때문에 백정들이 일반인과 같이 되기 위해서는 그들과 같은 수준의 생활을 해야 한다고 판단하고 스스로 삶의 질을 높이기 위하여 노력하고자 하였다. 그러한 노력의 구체적인 방법으로서 "교양을 높이며, 교육을 장려하고, 올바른 생활 태도를 갖는 것"을 설정하고 형평 중학의 설립과 형평 잡지의 발간 등을 모색하였다.[148] 이와 같은 맥락에서 사칙의 세칙으로 야학(夜學)이나 주학(晝學) 강습소를 설치하고, 신문 잡지의 구독을 장려하고, 수시로 강연을 하여 지식 계발을 장려한다는 점을 규정하였다.[149] 심지어 올바른 생활 태도를 가져야 한다는 점을 사칙에 반영하여, 품행을 올바로 갖고,[150] 풍기를 문란하게 하지 않고, 주색 및 도박을 하지 않을 것을 규정하였다.[151] 이와 같이 생활 개선 운동은 형평운동이 도모하였던 주요 목적 가운데 하나였다.

셋째, 형평운동은 공동체 운동으로서 회원들의 협동과 상호친목을 도모하였다. 거주 이동과 일반인들과의 교류가 활발해지면서 백정 집단의 공동체적 특성이 무너져 가고, 또한 백정들의 고유 산업이던 도축, 건피장 운영, 정육 등이 일본인 자본가들이나 비백정들에게 침식되어 가면서 백정들의 기득권이 사라져가는 상황에서 형평사는 사원들끼리 협동하고 도와주며 전통적인 공동체 의식을 회복하고자 하였다. 이런 점에서 검소하게 지내면서 서로 돕기를 조장하며,[152] 사원 가운데 질병이나 재난을 겪어 어려운 경

---

148 사칙 제19조.
149 사칙 細則 1항.
150 사칙 제6조 2항에 품행방정(品行方正)은 사원의 의무라고 규정한다.
151 사칙 細則 2항 및 3항.
152 사칙 細則 4호.

지에 빠지면 이사회의 결의에 따라 도와주기로 하고,[153] 사원이 상(喪)을 당하였을 때에는 이사회에서 결의하여 조위(弔慰)하고 다른 사원들에게도 알려 서로 조위하도록 하는 내용을 사칙으로 규정하였다.[154] 또, 본사 위원회에서 직업 없는 사원들에게 일자리를 마련해주기로 결의한 것도 이러한 공동체 운동의 특성을 보여주는 것이었다.[155] 오랫동안 특정 지역에 거주하며 혈연이나 직업 관계를 통하여 형성되어온 백정 공동체의 역사를 감안하면 이와 같은 공동체 운동의 특성은 자연스러운 것이었지만, 다른 한편으로는 공동체의 위기를 반영하는 것이었다.

그러면, 형평운동 배경에 깔린 이념은 무엇이었을까? 그 이념적 지향성을 사회주의 운동으로 파악하거나,[156] 자유주의적 개혁운동으로 보는 입장이 있는데,[157] 형평사 창립 단계에 한정하여 보자면 이 두 입장의 성격을 부분적으로 다 볼 수 있다.

우선, 형평사 창립 시기에 사회주의 경향의 단체와 연계된 것을 보게 된다. 창립 축하식의 내빈으로 참석한 이들은 대개 진보적인 활동가들이었으며, 축사를 보내 온 단체 가운데에도 사회주의 계열이 많았다. 또 형평사 반대 활동이 일어났을 때 형평사를 지원해 준 진주노동공제회도 진주 지역의 대표적인 진보 단체였다. 이런 점에서 형평사가 사회주의 영향을 받았을 개연성이 있다고 판단된다. 실제로 사회주의 단체인 북성회가 형평운동이 계급운동으로 발전하게 되기를 기대하였듯이, 사회주의 경향의 단체들은 형평운동이 사회주의 이념 아래 발전할 것으로 보았는데, 그러한 기대의 근

---

153 사칙 細則 5호.

154 사칙 細則 6호.

155 『조선일보』 1923년 6월 21일.

156 金俊燁·金昌順, 『韓國共産主義運動史』(高麗大學校出版部, 1969), 제2권 8장 5절.

157 陳德奎, "衡平運動의 自由主義的 改革 思想에 認識," 『韓國政治學會報』 제10집(1976), 169-181쪽; 진덕규, "형평운동의 사상사적 인식," 형평운동 70주년 기념사업회 엮음, 『형평운동의 재인식』(도서출판 솔, 1993), 11-30쪽.

거는 "공평은 사회의 근본"이라고 주장하며 '계급 타파'를 내걸고 있는 형평사 주지에 있었다.

그러나 형평사 창립 즈음의 진주 지역 상황을 살펴보면, 형평사가 사회주의 이념 아래 창립되었다고는 보기 어려웠다. 진주에는 훗날 공산주의 운동의 주요 지도자가 된 강달영 같은 사람이 노동공제회 중심으로 진보 세력을 이끌고 있었지만, 아직 사회주의 이념이 크게 확산되지 않았으며, 형평사 창립을 주도한 직업적 사회운동가들도 공산주의나 사회주의 계열에 속하지 않은 온건한 활동가들이다. 그렇기 때문에 온건한 사회운동가들과 백정 공동체의 유력자들이 이끄는 형평사는 사회주의 계열의 단체들이 기대한 것과 달리 사회주의 성격의 지향성을 보이지 않았다. 형평사 주지에서 언급하고 있는 '공평 사회'나 '계급 타파'의 개념은 마르크스주의나 사회주의 이념을 반영하는 것이 아니라 신분 차별 철폐의 개념이었다. 특히, 계급 타파는 전통 사회의 신분 질서를 없애자는 일상적인 구호로서 이념적 지향성보다 인류 사회의 기본 소망인 평등사회를 추구하는 것을 의미하였다. 이런 점에서 창립기의 형평운동은 자유주의적 개혁 운동의 성격이 강하였다고 판단된다.[158]

요컨대, 형평사 창립을 주도한 사원들의 면모나 활동 내용을 볼 때, 창립기에는 자유주의적 경향이 강하였지만, 훗날 형평운동이 전개되면서 사회주의나 민족주의에 연계된 다양한 이념적 성향이 혼재되어 있었던 것이다. 대표적으로, 1920년대 후반의 고려혁명당 사건에서는 민족주의 경향을 볼 수 있고, 1920년대 말의 해소론 논쟁이나 1930년대 초 형평청년전위 동맹 사건에서 보듯이 사회주의 영향도 확산되어 있었다. 곧, 형평운동도 시대적 조류에 따라 이념적 영향을 받았던 것이다.

---

158 陳德奎, 위의 글(1976); 진덕규, 위의 글(1993).

4) 전략

　사회운동은 목적 달성을 위하여 안팎 환경에 따라 전략을 세우고, 그에 따라 발전하게 된다. 이런 점에서 초기 단계의 형평운동은 몇 가지 전략적 특징을 갖고 있었다.

　우선, 형평사의 지도자들은 빠른 시일 내로 전국 조직을 만들려고 노력하였다. 형평사의 진주 본사는 창립하자마자 다른 지역에 대표단을 파견하여 창립 사실과 취지를 알리는 활동을 펼쳤으며, 대규모로 연 창립 축하식에 다른 지역의 백정 지도자들을 초청하여 형평운동의 취지를 알리고자 하였다. 그리고 창립 축하식이 끝난 뒤 중부 이남 지역에 순회단을 보내서 형평운동의 취지를 알리는 동시에 지사나 분사 같은 하부 조직의 설치를 독려하였다. 이와 같이 짧은 기간에 적극적으로 형평운동의 취지를 알리며 각 지역 백정들의 참여를 통한 조직 결성과 다른 사회운동 단체와의 연대 활동을 벌이는 전략은 형평운동의 빠른 확산에 크게 기여하였다.

　또 하나의 전략적 특징은 다양한 수단을 활용하여 형평운동의 취지를 알리고자 한 점이다. 특히, 일제의 통치 방식 변화라는 사회적 여건을 활용하여 언론 보도와 전단 살포를 최대한 활용하였다. 형평운동 관련 행사를 미리 언론에 알려 보도되도록 하였으며, 시가지에 전단을 배포하거나 행사 소식을 다른 지역에 알리는 등 홍보에 힘을 쏟는 전략을 구사하였다. 이와 더불어 행사를 거창하게 치르려고 하였다. 이러한 전략은 형평사 능력을 과시하며 참여자들에게 긍지를 심어주려는 의도에서 이루어졌다고 짐작된다. 예를 들어, 창립 축하식의 경우, 진주가 비교적 작은 도시인데도 당시로서는 귀한 자동차를 이용하여 전단을 뿌렸으며, 또 제일 큰 건물인 진주좌에서 행사를 열고 지역의 유명한 사회운동가들의 축사나 축하 전문의 낭독을 통하여 세를 과시하고자 하였다. 이와 같은 행사 절차는 당시의 일반적인 관행이기는 하였지만 백정들 행사에서는 유례가 없는 일이었다. 이러한 방식은 다른 지역의 형평사 행사에서도 널리 활용되었다. 이렇게 대규모의 공개 행사를 가지면서 다른 사람들에게 자신들의 존재를 알리려는 전략은 형평사에 반감을 가진 주민들의 반발을 불러일으키기도 하였지만, 형평운동을 사회 전체에 알리는 데 기여하였다고 평가된다.

한편, 전략적 측면에서 지배 세력인 일제를 자극하는 행동을 피하려고 하였다. 합법적인 범위 안에서 사원들의 교육이나 교양 함양 같은 온건한 방식의 활동을 벌였으며, 또 사회적 차별 대우를 없애기 위하여 경찰을 직접 방문하여 민적부의 백정 표시를 없애달라고 요구하거나, 관리들의 부당한 대우에 항의하거나, 차별 사건에 대한 경찰의 신속한 처리를 요구하는 등 권리 주장은 당당하게 하였지만, 그 방식은 온건하였다. 3·1운동 이후 사회 전반에 확산되어 있는 민족주의 정서가 형평사 내에도 깔려 있었지만, 기본적으로 일제와의 충돌이나 갈등을 피하려고 하였던 것이다.

5. 맺음말: 신분 사회의 와해

형평사 창립과 형평운동의 전국 확산은 신분 사회의 차별 관습을 철폐하고 평등 사회에 기초한 근대 사회를 만들어가고자 하는 주민들의 의지를 보여주는 상징적 역사였다. 특히, 형평운동의 역사는 조선 사회의 신분제 폐습을 뼈저리게 느껴 온 백정 신분 집단의 질곡 같은 삶의 경험이 바탕에 깔려 있고, 또 오랫동안 공고하게 구축되어 온 백정 사회의 공동체 의식이 작용하였고, 차별 없고 평등하게 대우받으며 사는 사회를 만들고자 한 백정 공동체의 지도자들과 진주 지역의 사회운동가들의 협력이 이루어낸 것이다. 특히, 전국적으로 연결된 백정들의 결속력과 연대감, 그리고 새로운 사회를 위해 활동하는 여러 사회운동 단체들의 협력이 형평운동의 빠른 확산과 발전에 중요한 요인으로 작용하였다. 이와 같이 차별과 불평등이 만연된 신분 사회의 폐습은 저절로 없어진 것이 아니라 주민들의 의지와 활동에 의해서 이루어진 것이었다. 곧, 형평운동의 역사는 뜻을 가진 사람들에 의해서 새로운 사회가 만들어진다는 것을 보여주고 있다.

그렇지만 차별 철폐와 평등 대우를 주창하는 형평사의 활동이 순탄하게 진행된 것은 아니었다. 백정들의 신분 해방 운동에 대한 불만을 가진 보수 집단과 신분제의 유습에 젖어있는 일부 주민들의 반대 활동으로 형평운동을 둘러싼 긴장과 갈등, 충돌이 간헐적으로 일어났다. 그러나 형평사 측의 단호한 의지와 집단적 대처, 그리고 사회개혁 세력의 주도적 중재 노력으로 그러한 갈등은 조직적으로 발달하거나 오랫동안 지속되지 않았다. 평등 사회를 향한 역사적 진행은 역동적인 과정을 겪었지만, 그 정신을 잃거나 방향은 흐트러지지 않았던 것이다. 그 결과 형평운동은 신분제의 폐습을 타파하면서 모든 사람이 차별 받지 않으며 존엄을 누릴 권리를 갖고 있다는 보편적 가치의 확산에 기여한 인권운동으로 발전하며, 한국의 인권운동 역사에 귀중한 발자취를 남겨 놓았다. 그리고 사회적 약자를 배려하고, 소수를 존중하는 형평운동의 정신은 평등 사회와 민주주의 사회로 나아가는 핵심적 지침이라는 점에서 형평운동의 역사는 후대에 더욱 높이 평가되고 있다.

3

지역 사회의 역동성과 농민운동

　　1922년 9월 4일 전국 최초의 소작노동자대회가 진주노동공제회(앞으로 '진주노공'으로 줄임)의 주최로 1,000여 명(경찰 추산은 250명)의 활동가들과 농민이 참여한 가운데 경남 진주에서 열렸다.[1] 진주청년회관에서 열린 이 집회에 참석한 각 지역의 소작인 대표들과 농민들은 요구 사항을 결의한 뒤 시가행진을 벌이며 소작문제를 사회 쟁점으로 부각시키고자 하였다. 전국적인 관심을 일으킨 이 대회를 기점으로 전국 곳곳에서 소작 농민들의 단결과 조직화가 급속하게 이루어졌다.[2] 이렇게 진주에서 전국적인 농민 집회가 열린 것은 농민운동과 관련된 진주 지역의 역사적 경험이나 사회적 여건과 무관하지 않았다.

　　진주 지역의 농민들은 이미 19세기 후반에 집합행동을 통하여 사회 변

1　『동아일보』1922년 9월 11일.

2　權斗榮, "日帝下의 韓國 農民運動," 尹炳奭 · 愼鏞廈 · 安秉直 엮음,『韓國 近代史論』제3권 (지식산업사, 1977), 152쪽; 오미일, "1920년대 진주 지역 농민운동," 진주농민항쟁기념사업회 · 경상대학교 경남문화연구원 엮음,『진주농민운동의 역사적 조명』(역사비평사, 2003), 108쪽; 淺田喬二 , "식민지 한국에서의 농민조직의 발전상황," 淺田喬二 외 7인,『抗日農民運動研究』(동녘, 1984), 11-27쪽.

동을 도모하였던 경험이 있었다. 그 가운데 특히, 1863년(임술년) 2월에 일어난 농민항쟁은 오랫동안 계획하고 준비한 집합행동이었다. 농민들의 항쟁이 일어난 것은 부패한 관리에 대한 불만에서 비롯되었지만, 그 배경에는 지주와 소작인으로 농민층의 분화가 가속화되면서 점점 커진 사회적 갈등이 깔려 있었다. 진주군 나동리의 1846년 토지 대장 분석에서 보듯이,[3] 19세기 후반에 농민층의 계층 분화가 가속화되면서 대농 지주가 대거 등장하고 영세농이 뚜렷하게 증가하였다. 이렇게 농민층의 분화가 확산되면서 빈농들의 삶은 더욱 어려워졌고, 피폐된 삶에 관한 불만이 점점 고조되어 갔다. 특히, 지주들이 많이 거주하는 진주 지역에는 농지를 소유하고 있는 지주와, 그들의 지시대로 농지를 관리하는 마름[사음]과, 그들로부터 농지를 빌려 농사를 짓고 소출의 일정 부분을 대가로 지불하는 소작인들 사이에 엄격한 위계질서가 형성되어 있었다. 이러한 위계질서는 진주 읍내보다 소작인이 주로 거주하는 주변의 농촌 지역에서 더욱 뚜렷하게 드러났다. 대지주들은 진주 읍내에 거주하였지만, 그들이 소유한 토지는 인근 지역에 있었다. 특히, 만석꾼으로 일컬어지는 대지주들은 멀리 함안이나 하동까지 토지를 소유하고 있었다.[4]

이렇게 계층 분화가 심해지고 상하 관계가 더욱 뚜렷하게 형성되면서 소작농들의 애환과 불만이 커져갔다. 결국 여러 날에 걸친 항쟁이 일어나게 되었고, 그 이후 전국 여러 지역에서 농민항쟁이 일어난 탓으로 마치 진주의 항쟁은 임술년 농민항쟁의 출발과 같은 상징적 사건이 되었다.[5] 그러나

---

3   金容燮, "晋州奈洞里 大帳의 分析: 1846年 晋州民의 農地所有,"『조선후기 농업사연구』I 증보판(지식산업사, 1995), 237-255쪽.

4   조사 과정에서 만난 진주 지역 노인들의 증언을 종합해 보면, 진주에는 흔히 만석꾼으로 알려진 지주들이 십수명에 이르렀다. 정명수(정상진의 큰 아들)는 실제로 추수 정도를 정확하게 파악하기 힘들지만, 진주의 제일 부호였던 김기태가 12,000석 지기였고, 정상진 등은 8천석, 김두태, 강재순 등은 수 천석을 하였다고 증언하였다.

5   李命吉·徐英培, "李祖 晉州民亂의 政治社會學的 考察,"『慶尙大學校 慶南文化研究所 論文集』제1집(1978); 김준형, 『1862년 진주농민항쟁』(지식산업사, 2001); 송찬섭, "1862년 농

임술년에 일어난 전국의 농민항쟁의 경험에도 불구하고, 부패한 관리들의 부당한 징세와 과도한 소작권을 행사하는 지주들의 횡포 아래 피폐해진 소작 농민들의 상황은 19세기 말 20세기 초에도 크게 달라지지 않았다. 19세기 말 삼남 지방을 걸쳐 일어난 동학농민전쟁이 진주 지역에도 영향을 미친 것도 이런 배경이 작용한 것이었다.[6]

더욱이 일제 침략이 가속화되면서 농민들의 상황은 더욱 악화되었다. 일제가 벌인 토지조사사업의 영향으로 농촌 지역의 토지 소유권 관행이 무너지고,[7] 일본에서 이주해 온 일본인 거류민의 영향력이 확대되는 상황에서 일제의 비호를 받는 일본인 대지주와 조선인 대지주가 크게 늘어나면서 소작인으로 전락하는 농민들이 많이 생겨났고, 소작 문제는 더욱 심각해졌으며, 소작인들이 겪는 삶의 질곡은 커다란 사회적 문제가 되었다. 이런 상황에서 1920년대 농민운동이 소작인 문제에 집중적으로 관심을 기울인 것은 아주 자연스러웠고, 그런 가운데 진주노동공제회가 소작노동자대회를 연 것이다.

1. 지역사회운동의 발전과 농민운동

1922년 9월 전국 최초의 소작인대회를 성공적으로 개최하면서 진주노공은 전국의 농민운동 단체뿐만 아니라 언론으로부터 주목을 받았다. 그리고 진주노공의 활동은 훗날 여러 논문의 연구 대상이 되었다. 진주노공은

민항쟁과 진주," 진주농민항쟁기념사업회 · 경상대학교 경남문화연구원 엮음, 『진주농민운동의 역사적 조명』(역사비평사, 2003), 13-58쪽.

6   김준형, "진주 인근에서의 동학군 봉기," 진주농민항쟁기념사업회 · 경상대학교 경남문화연구원 엮음, 『진주농민운동의 역사적 조명』(역사비평사, 2003), 59-104쪽.

7   신용하, 『朝鮮土地調査事業 硏究』(지식산업사, 1982).

조선노동공제회의 하부 조직의 성격을 갖고 있었기 때문에 전국의 노동공제회를 포괄적으로 논의하는 가운데 다루는 경우도 있지만,[8] 진주노공의 활동만 다루는 글도 여럿 있다.[9] 그만큼 진주노공의 활동은 학문적으로도 주목을 받은 셈인데, 전국적인 맥락에서 논의한 경우에는 진주 지역 농민운동의 고유한 특징을 제대로 보여주지 못하는 한계를 갖고 있고, 반면에, 진주 사례만 다룬 경우에는 진주의 지역 상황을 상세하게 반영하고 있지만, 진주 지역 전체의 역동적 변화와 연계하여 설명하지 못하였다.

이런 점을 고려하여 앞서 살펴본 다른 사회운동의 사례와 같이, 진주 지역의 농민운동을 지역사회운동의 복합성과 역동성을 반영하여 논의하고자 한다. 곧, 1922년 2월 19일 창립된 진주노공이 9월에 전국적인 대규모 집회를 주최하는 등 활발하게 농민운동을 벌일 수 있었던 것은 진주의 사회적 여건, 특히 제2부 제1장에서 본 바와 같이, 3·1운동 이후 활발하게 전개되고 있는 지역사회운동과 밀접하게 이어져있다고 보기 때문이다.

우선, 3·1운동 이후 활발해진 지역사회운동의 발전과 분화가 농민운동의 발전에 크게 기여하였다는 점을 확인할 수 있다. 3·1운동을 통하여 주민들이 사회 쟁점에 적극 참여하게 되었고, 그것은 여러 형태의 사회운동 발전으로 이어졌다. 특히, 초기에 청년운동 중심이었으나, 점점 다양한 목적을 가진 사회운동 단체가 늘어났다. 3·1운동 직후 1920년에 생겨난 단체들을 일견해 보더라도 소년회, 예수교부인회, 일신고등보통학교 설립 기성회, 야학회, 무직자 구제회, 저축계, 이발업조합, 유학생 학생회 등 다양하였다.

이 즈음인 1920년 6월, 서울에 있는 노동단체인 노동대회 총본부 임원

---

8   신용하, "조선노동공제회의 성립과 노동운동," 『한국의 사회신분과 사회계층』(문학과지성사, 1986), 71-201쪽; 박애림, "조선노동공제회의 활동과 이념"(연세대학교 석사학위 논문, 1992).

9   정연심, "1920년대 진주노동공제회의 조직과 농민운동의 발전,"『釜大史學』, 부산대학교사학회, 제21권(1997); 강대훈, "1920년대 진주지방 농민운동에 관한 연구: 진주노동공제회를 중심으로"(성균관대학교 석사학위 논문, 2000); 오미일, 위의 글, 105-139쪽.

김안수가 진주에 내려와서 진주 지역 활동가들과 함께 노동대회 진주지부
를 결성하였다.[10] 발기총회에서 회장 박재표, 부회장 김경서, 총무 강주한을
선임하고, 회원 1,600명이 가입하였다고 한다.[11] 이렇게 노동대회 진주지부
는 서울 단체의 하부 조직으로서 만들었지만, 실제로 그렇게 많은 회원이
참여하였는지, 또 활동을 지속하였는지는 의문이다. 당시 언론은 각 지역의
사회단체 활동을 소상하게 보도하고 있는데, 노동대회 진주지부에 관하여
는 창립 관련 보도 이외에 어떤 기사도 찾을 수 없기 때문이다. 온건한 성향
의 지역 유력자들로 구성된 간부진의 면모로 미루어 볼 때 '노동'을 내걸고
진보적인 활동을 계속하기가 어려웠을 것으로 짐작된다.

그 후 강달영, 김재홍, 박진환, 강상호 등 3·1운동으로 감옥에 갔던 지
도자들이 풀려나면서 진주 지역의 사회운동 영역은 더욱 확대되었는데, 그
들이 관여한 단체는 진주노공, 형평사, 번영회, 일신고보 설립 기성회, 보천
교 소년회, 동우사 같이 광범위하게 걸쳐있었다. 이렇게 3·1운동 이후 다
양한 사회운동이 활발하게 일어났다거나, 3·1운동에 관련되어 재판에 회
부되었던 사람들이 출옥 이후 다양한 사회운동에 적극 참여하였다는 점에
서 3·1운동의 경험은 사회운동을 폭발적으로 일으키는 학습 효과를 낳았
던 것으로 판단된다. 요컨대, 1922년 진주노공이 창립될 즈음에 진주에는
이미 청년운동, 종교운동, 교육운동 등 여러 단체들이 활동하고 있었으며,
또 진주노공이 만들어진 이후에도 여러 성격의 사회단체가 연이어 생겨났
다는 점에서, 진주노공의 창립은 다른 단체들과 마찬가지로 3·1운동이 낳
은 유산이었던 것이다. 그러나 진주의 진보적 사회운동을 이끄는 핵심 단체
라는 점에서 진주노동공제회의 역할이나 위상이 특별하였다. 그리고 '노동'
을 간판으로 내걸고 있지만 실제로 주요 활동 내용은 대다수 주민들이 관련
된 농민 문제, 특히 소작인 권익 증진에 관한 것이었다.

---

10 『동아일보』 1920년 5월 1일;『매일신보』 1920년 6월 24일.
11 『매일신보』 1920년 6월 24일.

물론 진주노공 이전에도 진주에는 농민단체가 있었다. 대표적인 것으로 형평운동 반대 활동을 주도한 농청(農廳)을 들 수 있다.[12] 농청은 명절이나 결혼, 장례 같은 마을의 행사를 주관하거나 그에 필요한 기구를 관리하였으며, 전통적인 관습을 지키는 역할을 맡아서 하는 마을 자치기구 성격이 강한 일종의 농민 단체였다. 이런 점에서 농청을 근대적 의미의 농민운동 단체로 볼 수는 없다. 반면에, 진주노공은 출발부터 자치기구 성격의 농청과 달랐다. 그것은 농민, 특히 소작인들을 위한 근대적인 사회 개혁을 도모하는 농민운동 단체였다. 3·1운동의 영향 아래 사회 개혁이 확산되는 사회적 흐름 속에서 만들어진 진주노공 활동가들의 성향은 보수적인 농청의 마을 지도자들과 달랐다. 그들 가운데에는 강달영, 박진환, 심두섭, 정준교, 강상호, 김재홍 같이 3·1운동을 주도하여 감옥에 갔던 경험을 갖고 있거나[13] 박태홍, 조우제, 고경인, 남해룡(남홍) 같이 청년회, 동우사 같은 사회단체나 『동아일보』, 『조선일보』 진주지국 같은 언론 기관에 종사하는 사회운동가들이 많았으며, 대부분 개혁적인 성향이 강한 활동가들로서 다른 지역사회운동 단체와 밀접하게 연결되어 있었다.[14]

1922년 2월 진주노공의 창립 당시 임원이나 1922년 9월 소작인대회와 그 이후 활동을 주도한 초창기의 지도세력은 노종자나 농민들이 아니라 개혁적인 지식인들이었다. 이것은 3·1운동 직후의 전국 사회운동 조류와 크게 다르지 않은 모습이다. 여러 단체에 겹쳐서 활동하고 있던 지식인들은 주력 단체가 진주노공이건 다른 사회운동단체이건, 3·1운동에 깔린 민족주의뿐만 아니라 부당한 사회적 관행을 개혁하고자 하는 문제의식을 공유하고 있었다. 곧, 사회적 관행을 바꿔 새로운 사회를 만들어가고자 하는 열망을 갖고 있었다. 그들이 적극적으로 지역사회운동을 이끌면서, 1920년대

---

12   제3부 제2장 주19번과 104번.

13   3·1운동 재판 회부자들의 경력을 정리한 제2부 제1장 〈표 1〉볼 것.

14   『동아일보』 1922년 3월 1일, 3월 30일, 5월 11일, 9월 11일.

초 진주 지역에는 사회 개혁적인 활동이 활발하게 일어났던 것이다. 예를 들어, 우리나라 최초로 결성된 어린이 단체이나 보천교, 천주교, 기독교 등 종교 기관의 소년단체들이 어린이들의 양육과 권익을 도모하는 활동을 벌인 것이나, 형평사를 창립하여 조선의 신분 사회에서 최하층민으로 차별받던 백정들의 신분 해방을 주창하며 전국으로 확산시킨 것이나, 주민들을 일깨우고자 교육의 기회 확산을 도모한 것이나, 여자기독청년회, 천주교여자청년회, 진주부인회 같은 여성단체들이 전통 사회에서 차별받던 여성 문제를 개혁하고자 활동한 것이나, 모두 조선을 지배하고 있던 불평등한 신분제나 사회 관행을 바꾸어 평등하고 정의로운 사회를 만들어가고자 하는 활동가들의 열망이 바탕에 깔려있었다. 진주노공이 주도한 소작제도 개선과 공정한 일의 대가 요구 활동도 이런 맥락에서 이루어졌던 것이다. 요컨대, 진주노공의 활동은 '새로운 사회를 향한 열망'을 담고 있는 진주의 사회적 분위기를 보여주는 또 하나의 대표적인 사례였던 것이다.

이렇게 지역사회운동 전반에 깔려있는 사회 개혁 분위기는 문제의식을 공유하는 활동가들 집단의 활동을 통해서 조성되어 갔다. 그들은 3·1운동을 겪으면서 강화된 민족의식을 갖고 있었고, 또한 개혁을 추구하는 사회적 열망을 구체적 활동으로 조직하고 유도하였다. 이들은 여러 단체에 참여하고 있었으며, 지역의 쟁점이 일어날 때마다 적극 개입하였다. 그래서 지역사회운동을 활성화시키는 원동력이었던 그들은 사회운동을 전업으로 삼아 활동하는 '직업적 사회운동가'로 인식되었다. 그들 가운데 진보적 입장을 가진 일군의 활동가들이 진주노공을 주도하였던 것이다. 그들은 소작 문제뿐만 아니라 진주 지역의 현안 문제를 해결하는 데 적극적으로 참여하였다. 보기를 들어, 일신고보 설립 운동이 제대로 진척되지 않자 학교 설립 인가 독촉을 위한 시민대회를 열기도 하고,[15] 형평운동 반대 활동이 일어났을 때

---

15 『조선일보』1924년 5월 14일.

중재 역할을 맡기도 하였고,[16] 도청 이전 문제가 생겼을 때 성명을 발표하며 반대 입장을 밝히기도 했다.[17]

그들은 기존 질서를 비판하며 새로운 사회를 만들고자 하는 의식을 공유하였다는 의미에서 서로 '동지'로 인식하며 강력한 연대감을 갖고 활동하였다. 그들의 활동이나 견해는 자연히 지역 사회의 여론을 주도하였다. 그러면서 같은 의식을 갖고 활동하는 사회단체 활동가들이나 사회운동 단체들은 자연스럽게 지역 사회의 의사 결정에 영향을 미치는 세력을 형성하게 되었고, 지역 사회에서도 그 집단을 '사회운동계' 또는 '사회운동권'으로 인식하였다. 이와 같은 활동의 중심에 진주노공의 활동가들이 있었다.

진주노공의 지도자들은 대개 전업 농민이나 노동자가 아니었다. 상대적으로 교육 수준이 높은 사회운동가들로서 대개가 진보적 입장을 갖고 있었다. 이것은 비백정 출신의 지식인이 형평운동을 주도한 것이나 부농 출신의 유력자 집안 자제들이 어린이운동이나 여성운동에 적극 참여한 것과 비슷한 양상이었다. 그들이 농민운동에 적극 참여한 동기는 불분명하지만, 진보적인 입장을 갖고 있었다는 점에서 개인적인 이념적 지향성이 작용한 결과라고 판단된다. 그것은 당시의 진보적 활동가들이 '새로운 사회 건설을 추구하며 농민 문제나 노동자 문제에 특별히 관심을 갖고 있었던 사회적 추세를 반영하는 것이었다. 그렇기 때문에 진주노공의 핵심 활동가들이 점차로 공산주의운동이나 사상 단체에 깊이 연루되어 활동하는 경우가 많이 생겨났던 것이다.

지금까지 살펴보았듯이, 1920년대 초 진주 지역의 농민운동은 3·1운동 이후 사회 개혁을 도모하는 여러 형태의 지역사회운동과 밀접하게 연관되어 생겨났다. 특히, 3·1운동 이후 직업적 사회운동가 집단의 존재와 사회운동권의 발전이 진주노공의 농민운동 발전에 크게 기여하였다. 농민운

---

16 『조선일보』 1923년 6월 13일과 6월 15일; 『동아일보』 1923년 6월 27일

17 『조선일보』 1924년 12월 14일; 『동아일보』 1924년 12월 14일.

동을 주도한 진주노공 지도자들은 다른 사회운동 단체들과의 긴밀한 연대 활동을 펼쳤으며, 다른 직업적 사회운동가들과 문제의식을 공유하고 있었다. 소작농들의 권익을 도모한 진주노공의 문제의식은 신분 차별을 겪던 백정이나, 전통 사회에서 억압 받아온 어린이나 여성 같은 사회적 약자들을 위한 활동의 문제의식과 상통하는 것이었다. 이런 점에서 1920년대 농민운동 자체의 성격과 발전을 파악하기 위해서는 진주의 농민운동과 다른 사회운동과의 관계를 이해하는 것이 필요하다.

2. 진주노동공제회와 농민운동의 발전

1) 진주노동공제회의 창립과 활동 내용

조선노동공제회 진주지부는 1922년 2월 19일 발기모임을 통해 정식으로 발족하였다. 조선노동공제회는 이미 전국 여러 곳에 지부를 갖고 있었는데 그 가운데 하나로 진주지부가 만들어진 것이다.[18] 곧, 1920년대에 진주의 농민, 노동운동을 이끌게 될 핵심 단체가 1920년 4월 서울에서 결성된 전국 규모의 노동단체인 조선노동공제회의 하부 조직으로 출범한 것인데, 이렇게 서울에 본부를 둔 단체의 하위 조직 형식으로 만들어진 것은 3·1운동 이후 지역 사회운동 단체가 서울의 영향 아래 생겨나는 사회적 흐름을 보여주는 것이었다.

서울의 조선노동공제회를 이끄는 지도자들은 사회주의 의식을 가진 활동가들과 온건한 지식인들이 혼재되어 있었다. 초기에는 노동자의 지식 개발, 품위 향상, 저축 장려 등을 강령으로 채택하는 등 계몽적 수준의 활동을

---

18   신용하, 위의 글; 박애림, 위의 글.

벌였지만, 1922년 4월 정기총회에서 사회주의 계열의 활동가들이 지도부를 구성하면서 소작인 문제에 관심을 갖기 시작하였고, 소작인조합 결성을 결의하기도 하였다.[19] 그 뒤 지도세력 사이의 파벌 싸움을 겪으면서 조선노동공제회는 1922년 10월에 조선노동연맹회로 명칭이 바뀌었다가 1924년 4월 차금봉의 고수파가 조선노농총연맹을 성립하면서 발전적으로 해체하였다.

그러나 서울 본부의 지도부 교체, 명칭 변경 같은 변화와 상관없이 조선노동공제회 진주지부의 조직은 계속 존속되었으며, 초기부터 조선노동공제회 진주지부와 함께 통용되어 오던 진주노동공제회라는 명칭도 1928년 2월 해체되어 진주농민연맹과 진주노동연맹으로 분리될 때까지 계속 유지되었다.[20] 그리고 진주노공은 창립하면서부터, 다시 말해 1922년 4월 조선노동공제회가 정기 총회에서 소작인 문제에 관하여 결의하기 이전에도 소작인 문제에 관심을 갖고 있었다. 그것은 진주 지역 상황을 반영하는 것이었다. 앞서 살펴보았듯이, 진주는 농업 중심 지역으로 지주와 소작의 위계질서가 엄격하였다. 게다가 많은 자작농들이 소작농으로 전락하게 되면서 소작 문제는 더욱 심각한 사회문제로 인식되었다. 그 와중에 3 · 1운동으로 감옥에 갔던 진주의 활동가들이 출옥한 뒤 노동, 농민 문제에 관심을 갖고 활동하면서 우선적으로 소작 문제를 다루기 시작한 것이다. 그들은 전국 조직인 조선노동공제회의 하부 조직을 결성하고, '노동'을 명칭에 내걸었지만, 주민의 대다수가 농업에 종사하고, 또 농민층의 분화와 더불어 소작인 수가 급증하게 되면서 더욱 심각해진 소작 문제에 관심을 기울였던 것이다. 진주노공 결성 직후부터 소작 상황을 조사하고 각 지역에 조사위원을 파견하는 등 소작 문제 중심의 활동을 시작한 것이다. 이와 같이 핵심적인 활동가 집단이 소작 문제에 관심을 갖고 있다는 자체가 이전의 노동 단체인 노동대회 진주지부와 크게 달랐다. 요컨대, 진주노공의 창립 배경이나 활동가들의 관

19　『동아일보』 1922년 4월 1일, 4월 5일.
20　신용하, 위의 글, 188쪽.

심에서 보듯이, 비록 명칭이나 조직은 조선노동공제회와 밀접하게 연결되어 있지만, 진주 지역의 상황을 반영하여 노동운동이나 농민운동이 생겨나고 진행되었다는 점이 두드러진 특징이었다. 따라서 진주노공의 활동이 서울의 영향 아래 생겨났다고 해석하는 것은 적절하지 않다.

이와 같이 소작인 문제에 관하여 독자적으로 전개된 진주노공의 활동은 여러 양상으로 나타났다. 창립 직후 소작 상황을 조사한 진주노공의 지도부는 각 면 단위까지 조직을 확대하며 소작운동을 적극 지원하였다.[21] 소작인들에게 불합리한 지대나 세금 납부 등을 요구하는 불량 지주와 마름[사음, 舍音]에 대하여 공개적인 경고와 항의 활동을 지속적으로 전개하였으며, 다른 지역의 활동가들을 초청하여 강연회를 여는 등 연대 활동을 펼쳤다. 또 하동군이나 사천군 같은 인근 지역에까지 활동 범위를 넓혀 자체적인 순회 강연회를 개최하는 등 지원 활동을 펼쳤다. 이와 같이 다른 지역과의 연대 활동을 통하여 전국적인 협력 체제의 구축을 도모하였으며, 그런 배경에서 1922년 9월 전국 최초의 소작노동자대회를 성공적으로 개최할 수 있었던 것이다.[22]

진주노공은 1922년 9월 소작인대회를 성공적으로 개최함으로써 농민의 각성과 소작 문제 해결을 주장하며 농민, 노동자 운동을 주도하는 단체로서 입지를 확실하게 다졌다. 특히, 이 모임을 계기로 소작 문제를 사회 쟁점으로 발전시키며 농민운동을 활성화하는 데 성공하였다. 이에 따라 노동공제회는 각 지역의 농민들을 묶는 구심점의 역할을 하게 되었다. 설립된 지 1년도 안 되는 짧은 시기에 진주노동공제회는 각 면 단위까지 하부 조직을 결성하고 회원을 확대하였다. 지역에 따라 차이가 있지만, 1923년 1월 임시 총회에서 회원 수를 22,000여 명이라고 보고할 정도로 농민들의 호응이 대단히 높았던 것이다.[23] 이와 같은 농민들의 지지 속에서 진주노공은 소

---

21 『동아일보』 1922년 3월 30일.
22 『동아일보』 1922년 9월 11일, 12일.

작 관행을 바꾸고 소작인의 경제적 처지 개선 등 여러 활동을 벌여나갔다. 종래의 지정된 소작료(定租)를 폐지하고, 소출의 7할이나 8할에 이르던 소작료를 5할로 내릴 것을 주장하고, 소작료 운반, 세금 부담, 지주에 대한 무상노역, 지주나 마름에게 주는 물품 증여 등 소작인들을 압박해온 부당한 관행을 바꾸고자 하였다. 그리고 우량 지주 및 마름, 불량 지주 및 마름을 선정 발표하는 등 지주들 사이의 차별성을 시도하며 소작문제에 관심을 갖도록 유도하였고, 또 각 지역의 소작 문제를 둘러싼 쟁의에 직접 개입하며 농민들의 연대의식을 강화해갔다.

　　진주노공은 소작 문제뿐만 아니라 노동자들의 문제에도 관심을 기울였다. 이것은 진주 상황의 변화를 반영하는 것이었다. 진주는 작은 도시였지만 서부 경남의 중심지로서 19세기 말 상설 시장이 만들어진 이래 전문적인 상인 집단이 늘어나고, 작은 규모의 공장이 생겨났다. 이에 따라 전문 노동자 집단은 아직 형성되지 않았지만, 다양한 형태의 노동자들이 생겨나기 시작하였다. 곧, 도시화와 산업화의 시작과 산업 구조의 변화가 일어나게 된 것이다. 특히, 1920년대 진주는 인구 증가, 도심지 확장, 상공업 발전 등을 동시적으로 겪고 있었다. 1923년의 진주면 인구 16,678명 가운데, 농업 및 목축 6,642명(39.8%), 상업 및 교통업 5,023명(30.1%), 공업 1,020명(6.1%), 공무 및 자유업 2,242명(13.4%), 기타 직업 936명(5.6%), 무직 및 미신고자 815명(4.9%)이라는 통계에서 보듯이,[24] 상공업 종사자가 늘어난 반면에 농업 인구 비중은 상대적으로 줄어들었다. 여전히 농업 사회였지만, 상설시장의 상인들이나 단순 노동에 종사하는 노동자들이 늘어났던 것이다.

　　이런 상황에서 진주노동공제회는 소작 운동을 벌이는 다른 한편, 1923년에 들어서는 활동 영역을 넓혀 노동자들의 이익을 대변하고, 노동환경을

23　『동아일보』, 1923년 1월 14일;『조선일보』, 1923년 1월 18일. 강대훈(위의 글, 25쪽)과 오미일(위의 글, 112쪽)은 83-84%의 소작농 또는 자작농이 참여하고 있다고 추론하였다.

24　勝田伊助, 『晉州大觀』(1940; 진주신문사, 1995), 71쪽.

개선하는 일을 벌였다. 우선, 진주노공의 부서인 자유노동부, 공장노동부로 되어 있던 것을 별도의 하위 조직으로 만들어 노동조합을 결성하였다. 1923 년 4월 1일에 구두방 노동자를 대상으로 양화직공조합을 결성하였고,[25] 1923년 7월 23일에는 지게꾼, 품팔이로 구성된 자유노동조합,[26] 그리고 1924년 6월 26일 예정으로 달구지꾼, 지게꾼 같은 노동자 집단을 대상으로 운수종업노합의 결성을 준비하였다.[27] 이와 같이 산하 조직으로 개별 조합을 결성하는 한편, 노동자 문제에 대한 사회적 관심을 불러일으키기 위한 활동을 지속하였다. 당시 인구 15,000명 수준의 진주에서 노동자 조직이 지속적으로 활성화되기는 어려웠을 것으로 짐작되지만,[28] 노동자 문제를 끊임없이 제기하는 교두보 역할을 지속적으로 수행하였던 것이다. 그리하여 진주노공은 농민/소작인을 주 활동 대상으로 삼는 농민운동 단체이며, 또한 노동운동 단체의 성격까지 갖게 되었다.

2) 농민운동 발전의 특징

지금까지 논의한 바와 같이, 진주 지역의 농민운동은 빠르게 발전하였는데, 양상은 다음 네 측면에서 더욱 두드러지게 나타났다.

첫째, 각 지역의 조직화가 빠르게 이루어졌다. 1922년 2월 진주노공의 창립 이후 각 지역의 하부 조직을 만들어가는 과정이나 조직 참여자의 특성을 살펴보면, 짧은 시기에 조직이 빠르게 확산되고 활동이 활성화된 것을

---

25 『동아일보』, 1923년 4월 6일.

26 『동아일보』 1923년 8월 3일.

27 『동아일보』 1924년 6월 24일

28 진주에 주재하는 일본인 언론인이 조사한 자료는 도청 소재지임에도 불구하고 인구 규모로 보면 진주는 작은 도읍에 지나지 않았다(1923년 조선인 14,136명, 일본인 2,494명, 외국인 48명 등 총 16,678명이었다(勝田伊助, 위의 글, 70쪽). 일제 침략의 교두보로서 도시화가 급속도로 이루어지고 있는 부산이나 마산에 비하여 진주는 산업도 발전하지 않았던 탓으로 대규모의 노동자 집단이 형성되지는 않았다.

볼 수 있다. 진주군의 거의 모든 면에 출장소가 만들어졌으며, 인근의 사천 군이나 하동군에까지 지회가 만들어졌다. 진주노공이 창립된 지 1주년이 되는 1923년 초까지 출장소가 설치된 곳은 진주군내 18개면에 이르렀다. 1922년에 활동이 확인된 곳은 금곡면,[29] 일반성면, 이반성면,[30] 도동면, 금산면, 대곡면, 집현면[31] 등 동부 지역에 많았고, 1923년에는 진성면, 사봉면, 지수면, 미천면, 나동면, 문산면, 정촌면, 대평면, 수곡면, 명석면[32] 평거면[33] 등 중심지 진주면을 둘러싼 모든 지역에 출장소가 만들어져서 활동하고 있었다. 그리고 사천군 서포면[34]과 하동군 적량면과[35] 북천면에[36] 지회를 설치하는 등 인근 지역까지 아우르는 모습을 보였다.

　　이렇게 조직이 빠르게 확장된 것은 지도부의 직업적 사회운동가들이 각 면에 출장하여 적극적으로 조직 활동을 벌인 결과이기도 하지만, 각 지역 농민들의 관심이 그만큼 컸다는 것을 보여주는 것이다. 이것은 진주 지역에 형성된 직업적 사회운동가 집단과 사회운동권이 농민운동의 발전에 크게 기여하였다는 것을 의미하는 것이며, 또 진주노공의 활동을 통하여 농민들이 자신들의 현안 문제에 적극 참여하게 되었다는 것을 보여주는 것이다. 그 후 1924년에 각 면의 출장소는 소작조합으로 변경되고, 또 1926년 초부터 소작조합이 농민조합으로 개편되는 전국의 흐름에 따라 명칭이 바뀌었지만, 1920년대 후반까지 진주노공의 조직은 진주 지역의 농민운동을 이끄는 견인차의 역할을 하였다.

29　『동아일보』 1922년 11월 16일.

30　일반성면과 이반성면의 활동은 『동아일보』 1922년 10월 18일.

31　도동면, 금산면, 대곡면, 집현면 출장소 활동은 『동아일보』 1922년 11월 16일.

32　명석면, 진성면, 미천면, 나동면, 정촌면, 문산면 출장소 활동은 『동아일보』 1923년 1월 4일.

33　『동아일보』 1923년 3월 18일.

34　『동아일보』 1922년 11월 16일.

35　『동아일보』 1923년 2월 17일.

36　『동아일보』 1923년 11월 2일.

둘째, 농민 관련 문제, 특히 소작인 문제를 사회적 쟁점으로 부각시키면서 공동 대처하는 전략을 구사하였다. 지세, 소출의 분배, 볏짚 같은 부산물 처리 등 여러 문제가 지주와 소작인 사이에 발생하였는데, 진주노공은 소작인을 대변하여 문제 해결에 주력하였다. 1922년 9월에 열린 소작노동자대회에서는 그들의 주장을 반영하여 종래의 지정소작료(定租) 폐지, 소작료 50퍼센트로 인하, 지주의 세금 부담, 소작료 운반 규정, 지주 및 사음에 대한 물품 증여 관습 폐지 등을 결의하여 사회적 관심을 불러일으키기도 하였다. 특히, 일제의 토지조사사업 실시 이후 지정된 소작료가 7할 내지 8할에 이를 정도의 고율로 책정되어 소작인의 불만이 컸고, 농가는 심각한 손실을 겪어 농사를 계속 지을 수 없을 지경이었는데, 이런 상황에서 진주노공은 소작 문제를 둘러싸고 벌어지는 역학 관계에서 소작인들을 대변하였다. 이렇게 진주노공의 활동이 활발해지면서 소작인들은 지주나 그들의 심부름꾼인 사음(마름)의 지시에 따라 일방적으로 굴종하는 예전의 관행에 대항하며 자신들의 요구를 관철하고자 하였다. 한편, 진주노공은 악덕 지주, 악덕 마름을 선정하여 공개적으로 공격하기도 하고,[37] 분쟁이 생겼을 때 각 지역 소작인들의 연대를 유도하여 적극 대응하기도 하였다.

셋째, 농민문제와 노동자 문제가 혼재된 상황에서 각 집단의 연대 활동이 강화되었다. 진주노공이 노동을 간판에 달고 있으면서 소작인 문제에 집중하여 활동한 결과, 농민과 노동자들이 공동 참여하는 효과를 얻게 되었다. 전국적 추세에 따라 노동을 내걸었지만, 1920년대 전반기 노동자들의 집단화가 이루어지지 않은 상황에서 노동자와 농민의 문제를 특별히 구분하지 않고 농민/소작인 문제에 집중하여 활동하면서 소작인 운동이 진주노공 활동의 중심 내용이 되었다. 그 결과 노동자와 농민의 연대와 결속이 이루어질 수 있었다. 1923년과 1924년에 진주노공의 하위 조직으로 여러 형태

---

37 『시대일보』 1924년 5월 31일.

의 노동조합이 결성되어 형식적으로 분화되기는 하였지만, 이와 같은 통합과 연대의 기조는 1928년 진주노공이 해체되고 진주군농민연맹과 진주군노동연맹으로 분리 창립되어 노동, 농민운동의 양 체제로 바뀔 때까지 지속되었다.

넷째, 다각적 전략을 구사하여 활동의 활성화에 성공하였다. 1920년대 후반 농민운동이 비교적 성공적으로 정착한 뒤 노동운동이 분화된 것은 다각적인 전략을 구사한 덕분이었다. 진주 중심의 중앙 집권적 조직 아래 활동가들이 각 지역의 활동을 지원하는 한편, 각 지역의 조직은 연합체 성격을 갖고 자율성을 누렸는데, 이와 같은 혼합 형태의 조직 운영은 중앙의 지도력을 보장하는 동시에 각 지역의 활동을 진작시켜 회원들의 참여를 증대시키는 데 효과적이었다. 이렇게 소작인의 권익을 위한 활동을 확대하면서 소작인들이 적극 참여하게 되었다. 또 지주와 마름을 호의적인 부류와 적대적인 부류로 나누어서 대응함으로써 지주와 소작인의 대립 구도를 피하는 등 소작인, 마름, 지주 등을 구분하여 활동 대상을 설정한 것도 효과적이었다. 특히, 악덕 지주 및 마름의 명단과 협력적인 지주 및 마름의 명단을 공표하는 방식으로 분리 대응하여 잠재적인 적대 집단의 분열을 도모하였다.

또 시대 상황의 변화에 따라 활동 전략이 다각도로 바뀌면서 농민운동의 성격도 달라졌다. 제2부 제1장에서 사회운동 단체 유형을 논의하면서 보았듯이, 사회운동의 역동성 탓으로 사회운동 단체는 시간이 흐르면서 성격이 바뀌는 경우도 많았다. 그러한 변화가 다른 사회운동이나 지역 사회 전반의 흐름에 영향을 미치기도 하였는데, 그 대표적인 보기가 진주노공이었다. 초기에 진주노공은 다소 온건한 전략을 구사하며 지주들과 소작인들 사이에서 소작 환경을 개선하려는 중재적인 입장을 보였다. 지주들의 협조를 얻으려는 방식을 취하기도 하였고, 지주와 마름을 회유하여 소작 문제의 개선을 도모하기도 하였다. 또 우량 지주 및 마름과 불량 지주 및 마름을 선정하여 차별적인 대응을 하기도 하였다. 그러나 지주들이 지주회를 결성하고,

농민운동에 적극 참여하는 소작인들의 소작권을 강탈하여 강제 이동시키면서 진주노공의 전략도 점점 급진적으로 바뀌어갔다. 특히, 1920년대 중반이후 진주노공의 활동에 사회주의 성격이 강화되면서 지주와 소작인의 대립 양상이 심화되었다. 그러면서 진주노공은 진주의 대표적인 진보적 단체로 자리를 굳혀갔다.

진주노공이 급진적으로 바뀌면서 진주 지역의 사상운동은 더욱 활성화되었고, 지역 사회운동가들 사이에 사회주의나 공산주의 같은 진보 사상이 확산되었다. 1924년과 1925년에 걸쳐 동우사, 적심단, 동인회 같은 단체들이 결성된 것도 그러한 영향의 결과였다.[38] 특히, 강달영, 김재홍, 박태홍 같은 일부 활동가들은 공산주의 운동에 적극 참여하여 제2차 조선공산당 사건으로 피검되기에 이르렀다.[39] 이렇게 강달영 등 주도세력이 조선공산당 사건에 연루되면서 진주노공의 사회주의 성격이 드러나게 되었고, 진주노공과 친일 부력 세력인 지주 집단과의 대립은 더욱 격렬한 양상으로 바뀌어갔다. 이와 같은 경로를 거치면서 1920년대 중반 이후 진주 지역의 사회운동권에 공산주의 계열의 급진적인 사회운동가 계보가 형성되었다. 그리고 강두석 등 사회주의자들이 농민운동을 주도하면서 진주의 농민운동은 적색농민조합으로 전환하는 등 빠르게 급진적으로 바뀌어갔다.

---

38 『조선일보』 1925년 4월 3일.

39 金俊燁・金昌順, 『韓國共産主義運動史』 전5권(고려대학교 출판부, 1976).

3. 농민운동과 지역 사회의 변화

1) 지배 세력의 대응

진주노공을 중심으로 농민운동이 활성화되면서 끊임없이 소작 문제 개선을 요구하였지만, 일시적으로 개선되는 경우는 있어도 근본적인 제도적 개선은 이루어지지 않아 지주와 소작인 사이의 소작쟁의가 끊임없이 일어났다.[40] 문제의 근본 요인은 지주 소작인의 불평등한 관계에서 비롯된 이해 관계의 대립이었다. 기득권 세력인 지주들은 자신들의 이익을 지키기 위하여 예전의 관행을 쉽게 바꾸려고 하지 않았으며, 오히려 소작인들에게 조직적으로 대항하는 양상을 보였다. 소작인들의 집합행동에 대하여 지주들도 공동 대처하여 진주노공이 소작인대회에서 요구한 지세의 지주 부담에 관한 것처럼 소작인들의 요구 내용을 받아들이더라도 단체 회의를 열어 집단적으로 수용하였다.[41] 이와 같은 공동 대응은 단체 결성으로 이어졌다. 대농 지주 김기태 같이 개별적으로 소작인 조합을 결성하며 대응하는 지주들도 생겨났지만,[42] 대개의 지주들과 일본 거류민들은 지주회 같은 조직을 만들어 집단 대응하였다.[43]

또 관공리 중심으로 친목단체 성격의 수양단을 결성하여 내부 결속을 다지는 한편,[44] 일제 관청은 대지주인 일본인들이나 일제에 협력하는 대지주들을 공공연히 비호하며 소작운동을 탄압하였다. 그리고 지주들은 새로운 권력 집단인 일제 식민지 세력에 협력하면서 더욱 친일 부역 세력으로

---

40 강대훈, 위의 글, 38-40쪽; 오미일, 위의 글, 129-132쪽.

41 『동아일보』 1922년 10월 26일.

42 『조선일보』 1923년 12월 21일.

43 『동아일보』, 1923년 10월 13일.

44 '진주남진수양단'에 관하여 『조선일보』 1923년 7월 23일; '진주수양단'에 관하여 『동아일보』, 1923년 7월 10일.

변해갔다. 다른 한편, 지주들은 소작권 이동과 같은 방법으로 압박하며 소작인들의 집합행동을 방해하였다. 특히, 농민운동에 적극 참여하는 소작인들의 경우에는 강제로 소작권을 박탈하여 생계를 위협하기도 하였다.[45] 이렇게 지주 집단이 일제 관리와 일본인 거류민들과 결탁하여 소작인 운동에 대항하여 집단적으로 행동한 것은 예전에 볼 수 없던 모습이었다. 이것은 유력자들인 지주 집단이 지역 사회에서 더 이상 예전처럼 절대 권력을 행사할 수 없게 되었다는 것을 보여주는 것이었다.

지주들의 집단적인 탄압에 대하여 소작농과 진주노공 측은 더욱 조직을 강화하고, 지주들의 소작권 이동이나 지세 강제 부담 등과 같은 압박에 대하여 공동 경작과 같은 행동으로 집단 대응하였다. 또한 진주노공에서는 자경하는 농민들을 중심으로 자작회(自作會)를 만드는 등[46] 소규모 경작하는 농민들의 자활 활동을 강화하며 농민운동의 내용을 다양화하였다.

이와 같이 농민운동이 활발해지면서 지역 사회의 전개 과정은 더욱 복합적이며 역동적으로 진행되었다. 그러나 일제 식민지 지배의 불평등한 권력 구조에서 소작인들이 기대하는 대로 사회 변혁은 쉽게 이루어지지 않았다. 특히, 식민 통치를 위해서 기득권 세력의 협력이 필요하였던 일제가 경찰력과 행정력을 동원하여 지주들을 지원하였기 때문에 농민이나 노동자들은 절대적인 열세를 면할 수 없었다. 그러면서 소작운동은 단순한 농민운동을 넘어 반일 민족운동의 성격이 강화되어 갔으며, 더 나아가 공산주의 같은 급진 이념을 수용한 적색농민조합운동으로 바뀌어 갔다. 요컨대, 1920년대 후반 이후의 농민운동은 지주, 자작농, 소작농 같은 농민층의 분화에서 빚어진 계급 갈등의 성격에다가 일제의 간섭으로 강화된 반일 민족주의 성격까지 덧붙여지면서 더욱 복합적인 성격을 갖게 되었다.

---

45 『동아일보』 1922년 11월 13일.
46 『조선일보』, 1922년 12월 31일.

2) 지역사회운동의 변화

1920년대 중반까지의 전개 양상을 통하여 농민운동의 발전이 3·1운동 이후 지역사회운동과 밀접하게 연관되어 있으며, 그 과정에서 농민운동 자체도 역동적으로 바뀌어 진행되어 갔다는 것을 확인하였다. 이와 같은 농민운동의 발전이 지역 사회의 변화에 미친 영향은 다음과 같이 네 가지 점에서 두드러지게 나타났다.

첫째, 사회운동 지지 세력의 확대 효과를 가져왔다. 특히, 소작인 권익 증대를 위한 활동이 활발하게 전개되면서 농민들의 참여가 확대되었다. 형평운동이 활발해지면서 백정 집단의 사회 참여가 늘어나고, 일신고보 설립이나 야학 운영 같은 주민교육운동을 통하여 지역 주민들이 지역의 교육 현안에 관심을 갖게 된 것과 같이 농민운동의 성공은 소작인이나 농민들의 사회 참여 증대를 유도하였던 것이다. 그리고 사회적 쟁점에 대한 농민들의 관심 증대와 참여 확대는 전반적으로 지역사회운동의 성공에 기여하였다. 곧, 주민의 대다수를 차지하는 농민들이 사회적 쟁점에 적극 참여하면서 진주의 사회운동은 더욱 활기를 띠게 되었다. 앞서 본 바와 같이, 진주의 현안 과제였던 고등보통학교 설립 운동에 진주노공 회원들이 대지 조성을 위해 부역을 하였으며,[47] 일반 주민들이 형평사 창립에 반대하여 형평사원들을 공격할 때 진주노공 활동가들이 중재를 하기도 하였고, 도청 이전 반대 활동에 적극 참여하기도 하였다. 이에 병행하여 농민운동을 주도하는 진주노공은 단순히 노동운동이나 농민운동 단체에 머물지 않고 진주 지역 현안에 영향력 있는 단체의 위상을 갖게 되었다.

둘째, 사회운동 지지 세력이 많아지면서 자연히 사회운동 자체의 확산을 가져왔고, 그것은 사회운동의 분화로 이어졌다. 3·1운동 직후 청년운동

---

47 『동아일보』 1922년 12월 24일.

중심의 지역사회운동은 이념이나 활동 측면에서 단순하고 동질적인 양상을 보였는데, 1922년 초 진주노공의 결성을 기점으로 지역사회운동은 여러 갈래로 분화되기 시작하였다. 곧, 교육운동, 형평운동, 여성운동, 어린이운동, 사상운동 등 다양한 목적을 가진 활동들이 활발하게 일어났다. 다른 한편, 사회운동이 확산되고 분화되면서 지역 사회도 여러 측면에서 빠르게 바뀌었다. 예를 들어, 주민들의 적극적인 참여로 일신여자고등보통학교가 설립되고 야학이 개설되어 여성이나 저소득층 주민들에게 교육 기회가 확대되었으며, 형평운동으로 백정들에 대한 신분 차별이 서서히 없어지게 되었다. 다양한 사회 구성원들이 여러 형태의 사회운동에 적극 참여하며 사회 변화를 도모하였다는 점에서 '사회운동의 시대'라고 일컬어지는 1920년대 변화의 출발이 진주노공의 활동과 농민운동으로부터 시작되었던 것이다.

셋째, 진주노공의 활동과 더불어 진주 지역 사회운동권의 이념적 편차가 더욱 확대되었다. 우선, 진보적 활동가들의 관심 대상이 노동이나 소작과 같은 문제로 확산되었는데, 그런 경험을 통하여 급진주의 이념의 확산이 더욱 가속화되었다. 창립 즈음의 진주노공은 '노동'을 간판에 걸고 있지만, 활동가 면면을 볼 때 급진적 성격의 단체로 규정하기는 어려웠다. 소작 문제가 농촌지역의 절실한 당면 과제였기 때문에 이념적 지향성에 관계없이 지역의 활동가들은 대거 진주노공 활동에 참여하였던 것이다. 따라서 그들은 단일의 이념적 지향성을 갖고 있는 집단이 아니었다. 이와 같은 특성은 적어도 1920년대 전반기의 진주 지역 사회운동권에서 쉽게 볼 수 있었다. 이렇게 이념적 지향성이 뚜렷하게 분화되지 않았기 때문에 활동 단체들을 이념적 차이에 따라 구분하기 어려웠지만, 진주노공의 창립과 더불어 일부 활동가들이 노동운동에 관심을 갖게 되고, 소작인 문제를 '노동'의 관점에서 접근하는 경향이 생겨났다. 1922년 9월의 소작인 집회를 '소작노동자대회'라고 이름 붙인 것이 단적인 증거였다. 그러면서 시대의 이념적 신사조인 사회주의의 영향이 점점 확산되었다. 그 배경에는 강달영의 역할이 컸다.[48]

1920년대 초 사회주의가 조선의 지식인들 사이에 빠르게 확산되는 상황에서 3·1운동을 주도하여 감옥에 갔던 강달영은 그곳에서 사회주의 이념을 접하게 되었다.[49] 그는 출옥 이후 진주청년회 회원들 중심으로 이념 확산을 도모하였으며, 그 활동의 일환으로 진주노공을 결성하였다. 초기에 참여한 활동가들은 다양한 성향을 보였지만, 강달영, 김재홍, 박태홍, 남해룡(남홍) 같은 핵심 활동가들은 점점 사회주의적 이념을 갖게 되었고, 마침내 조선공산당 활동에도 참여하였다.[50] 이것은 제2차 조선공산당 책임비서였던 강달영의 활동과 무관하지 않았다. 이와 같은 변화 속에서 진주노공은 1920년 중반 이후 진주 지역에서 사회주의자들의 활동 본거지 역할을 하였다. 그리고 그에 따라 사회운동권의 이념적 편차가 더욱 커지게 되었다.

요컨대, 1920년대 초 지역사회운동권의 이념적 경향이 미분화된 상황에서 진주노공의 일부 지도자들이 사회주의를 받아들이면서 지역 사회의 이념적 폭은 넓어지기 시작하였던 것이다. 진주노공의 농민운동은 사회주의 이념 확산의 실질적 매개가 되었으며, 그러한 진주노공의 활동은 진주 지역의 이념적 정치적 지형 변화에도 커다란 영향을 미쳤다. 그 결과 1920년대 중반 이후 사회운동권 안에서도 이념적 편차가 드러나기 시작하였으며, 진주 지역 구성원 사이에서도 분화가 촉진되었다. 지주와 소작인의 대립이 격화된 반면에, 농민과 노동자들의 연대가 강화되었다. 또 지주와 소

---

48 강달영(1886-1942)은 경남 진주 출신으로 3·1운동 이전에 재판소 근처에서 대서소를 하고 있고 있었다. 3·1운동의 주동자로 2년 6개월 복역하고, 출옥 이후 진주노공의 실질적인 지도자로 활동하였으며, 『조선일보』 진주지국장, 조선노농총동맹 중앙위원, 제2차 조선공산당(일명 강달영당) 책임비서 등을 맡아 활동하였고, 6·10만세 사건을 이끈 뒤 일제에 체포되어 6년간 복역하고 1934년 출옥하였다. 그 과정에서 일제의 고문으로 정신이상을 일으켜 출옥 이후 진주에서 살았지만 정상적인 활동을 할 수 없었다. 金俊燁·金昌順, 『韓國共産主義運動史』 제2권(고려대학교 출판부, 1973), 10장; 신용하, 위의 글(1986), 111쪽.
49 1980년대에 만난 여러 면담자들이 공통적으로 증언하였다.
50 金俊燁·金昌順, 위의 글, 제2권 10장. 대부분의 활동가들도 일제의 감시와 탄압 아래 출옥 이후에는 활동을 지속할 수 없었다.

작인의 대립에 따라 지주 집단의 응집력도 강화되며 농민운동 세력에 집단 대응하였다. 그리고 일제가 각 지역의 지주들과 협력을 강화하면서 이른바 일제 친위 세력이 더욱 뚜렷하게 형성되어 나타났다. 특히, 일본 거류민들의 토지 소유가 크게 늘어나는 상황에서 일제는 경찰과 행정 조직을 동원하여 거류 일본인들을 보호하고 친일 부역 세력과 긴밀하게 협조하였다. 그러면서 일제는 식민지 통치 방침에 따라 사회주의 세력에 대한 탄압을 강화하면서 농민운동 지도자들의 활동도 억압하였다. 이에 대응하여 진주노공이나 농민층도 더욱 적극적으로 지주와 대립하는 전략을 구사하며, 사회운동권 안에서의 연대를 강화하였다. 이와 같은 활동을 통하여 진주노공 내의 사회주의 경향의 활동가들은 이념적 지평의 확대에 기여하였으며, 그 결과 지역 사회 권력 구조의 역동적 변화와 이념적 편차의 확대가 이루어졌다.

넷째, 진주노공의 활동이 활발해지면서 진주의 지역사회운동이 전국의 사회운동 흐름에 편입하게 되었다. 진주는 오랫동안 경남의 행정 중심지였지만, 경부선 축에서 벗어나 있는 지리적 위치 탓으로 다른 지역과의 왕래가 불편하였고, 따라서 서울 중심의 사회운동에서 소외되어 있었다. 3·1운동 이후 1920년이나 1921년에 서울이나 동경에서 공부하고 있는 유학생 중심의 전국 순회강연단이 진주를 빈번하게 지나갔지만, 그 교류는 일회적 성격이 강하였다. 그러다가 진주노공이 결성된 뒤 전국의 농민과 노동자 활동에 참여하면서 진주의 사회운동과 전국 운동의 연결망이 형성되었다. 사설을 통하여 소작인대회를 응원한 『동아일보』의 반응에서 보듯이,[51] 1922년 9월의 소작인대회는 전국적인 관심을 불러일으켰으며, 이러한 연대 활동을 통하여 진주의 농민운동 지도자들이 전국 농민운동이나 노동운동 단체에서 활동하게 되었고, 그것은 훗날 조선공산당 참여 등 사회주의 운동에 깊이 관여하는 것으로 이어졌다. 예를 들어, 진주노공의 지도자인 강달영은 노동연맹

---

51 『동아일보』 1922년 9월 12일 사설 '소작노동자대회 진주에서 첫 시험'.

의 상무위원으로 선임되었고,[52] 조선노농총동맹 결성에도 관여하였으며, 제
2차 조선공산당 책임비서를 맡아 사상운동에도 적극 참여하였다.[53] 또 김재
홍, 남홍, 고경인 같은 진주노공 지도자들도 공산주의운동에 적극 가담하는
등 진주 지역의 사회운동가들이 진주노공을 고리로 전국의 사회운동권과 연
결되어 활동하였다. 또 그러한 경험은 다른 사회운동에도 영향을 미쳤다. 대
표적인 보기로서, 한반도 최남단인 진주에서 만들어진 형평사가 빠른 기간
에 전국 조직으로 발전하였다거나, 1920년대 중반 이후 신간회, 근우회 같은
전국적인 사회운동 단체 활동에 적극 참여한 것을 볼 수 있다.

　　이렇게 진주 지역의 사회운동이 전국의 사회운동 단체와 밀접하게 연
계될 수 있었던 요인 가운데 하나는 직업적 사회운동가들이 지역 언론을 맡
고 있었던 점이었다. 진주노공 지도자인 강달영, 김재홍, 정준교나, 형평사
창립 지도자인 신현수는 『조선일보』 진주지국장을 역임하였고, 형평운동
지도자인 강상호와 야학을 이끄는 황의호는 『동아일보』 지국장을 역임하였
고, 직업적 사회운동가인 박태홍, 조우제, 남홍 등은 신문 지국 기자였던 것
이다.[54] 이와 같이 사회운동가들이 지역 언론을 맡고 있었던 탓으로 지역사
회운동을 전국에 알리고, 또 전국 상황을 빨리 파악하여 지역 사회에 알려
주며, 더 나아가 진주 지역의 사회운동과 전국의 사회운동을 연계시키는 데
기여할 수 있었다.

52　『동아일보』 1922년 10월 20일.

53　金俊燁 · 金昌順, 위의 글.

54　김중섭 · 유낙근, "1920년대 초 사회운동의 동향-진주 지역을 중심으로," 『현상과 인식』 제
　　10권 4호(1986, 겨울), 38-40쪽.

4. 맺음말: 농민의 참여와 지역사회운동의 발전

3·1운동 이후 지역사회운동이 다양하게 발전하였지만, 1922년 초 진주노공의 결성은 여러 면에서 새로운 이정표가 되었다. 진주에는 이미 3·1운동 직후부터 여러 단체가 만들어졌다. 청년회 중심으로 다양한 활동을 펼치고 있는 상황에서 3·1운동의 지도자들이 감옥에서 나와 지역사회운동에 가담하면서 사회운동의 폭이 훨씬 넓어지게 되었다. 그렇게 결성된 사회운동 단체 가운데 하나가 진주노공이다. 1922년 진주노공의 결성은 또 다른 성격의 사회운동이 생겨나는 출발점이 되었다. 그 이후 1923년 형평사의 창립, 1923년과 1924년에 진주노공의 하부 조직인 노동조합 결성, 그리고 1924년과 1925년 즈음의 사상 단체 결성으로 이어졌던 것이다.

진주노공은 심각한 사회문제였던 소작인들을 위하여 활동하면서 새로운 성격의 사회운동을 시작하였다. 특히, 일본인 거류민과 친일 부역하는 지역 유력자인 지주들에 대항하여 소작인들의 권익을 위한 사업을 벌이며 소작 문제에 대한 사회적 관심을 환기시켰다. 대표적으로 1922년 9월에 열린 소작인노동자대회는 이 문제를 지역 사회뿐만 아니라 전국적인 차원에서 관심을 불러일으키는 데 기여하였다. 그리고 진주노공은 노동운동으로까지 활동 영역을 확장하였다. 새로운 노동자 집단이 생겨나고 산업 구조가 바뀌는 상황에서 노동자들의 권익이 보호되는 '새로운 사회'를 만들고자 하였던 것이다.

이렇게 진보적 조류를 반영하는 활동을 전개하면서 진주노공은 점점 지역의 진보적인 사회운동 단체로서 위상을 굳혀갔다. 강달영을 비롯한 일부 활동가들은 공산주의운동에도 적극 참여하며 급진적 이념의 지역 확산에 기여하였다. 요컨대, 3·1운동의 유산으로 만들어진 진주노공은 지역사회운동의 활성화에 기여하였을 뿐만 아니라 지역의 이념적 지평을 넓히는 데도 기여하였다. 또한, 지역사회운동의 발전과 더불어 활성화된 농민운동을 통하여 농민들과 노동자들이 자신들의 문제에 관하여 적극적으로 주장하고 활동하게 되었다. 그 결과, 농민, 노동자들의 사회적 참여가 증대하였고, 그것은 다시 사회운동의 발전에 기여하는 순환적 효과를 가져왔다.

이와 같이 진주의 농민운동은 여러 차원에서 지역사회운동과 밀접하게 연관되어 발전하면서 사회운동의 결속력과 연대의식이 중요하다는 것을 보여주고 있다. 요컨대, 1920년대의 농민운동과 지역사회운동의 연계를 통하여 3·1운동이후 새로운 사회 건설의 꿈을 실현하고자 한 각 부문의 사회운동들이 더욱 협력하며 발전하였던 것이다.

제4부

일제침략기 지역사회운동과 근대 사회 발전

1. 근대 사회로의 이행

2. 일제 식민지 지배를 둘러싼 역동성

3. 근대 사회를 향한 지역사회운동의 동력

4. 맺음말: 새로운 사회로의 이행과 사회적 연대

　　20세기 초 한국 사회는 유례없이 급격한 변동을 경험하였다. 그 변동에는 크게 두 가지 성격이 혼재되어 있었다. 곧, 신분제에 기반을 두었던 전통적 사회 체계의 와해와 근대 사회로의 이행, 그리고 외세 침략에 의한 국권 상실과 일제 식민지로의 전락이었다. 이러한 변동은 동시에 일어났을 뿐만 아니라 서로 밀접하게 연계되어 있으며, 향후 한국 사회의 형성에 커다란 영향력을 미쳤다. 따라서 근대 사회로의 이행과 일제 식민 통치의 관계에 대한 올바른 인식은 일제의 식민 통치에 대한 역사적 평가뿐만 아니라 한국 근세 역사를 이해하는 데 중요한 토대가 된다.

　　일제 식민 통치에 대한 인식은 대조적인 두 입장으로 크게 나누어지는데, 하나는 일제 식민 통치의 착취와 억압을 강조하는 민족주의 입장이고,[1] 다른 하나는 일제 식민 통치를 통해 근대 사회로 발전하였다는 근대화론의 입장이다.[2] 전자는 식민 통치가 기본적으로 억압과 저항의 대립 구조라는 점을 인식하여 일제의 식민 통치 아래에서 한국 사회가 억압받고 착취당해 정상적인 발전을 이룰 수 없었다는 측면을 강조한다. 반면에, 식민주의 입장과 산업 중심의 경제사관 등이 혼합된 후자는 일제 식민체제에서 산업 구조가 개편되고 사회 제도가 정비되어 발전의 토대를 갖추었다는 입장이다.

　　이 두 입장은 일제의 식민 통치가 부정적이건 긍정적이건 간에 근대 한국 사회의 형성 과정에 크게 영향을 미쳤다고 본다는 점에서 공통점을 갖고 있다. 그렇지만 이 두 입장 모두 변동의 어느 한 측면을 강조한 나머지 사회적 과정의 역동성이나 복합성을 충분히 설명하지 못하고 있다. 곧, 일제 식민지 통치와 그 영향에만 초점을 맞추다보니 억압과 착취로 상징되는 '식민

1　　조혜인, "일본침입 행위의 논리적 성찰,"『사회변동과 성, 민족, 계급』, 한국사회사학회 논문 제49집(1996), 11-48쪽; 朴慶植, 『日本帝國主義의 朝鮮支配』(청아출판사, 1986); 강만길, 『한국 현대사』(창작과 비평사, 1984, 1994).
2　　안병직, "한국에 있어서의 경제발전과 근대사 연구,"『제38회 전국역사학대회 발표요지』(유인물, 1995); Carter J. Eckert 외, *Korea Old and New: A History* (Seoul; Ilchokak, 1990).

통치’와 사회 발전의 바탕에 깔려있는 ‘근대성’의 문제를 서로 대립되는 개념으로 인식하여 한국 사회 구성원들이 수행한 능동적인 역사 형성의 성격을 충분히 파악하지 못한 채, 어느 한쪽에 치중하는 오류를 범하게 된 것이다.

지금까지 진주 지역의 사회운동을 논의하면서 식민 통치와 근대 사회로의 이행 문제는 사회 과정의 역동성과 사회 구성의 복합성을 인식하며 접근하는 것이 중요하다는 것을 거듭 확인하였다. 곧, 사회 구성원들이 역사 과정에 적극 참여한다는 점을 인정하면서, 그들이 지향한 사회는 어떤 성격의 사회였으며, 그런 사회를 만들기 위해 어떤 과정을 겪었고, 그 과정에서 사회 조건과 사회 구성의 특성이 어떻게 작용하였는가를 파악하는 것이 역사 변동의 성격을 규명하는 데 중요하다. 이런 측면에서 진주 지역의 사회운동 역사를 살펴보면서 ‘근대 사회로의 이행’과 ‘일제 식민지 지배’라는 두 요소가 20세기 초의 역사 과정에서 복합적이며 역동적으로 뒤얽혀서 작용하여 왔다는 것을 확인하였다. 곧, 사회운동의 주체 세력과 통제 집단의 역학 관계뿐만 아니라 사회운동을 둘러싸고 작용하는 안팎 환경의 영향과 역사 구조의 조건에 따라 지역사회운동의 활동 방향과 전개 과정 등이 복합적으로 작용하며 진행되었다는 것을 보았다.

제1부에서 논의한 바와 같이, 지역 공동체는 사회 구성원들이 살아가는 주체적인 삶의 터전이며, 지역사회운동은 지역 주민들이 자신들의 사회 환경을 바꾸려는 적극적인 집합 행동이다. 그렇기 때문에 일정한 지역 공동체의 사회운동에 대한 분석을 통하여 그 사회의 역동적인 사회적 과정을 파악할 수 있다. 그리고 지역사회운동의 역사는 지역 사회의 역사적 경험뿐만 아니라 사회적 조건 등이 어떻게 작용하였나를 담고 있다. 이런 측면에서 20세기 초 진주 지역 사회운동의 역사에는 지역 사회의 권력 구조, 경제 기반과 산업 구조의 변화, 식민 세력 유입, 서구 문물과의 접촉, 사회 구성원들의 성격 변화, 교육을 비롯한 여러 사회 제도의 변화, 생활 양태의 문화적 변이 같은 다양한 요소가 복합적으로 얽혀 있으며, 또 전국적인 변동과 밀접

하게 연관되어 있다는 것을 확인하였다. 특히, 1919년의 3·1운동과 그 이후 1920년대 전반기 일어난 사회운동은 그러한 모습을 잘 보여주었다. 짧은 기간에 폭발적으로 늘어난 사회운동을 통하여 지역 주민들이 사회 환경의 변화를 도모하기 위하여 다양한 성격의 활동에 적극적으로 참여하였던 것이다. 이런 점에서 '사회운동의 시대'라고 지칭되는 특별한 이 시기의 사회운동을 목표, 행위자, 동기 측면에서 다시 정리하고자 한다.

　지역 공동체의 특성을 이용하여 사회운동의 역동적 과정을 효과적으로 파악한다면, 그 결과는 한국 사회 전체의 변동을 설명하는 주요 자료가 될 것이다. 특히, 지역 사회의 여건이나 진행 과정뿐만 아니라 전국 상황을 반영하는 지역사회운동에 대한 탐구는 지역 사회의 역동적 과정을 밝혀주는 동시에 전국 사회운동의 이념적 방향이나 전개 과정을 설명하는 데 기초 자료가 될 것이다. 곧, 지역사회운동의 목표와 주도 집단, 그것을 둘러싼 안팎 환경에 대한 분석은 지역 사회뿐만 아니라 20세기 초 한국 사회의 변동을 규명하는 데 기여하게 될 것이다. 물론 전체 사회의 요소가 역동적 사회 과정에 영향력을 미치는 영역도 있지만, 생활 세계에서 일어나는 미시적 수준의 특징이 사회 과정을 잘 보여줄 수 있기 때문이다. 또한 전체 사회를 대상으로 한국 사회의 성격과 변동을 논의하면 광범위한 분석 범위와 복합적이며 다양한 양상 탓으로 명료하게 규명하는 것이 쉽지 않다는 것을 고려할 때 지역사회운동과 같은 사례 연구는 사회 변동의 역동적 모습을 파악하는 데 유용한 방법이라고 판단된다.

1. 근대 사회로의 이행

사회운동의 목표를 중심으로 20세기 초의 역사 성격을 살펴보면, 전통 사회가 갖고 있는 여러 요소를 혁파하고, '근대 사회'라고 하는 새로운 사회를 만들려고 하였던 것이 두드러지게 드러난다. '근대 사회로의 이행'이라고 규정할 수 있는 이 시기 변동의 특징은 크게, 신분제의 해체, 유교 질서의 와해, 산업 구조의 변동과 계층 변화로 나타났다.

1) 신분제의 해체

조선 사회가 신분제의 엄격한 위계질서에 기초하고 있었지만 노비제 폐지(1801), 갑오농민전쟁과 갑오경장(1894)을 거치면서 신분제는 법적으로 파기된 상황이었다. 그렇지만 20세기 초에도 여전히 신분제의 유습이 남아 있다는 것은 일상생활에서 반상(班常) 개념이나 신분끼리의 차별 관행이 통용되는 것에서 쉽게 확인되었다. 그렇지만 신분제의 유습은 주민들의 집합행동을 통해 도전을 받았다. 가장 대표적인 사례가 제3부 제2장에서 논의한 형평운동이다. 조선시대의 신분제에서 최하층 대우를 받던 백정들이 신분차별 관습을 철폐하고 평등 대우를 요구하며 벌인 형평운동은 신분제 유습에 대한 도전이었다. 주민들의 적극적인 집합행동을 통하여 신분제 해체를 도모하였던 형평운동은 다른 사회운동과 마찬가지로 진주 지역의 역사적 경험과 사회적 여건에서 일어났다. 형평운동 이전에 백정들은 차별 관습의 철폐를 시도한 경험이 있었으며, 평등사상을 접한 경험도 있었다. 1900년에 경남 관찰사를 찾아가 옷차림 차별 관습의 철폐를 청원하였다거나,[3] 1909년 기독교를 믿는 백정들이 생겨났고, 비백정 신도들과 동석예배 과정에서 갈

---

3 『황성신문』, 1900년 2월 5, 17, 28일.

등을 겪기도 하였던 것이다. 그러나 백정들에 대한 신분 차별의 관습은 여전히 지속되고 있었기 때문에 3·1운동 이후 신분제 유습을 타파하기 위한 형평사(衡平社)가 창립되고 형평운동이 확산되었던 것이다.[4] 신분 차별 철폐와 평등 사회 건설을 주목적으로 내건 형평운동은 전국적인 조직 확대와 지속적인 활동을 통하여 진행되었다. '계급을 타파하며 모욕적 칭호를 폐지'하는 것을 목적이라고 명시한 형평사 주지(主旨)에서 보듯이[5] 그들의 목표는 불평등한 위계질서에 근거한 신분제를 부정하고 그 잔재를 없애려는 것이었다. 과거를 회상하면 "종일 통곡하고 피눈물을 멈추기 힘들다"는 상황 속에서 그들은 전통적인 사회 체계를 부정하고 인간의 존엄성과 평등 사회를 지향하는 새로운 사회를 건설하고자 하였다.[6] 형평사 창립 이후 전국으로 빠르게 확산된 각 지역의 하부 조직의 창립 취지나 활동 내용에서도 차별 철폐와 평등한 인간 대우 요구는 반복되었다. 보기를 들어, 전북 김제의 서광회 선언문은 "권리를 회복하고 자유를 해방하며, 질곡적 제도를 탈출하며 전통적 습관을 타파하야 동민족적 차별을 철폐"하는 것이 목적이라고 명확하게 밝히고 있다.[7]

이와 같이 불평등한 신분제의 관행을 철폐하려는 형평운동은 백정뿐만 아니라 비백정 출신의 진주 주민들에 의해서 만들어지고 확산되었다. 출신 배경에 관계없이 지역 사회 구성원들이 신분제의 잔재를 없애고 평등 사회를 만들려는 의지를 갖고 있었고, 또 실천하였다는 것은 근대 사회로 이행하려는 사회적 추세를 잘 보여주고 있다. 일부 보수적 주민들의 반감과 반대 활동에도 불구하고 전통사회의 신분제 질서를 해체하고 새로운 평등 사회를 이루려는 지역 주민들의 집합적 활동에 힘입어 형평운동이 성공적으

---

4   김중섭, 위의 글(1994), 제3장; 김중섭, 『형평운동』(지식산업사, 2001).

5   1923년 4월 24일 창립식에서 배포된 '형평사 주지'.

6   김중섭, 위의 글(1994), 3장.

7   서광회는 형평사가 전국조직으로 정비되는 과정에서 형평사 김제분사로 바뀌었다.

로 발전하였던 것이다.

이와 같이 신분제의 유습을 타파하고자 한 형평운동은 차별 없는 사회로 나아가고자 한 20세기의 조류를 앞서 실천하는 것이었다. 그것은 신분제 유습의 철폐에 기여하였을 뿐만 아니라 사회적 약자, 소수자에 대한 배려를 실천하는 선례를 보여주었다. 이 과정에서 신분제 사회에서 억압받고 차별받아온 당사자인 백정들이 사회 개혁의 주체적인 행위자로 참여하였다는 것은 진정한 의미의 민주주의 발전 모습이었으며, 또한 억압받는 당사자만이 아니라 다양한 사회 구성원들의 참여를 통하여 이루어졌다는 것은 사회 구성원 모두의 참여를 통하여 사회가 바뀐다는 것을 보여주는 것이었다.

2) 유교 질서의 와해

전통 사회의 변화를 보여주는 또 하나의 특징은 유교적인 사회 질서의 와해였다. 삼강오륜으로 축약되는 유교의 질서 인식은 남성을 여성보다 우위에 두고, 어른 중심의 사고방식에 근거한 것이었다. 자연히 여성의 사회 활동이 억제되고, 어린이에 대한 배려가 부족하였다. 그러나 20세기로 넘어오면서 여성이나 어린이에 대한 사회 인식과 지위 변화가 두드러지게 나타났다. 그것 또한 주민들의 적극적인 활동을 통하여 이루어졌으며, 그 결과 전통적인 유교 질서가 와해되어 갔다.

이러한 주민들의 활동 배경에는 동학과 기독교 같은 종교 집단의 영향이 있었다. 인내천(人乃天)으로 상징되는 동학은 어린이, 여성, 천민 같은 사회적 약자를 억압하는 사회 관행에 도전하였다. 1894년 농민군이 제시한 폐정개혁안에는 과부 재가, 백정 차별 철폐 등이 포함되어 있었고, 그 영향 아래 3·1운동 이후 천도교 청년회와 천도교 소년회 같은 단체의 활발한 활동이 사회적 약자의 권익 보호에 기여하였다.[8] 또 1905년 진주에 처음 전래된 기독교는 백정, 여성, 어린이 등 사회적 약자를 위해 활동하며 유교 질서와 다른 사회 모습을 보여주었다. 학교 설치, 병원 운영 등을 통해 기독 정신을 실천하였고, 또 다른 사회단체와의 연대 활동을 통하여 지역 주민들의 의식을 일깨우는 데 기여하며 기독교의 확산을 도모하였다.

이와 같이 동학(천도교)이나 기독교 같은 종교가 유교 관행에 배치되는 평등사상을 확산시키고 여성이나 어린이 같이 유교 사회에서 억압받던 집단에 대하여 관심을 기울이며 유교적인 일상생활의 질서를 깨는 데 기여하였다. 또한 제2부 제2장에서 보았듯이, 주민교육운동은 지역 주민들에게 실용적인 지식을 확산하는 첨병 역할을 하며 근대 사회로의 이행에 기여하였다. 학교 교육은 전통적인 서당식의 유교 경전 중심 교육이 아니라 실용적인 분야를 가르침으로써 새로운 질서 구축의 바탕을 제공하였다. 또, 학교 입학에 신분 제한을 없앤 것도 기존의 신분 질서를 깨는 데 기여하였다. 여성, 기생, 어린이, 백정 같이 전통 사회에서 차별받고 억압받던 집단을 대상으로 하는 교육 활동이 활발하게 이루어지면서 남성이나 어른, 양반 중심의 유교 질서를 무너뜨리고 평등한 사회질서를 세우는 데 기여하였다.

물론 이와 같은 교육 활동에 대하여 보수 집단의 반발도 있었다. 대표적으로, 조선 시대 교육기관인 향교를 주민교육을 위한 강습소로 이용하려는 움직임에 대하여 유림들은 공자의 영혼을 불안하게 하는 것이라며 반발하였던 것이다. 이러한 반발은 외래의 실용 학문에 대한 적개심과 새로운 사회 조류에 대한 반발이었으며, 더 나아가 유교 질서의 와해에 불안감의 표출이었다. 그러나 신학문에 대한 열의나 적극적인 교육 활동은 사회 전반에 확산되었으며, 더 나아가 여성이나 어린이 같이 유교 사회에서 소외되고 억압받던 약자의 권익 증진을 위한 활동으로 발전하였다. 대표적인 본보기가 어린이 권익 증진을 위한 소년 단체 활동이나, 여성 문제에 대한 사회적 관심과 권익 활동이었다. 이와 같이 전통 사회의 근간이었던 유교 질서는

---

8   천도교 청년회 진주지회의 강연을 보도한 『동아일보』 1920년 4월 27일; 천도교 소년회의 야영 행사를 다룬 『동아일보』 1923년 8월 16일.

주민들의 사회운동을 통하여 무너지고 있었으며, 또 주민들의 활동을 통하여 근대 사회로의 이행이 가속화되었던 것이다. 이러한 사회적 흐름이 지역 사회의 지식인이나 기독교 선교사, 종교기관이나 사회운동 단체의 활동가들에 의하여 주도되었다는 점에서 새로운 사회 건설은 주민들뿐만 아니라 선각자들에 의해서 이루어졌다는 것을 보았다.

3) 산업 구조의 변동과 계층 변화

전통 사회의 변화는 신분제의 해체, 유교 질서의 와해뿐만 아니라 산업 구조의 변동 측면에서도 두드러지게 나타났다. 조선 후기에 지주와 소작인의 갈등은 농촌 사회의 분화를 촉진하였으며, 사회 전체의 변동 요인으로 작용하였다. 또한 일제 침략과 식민 통치, 특히, 토지조사사업 실시는 농촌 사회의 구조와 계층 변화에 지대한 영향을 미쳤다. 그리고 토지 소유 여부에 따라 지주와 자작농, 소작인으로 계층 분화가 심화되었으며, 그 가운데 자작농은 지주의 토지를 경작하는 소작인으로 전락하는 경우가 많았고, 소작인들은 지주나 지주를 대신하여 농토를 관리하는 마름과의 갈등을 겪었다. 소작율과 소작 유지 기간, 지세, 짚 같은 부산물의 처리 등 지주들에게 절대적으로 유리한 소작 관행 탓으로 지주와 소작인 사이의 갈등 구조는 더욱 첨예하게 되었고, 그에 따라 소작인들의 생활 환경은 더욱 악화되었다.

이런 상황에서 제3부 제3장에서 본 바와 같이, 소작인 집단의 이익과 기대를 대변하는 농민운동은 지주, 마름, 소작인으로 이어지는 일방적 지배와 복종 관계를 쌍방적인 의사소통을 통한 협의 관계로 바꾸는 데 기여하였다. 특히, 농민, 노동운동을 이끈 진주노동공제회는 각 지역의 농민들을 묶는 구심점의 역할을 하면서 소작 관행을 바꾸고 소작인의 경제적 처지를 개선하는 활동을 벌이며 전통적인 계층 구조와 권력관계를 바꾸고자 하였다. 이러한 과정을 통하여 소작 문제는 지역 사회의 주요 관심 대상이 되었으며,

농민들은 자신들의 의사를 집단적으로 표명하는 사회운동에 적극 참여하게 되었다. 이와 같이 소작인들이 지역 사회의 주요 행위자로 등장하며 불평등한 농촌 사회구조의 변화 조짐이 생겨났다.

한편, 진주는 작은 도시였지만 서부 경남의 중심지로서 19세기 말 상설시장이 만들어진 이래 전문적인 상인 집단이 늘어나고, 또 다양한 형태의 노동자들이 생겨나기 시작하였다. 초기 형태이기는 해도 도시화와 산업화와 더불어 산업구조의 변화가 일어났다. 이런 상황에서 진주노동공제회는 노동자들의 이익을 대변하고, 노동환경을 개선하는 일을 벌였다. 달구지꾼, 지게꾼, 구둣방 노동자 같은 노동자 집단을 대상으로 운수종업조합, 자유노동조합, 양화직공조합 등이 결성되면서 노동자 문제에 대한 사회적 관심이 고조되었고 아울러 노동자들의 각성이 늘어나고 노동자 농민을 비롯한 주민들의 연대와 사회 활동 참여도 활발해졌다.

요컨대, 지주, 마름, 소작인 사이의 계층 분화, 노동자 집단의 등장, 산업 구조의 변화 등이 일어나는 상황에서 소작인이나 노동자들의 권익을 위한 소작 관행 개선, 노동조합 활동을 통하여 '새로운 사회'를 만들고자 하는 지역사회운동이 활발하게 일어났다. 그렇지만 권력 집단인 일제 식민지 세력과 친일 부역의 지주 집단은 자신들의 집단 이익을 위하여 지주 소작인의 불평등한 관계와 부당한 소작 관행을 쉽게 바꾸려고 하지 않았다. 오히려 그들은 소작인들에게 조직적으로 대항하며, 소작권 이동과 같은 방법으로 소작인들을 탄압하였다.

이러한 과정을 겪으면서 산업구조의 변화와 계층 분화가 가속화되고, 전통사회의 질서가 빠르게 무너졌다. 아울러 불공정한 소작 관행에 대한 문제의식의 확산, 소작 제도의 개선, 지세 납부나 농사의 부산물의 공평한 배분 등 구체적인 사회 개혁 방안이 제시되었다. 또 오랫동안 겪어온 사회적 관습의 부당함이나 절대 권력을 누리고 있는 일제나 친일 부역 세력에 대한 주민들의 저항이 일어나고, 새로운 사회에 대한 열망이 확산되며, 주민들의 연대와 결속을 다지는 조직 활동이 활성화되는 등 근대 사회로 이행되는 조짐이 곳곳에서 나타났다. 그리고 소작인들은 자신들의 권익을 위한 활동에 적극 참여하게 되면서 농업 중심 사회에서 지주들의 절대 권력을 누리는 상황은 서서히 바뀌어갔다. 또한 아직 사회의 주요 세력으로 성장하지는 않았지만, 여러 형태의 노동에 종사하는 노동자들에 대한 관심이 증폭되었다. 이와 같은 산업 구조의 변화 속에서 전통 사회에서 억압받던 소작인이나 노동자들이 주체적인 사회 행위자로 자리를 잡아갔다. 이러한 변화 역시 근대 사회로 바뀌어 가는 모습이었던 것이다.

2. 일제 식민지 지배를 둘러싼 역동성

근대 사회로의 이행 과정에서 나타난 주민들의 적극적인 참여는 절대 권력을 갖고 여러 형태의 강제력을 행사하는 식민 통치와는 밀접한 관계를 가지고 있었다. 일제는 직접 연관이 되건 안 되건 간에, 또 겉으로 드러나건 드러나지 않건 간에 주민들의 활동에 커다란 영향을 미쳤다. 일제의 행태는 민족주의 활동에 대한 탄압과 식민 통치 체제의 강화로 축약되었다. 식민지 지배 체제에서 외세에 대항하는 민족주의는 민족해방 활동을 이끄는 핵심 개념이었다. 따라서 민족주의 활동을 탄압하는 한편, 식민 통치체제를 강화하는 일제의 행태는 동전의 앞뒷면 같이 맞물려 있었다. 이런 상황에서 지역 사회는 '민족주의' 정서가 깔려 있는 사회운동 세력과 일제에 협력하는 반민족적인 세력이 공존하고 있었다. 곧, 지역 사회 내의 민족주의 활동과 그에 대한 일제의 탄압, 다시 말하며, 일제 식민 통치체제를 둘러싼 주민들의 저항 세력과 협력 세력의 역동적인 역학 관계는 근대 사회로의 이행 과정과 식민지 지배라는 시대적 상황에서 드러난 주요 양상이었다.

1) 민족주의 활동의 확산과 일제의 탄압

일제 식민지 통치에 대한 국민들의 집합적 저항이 빈번하게 일어났다. 일제의 철저한 감시 속에서 독립이나 민족 해방 활동이 거의 불가능하였지만, 민족 해방을 지향하는 활동은 끊임없이 지속되었던 것이다. 특히, 3·1운동과 그 이후의 다양한 사회운동을 통하여 반일 감정과 독립에 대한 열망이 주민들 사이에 널리 퍼져 있었으며, 그런 가운데 지역사회운동의 민족주의 분위기는 겉으로 드러낸 목적보다 그 바탕에 깔려 있게 되었다. 제2부 제2장에서 보았듯이 강습소나 야학 같은 비인가 교육 기관이나 각급 학교의 설립 운동은 외세에 항거하기 위하여 민족의 실력 양성이 필요하다는 암묵적인 동의 아래 진행되었다. 그것은 지역 사회 전반에 깔려 있는 민족주의 분위기를 반영하는 것이었다. 이러한 민족주의 분위기는 교육운동뿐만 아니라 다른 사회운동에도 널리 확산되어 있었다. 제2부 제3장에서 논의한 일제 정책에 저항한 도청 이전 반대 활동이나, 제3부 제1장에서 살펴본 기독교 선교 활동에서도 이러한 분위기를 확인할 수 있었다.

이런 상황에서 사회운동에 대한 일제의 감시와 간섭은 심했다. 경찰에 의하여 단체가 강제적으로 해산되거나 활동이 중지되기도 하였다. 그것은 자연히 사회단체의 활동에 영향을 미쳤다. 경찰의 삼엄한 감시와 간섭 탓으로 전반적으로 사회운동 활동이 위축되었으며, 때로는 활동의 성격 자체가 변질되기도 하였다. 예를 들어, '진주소년회'는 주동자들이 '독립 만세운동을 음모'하였다는 이유로 체포되어 활동을 중단하게 되었고,[9] 일신고보 설립운동은 일제의 방해로 오랫동안 학교 설립 추진이 답보 상태에 있었고, 도청이전 반대 운동은 일제의 밀착 감시와 방해로 활동 성격이 변질되었던 것이다.

9　『동아일보』 1921년 6월 24일.

요컨대, 사회 전반에 깔려있는 민족주의 분위기와 그에 따른 일제의 철저한 감시와 간섭, 방해는 지역사회운동의 역동적 변화를 가져온 주요 요인으로 작용하였다. 곧, 외세의 식민지 지배라는 시대 상황에서 민족주의는 주민들의 활동에 크게 영향을 미치는 주요 요소였던 것이다.

2) 일제의 식민 통치 체제 강화

일제는 민족주의 분위기를 억제하고 통제하면서 식민 통치 체제를 강화하는 데 적극적이었다. 통치 체제의 강화는 지역의 자율성을 축소하고 중앙 통제적인 체제로의 편입을 수반하였다. 아울러 지주회, 수양단 같은 지역 유지나 일본인 거류민 중심의 관변 단체 활동을 통하여 각 지역의 유력자들을 일제에 협력하는 집단으로 바꾸어 놓았다. 이 과정에서 지역의 민족주의 세력과 일제 협력 세력 사이의 갈등과 대립은 더욱 첨예하게 드러났다.

제2부 제3장에서 보았듯이, 경남 도청 이전 문제를 둘러싼 갈등과 대립은 그러한 지역 사회의 역학 관계를 잘 보여주었다. 도청 이전 계획이 발표되자 진주 주민들은 크게 반발하여 여러 형태로 항의와 시위를 벌였지만, 진행되는 과정을 살펴보면, 일제의 차별적 대응과 친일 부역하는 지역 유력자 및 일본인 거류민들의 협력이 의사 결정의 주요 요소로 작용하였다는 것을 알 수 있다. 이렇게 일제의 분리 대응하는 전략은 식민체제 구축의 방안으로서 주민 분열책과 이어지는 것이었다. 곧, 유력자들을 친일 협력 집단으로 만드는 한편, 반대하는 활동에 대해서는 철저하게 탄압하는 강온 양면책으로 나타났다. 이런 맥락에서 일제는 일제 식민통치에 협력하는 지역 유지들과 일본인 거류민들이 주도한 초기 단계의 반대 활동에 대하여 다소 유화적인 태도를 취하였던 것이다. 그러나 지역 사회 운동 단체의 활동가들이 합류한 뒤부터 일제는 강압적인 방법으로 활동을 탄압하였다. 또 일제는 도청 이전의 반대 급부로 지역의 경제 부흥 방안이란 명목으로 유력자들을 회

유하며 경제적 보상을 주었다.

이러한 차별적 전략을 통하여 일제는 도청 이전이라는 소기의 목적을 달성하면서 동시에 중앙 통제력을 강화하여 식민 통치 체제를 공고히 하였다. 곧, 일제는 친일 관변 유력자들과 지역 사회 활동가들의 분리 통제 방식을 통하여 지역의 유력자 중심으로 식민 통치 협력 집단을 구축하였던 것이다. 그 결과, 지역 사회에 대한 일제의 영향력이 확대되고, 지역 주민들은 정치적 입장에 따라 친일과 반일로 분열되어 더욱 심각한 갈등을 겪게 되었다. 그리고 지역 사회는 자율성을 잃게 되어 지역의 중대한 사안이 생길 때마다 총독부로 대표되는 중앙 권력의 결정에 따라 움직이는 관행이 굳어지게 되었고, 일제의 식민지 통치 체제는 더욱 강화되어 갔다.

3. 근대 사회를 향한 지역사회운동의 동력

20세기 초 진주 지역 사회는 주민들의 적극적인 참여를 통하여 근대 사회로 바뀌어갔다. 그 과정은 일제 식민지 지배라는 시대 상황에 맞물려 역동적으로 전개되어 갔는데, 그 동력을 지역사회운동의 이념, 참여자 성격, 사회적 배경 등 세 측면에서 살펴보고자 한다.

1) 새로운 사회를 향한 열망

집합적인 참여를 통해 사회 환경을 바꾸려고 한다는 사회운동의 정의대로, 진주 지역 주민들은 '새로운 사회'를 만들겠다고 하는 열망과 의지가 있었기 때문에 사회운동에 열심히 참여하였다. 그러면 그들이 지향하는 '새로운 사회'는 어떤 모습일까? 그것은 앞서 살펴본 바와 같이 크게 두 가지로 나타났는데, 하나는 전통 사회의 관행이나 질서를 새롭게 바꾼 '근대' 사회였고, 다른 하나는 일제 식민지 지배에서 해방된 자주 독립 국가였다.

그 가운데 주민들이 열망한 '근대 사회'를 살펴보면, 크게 두 가지 성격을 갖고 있었다. 첫째는 신분이나 사회 지위에 관계없이 모든 사람이 존엄을 누리며 사는 평등 사회였다. 형평운동, 여성운동, 어린이운동에서 보듯이 그들이 꿈꾸는 사회는 차별 철폐, 인간 평등이 실현된 사회였다. 신분제 해체, 유교 질서의 와해, 산업 구조의 변동과 계층 변화 등이 복합적으로 뒤얽혀 진행되는 과정은 모두 평등 사회로 나아가는 활동과 밀접하게 연관되어 있다. 전통 사회의 질서를 해체하고, 백정, 여성, 어린이와 같은 사회적 약자들이 겪어온 차별을 없애고, 모든 구성원에게 동등한 사회 참여의 기회를 부여하고, 또 권익을 보호하고, 사회 구성원으로서 소양을 갖추도록 교육 기회를 제공하는 것과 같은 여러 활동에 깔려있는 기본 목표는 모든 구성원이 평등하게 대우받는 사회를 만드는 것이었다.

둘째, 그들이 바라던 사회는 일한 만큼 대우 받고, 모든 일이 공정하게 처리되는 정의로운 사회였다. 노동운동, 농민운동에서 보듯이, 일한 결과를 공정하지 않고, 합당하지 않게 처리되는 것을 바꾸고자 하였다. 전통적인 소작 관행은 소출의 절대량을 지주에게 납부하면서 토지세도 소작인이 부담하고, 작물도 소작인이 지주의 거주지까지 운반해주고, 짚이나 나락 같은 부산물까지 지주가 차지하는 것이었다. 이에 대하여 소작인들의 입장은 토지세는 토지를 소유한 지주가 납부하여야 할 몫이고, 작물 운반은 일정 거리까지 소작인이 맡고 그 이상은 지주가 부담해야 하고, 부산물까지 지주가 가져가는 것은 부당하다는 것이었다. 이렇게 농민운동의 활동가들이 바라는 열망은 일한 만큼 대우받고, 일처리를 공정하게 하는 사회를 만드는 것이었다. 이러한 성격의 열망은 노동자 운동에도 내재되어 있었고, 사상운동의 저변에도 있었다.

요컨대, 새로운 사회를 지향하는 사회운동의 바탕에는 전통 사회의 질서를 해체하고 새로운 질서를 구축하려는 바람이 있었다. 그것은 곧, 평등 사회, 정의로운 사회였다. 백정, 여성, 어린이, 농민, 노동자, 배우지 못한 사람 같은 사회적 약자들을 위해서 학교를 세우고, 강연이나 토론회 등을 개최하는 것은 모두 평등하게 존중받는 사회의 구성원이 되기 위해 필요한 소양을 갖추도록 하려는 것이었다. 이처럼 인간의 존엄성을 실현하고 평등한 사회적 관계를 가지며, 일한 만큼 대우받고, 일처리가 공정하게 이루어지는 사회가 그들이 지향하는 '근대 사회'였다.

주민들이 열망하는 새로운 사회의 또 하나의 모습은 일제 식민지 지배로부터 해방된 자주 독립 국가였다. 곧, 민족해방과 독립 국가 건설은 근대 사회의 실현과 중첩될 수도 있지만, 기본 성격은 다소 구별되는 것이었다. 그것은 경제적으로 착취당하고 정치적으로 억압받는 피지배 상황을 인식하고, 그 상황에서 벗어나기 위하여 식민 세력에 대항하고 독립을 추구하는 활동이었다. 그런 점에서 근대 사회의 실현과 독립 국가의 쟁취는 서로 다른 지향성을 보여주는 것이면서도 서로 맞물려 있었다. 곧, 근대 사회의 건설과 민족주의는 대립되는 개념이 아니라 서로 상승 작용하는 지역사회운동의 주요 동력이었던 것이다.

근대 사회의 바탕이 되는 근대성은 사회 관행에 새로운 규칙을 도입하는 규율화, 전통적 관행 대신에 사회 행위를 규제하는 법제화, 공공 사회 질서를 공식화하는 제도화 등으로 요약된다.[10] 또한 근대 사회의 특징은 개인의 존재가 존중되고 자율성이 증대되며, 독자적으로 행동하고 결정하는 자결권의 확대를 도모하는 것이다. 이러한 근대성은 일제의 식민 통치 아래, 특히, 주민들의 삶을 간섭하고 통제하며 지역 사회의 자율성을 약화시키는 과정에서 억제되었지만, 지역 주민들이 사회운동을 통해서 건설하고자 한 새로운 사회의 핵심 내용이었다. 곧, 신분제의 잔재를 철폐하고 유교 질서

---

10 근대성에 관하여 Peter Wagner, David Macey 옮김, *A Sociology of Modernity: Liberty and Discipline* (New York: Routledge, 1994); Alain Touraine, *Critique of Modernity* (Oxford: Blackwell, 1995); 안토니 기든스, 『포스트 모더니티』 이윤희 · 이현희 옮김(민영사, 1991).

의 변화를 도모하고 산업 구조의 변화 과정에서 지역 주민들이 추구하는 새로운 사회는 근대성의 요소를 담고 있었다. 특히 근대 사회의 특성인 인간 중심의 합리적 사고방식에 근거하여 사회적 장치를 구축하려는 것이었다. 이와 같은 주민들의 지역사회운동이 일제 식민 통치라는 시대적 상황 탓으로 참여자들의 의도대로 이루어지지 않고, 억압과 좌절을 겪은 것도 또한 이 시대의 역사적 특징이었다.

2) 직업적 사회운동가 집단의 형성

새로운 사회를 만들고자 하는 사회적 열망이 있다고 하더라도 그것을 실현하는 주체 세력 없이는 사회운동으로 발전하기는 힘들다. 따라서 기폭 집단의 역할과 핵심 활동가의 중요성을 인식하게 된다. 이런 점에서 '사회운동의 시대'를 이끈 참여자들, 특히, 기폭 집단과 핵심 활동가들을 주목하게 된다. 지역사회운동을 주도한 '직업적 사회운동가' 집단의 형성은 3·1운동이 남긴 유산이었다. 지역 사회를 새롭게 바꾸고자 하였던 그들의 활동은 3·1운동의 경험과 밀접하게 이어져있었던 것이다.

일제 식민 지배 아래 억눌려 지내오던 지역 주민들의 3·1운동 경험은 지역사회운동을 일으키고 발전시킨 주요 자원이었다. 그것은 지역 주민들에게 새로운 사회에 대한 관심을 불러일으키는 사회적 자극제였다. 또 민족주의 분위기의 확산과 사회를 바꾸려고 하는 열망과 의지, 참여의 중요성 인식은 지역사회운동의 바탕이 되었다.

그리고 3·1운동의 만세 시위를 조직하고, 또 유례없는 감옥 생활을 경험한 지역사회 활동가들은 민족 상황과 사회 문제에 더 많은 관심을 갖게 되었다. 그들은 신교육기관에서 공부한 청년들로서, 경제력이 있는 집의 자제들이었는데, 3·1운동을 겪고, 사회 개혁에 관심을 갖게 되면서 여러 형태의 사회단체를 조직하는 데 앞장섰다. 그 가운데에는 선대로부터 내려오는 재산을 기반으로 사회운동을 직업삼아 장기간 지속적으로 참여하는 경우가 많았다.[11] 또『동아일보』와『조선일보』,『시대일보』같은 신문이나『개벽』,『동명』같은 잡지의 진주지국장이나 기자로 일하면서 활동 영역을 넓히거나 정보를 획득하여 지역사회 활동에 활용하였다.

초기 단계에 그들은 어느 특정 단체에서만 활동하는 것이 아니라 여러 단체에 겹쳐서 참여하였지만, 시간이 지나면서 특정 분야에 주력하는 전문적 활동가로 자리 잡아 갔다. 강대창, 오경표 등은 소년운동에서, 강상호, 신현수, 장지필, 이학찬 등은 형평운동에서, 박덕실, 성석순, 강금춘 등은 여성운동에서, 허만정, 강선호 등은 교육운동에서, 강달영, 김재홍, 조우제, 장영정, 박태홍, 한영준, 박봉의 등은 노농운동에서 열성적으로 활동하였다. 이와 같은 직업적 사회운동가 집단의 존재가 여러 분야의 지역사회운동 발전에 기여하였다는 것은 의심할 여지가 없었다.

다시 말해, 직업삼아 열성적으로 사회운동에 참여하는 '직업적 사회운동가' 집단 덕분에 지역사회운동의 활동 범위가 넓어지고, 내용이 풍부해졌다. 그들은 기존 질서를 비판하며 다양한 영역에서 새로운 사회적 환경을 만들고자 하였으며, 관심사에 따라 전념하는 활동 영역이 달랐어도, 서로 '동지'로 인식하면서 긴밀하게 연대 활동을 펼치며 협력하는 연대의식을 공유하고 있었다. 이렇게 지역 사회의 여론을 형성하고, 또 지역 사회에 영향력을 행사하면서 그들은 하나의 세력을 형성하게 되었다. 그런 점에서 그들의 활동 세계는 '사회운동계' 또는 '사회운동권'으로 지칭되었다. 이렇게 형성된 사회운동계는 지역 사회의 변화를 추구하는 주민들의 열망을 조직화하여 근대 사회로의 이행이나 민족해방을 위한 활동을 이끌었을 뿐만 아니라 전통 사회에서 억압받던 사회적 약자들이 제목소리 내며 권익을 주장하는 기회를 만들어냈다. 이러한 과정을 통하여 주민들은 구체적인 판단과 행

---

11 이 점 때문에 일부의 면담자들은 당시의 사회운동가들을 한량(閑良)이라고 기억하고 있었다.

동을 하는 '시민'으로 성장하는 조짐을 보였다. 또 그러한 활동을 통하여 근대적 개념의 '시민사회'로의 발전 가능성을 보여주었다. 그러나 이러한 변화는 일제 식민통치라는 시대 상황에서 더 이상 발전할 수 없었다. 일제의 간섭과 탄압 속에서 사회운동의 자율성은 신장될 수 없었고, 직업적 사회운동가들은 제대로 뜻을 펴지 못하고 오히려 항상 위협 속에서 활동하게 되었다. 이러한 상황에서 사회운동계의 영향력이나 활동 영역은 온전히 발전할 수 없었던 것이다.

또 단체가 많아지고, 활동 목표나 전략이 다양해지면서 사회운동계도 다양한 모습으로 분화되어 갔다. 3·1운동 직후 민족주의와 사회 개혁 의지가 강한 사회운동가들은 정치적 입장과 이념적 차이에 따라 여러 유형으로 나뉘었고, 또 그러한 분화 현상은 근대 사회에 대한 인식과 활동 전략에 대한 차이, 그리고 일제 식민 지배 세력의 차별적 통제 전략 등의 영향 아래 더욱 가속화되었다. 요컨대, 근대 사회로의 이행을 도모하는 '근대성'과 일제 식민 지배와 관련된 '민족주의'를 둘러싼 인식이나 활동 전략의 차이는 활동가 집단의 분화를 포함하여 제반 지역사회운동의 전개 과정에서 주요 변인으로 작용하였던 것이다.

3) 지역 공동체의 연대 의식

근대 사회를 만들고자 하는 활동 목표가 있고, 직업적 사회운동가라고 할만한 활동가 집단이 형성되었다고 하더라도 '사회운동의 시대'라고 일컬어질 만큼 진주 지역에서 사회운동이 활발하게 일어난 요인은 여전히 충분히 설명되지 않았다고 생각된다. 활동가들이 직업처럼 사회운동에 전념하고, 많은 주민들의 참여를 통하여 다양한 사회운동이 폭발적으로 일어난 배경에는 개인 차원의 신념이나 열망을 뛰어 넘어 새로운 사회를 만들고자 한 사회적 분위기가 있었고, 그러한 분위기와 주민들의 기대를 불러일으키며 함께 행동하도록 묶어주는 공동체적 연대 의식이 있었다. 곧, 지역 공동체의 구성원들 사이에 깔려있는 강한 유대와 연대감은 지연과 혈연 관계로 얽혀있는 전통 사회의 특징인데, 이것이 사회운동 발전의 토대로 작용하였던 것이다.

사회운동의 참여자들은 전통 사회에서 흔히 볼 수 있는 '이웃'에 대한 관심을 갖고 있었다. 이웃의 처지에 대한 연민과, 또 협력을 통해 그들의 처지를 개선하려는 정의감이 사회 전반에 깔려 있었다. 그것은 '이웃'으로서 지역 공동체에 대한 관심으로 나타났다. 요컨대, 전통 사회의 질서가 무너지는 상황에서 전통 사회의 특징인 지역 공동체의 연대 의식이 새로운 사회 건설을 위한 사회적 원동력으로 작용한 것이다. 곧, 전통 사회에서 근대 사회로 이행되는 과도기에 전통 사회의 자원이 근대 사회 발전에 기여하였음을 보여주는 것이다.

3·1운동 배경에는 외세로부터 민족 자주 독립의 집단의식이 있었고, 3·1운동 경험을 통해 민족 발전의 문제를 인식하게 되었다.[12] 이와 같은 민족 공동체에 대한 인식은 민족의 구성원으로서 이웃, 가장 가까운 이웃인 지역 공동체에 대한 관심으로 연결되었다. 의식적으로 이와 같은 연결 고리를 상정하지 않더라도 지역 공동체는 오랜 기간 형성된 역사적 유산이었다. 이런 점에서 지역 공동체를 근대 사회로 바꾸려는 관심과 활동이 활발하게 일어났던 것이다. 곧, 지역 공동체를 근대 사회로 발전시키는 것이 당면 과제였다. 근대 사회의 등장으로 와해될 것으로 생각되는 전통 사회의 사회적 연대감이 오히려 근대 사회의 등장을 촉진하는 활동의 원동력으로 작용하게 된 것이다. 흔히 근대성의 확대가 개인을 강조하고 그 결과 집단의식이 사라지고 전통적 공동체가 와해되는 것으로 인식되는데, 적어도 '사회운동의 시대'에 진주 상황은 다른 양상을 보여주고 있다. 곧, 전통 사회의 연대감

12　3·1운동에 참여했던 한규상, 『나의 민족, 나의 조국』(보이스사, 1980), 123쪽.

이 사회 발전을 촉진하는 데 기여하였다. 그런데 그 배경에는 전통적 질서의 지역 공동체 복원이 아니라 새로운 사회, 곧 평등하고 정의로운 근대적 질서의 공동체를 건설하려는 사회운동의 목표가 있었던 것이다.

이런 점에서 진주의 지역사회 활동은 계급이나 신분의 테두리를 뛰어넘어 지역 공동체나 민족 공동체의 공동 발전을 모색하였던 것이다. 이런 배경에서 주민들은 개인의 이해관계를 떠나 '이웃'을 위해 활동하였다. 신분 차별 철폐를 지향하는 형평운동에는 비백정 출신 활동가들도 참여하였고, 지역의 지식인들은 노동자, 소작인 문제에 관심을 갖고 그들의 권익을 위해 활동하였고, 어린이, 여성과 같은 전통 사회의 사회적 약자에 대한 활동이 활발하게 이루어졌고, 지역 유력자들이건 사회운동가들이건 주민교육운동에 적극적이었다. 지역 공동체가 근대 사회로 바뀌어가도록 많은 주민들이 함께 노력하였던 것이다.

그러나 1920년대 중반 이후 사회운동이 분화되고 일제 식민 통치의 통제력이 강화되면서 지역 공동체의 연대 의식이 와해되는 양상이 완연하게 나타났으며, 사회운동도 침체되기 시작하였다. 전통 사회의 신분 문제는 점진적으로 해소되어 갔지만, 새로 생겨나는 계급 분화는 지역 공동체 구성원들 사이의 이해관계의 모습으로 나타났다. 또한 식민지 체제가 굳어지면서 일제 식민 통치에 대한 협력 세력과 반대 세력 사이에 분화가 심화되었다. 그 결과 사회운동이 발전하며 다차원 구조로 바뀌어가던 지역의 의사 결정 과정은 일제와 그에 협력하는 친일 부역 세력이 주도하게 되었다. 그리고 이에 반발하는 주민들이 있었지만, 사회적 소수에 지나지 않았다. 결국 일제 식민지 세력의 중앙 집권화와 통제력의 강화는 지역 공동체의 자율성을 더욱 위축시켰고, 지역 주민들의 참여를 가로막는 기제로 작용하였다. 이와 같이 일제의 식민지 지배 아래서 지역 사회의 자율성은 침해되며 자기 결정권은 상실되어 가면서 근대 사회의 주요 요소인 민주화는 퇴행될 수밖에 없었다.

4. 맺음말: 새로운 사회로의 이행과 사회적 연대

일제 침략 이후 1930년대에 이르기까지 진주 지역의 사회운동은 전통 사회에서 근대 사회로 이행하는 과정에서 주민들의 적극적인 참여 아래 평등 사회, 정의로운 사회를 만들고자 하였다. 새로운 사회에 대한 열망과 연계되어 형성된 직업적 사회운동가 집단이 지역사회운동 발전에 크게 기여하였으며 전통 사회의 특징인 지역 공동체의 연대의식이 지역사회운동의 활성화에 작용하였다. 그리고 그 과정에서 일제 식민지 지배라는 시대 상황이 커다란 영향을 미친 것을 보았다. 곧, 근대 사회로의 지향을 반영하는 '근대성'과 일제의 식민 지배에 관련된 '민족주의'가 이 시기의 역사 변동의 주요 요인으로 작용하였던 것이다.

주민들의 적극적인 참여를 통하여 새로운 사회를 만들어가고자 한 사회운동은 여러 측면에서 사회 환경 변화의 성과를 이루었다. 예를 들어, 신분제의 폐습을 없애는 데 기여하였고, 교육 환경 개선을 통하여 주민들에게 교육 기회를 확대해주었고, 어린이, 여성 등 사회적 약자에 대한 권익 증대를 가져왔으며, 소작인 노동자에 대한 사회적 관심을 불러일으키며 소작 문제와 노동 조건의 개선을 도모하였으며, 의료선교나 교육선교 등을 통하여 관련 영역에서의 근대적 체계 도입에 많은 성과를 이루었다. 그렇지만 일제 식민지 지배 체제에서 일제의 간섭과 통제가 증대되면서 지역의 자율성이 와해되고 중앙 통제가 강화되어갔다. 이것은 민족주의 활동의 억제와 친일 협력 집단의 구축으로 나타났으며, 정치적 입장에 따라 지역 공동체 구성원들의 분화로 이어졌다. 요컨대, 일제 식민지 지배가 지속되면서 근대 사회의 주요 성격인 자율성을 상실하고, 사회 구성원의 민주적 참여가 억제되었다. 그에 따라 근대 사회로의 이행은 파행을 겪게 되고, 민족주의를 둘러싸고 사회 구성원의 분화는 더욱 고착되었던 것이다.

이렇게 '역동적인 삶의 주체적 현장'인 지역 공동체에서 일어나는 사회운동을 살펴보면서 일제 식민지가 근대 사회의 형성에 긍정적으로 작용하였다는 경제적 관점의 주장은 부적절하며, 또 일제 식민지가 근대 사회 발전을 억제하였다는 주장은 주민들의 적극적인 참여와 성과를 충분히 설명하지 못하는 한계를 갖고 있다는 것을 알 수 있었다. 이런 점에서 성공과 실패의 이분법적 분석보다는 사회 구성원의 능동적 역사 형성의 역할을 인지하면서 그 둘 사이의 역동적인 관계를 충분히 이해하는 것이 중요하다는 것을 거듭 확인하였다. 또한 일제 식민 통치의 절대 영향론이나 사회 구성원들의 동질적 평가 등을 경계하여야 한다는 것을 보여주었다는 점에서 진주 지역의 사례 연구는 일제 침략기의 역사 과정과 성격을 다시 따져보아야 한다는 과제를 남기고 있다. 또한 지역 연구의 장점에도 불구하고 그동안 소홀히 다뤄져온 경향을 반성하며 지역 사례를 따져보는 역사 사회학의 중요성을 거듭 확인하였다.

아울러 '사회운동의 시대'를 열어 새로운 사회를 만들어 가려고 하였던 지역 주민들의 열의와 참여 정신을 되새기는 것도 의미 있다고 생각한다. 근대 사회로 이행하는 과정에서 보여준 사회 구성원들의 주체적 활동에서 '시민'과 '시민사회'의 싹을 보았으며, 그 바탕에는 새로운 사회를 만들어 가고자 한 시대정신이 있었다. 요컨대, 혼자의 힘이 아니라 여럿이 함께 사회적 환경을 만들어 가고자 하였던 연대의식은 '사회운동의 시대'가 우리에게 준 교훈이었다. 사회적 연대는 새로운 사회를 여는 힘을 만들어주며, 우리들의 삶을 더욱 풍요롭게 해 줄 것이다.

1. 자료 및 정기 간행물

〈자료〉

『經國大典』 1469, 5권, 刑典(법제처; 一志社, 1978)
"고등법원 형사부 판결문," 1919.
"대구복심법원 판결문," 1919.
"진주중앙성결교회 연혁," 1955, 필사본.
『現代史資料 朝鮮』 "3·1 運動編" 1-2권, 東京, みすず書房, 1967.

〈정기간행물〉

『開闢』
『경남일보』
『동아일보』
『매일신보』
『시대일보』
『조선일보』
『중외일보』
『척후대』(북성회 기관지).
『활천』 동양선교회 복음전도관 기관지.
『황성신문』

2. 한국어 참고문헌

강대훈, "1920년대 진주지방 농민운동에 관한 연구: 진주노동공제회를 중심으로," 성균관
　　　대학교 석사학위 논문, 2000.
姜東鎭, "日帝下의 勞動夜學," 『歷史學報』 제46집, 1970.
______, 『日帝의 韓國侵略史』 서울: 한길사, 1980.

姜萬吉, 『韓國現代史』 서울: 창작과 비평사, 1984(1994).

______, "독립운동 과정의 民族國家建設論," 『韓國民族運動史論』 서울: 한길사, 1985ㄱ,
    112-154쪽.

______, 『韓國民族運動史論』 서울: 한길사, 1985ㄴ.

강재언 외, 『韓國近代社會와 思想』 김정희 옮김, 서울: 중원문화사, 1984.

경상남도 교육위원회, 『경남교육사』 1980.

경상남도지 편찬위원회, 『慶尙南道誌』 상·중·하권, 1958-1959.

高淑和, "衡平社에 對한 一研究: 創立背景과 初創期(1923-1925) 衡平社를 中心으로," 『史
    學研究』 38호, 1984, 645-690쪽.

국사편찬위원회, 『한국독립운동사』 2권, 1969.

국회도서관, 『韓國民族運動史料 (3·1運動編)』 1-3권, 1979.

權斗榮, "日帝下의 韓國 農民運動," 尹炳奭·愼鏞廈·安秉直 엮음, 『韓國近代史論』 3권,
    서울: 지식산업사, 1977.

글쓴이 모름, "衡平社員對 農民衝突에 就하야," 『新民』 5호(1925. 9), 53-54쪽.

기든스, 안토니, 『포스트 모더니티』 이윤희·이현희 옮김, 서울: 민영사, 1991.

김수업, 『논개』 서울: 지식산업사, 2001.

金良善, "三·一運動과 基督教界," 東亞日報社 엮음, 『3·1運動 50周年 紀念論集』 서울:
    동아일보사, 1969, 235-270쪽.

金永大, 『實錄 衡平』 서울: 松山出版社, 1978.

金龍基, "衡平運動의 發展," 『慶尙南道誌』 상권, 부산: 경상남도, 1958, 810-824쪽.

金容燮, "晋州奈洞里 大帳의 分析: 1846年 晋州民의 農地所有," 『조선후기 농업사연구』
    I, (증보판), 서울: 지식산업사, 1995, 237-255쪽.

______, 『조선후기 농업사연구』 I, (증보판), 서울: 지식산업사, 1995.

김윤환, "노동운동의 성격," 민족운동총서 편찬위원회 엮음, 『민족운동총서』 제9집(대중
    운동), 서울: 민족문화협회, 1981.

金義煥, "日帝治下의 衡平運動攷: 賤民(白丁)의 近代로의 解消過程과 그 運動," 『鄕土 서
    울』 31호, 1967, 51-90쪽.

______, "日帝下의 衡平運動," 『韓國思想』 제9집, 1968, 177-208쪽.

______, "平等社會를 위하여- 衡平運動," 『韓國現代史』 8권, 서울: 新丘文化社, 1971, 357
    쪽.

金正明 엮음, 『朝鮮獨立運動: 民族主義運動篇』 東京, 原書房, 1967.

金靜美, "19세기말에서 20세기초에 있어서의 백정," 강재언 외, 『韓國近代社會와 思想』
    김정희 옮김, 서울: 중원문화사, 1984, 191-226쪽.

金正義, 『韓國少年運動史』 서울: 민족문화사, 1992.

金俊燁·金昌順, 『韓國共産主義運動史』 전5권, 서울: 고려대학교 출판부, 1967-1976.

김준형, "진주 지역 형평 운동의 역사적 배경," 형평운동 70주년 기념사업회 엮음, 『형평운동의 재인식』 서울, 도서출판 솔, 1993, 31-64쪽.
______, 『1862년 진주농민항쟁』, 서울: 지식산업사, 2001.
______, "진주 인근에서의 동학군 봉기," 진주농민항쟁기념사업회 · 경상대학교 경남문화연구원 엮음, 『진주농민운동의 역사적 조명』 서울: 역사비평사, 2003, 59-104쪽.
김중섭, "사회운동 분석의 대안적 접근 방법," 『사회학연구』 세번째책, 1985, 188-211쪽.
______, "1920년대 형평 운동의 형성 과정: 진주지역을 중심으로," 『東方學志』 연세대학교 국학연구원, 제59집, 1988, 231-273쪽.
______, "사회운동의 발전과 사회 통제: 일제 침략기의 사례를 중심으로," 『사회학 연구』 일곱번째책, 1992, 291-326쪽.
______, 『형평운동 연구: 일제 침략기 백정의 사회사』 서울: 민영사, 1994.
______, "초기 지역사회운동의 형성과 쇠퇴," 『社會科學硏究』 경상대학교 사회과학연구소, 제13집 1호, 1995ㄱ, 311-330쪽.
______, "일제 식민 통치와 주민 교육운동-진주 지역을 중심으로," 『한국사회사학회 논문집』 제47집, 1995ㄴ, 233-295쪽.
______, "일제하 3 · 1운동과 지역 사회운동의 발전: 진주 지역을 중심으로," 『한국사회학』 제30집, 1996ㄱ, 359-387쪽.
______, "일제하 경남도청 이전과 주민저항운동," 『경남문화연구』 경상대학교 경남문화연구소, 18호, 1996ㄴ, 223-256쪽.
______, "초기 개신교 선교와 지역 공동체의 변화: 진주 지역을 중심으로," 『사회와 역사』 한국사회사학회, 제52집, 1997, 49-85쪽.
______, "구속, 허용, 새 사상:사회운동의 3중주: 연구의 새 지평을 위하여," 『사회학연구』 아홉번째책, 1998, 9-35쪽.
______, 『형평운동』 서울: 지식산업사, 2001.
______, "일제하 지역 사회 운동과 근대 사회 발전: 진주지역을 중심으로," 『현상과 인식』 29권 4호, 2005, 31-62쪽.
______, "1920년대 지역사회운동과 농민운동: 진주 지역을 중심으로," 『현상과 인식』 한국인문사회과학회, 32권 4호, 2008, 64-81쪽.
______, "백촌 강상호," 『문화고을 진주』 진주문화연구소, 제3호, 2009ㄱ, 352-363쪽.
______, "한국 형평사와 일본 수평사의 인권 증진 협력 활동 연구," 『사회와 역사』 한국사회사학회, 제84집, 2009ㄴ, 133-175쪽.
______, "사회운동의 시대: 일제침략기 지역 공동체의 역동성," 『현상과 인식』 한국인문사회과학회, 34권 3호, 2010 가을호, 71-95쪽.
______, "효주 허만정과 일신고보 설립운동," 『문화고을 진주』 진주문화연구소, 제5호 2011, 18-39쪽.

김중섭·유낙근, "1920년대 초 사회운동의 동향-진주 지역을 중심으로,"『현상과 인식』
    10권 4호, 1986, 9-43쪽.
金鎭鳳, "關西地方의 3·1運動," 崔永禧先生華甲紀念論叢刊行委員會, 『韓國史學論叢』
    서울: 탐구당, 1987ㄱ.
______, "湖西地方 3·1運動의 性格,"『韓國獨立運動史 研究』독립기념관 한국 독립운동
    사 연구소, 제1집, 1987ㄴ, 129-150쪽.
김해영, 『진주 역사』진주: 문화고을, 2010.
김형목, 『대한제국기 야학운동』서울: 경인문화사, 2005.
金亨泰, "民衆夜學運動의 展開,"『溪村 閔丙河教授 停年紀念 史學論叢』1988, 481-516
    쪽.
盧榮澤, 『日帝下 民衆教育運動史』서울: 탐구당, 1979.
노영택, "日帝時期의 文盲率 推移,"『國史館論叢』제51집, 1994, 123-129쪽.
노치준, 『일제하 한국 기독교 민족운동 연구』서울: 한국기독교역사연구소, 1993.
달레, 샤를르, 『한국 천주교회사』상·중·하, 안응렬·최석우 역, 서울: 분도출판사,
    1979- 1980.
독립운동사 편찬위원회, 『독립운동사 자료집』1983.
______, 『독립운동사』제10집(대중투쟁사) 5장(형평운동), 1980, 726-727쪽.
東亞日報社 엮음, 『3·1 運動 50周年 紀念 論集』서울: 동아일보사, 1969.
동아일보사, 『東亞日報社』1권(1920-1945), 서울: 東亞日報社, 1975.
東亞日報社 엮음, 『3·1 運動과 民族 統一』서울: 동아일보사, 1989.
文定昌, 『軍國日本占領 36年史』서울: 박문당, 1965.
민경배, 『한국기독교회사』(개정판), 서울: 대한기독교출판사, 1982.
______, 『한국기독교사회운동사』서울: 대한기독교출판사, 1987.
민족운동총서 편찬위원회 엮음, 『민족운동총서』제9집(대중운동), 서울: 민족문화협회,
    1981.
朴慶植, 『日本帝國主義의 朝鮮支配』서울: 청아출판사, 1986.
박득준, 『조선근대교육사』서울: 한마당, 1989.
박순동, 『암태도 소작쟁의』서울: 청년사, 1980.
박애림, "『조선일보』노동공제화의 활동과 이념," 연세대학교 석사학위 논문, 1992.
박영신, "사회운동으로서의 삼일운동의 구조와 과정,"『변동의 사회학』서울: 학문과 사
    상사, 1981.
______, "초기 개신교 선교사의 선교 운동 전략,"『東方學志』연세대학교 국학연구원,
    46-48권, 1985, 529-553쪽.
______, "역사·구조적 접근의 일반 원리,"『사회학 이론과 현실 인식』서울: 민영사,
    1992, 237-258쪽.

______,『사회학 이론과 현실 인식』서울: 민영사, 1992.

朴殷植(1920),『韓國獨立運動之血史』南晚星 옮김, 瑞文堂, 1975, 상·하.

박정신,『근대한국과 기독교』서울: 민영사, 1997.

______,『한국 기독교사 인식』서울: 혜안, 2004.

______,『한국기독교사의 새로운 이해』서울: 새길, 2009.

박찬승,『한국근대 정치사상사 연구: 민족주의 우파의 실력양성운동론』서울: 역사비평사, 1992.

朴洪植, "南冥思想의 後代에 끼친 影響"『南冥學研究』제4집, 1994, 117-154쪽.

白樂濬,『韓國 改新教會史: 1832-1910』서울: 延世大學校 出版部, 1973.

白南薰,『나의 일생』서울: 신현실사, 1968.

버크, 피터,『역사학과 사회 이론』곽차섭 옮김, 서울: 문학과지성사, 1994. 66-73쪽.

邊勝雄, "韓末 私立學校의 設立 動向과 愛國啓蒙運動,"『國史館論叢』제18집, 1990, 29-56쪽.

四方博,『李朝人口에 關한 身分階級別的 觀察』梨大社會學科 옮김, 서울: 梨大出版部, 1962.

三一同志會 엮음,『釜山·慶南 三一運動史』부산: 三一同志會, 1979.

孫仁銖,『韓國近代教育史』서울: 연세대학교 출판부, 1971.

孫禎睦(1984), "强占初期 3개도 道廳移轉의 과정과 결과,"『日帝强占期 都市化過程研究』서울: 일지사, 1996, 494-512쪽.

______,(1985), "忠南道廳 이전의 과정과 결과: 植民政策 강행에 대한 民衆抵抗의 한 단면,"『日帝强占期 都市化過程研究』서울: 일지사, 1996, 540-571쪽.

______,(1986), "慶南道廳 이전의 과정과 결과: 치열한 反對運動의 뿌리에 있던 것,"『日帝强占期 都市化過程研究』서울: 일지사, 1996, 513-539쪽.

______,『韓國地方制度·自治史研究 (上)』서울: 일지사, 1992.

______,『日帝强占期 都市化過程研究』서울: 일지사, 1996.

송찬섭, "1862년 농민항쟁과 진주," 진주농민항쟁기념사업회·경상대학교 경남문화연구원 엮음,『진주농민운동의 역사적 조명』서울: 역사비평사, 2003, 13-58쪽.

勝田伊助,『晋州大觀』晋州: 晋州大觀社 1940; 진주신문사, 1995 .

愼鏞廈, "3·1 獨立運動 勃發의 經緯: 初期 組織化 段階의 基本過程," 尹炳奭·愼鏞廈·安炳植 엮음,『韓國近代史論』2권, 1977, 39-112쪽.

______,『朝鮮土地調查事業 研究』서울: 지식산업사, 1982.

______, "3·1獨立運動의 社會史,"『韓國民族獨立運動史 研究』서울: 乙酉文化社, 1985.

신용하, "조선노동공제회의 성립과 노동운동,"『한국의 사회신분과 사회계층』한국사회사연구회 논문집 3집, 서울: 문학과 지성사, 1986, 71-201쪽.

______, "3·1운동의 민족사적 의의와 세계사적 의의," 東亞日報社 엮음,『3·1 運動과

民族 統一』서울: 동아일보사, 1989, 73-92쪽.

安秉直,『3・1 운동』서울: 한국일보사, 1975.

안병직, "한국에 있어서의 경제발전과 근대사 연구,"『제38회 전국역사학대회 발표요지』(유인물), 1995.

安秉直・朴成壽 엮음,『韓國 近代 民族運動史』서울: 돌베개, 1980.

역사문제연구소 엮음,『한국근현대지역운동사』I, II권, 서울: 여강, 1993.

역사문제연구소 민족해방운동사 연구반,『쟁점과 과제: 민족해방운동사』서울: 역사비평사, 1990.

오미일, "1920년대 진주지역 농민운동," 진주농민항쟁기념사업회・경상대학교 경남문화연구원 엮음,『진주농민운동의 역사적 조명』서울: 역사비평사, 2003, 105-139쪽.

오성광, "일제하 노동야학의 성격," 이규환・강순원 엮음,『資本主義社會의 敎育』서울: 창작과 비평사, 1984, 309-345쪽.

윤경로,『한국근대사의 기독교사적 이해』서울: 역민사, 1992.

尹炳奭・愼鏞廈・安秉直 엮음,『韓國近代史論』1-3권, 서울: 지식산업사, 1977.

이규환・강순원 엮음,『資本主義社會의 敎育』서울: 창작과 비평사, 1984.

이덕주,『초기 한국 기독교사 연구』서울: 한국기독교사연구소, 1995.

이만규,『조선교육사』1, 2권, 서울: 거름, 1947, 1949(1991).

이만열,『한국 기독교 문화운동사』서울: 한국기독교출판사, 1987.

李命吉, "身分制 해체와 衡平社운동," I・II・III,『晉州商議』19호(1986. 4), 20호(1986. 7), 21호(1986. 10).

李命吉・徐英培, "李祖 晉州民亂의 政治社會學的 考察,"『慶尙大學校 慶南文化研究所 論文集』제1집, 1978.

李明實, "日帝下 夜學의 民族敎育에 關한 연구: 1920年代를 中心으로," 숙명여자대학교 석사학위 논문, 1987.

이반송, "조선의 사회운동," 이반송・김정명,『식민지시대 사회운동』한대희 엮어 옮김, 서울: 한울림, 1986.

이반송・김정명,『식민지시대 사회운동』, 서울: 한울림, 1986. 원제는 李磐松,『朝鮮社會思想運動沿革略史』東京 嚴南堂, 1934.

이상규, "부산지방 기독교 전래사,"『한국 기독교와 역사』3호, 1994ㄱ, 145-177쪽.

______, "釜山地方에서의 基督敎 傳來와 敎育・醫療活動(1880-1910),"『港都釜山』11호, 1994ㄴ, 169-221쪽.

______, "한국에 온 호주 선교사 마라연(馬羅連, Charles McLaren, M.D., 1882-1957), 그의 생애와 선교," 미발표글, 1997.

李瑄根,『大韓國史』10권, 서울: 新太陽社, 1973, 208쪽.

이윤상, "평안도 지방의 3・1운동," 한국역사연구회・역사문제연구소 엮음,『3・1민족해방운동 연구』 서울: 청년사, 1989, 258-305쪽.

李廷銀, "安城郡 元谷·陽城의 3·1운동,"『한국독립운동사연구』 독립기념관 한국독립운동사 연구소, 1집, 1987, 151-178쪽.

이정은, "창녕군 영산의 3·1운동,"『한국독립운동사연구』 독립기념관 한국독립운동사 연구소, 2집, 1988, 139-166쪽.

이지원, "경기도 지방의 3·1운동," 한국역사연구회·역사문제연구소 엮음,『3·1민족해방운동 연구』 서울: 청년사, 1989, 306-347쪽.

임순만, "기독교 전파가 백정 공동체에 미친 영향," 형평운동 70주년 기념사업회 엮음,『형평운동의 재인식』 서울: 솔출판사, 1993, 65-102쪽.

전우용, "3·1운동 관계 주요 자료 논저 목록," 한국역사연구회·역사문제연구소 엮음,『3·1민족해방운동 연구』 서울: 청년사, 1989, 551-589쪽.

정병준,『호주장로회 선교사들의 신학사상과 한국선교 1889-1942』 서울: 한국기독교역사연구소, 2007.

鄭奭鍾,『朝鮮後期 社會變動』 서울: 一潮閣, 1983.

정연심, "1920년대 진주노동공제회의 조직과 농민운동의 발전,"『釜大史學』 부산대학교 사학회, 제21권, 1997, 29-74쪽.

정연태, "경남 지방의 3·1운동," 한국역사연구회·역사문제연구소 엮음,『3·1민족해방운동 연구』 서울: 청년사, 1989, 348-393쪽.

鄭在哲,『日帝의 對韓國植民地 敎育政策史』 서울: 일지사, 1985.

趙璣濬,『韓國資本主義 成立史論』 서울: 大旺社, 1973.

趙東杰, "3·1運動의 地方史的 性格--江原道 地方을 中心으로,"『歷史學報』 제47집, 1970.

조연주, "1920년대 야학의 교육적 저항에 관한 연구," 연세대학교 석사학위 논문, 1986.

조헌국 엮음, "부산, 경남 장로교회 조직사: 1889-1924," (유인물), 년도불명.

조혜인, "일본침입 행위의 논리적 성찰,"『사회변동과 성, 민족, 계급』 한국사회사학회 논문집 49집, 1996, 11-48쪽.

지수걸, "3·1운동의 역사적 의의와 오늘의 교훈," 한국역사연구회·역사문제연구소 엮음,『3·1 민족해방운동 연구』 서울: 청년사, 1989, 11-37쪽.

陳德奎, "衡平運動의 自由主義的 改革 思想에 認識,"『韓國政治學會報』 제10집, 1976, 169-181쪽.

진덕규, "형평운동의 사상사적 인식," 형평운동 70주년 기념사업회 엮음,『형평운동의 재인식』 서울: 도서출판 솔, 1993, 11-30쪽.

진주고등학교사 편찬위원회,『晉高70年史』 진주: 진주고등학교, 1995.

진주교회사연혁위원회(1930),『晉州面玉峰里 耶蘇敎長老會沿革史』 진주: 진주교회, 1992.

진주교회사편찬위원회,『진주교회사』진주: 진주교회, 1985.

진주농민항쟁기념사업회 · 경상대학교 경남문화연구원 엮음,『진주농민운동의 역사적 조
　　　명』서울: 역사비평사, 2003.

晋州市史編纂委員會,『晋州市史』상 · 중 · 하, 진주: 진주시, 1994, 1995.

진주여자고등학교 동창회,『一新60年史』진주: 진주여자고등학교, 1985.

車錫基,『韓國民族主義敎育의 연구- 歷史的 認識을 중심으로』서울: 진명문화사, 1976.

車載明,『朝鮮예수敎 長老會史記』朝鮮예수敎 長老會 總會, 상권, 1928; 하권, 1968, 서
　　　울: 한국교회사학회.

車賤者, "白丁社會의 暗澹한 生活狀을 擧論하야 衡平戰線의 統一을 促함,"『開闢』5권 7
　　　호, 1924, 39-45쪽.

淺田喬二, "식민지 한국에서의 농민조직의 발전상황," 淺田喬二 외 7인,『抗日農民運動硏
　　　究』, 서울: 동녘, 1984, 11-27쪽.

천주교 문산교회,『文山聖堂 八十年史(1905-1985): 文山宣敎122周年紀念(1863-1985)』
　　　진주: 천주교 문산교회, 1985.

천주교마산교구 설정10주년기념 경축준비위원회,『교구 설정 10주년 기념』마산: 천주교
　　　마산교구, 1976.

천주교 칠암동교회,『칠암성당 25년』진주: 천주교 칠암동교회, 1990.

崔根植, "일제시대 야학운동의 규모와 성격," 고려대학교 석사학위 논문, 1992.

최석우,『한국 천주교회의 역사』서울: 한국교회사연구소, 1982.

崔永禧先生華甲紀念論叢刊行委員會,『韓國史學論叢』서울: 탐구당, 1987.

최창익, "조선프롤레타리아 계급운동,"『조선민족해방투쟁사』1949.

平木實,『朝鮮後期 奴婢制硏究』서울: 知識産業社, 1982.

한국교회백주년준비위원회 사료분과위원회,『大韓예수敎 長老會百年史』서울: 大韓예수
　　　교 長老敎 總會, 1984.

한국기독교사연구소,『한국기독교의 역사』I · II권, 서울: 기독교문사, 1989, 1990.

한국역사연구회 · 역사문제연구소 엮음,『3 · 1운동 민족해방운동 연구』서울: 청년사,
　　　1989.

　　　　　　　한규상,『나의 민족, 나의 조국』서울: 보이스사, 1980.

한석희,『일제의 종교침략사』서울: 기독교문사, 1990.

許鶴九 외 편저,『曉洲家狀(효주가장)』진주: 정제종중, 2010.

허권수,『남명 조식』서울: 지식산업사, 2001.

형평운동 70주년 기념사업회 엮음,『형평운동의 재인식』서울: 도서출판 솔, 1993.

洪錫美, "日帝下의 農民夜學 硏究," 숙명여자대학교 석사학위 논문, 1986.

3. 일본어 참고문헌

今村鞆, "朝鮮の特殊部落," 『朝鮮風俗集』 서울: 斯道館, 1914.

金仲燮, 『衡平運動: 朝鮮の被差別民・白丁, その歷史とたたかい』 高正子옮김, 大阪: 解放
　　　出版社, 2003.

慶尙北道 警察部, 『高等警察要史』 1934.

大邱覆審法院, 『晉州地域 騷擾公判』 1919.

柏本守人, "白丁の差別撤廢運動–朝鮮衡平社について," 『東洋』 29권 3호, 1926, 39-40쪽.

"釜山中等敎育機關 設置ニ關スル 陳情書," (1922. 1).

松捕鎭次郎, 『朝鮮總覽』 朝鮮總督府, 1930.

李磐松, 『朝鮮社會思想運動沿革略史』 東京: 嚴南堂, 1934.

朝鮮敎育大觀社, 『朝鮮敎育大觀』 (중), 경상남도 편, 1932.

朝鮮總督府, 『學事統計』 1910.

＿＿＿＿, 『朝鮮總覽』 1930.

＿＿＿＿, 『朝鮮の聚落』 중권, 1933.

＿＿＿＿, 『統計年譜』 1933.

朝鮮總督府警務局, 『最近における朝鮮の治安狀況–昭和八年』 1934. (우리 말 옮김 글
　　　『1930년대 민족해방운동』, 서울: 거름, 1984, 13-122쪽).

朝鮮總督府內務部學務局, 『朝鮮人敎育 私立學校 統計要覽』 1912; 1915.

朝鮮總督府學務局, 『朝鮮諸學校一覽』 1919.

＿＿＿＿, 『朝鮮諸學校一覽』 1920.

＿＿＿＿, 『朝鮮諸學校一覽』 1929.

池川英勝, "朝鮮衡平社運動へして," 『朝鮮學報』 제83집, 1977, 141-162쪽.

坪江汕二(이반송의 일본 이름), 『朝鮮民族獨立運動秘史』, 1966.

鮎具房之進, 『雜玫』 제5집, 1932.

井口和起, "朝鮮の衡平運動–衡平社の創立と初期の運動," 部落問題硏究所 엮음, 『水平社
　　　運動史の硏究』 6권, 1973, 277-298쪽.

4. 영어 참고문헌

Eckert, Carter J. 외, *Korea Old and New: A History,* Seoul: Ilchokak, 1990.

Gamson, William A., *The Strategy of Social Pretest,* Homewook. Ill.: Dorsey Press,
　　　1975.

Kerr, A.・George Anderson., *The Australian Presbyterian Mission in Korea, 1889-1941,*
　　　Australian Presbyterian Board of Missions, 1970.

Kim, Joong-Seop, "Social Equity and Collective Action: The Social History of the Korean Paekjong under Japanese Colonial Rule," Ph. D. 박사학위논문, Hull University, 1989.

______, *The Korean Paekjong Under Japanese Rule: The Quest for Equality and Human Rights,* London and New York: RoutledgeCurzon, 2003.

Lee, Sang Gyoo., "A Study of the Australian Presbyterian Mission Work in Korea, 1889-1941," 신학박사(Th.D.) 학위 논문, Australian College of Theology, 1994.

MacCarthy, John D.·Mayor N. Zald, "Resource Mobilization and Social Movements: A Partial Theory," *American Journal of Sociology,* 82권, 1977, 1212-1241쪽.

Moore, S. F., "The Butchers of Korea," *Korean Repository,* 5권, 1894, 127-132쪽.

New, Esmond W., *A Doctor in Korea: The Story of Charles McLaren, M.D.,* Sydney· Australian Presbyterian Board of Missions, 1958.

Scholes, Nellier, "Good out of Evil," *The Chronicle: Our Missionary Mailbag,* 1909.

Smelser, Neil, *Theory of Collective Behaviour,* London: Routledge and Kegan Paul, 1962.

Touraine, Alain, *Critique of Modernity,* David Macey 옮김, Oxford: Blackwell, 1995.

Turner, R. H., "The Theme of Contemporary Social Movements," *British Journal of Sociology,* 20권, 1969, 390-405쪽.

Wagner, Peter, *A Sociology of Modernity: Liberty and Discipline,* New York: Routledge, 1994.

Zald, Mayer N.· John MaCarthy 엮음, *The Dynamics of social Movements: Resource Mobilization, Social Control, and Tactics,* Cambridge. Mass.: Winthrop, 1979.

찾아보기 | INDEX

ㄱ

갈돕회(고학생회) 74
갑오경장 222, 294
갑오농민전쟁 37, 52, 62, 180, 183, 224, 226, 294
강금춘 66, 307
강달영 49, 55, 57, 61, 66-68, 71, 73, 112, 128, 134-136, 157, 204, 237, 241, 246, 259, 267-268, 279, 283, 285, 287, 307
강대익 111
강백순 111
강복순 67, 111, 121
강상호 49, 57, 59, 67-68, 73, 105, 109, 128, 134, 136, 152-153, 159, 217, 223-224, 228-230, 232-235, 237-239, 241-242, 245, 250-252, 267-268, 286, 307, 315
강선호 67, 105-106, 111, 121, 136, 159, 307
강성화 204-205
강위수 105, 109, 117
강윤영 66, 67, 71, 111
강주식 67, 186, 193
강주한 49, 57, 66-67, 71-72, 151, 155, 267
강태원 237, 252
게일 185
경남전도대 76, 204
고경인 43, 66, 268, 286
고운서 204, 205
공존회 42, 57, 69, 81

광림학교 50, 57-60, 71, 96, 98, 100, 187, 190-196, 203-204, 206, 216
광진체육회 66
교육다화회 70
구인회 132
권영운 107
권채근 49, 57, 60-61
금산노동야학회 122
금주단연회(禁酒斷煙會) 42
기근구제회 42, 57, 69, 74, 81
기독교청년회 58
기독청년면려회 191
기생 50, 56, 98, 149, 153, 223, 244, 297
길선주 191, 207, 208
김갑순 66, 71, 105, 111, 170
김경삼 237, 252
김경서 66, 267
김경숙 67-68, 186, 193
김기태 67-68, 96, 105, 107, 109, 117, 157, 233, 264, 280
김병태 111
김성숙 186, 193
김안수 266
김영조 49, 57, 59-60, 76, 192
김영환 213
김용구 188, 213
김용기 219-220, 228, 231, 235
김의진 66, 105, 109, 234
김의환 219-220

김이제 188, 191
김익두 207, 208
김장환 66-67, 106, 136
김재홍 57, 66-68, 71-72, 159, 267-268,
　　279, 284, 286, 307
김재화 49, 55, 57, 61, 204
김정수 204-205, 209
김조식 203
김주학 193
김준기 212
김찬성 66, 128
김태동 57, 59
김홍석 109
김홍조 105

ㄴ

남진수양단 67
남해룡(남홍) 268, 284
남홍 66, 105, 109, 237, 241-242, 286
노동공제회양화직공조합 66, 275, 299
노동대회 43, 66, 74, 266, 272
노동야학 120, 122-123, 126, 131-132, 318
농청 124, 222, 245, 247, 248, 268

ㄷ

단봉강습소 122
데이비스 185, 187, 198, 212
도사경회 187, 206-207
도수조합소 226
도청이전방지동맹회 151
독립협회 52
독명학교 98
동우사 57-58, 234-235, 267-268, 279

동인회 57, 238, 242, 279
따께 96, 184

ㄹ

라이얼 187, 193, 199-200, 207
라이트 213
레인 213
레잉 187
로(Low) 212

ㅁ

만민공동회 52
맥라렌 부인 187, 196
맥카이 185
맥켄지 187, 211
무직자구제회(無職者救濟會) 42
문장현 67, 121

ㅂ

박노윤 122
박덕실 66, 201, 203, 307
박문석 111
박봉의 66-67, 136, 307
박성애 179, 186, 188, 190, 193, 204-205
박성오 50, 57, 59-60, 66, 76
박순복 193
박영숙 188, 203
박용근 57, 59
박유선 252
박재표 66-67, 71-72, 105, 107, 134, 155,
　　267

박재호 67, 105, 107, 109
박재화 67-68, 105, 120, 152, 155
박정수 105, 109
박진환 49, 55, 57, 61, 66, 68, 71, 73, 76,
    112, 134, 136, 159, 204, 267-268
박호득 250
반도고학생친목회 74
배돈병원 187, 190, 197-198, 212, 216
배명학교 96, 98
백남훈 107, 111, 114, 128, 136, 139, 168,
    205
백야성이(柏野誠二) 151
백정 23, 35, 38, 41-44, 55, 67, 69, 71, 73,
    78-79, 103, 161, 183, 189, 199, 200,
    202, 215, 217-223, 225-246, 248-249,
    251-252, 256-262, 269, 271, 282-283,
    294-296, 304-305, 314-315, 319
번영회 57, 70-71, 77, 80-81, 148, 155, 170,
    267
베어드 185
보천교소년회 41, 58, 66
보통학교령 94
봉양학교 57, 59, 71, 96-99, 233, 234
부업장려회 42, 69, 79
부인회 41
북성회 237, 241-243, 258, 313
비봉야학회 67

사립학교령 91, 192
사회운동의 시대 37, 40, 42-43, 45, 83-84,
    283, 293, 306, 308-309, 312, 315
상보회(相保會) 42
상원삼사랑(上原三四郎) 152, 157
서광회 238, 242, 256, 295

서상필 67, 111, 120, 123, 131
서성실 66, 201
서윤보 111, 186, 193
서진욱 67-68, 106, 155
석정고효(石井高曉) 156, 170
성석순 66, 201, 307
소년회 41-42, 71, 216, 266
소작인조합 67, 272
송본다장(松本多藏) 151
수성강습회 122
수평사 218, 230-232, 243, 248-250, 315
스멜서 32
스콜스(시넬리) 195
승내노동야학회 122
승동교회 200
승동도가 226
승전이조(勝田伊助) 151, 170, 237
시민 45, 49, 63, 76, 82, 101, 106, 127-128,
    146, 152-153, 159-160, 171, 174-175,
    202, 308, 312
시민사회 84, 308, 312
시원여학교 96, 191, 195-196, 212, 216
신사참배 196, 206, 210, 212-216
신현수 66-68, 105, 109, 152, 159, 228,
    231-235, 237-242, 245-246, 250, 252,
    286, 307
실력양성론 89, 93
심두섭 49, 55, 58-59, 61, 66-67, 71-72,
    106, 201, 204, 268
심상염 105, 109

아펜젤러 181
안동학교 186, 190, 192-193
안식교 189-190, 210

안확 193, 203
알렌(안란애) 193
애국계몽운동 52, 59, 62
야소교부인회 204
양지환 105, 107, 117, 128
언더우드 181
여름성경학교 41, 196
여명회 68
여자기독청년회 41, 191, 269
여자청년회 41, 69
연제회(상조회) 190, 202
오경표 66, 307
오영선 205
옥봉야학회 67, 121
운수종업조합 67, 299
유소만 250-251
유억만 250-251
유태로 107
윤병은 159
윤인구 188
이갑성 54
이강우 49, 58-59, 66-67, 158
이두지 250-251
이발업조합 266
이범욱 67-68, 105, 153
이봉기 250-251
이봉순 201
이상석 66, 68, 72
이상윤 252
이성순 252
이약신 188
이영규 50, 58-60
이영숙 193
이우식 105, 109
이치안 67, 111
이학찬 67, 224, 228-231, 238-239, 250-252,
    307

이현보 105, 109, 117
이현중 66-67, 121, 123, 152, 159
일신고보 57, 67, 69-70, 73, 77, 79, 82, 103,
    105-113, 115-118, 121, 124, 127-130,
    133-134, 136-139, 151, 165, 167, 170,
    205, 267, 269, 282, 301, 315
일신고보기성회 67
일신고보기성회후원회 58
일신여고보 112, 115-116, 127-128, 130,
    168, 174, 195
일신여자고등보통학교 41, 115, 283
임도오 189

ㅈ

자선회(慈善會) 42
자유노동조합 275, 299
자작회 57-58, 281
장덕익 58-59
장영정 66, 125, 136, 307
장지문 250
재등실(齋藤實) 78
저축계 42, 57-58, 69, 79, 81, 266
적색농민조합 279, 281
적심단 279
전인회 58-59
전회원 66, 123
정규용 67, 105
정몽석 58-59, 193
정봉근 58
정상진 67, 105, 111, 120, 123, 131, 156,
    193, 264
정석록 72, 196
정성도 66, 204-205
정성호 58, 66-67, 71, 128, 134
정숙여학교 96, 186, 190, 192-193, 195

정용길 49, 58-59
정재완 109
정종문 122
정준교 49, 58-59, 61, 66, 68, 268, 286
정찬조 224, 250-251
정창현 122
정태균 105
정태석 111
정태장 123
정표환 124
조동호 151
조선공산당 57, 135, 279, 284-286
조선교육령 52, 87, 91, 192
조선교육협회 74
조선노농총연맹 272
조선노동공제회 42-43, 66, 74, 265, 271-273,
　　317
조선노동연맹회 272
조선여자교육회 74
조선학생대회 43, 74
조식 37, 94
조우제 66-68, 72, 157, 232, 235, 237, 241,
　　246, 268, 286, 307
조윤섭 203
조익선 252
조혼회(助婚會) 42
주기철 214
주남규 205
주일학교 41, 190, 196-197, 208-209, 216
지주회 70, 77, 80-81, 279-280, 302
진동강습회 122, 130
진주고등보통학교 115, 168
진주고보 115-116, 127-128, 130, 174, 195
진주노동공제회 43, 73, 78, 81, 106, 108,
　　122-125, 130, 135-136, 149, 157, 160,
　　234, 241, 246-247, 258, 263, 265-267,
　　271-274, 298-299, 313, 319

진주노동연맹 272
진주농민연맹 272
진주농민항쟁 37-38, 183, 263-265, 315,
　　317, 320
진주농업학교 55, 59, 76
진주면의회 135
진주면협의회 77, 121, 155
진주청년동맹 138
진주학교조합 156

천도교소년회 41
천명순 237, 252
천명옥 50, 58-60, 66, 76
천석구 66-67, 228, 239, 241, 245, 250, 252
천주교여자청년회 269
청수좌태랑(清水佐太郎) 76-77
청수좌태랑 규탄 대회 76-77
체육회 58, 70
최명오 250
최연국 105, 107
최용규 226
최웅림 58-59, 193

커어 187, 196
클러크 187, 196, 198

ㅌ

탁정하(정한) 120

ㅍ

평양국민회 204-205
폐정개혁안 296

ㅎ

하경숙 250-252
하디 185
하만택 122
하산강습소 122
하석금 239, 250
하영진 67, 77, 104-105, 109, 117
하윤조 250-251
하전학교 95, 98
한규상 58-60, 63, 66, 68, 72, 128, 134, 201,
    203-204, 309, 320
한상동 214
한위건 107, 136

해성여학원 121
허만정 67, 77, 104-105, 107, 111, 114-115,
    117, 128-129, 168, 307, 315
허만철 122
허선구 67, 104, 117
허용구 111
허준 105, 109
허진 67, 111
허진구 122
현석건 105
형평사 23, 42-43, 57, 67, 71, 73, 75, 79, 81,
    103, 121, 124, 136, 162, 171, 200,
    217-225, 227-231, 233-244, 246-250,
    253-255, 257-262, 267, 269, 282,
    286-287, 295, 315
형평야학 121-122, 131
홍수원 66, 72, 201, 204-205
황의호 67-68, 106, 121, 123, 155, 159, 286
황철] 145
회사령 38, 52, 86, 145